德州大事记

德州市地方史志编纂委员会　编

方志出版社
Publishing House of Local Records

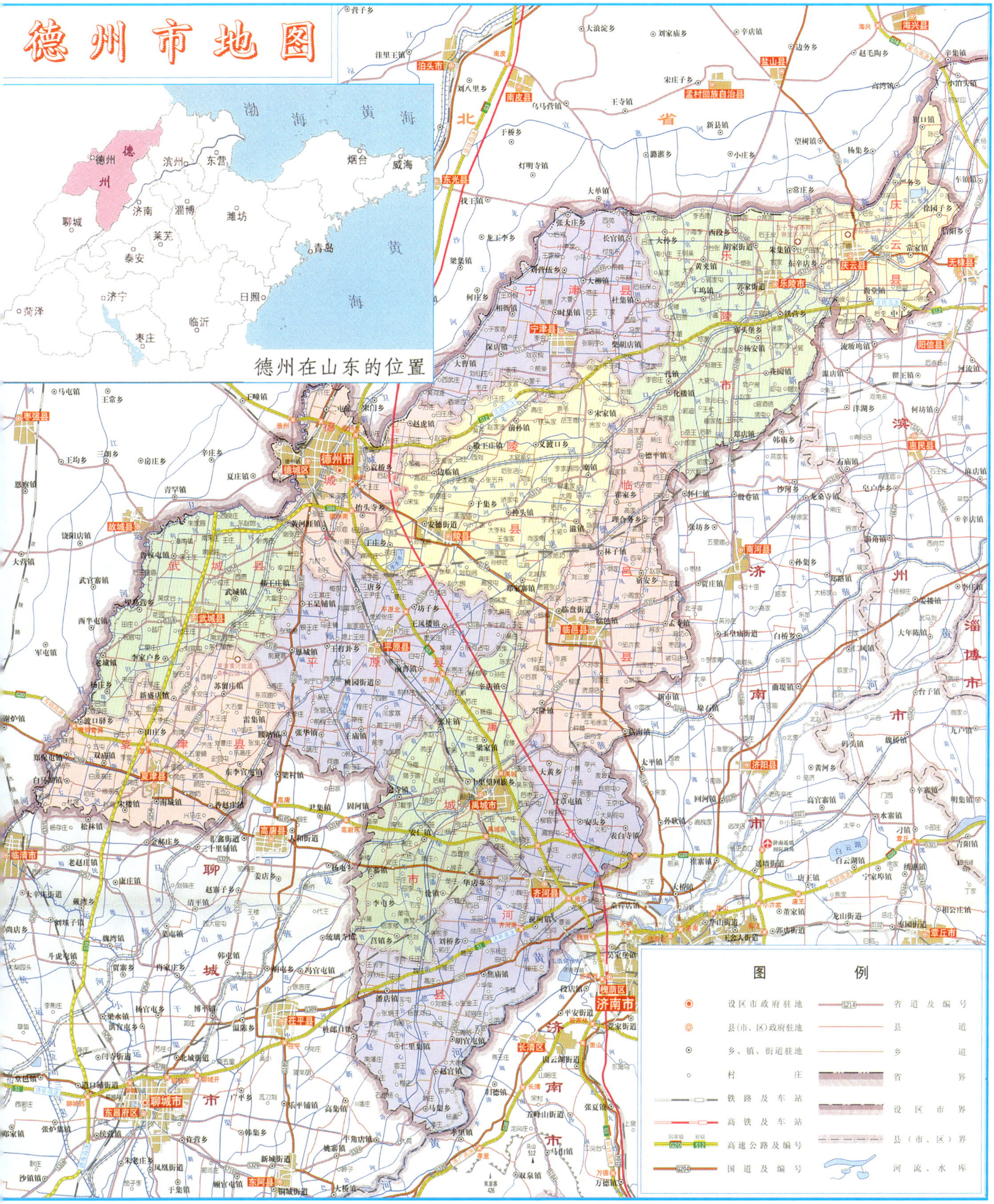
德州市地图
德州在山东的位置
渤海
黄海
德州
滨州
东营
烟台
威海
济南
淄博
潍坊
聊城
莱芜
青岛
泰安
济宁
日照
菏泽
临沂
枣庄
图例
设区市政府驻地
县(市、区)政府驻地
乡、镇、街道驻地
村庄
铁路及车站
高铁及车站
高速公路及编号
国道及编号
省道及编号
县道
乡道
省界
设区市界
县(市、区)界
河流、水库
德州市
德城区
陵县
宁津县
乐陵市
庆云县
临邑县
平原县
武城县
夏津县
禹城市
齐河县
济南市
聊城市
滨州市
淄博市
德州地图（2015 年）

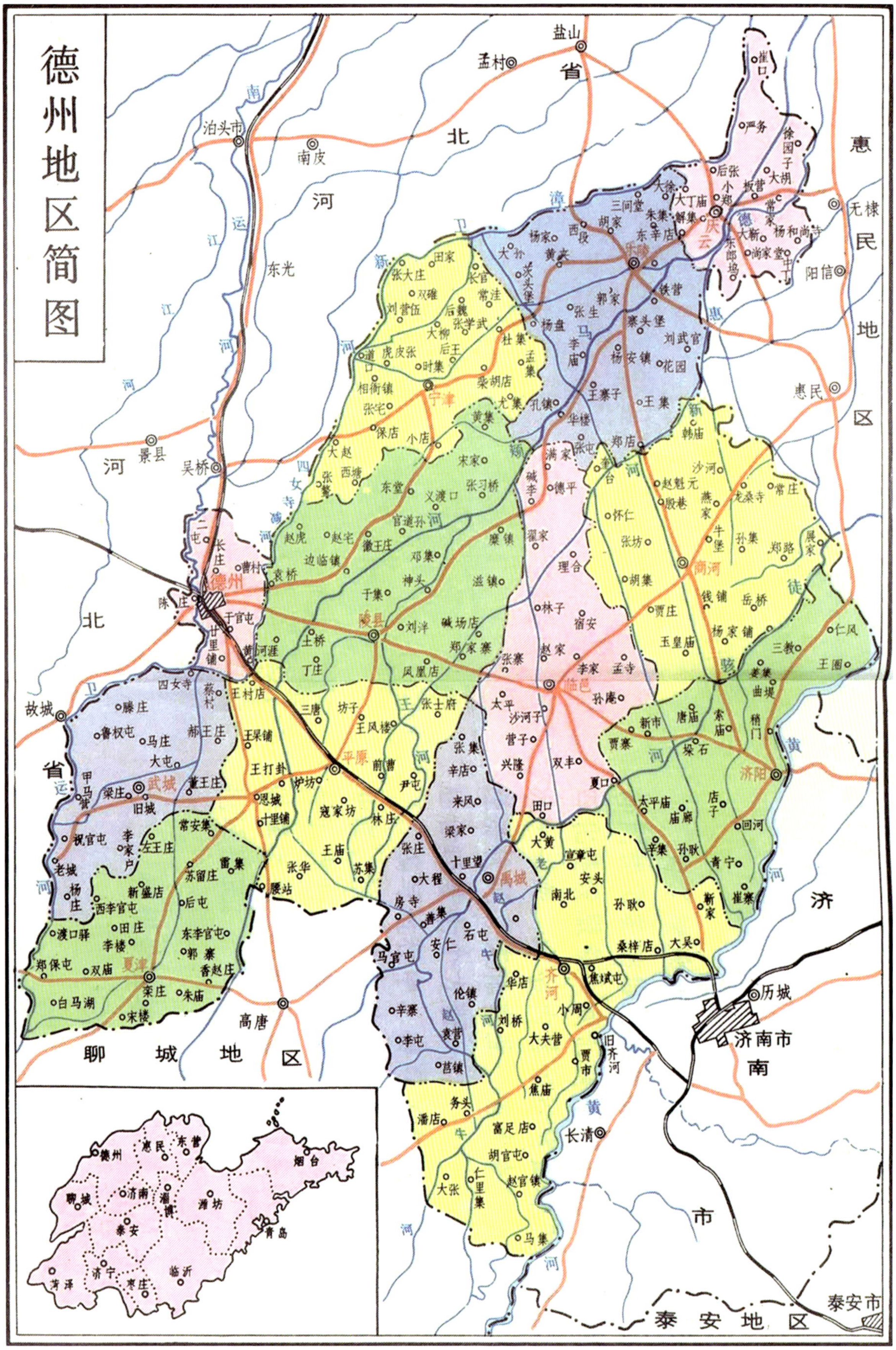

德州地区简图(1964—1989年)

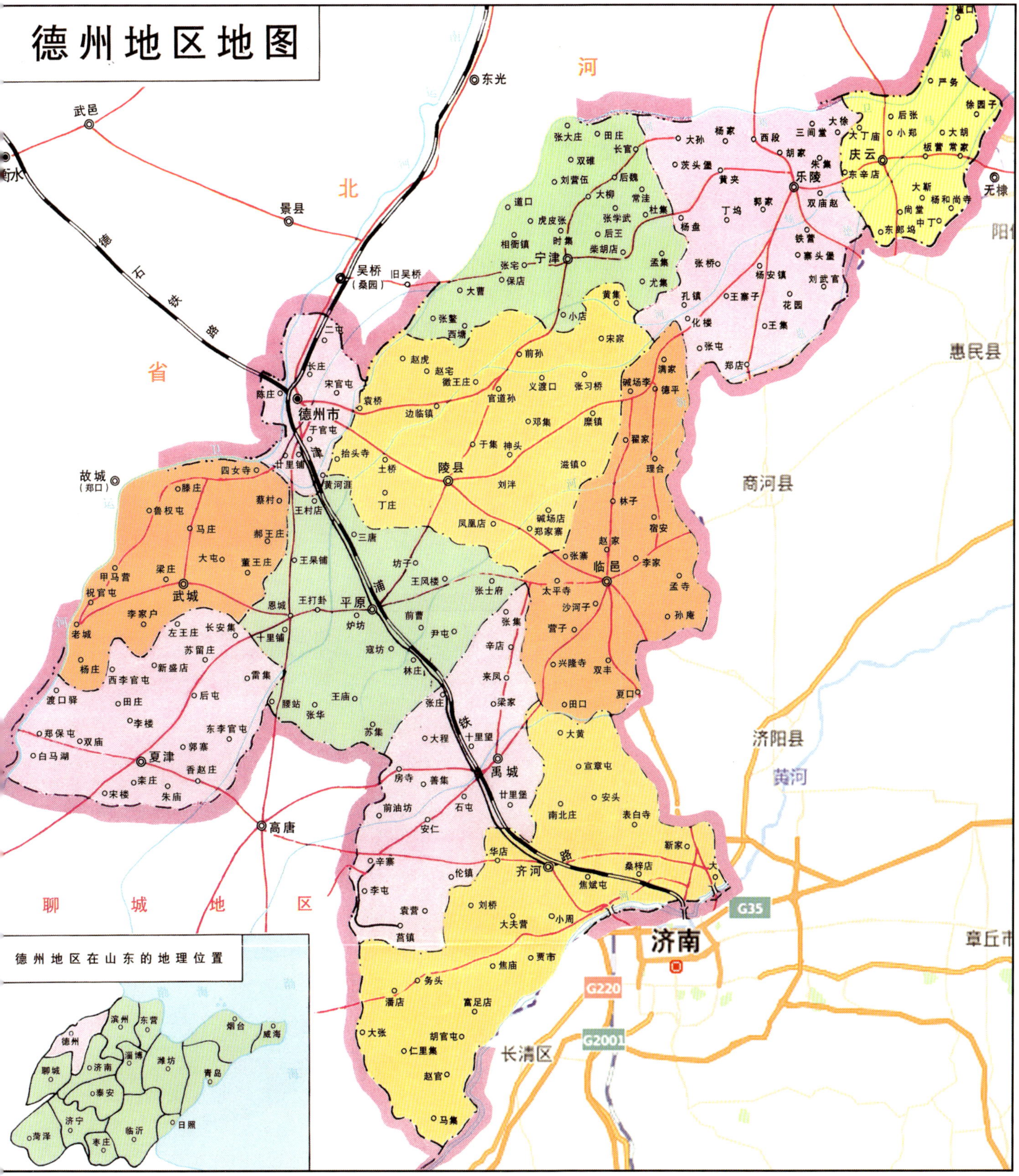
德州地区地图
河
北
省
东光
武邑
景县
吴桥
（桑园）
旧吴桥
德石铁路
衡水
德州市
故城
（郑口）
宁津
乐陵
庆云
无棣
阳信
惠民县
商河县
济阳县
黄河
陵县
临邑
武城
平原
夏津
禹城
齐河
高唐
津浦铁路
聊城地区
济南
长清区
章丘市
G35
G220
G2001
德州地区在山东的地理位置
滨州
东营
德州
烟台
威海
淄博
潍坊
聊城
济南
青岛
泰安
济宁
临沂
日照
菏泽
枣庄

德州地图（1990 年）

德州市地方史志编纂委员会(2015年7月)

前排左起　李其常　张　岩　康志民　韩建亭　吴翠云　陈　飞　朱昌连　刘长青　陈璞平

中排左起　郑玉宽　刘宝良　梁希忠　周玉刚　何连生　姜立明　穆修海　邵清泽

后排左起　夏传玉　张千华　牛洪春　张慧君　王爱民　张书鹏　扈建军　刘清云　王立云

德州市地方史志编纂委员会

《德州大事记》编辑人员

以史为鉴　继往开来

德州因德而名、以德著称，这里地处要冲、交通便利，物产丰饶、人杰地灵，是一座历史悠久、开放包容、创新图强的城市，也是水美土肥人亲的一方热土。

在新编《德州市志》问世之前，史志办的同志们撮其要旨、择其精华，首先编纂了《德州大事记》，并附录“重大自然灾害年表”，为我们更好更方便地认识、了解德州，特别是回顾全市改革开放30多年来取得的成就，描绘发展蓝图，与570万人民一道创造更加美好的明天，具有特殊的意义。

《德州大事记》上溯于1840年，下限止于2015年。特别是1986年至2015年这30年，是我国实行改革开放、从计划经济走向市场经济的转型期，是政治经济、科技文化、社会人文等各方面发生巨大变化的新时代。大事记从数千万字的市志资料稿中精挑细选，辑录而成。该书坚持改革开放这条主线，围绕党的中心任务，突出历届市委、市政府的施政理念、工作重点和政策措施，取舍有度、繁简适当，图文并茂、言简意赅，集德州170年发展历程于一秩，数易其稿而成。

编纂期间，广泛征求了在德州工作过的老领导、老同志的意见。原德州市委书记、现任河北省委书记赵克志同志提出了七条有见地的意见和建议，对大事记的修订起到重要作用，并自谓“三年德州人、一生德州情”，令后继者耳热心动。前市委书记、现任省委常委统战部长吴翠云同志亲自审稿，提出指导性意见，确保了全面性和系统性。

盛世修志，躬逢其盛。《德州大事记》印行，只是修志工作的一个阶段性成果。下一步，市志的编修任务还非常繁重。希望参与修志的同志们继续默默奉献、精益求精，以强烈的历史责任感，全面、客观、准确地记录德州30年间发生的巨大变化，争取把《德州市志》修成一方之佳本。我们相信，它的价值会随着时光的流逝而日益显现。

鉴往知今，以启未来。希望全市上下特别是广大党员干部都要读一读

《德州大事记》和即将编纂完成的《德州市志》，以史为鉴，继往开来，肩负起全市人民的重托，开拓进取、励志前行，从严从实、奋发有为，为建设协同发展示范区、开创德州更加美好的未来作出新的贡献！

中共德州市委书记　陈　勇

2016年2月

编 辑 说 明

一、指导思想：以马克思列宁主义、毛泽东思想、邓小平理论、“三个代表”重要思想和科学发展观为指导，坚持辩证唯物主义和历史唯物主义观点和方法，记述德州近170多年间的重大事件。

二、时间断限：《德州大事记》时间上限1840年，下限2015年年底。本着详今略古原则，重点详细记述1986—2015年的资料。最后附加“1840—2014重大自然灾害年表”。

三、记述方式：采取编年体和纪事本末体，以编年体为主，按时序先后记述事件。对于同一事件，采取纪事本末方式，集中记述，以求事件的完整性。纪年，1840—1949为农历纪年，1949—1985为公元纪年。

四、事件选取：以全市（区）政治、经济和文化、社会发展脉络为主选取事件。突出全局性、主流性，重要性兼及新、奇、特事件。

五、单位称谓：计量单位绝大部分使用国际标准，为便于读者理解掌握，个别内容使用习惯计量单位，如“亩”、“斤”等。机构、职务等称谓，第一次出现时用全称，并在括号内标注简称。比如中共德州市委员会、德州市人民政府等，之后，在不发生歧义的情况下，简称市委、市政府等。职务称谓亦如此。

六、资料来源：《德州地区志》、《德州年鉴》、市档案馆、德州日报、德州市博物馆等。

目　录

自然灾害年表（1840—2014）

1840 年（清道光二十年）

6 月 大雨。德州、德平、乐陵、商河、临邑、陵县、夏津、平原、禹城、恩县、济阳、齐河等县均受水灾。有的村房屋倒塌、庄稼被淹，陆可行船。多数县奉诏缓征新旧钱漕。

1844 年（清道光二十四年）

是年 全区遭受特大涝灾，秋粮减产五成以上。

1853 年（清咸丰三年）

9 月 林凤祥、李开芳、吉文元等率太平天国北伐军，先后攻克赵州、栾城、深州等地，逼近德州。山东巡抚急忙派兵赶至德州堵截。同时，请求清廷派胜保分兵南下支援。

11 月 德平县（现属临邑县）农民起义领袖肖克振，率众千余，在宁津、商河、乐陵县一带，劫富济贫，开仓放粮。

1855 年（清咸丰五年）

秋 黄河在河南省铜瓦厢决口，河道北徙，黄水到处泛滥，使济阳、禹城、商河、临邑、武城等县受灾，庄稼淹没，房屋倒塌无数。

是年 济阳知县逮捕众多欠粮百姓，乡民陈细、王文训等率众2000余人进城劫狱解救百姓。

1861 年（清咸丰十一年）

是年 乐陵县境大旱，官府横征暴敛，郑庙村农民郑焯率百余村的群众数千人，持竹枪、刀斧进城，迫使知县任天洪答应免粮、减税。

1863 年（清同治二年）

5 月 22 日 太平军杨朋山部，从河北进入恩县（今武城东部、平原西部）境，与各乡民团激战。辛桥庄一战，太平军毙伤团丁200余人，在马无蹄（今武城镇马粮庄）又毙伤团丁300余人。清军增援，在土桥大战，太平军寡不敌众，伤亡惨重，撤退到平原县境内。

1866 年（清同治五年）

是年 天津紫竹林英国基督教循道公会传入本区，先在乐陵县朱家寨村传教，后发展到商河、德平、德州、平原、临邑等县。

1868 年（清同治七年）

春 西捻军张宗禹率5000余人，北上至平原与清军激战失利，退至禹城县大刘庄，埋伏在村北松林中，清军追至，发生激战，捻军杀清军六七十人。

5月 西捻军由直隶回师海丰（今惠民地区无棣县），后到济阳等县，逼近运河。16日，清廷命李鸿章、左宗棠在一个月内击败捻军。21日，李、左在德州议镇压捻军事宜。

1871年（清同治十年）

是年 美国基督教公理会由天津传入恩县（今武城县）庞庄。

1873年（清同治十二年）

1月 德平县李家楼村绅民，张贴反洋教揭贴，英使威妥玛照会清廷总理衙门要求干涉禁止。

1875年（清光绪元年）

春、夏 商河、临邑、夏津、济阳、乐陵、齐河等县大旱，小麦无收，秋粮减产。

1876年（清光绪二年）

是年 济阳、齐河、临邑、德平、夏津、恩县、平原、德县、商河大旱。多数县草根树皮被人吃净，疫灾蔓延，病死多人。

1877年（清光绪三年）

春、夏 大旱，德县、乐陵、德平、陵县、临邑、平原、禹城、恩县、武城、济阳、齐河、庆云、宁津等县成灾，瘟疫流行，饿死多人。

1878年（清光绪四年）

12月 陵县马希同等20余人，因抗粮被杀。

1880年（清光绪六年）

冬 美国基督教传教士明恩溥和博恒理勾结德州城南第七屯教徒吴长泰骗取吴夏氏房地产，欲建礼拜堂。次年8月，德州知州陈嗣良拒绝为其文约盖印。博恒理禀告美国驻京公使馆参赞何天爵，何即照会清廷。12月，博恒理面见知州，陈嗣良以为“天子守土，尺寸不轻与人”予以驳斥。1882年（光绪八年）2月，何天爵派一领事同一翻译到德州交涉，又被驳回，出衙门时被数百名民众包围斥逐。清廷迫于美国公使压力，将陈嗣良革职。

1883年（清光绪九年）

2月 黄河凌汛，齐河官庄、王庄堤岸和151～152号水屋因漏洞决口。齐河、禹城、济阳、临邑、商河等县部分村庄被淹。

黄河决口，城乡被淹

1885 年（清光绪十一年）

是年 美国驻天津基督教公理会在恩县（今武城县）庞庄，设立教堂，附设医院。1916 年迁至德县（今德州市二中址），购买土地 300 亩，建大小楼 10 余座，用款 11.85 万美元。改称“卫氏博济”医院，设内、外、妇、儿等科。

1890 年（清光绪十六年）

6 月 23 日 因鬲津河溢，平原、陵县、德平、临邑、乐陵被淹，百余村受灾。

1895 年（清光绪二十一年）

6 月 在德州城北第三屯，出土北魏高庆碑两块。

1899 年（清光绪二十五年）

9 月 义和团领袖朱红灯率平原、长清、高唐、茌平义和团在今平原县苏集乡杠子李庄举行武装起义。10 月 11 日在杠子李庄击溃清兵和捕役。10 月 18 日又在森罗殿与济南府的步、骑兵激战。清军受伤 10 余人，死 3 人，拳民阵亡 27 人，败后撤至高唐、茌平地。

1900 年（清光绪二十六年）

春、夏 重旱秋涝。商河、临邑、夏津、济阳、德平、恩县等县均成灾，乐陵县秋季颗粒未收。

8 月 6 日 义和团四五百人，攻打陵县刘家寨教堂，与教民相持 3 日。9 日，清军包围义和团驻地九圣庙，杀死团民 140 余人，俘 20 余人，其余散撤。

8 月 商河县义和团攻破该县小张庄教堂，杀死教民 108 人。

9 月 24 日 总管济阳、齐东（今邹平县）、章丘等 6 县义和团的大师兄孙允荣，率千余人在济阳县玉皇庙迎战清军，打死候补知县查荣绥，清军败退。袁世凯又派马队 500 余人，再行围剿，孙允荣、孙九荣等被捕遇害。

1902 年（清光绪二十八年）

是年 直隶总督袁世凯上书，将天津

德县兵工厂工作牌

北洋机器制造局的残余机器移至德州，成立“德州北洋机器制造局”，主要制造军械。厂址在德州城外西南西南花园和上码头处，共占地 700 余亩。1904 年 8 月，13 个厂房建成，即机器厂、杆弹筒子厂、新枪子厂、快枪子厂、铜厂、无烟药厂、棉药厂、木工厂、磷硝厂、水样厂、造带厂、铸铁厂、熟铁厂，有大小房屋 689 间。员工 5000 余人。是北洋时期四大兵工厂之一。1912 年中华民国政府接管该局，改名为“陆军部德县兵工厂”。1916 年，因加班费问题，13 个分厂工人罢工达 5 日之久。最终厂方补发了工人的加班费。1925 年冬，山东督军张宗昌，将该厂全部设备搬至济南新城兵工厂。

是年 德州“北洋机器制造局”安装发电设备。这是本区电力业之始。

1907 年（清光绪三十三年）

是年 齐河县创立草辫总场，并在各乡设立分场。这是本区发展草辫之始。

1908 年（清光绪三十四年）

是年至 1912 年 津浦铁路（天津至济南段）建成通车，在德州建一等火车站。铁路北从德州的许官屯入境，南至齐河县的桑梓南出境。在本区内长达 118 公里。

日伪时期的德州站站台

1911 年（清宣统三年）

是年 商河县民间艺人王立礼、王立义兄弟，在北京卖艺表演花鞭鼓，被召进宫中表演，皇帝喜悦，赐黄龙绳系鼓。

是年 宁津县刘子元等建立铁血会，发展会员百余人，以“推翻清朝，五族共和，建立民国”为纲领。

1912 年（民国元年）

10 月 德县驿站（即德州）全部裁撤，结束了在德县延续 600 多年的古驿站、铺通信设置的历史。同时建邮局，新开邮路 3 条，即德县至齐河，中间在平原、禹城设邮站；德县至献县；德县至东光。属天津邮政总局管理。

1914 年（民国 3 年）

3 月 18 日 津浦铁路线开通。

1914 年 3 月 18 日，津浦线的开通使铁路成为商品贩运的主渠道

1915 年（民国 4 年）

5 月 23 日 博济医院竣工，为德州第一家西医医院。

是年 在原恩县至高唐官、马大道的基础上，修筑了本区历史上第一条恩县至高唐的简易土公路。

1915 年 5 月 23 日，博济医院竣工

1917 年（民国 6 年）

5 月 运河决口。

1917 年 5 月，运河决口，博济医院医生护士乘坐船只外出行医

秋 卫运河在恩县耿李庄决口，德县

被淹，兵工厂被水围，出入用船。

1918年（民国7年）

7月 卫运河在恩县堤下西北洼决口，淹没234村，淹地72.1万余亩，有的村房屋倒塌，庄稼颗粒未收。

12月 山东顺直水利委员会在德县、武城设水文站。为山东省第一批水文站。

1919年（民国8年）

5月 “五四运动”爆发后，齐河县在济南就读的学生邹冬严、王子绰、杨云峰等人，受济南学生会派遣，回县开展宣传活动。他们先后发动了齐河城内高等小学学生罢课，并上街游行，呼吁：“收回胶济铁路、收回青岛。”在他们的影响下，商界也组织了“十人团”，互相监督，抵制日货。该县北部冢子张、安头、小李、后里仁庄、王举人等村农民，也成立了“十人团”，进行扒庙、砸神像等活动。

是年 恩县、夏津、济阳等县设染织工厂。这是本区染织业之始。

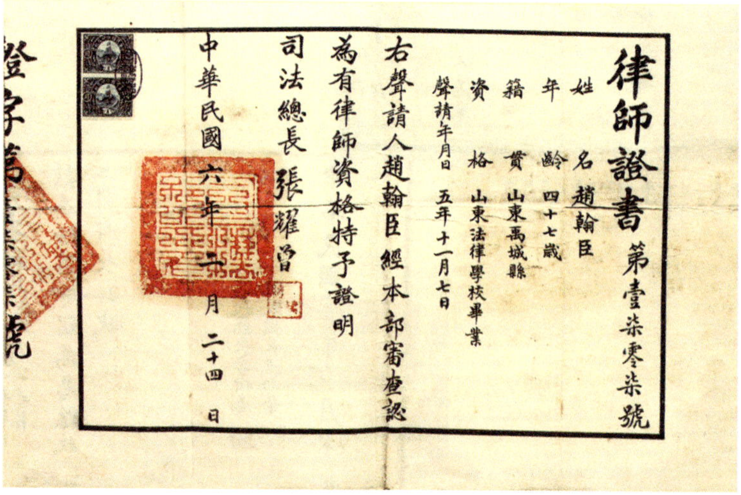
律師證書 第壹柒零柒號
姓名 趙翰臣
年齡 四十七歲
籍貫 山東禹城縣
資格 山東法律學校畢業
聲請年月日 五年十一月七日
右聲請人趙翰臣經本部審查認為有律師資格特予證明
司法總長張耀曾
中華民國六年一月二十四日

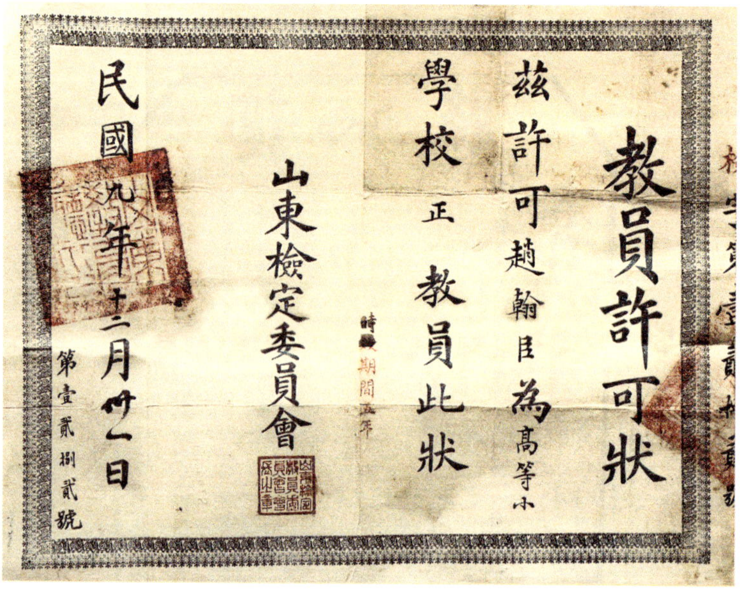
教員許可狀
茲許可趙翰臣為高等小學校正教員此狀
時效期間五年
山東檢定委員會
民國九年十二月廿二日
第壹貳捌貳號

民国6年（1917年）和民国9年（1920年）德州禹城人赵翰臣分别获得律师证书和教员许可状

1920年（民国9年）

是年 德州禹城人赵翰臣获得律师证书；1920年（民国9年）又获得教员许可状。

1921年（民国10年）

秋 在济南就读的齐河县后里仁庄贾迺甫和冢子张村的马馥塘，参加了王尽美、邓恩铭等发起成立的“马克思学说研究会”。

1922 年（民国 11 年）

8 月 齐河县的贾迺甫、马馥塘，在济南加入中国社会主义青年团。后转为中国共产党党员，并返回原籍进行党的宣传活动。

是年 全区特旱，北部各县尤重。全年降雨量不足 200 毫米。庆云县鸡犬不闻；恩县、德县、平原、夏津、陵县、济阳等县秋季无收。地方当局免征钱粮。

1923 年（民国 12 年）

夏秋之交 高永清受中共山东党组织派遣到平原县组织开展工农运动，领导成立济南理发业工会平原分会。这是平原最早的工会组织。

8 月 贾迺甫代表中国社会主义青年团济南地方团执行委员会到南京出席中国社会主义青年团第二次代表大会。

9 月 30 日 德县（今德州）、平原的西北乡王家寨子和小刘家庄等村，遭受匪祸，千余人丧生，150 余人被绑架。

1924 年（民国 13 年）

6 月 25 日 德县兵工厂工人捐献三千元，支援上海工人反帝运动。

12 月 孙中山委派国民会议宣传员闫容德到德县，领导建立国民会议促进会。

是年 奉军张宗昌部沿津浦铁路南下，占领德县兵工厂，郑士琦派兵阻截，拆毁铁路。经段祺瑞调解，张作霖令奉军退驻沧州。

是年 齐河县籍中共党员贾迺甫，从济南回家乡秘密传播马克思主义。在后里仁庄发展贾迺俄、曹青年为中共党员，并建立中共后里仁庄党支部，贾迺甫为负责人。该党支部直属中共济南地方委员会领导。这是齐河最早的一个中共支部。

1925 年（民国 14 年）

4 月 张宗昌令奉军在德县城北部修建军用飞机场。

1926 年（民国 15 年）

8 月 东临道尹林介钰带一营人马到陵县袁桥一带向红枪会寻衅，张屯村张老五击鼓聚众数万人将其全歼，林介钰只身逃往济南。山东军务督办张宗昌遂派徐源泉部和贺文良旅进行镇压，纵火烧村 36 个，百姓死伤数千人。

秋 经中共山东地方执行委员会批准，中共鲁北地方执行委员会在平原县建立，由李宗鲁负责。地委辖平原、禹城、夏津、高唐、恩县、德县、临邑、商河、陵县等 9 县党组织。机关设在平原县督府营。

1927 年（民国 16 年）

8 至 9 月 全区大旱。降水量不足 200 毫米，秋禾干枯，颗粒无收。

秋 根据中共山东省委指示，中共鲁北地委改为鲁北县委，李宗鲁任书记，王旭鹏、李剑赤、马绳武任委员。县委成立后，在平原城东潘庄召开第一次党代会，参加会议的有平原、德县、夏津、禹城、陵县、高唐、临邑、商河等8县党的组织负责人或代表。会议根据中央“八七”会议精神及省委指示，成立鲁北暴动行动委员会，决定组建农民武装，筹划发动8县农民暴动。

1928年（民国17年）

4月28日 中共鲁北县委改为鲁北特委。5月4日，鲁北特委组织高唐谷官屯武装暴动失败。6月8日，根据中共山东省委指示鲁北特委改为鲁北特支，机关设在平原腰站镇徐庄。

4月 国民革命军第二集团军第十九师在师长吉鸿昌率领下从临清方面进驻武城。吉鸿昌亲笔书写了“睡狮猛醒”四个大字，刻在县政府门前两尊石狮背上，以唤起民众革命。

5月初 北伐军方振武的第四军团、贺耀祖的第三军团、孙良诚的第三军过黄河沿津浦路北上。17日攻占德县。

10月 平原、禹城、陵县、夏津等县，建立贫民会组织，并进行抢粮、抗租斗争。

1929年（民国18年）

7月4日 阎锡山抵德县指挥作战。

1930年（民国19年）

5月 山西军人驻本区齐河县，设行营于晏城。行营主任傅作义指挥晋军沿黄河布防，并以一团兵力占据齐河城。

10月 中共鲁北临时委员会在平原县中学成立。刘子蔚任书记，马云祥为组织委员，李振山为宣传委员。领导平原、禹城、恩县、武城、清平等县的党组织活动。

1931年（民国20年）

春 山东省实业厅发给济阳、商河、临邑、恩县、武城、夏津等县脱里司美棉种籽，本区由此开始试种“美棉”。

7月11日 德县美国基督教传教士、博济医院院长德福兰，以保险箱被盗为名，夜间持枪将医院佣工王国庆打死，激起社会公愤。15日，德县各团体千余人举行反对帝国主义暴行的游行示威大会。慑于社会舆论，德福兰被解往济南，后移交到美国领事馆。

秋 中共平原中心县委在平原县东关路南大车店成立。书记段尔平、组织委员万宝善、宣传委员孙兴桥。中心县委辖平原、禹城、恩县、武城、清平、临清等县党组织。

1932年（民国21年）

是年 全区旱涝不均。临邑县年降水量977.2毫米；禹城县年降水量270.1毫米，大部分庄稼减产。

1933年（民国22年）

2月 国民党山东省政府建设厅于齐河县的红庙等地先行试办虹吸引黄工程，安装钢制虹吸管1条。

是年 全区种植中棉48.59万亩，总产皮棉27.2万担；种植美棉63.97万亩，总产皮棉36.96万担。是本区解放前最高棉产量。

1934年（民国23年）

4月 国民党山东省政府向庆云县拨款3万元，疏浚马颊河，被庆云当局贪污分肥。群众上万人冲进县城请愿，县政府被迫答应请愿条件。

10月 在中共地下党员、平原五乡师教师马霄鹏和李竹如帮助下，中共平原五乡师支部成立。马诚斋任支部书记，赵毅任组织委员，张一粟任宣传委员，高峻岳任委员。

1935年（民国24年）

1月 由德县李植仁组织编纂的《德县志》刊印发行。全书共16卷。

德县县长兼文献委员会委员长李植仁

1936年（民国25年）

是年 全区大旱。平均降水量366.7毫米，比常年偏少40%。德县、陵县、夏津、乐陵，全年平均降雨不到300毫米。

1937年（民国26年）

7月15日 中共津南工委在今河北省盐山县旧县镇，成立华北民众抗日救国会和华北民众抗日救国军。

8月上旬 在中共津南工委组织领导下，所属各县救亡抗日组织纷纷加入救国会。救国会由开始的6个分会增设到13个分会；救国军也很快发展到1000多人。

8月13日 中共乐陵中心县委书记杜步舟、军事委员周凯东（又名黄耀轩），在该县黄夹镇组织领导武装起义，建立华北民众抗日救国军第六团。时有160余人，60多支枪，5门土炮，50把大刀。

8月 中共宁津县委书记李广文，副书记王见新，组织、军事委员张策平，发动群众成立了“抗日后援会”。同时，中共庆云县委书记范普权，在本县板营村一带也成立了抗日武装团体。

10月3日 侵华日军由东光集结进犯德县，国民党第三集团军旅长运其昌率部与日军激战两昼夜，其四八五团将士大部壮烈殉国，德县沦陷。侵华日军占领德县后，沿津浦铁路南下，先后侵占平原、禹城、齐河。月底，又侵占陵县、商河、乐陵、临邑、庆云等县。

10月9日 冀鲁边第一个抗日民主

县政府——乐陵县抗日民主政府建立，抗日救国军总部委任周砚波为县长。

1937年10月，乐陵人民庆祝抗日民主政府成立

10月15日 国民党将领冯玉祥亲自指挥山东韩复榘的八十一师在禹城反击侵华日军，夺回张庄火车站，并乘胜北进，一度又克平原、德县、桑园。

10月 中共中央北方局决定，将河北省委领导的津南工委所属津浦铁路以东盐山、沧县、宁津、庆云、乐陵、阳信、无棣、东光等县党的工作，交给山东省委领导，并建立鲁北特委。书记于文彬、组织委员马振华、宣传委员赵明新、特派员邸玉栋。由此，统一了津南和鲁北党的领导组织。

10月底 华北民众抗日救国军，在乐陵县北部刘集（现属盐山县）召开会议，由中共冀鲁边区特委书记于文彬主持，会议决定邢仁甫为救国军司令，崔岳南为政治部主任，于文彬为副主任。

同月 侵华日军在德县黄河涯村附近，修建简易飞机场，占地4000余亩。

11月13日 侵华日军机械化部队由惠民出动进犯济阳城。韩复榘部稍作抵抗即撤，城防保安队配合联庄会农民武装守城苦战，战斗到深夜，军民3000余人从西门突围，死伤大半。城陷后，日军烧杀抢掠，杀害群众263人，烧毁房屋550间，后又到韩家、吕家河涯等村杀害群众百余人，烧房400多间，抢走牲畜24头。13日下午，侵华日军由禹城经郭庄渡赵牛河入侵齐河县境，过桥时，被国民革命军一个连阻击，激战一夜，日本侵略者死伤多人，国民革命军一个连皆阵亡，日本侵略者14日侵占晏城。13日，日军入侵临邑县城。

1937年11月13日，日军入侵临邑县城

是年 全区特大洪涝，全区平均降水量700～800毫米，其中8月份降水量达300多毫米。徒骇、马颊河洪水猛涨，上游地区降雨量增加，聊城、临清降水1000多毫米，直接影响下游地区，卫运河决口，陆地行舟。全区涝灾面积800多万亩，秋粮大部绝产。

1938年（民国27年）

2月 中共鲁北特委书记于文彬因他人手枪走火，误伤头部，于3月去世。特委工作由马振华主持。

同月 由八路军一二九师东进纵队抽调3个连队组建的津浦支队在队长孙继先带领下，由河北省的南宫县东渡运河，到高（唐）恩（县）夏（津）武（城）一带开展武装抗日活动。

3月初 八路军一二九师恩县武装工作团建立，彭天琦任团长。

3月 八路军东进纵队在恩县旧城正式成立八路军军政干部学校，校长张承光。干校先后举办3期，共培训学员300多人。

4月上旬 冀鲁边区抗日部队“国民革命军别动总队第三十一游击支队（简称三十一支队）”由庆云、无棣乘胜回师乐陵，一举收复乐陵城。又西进南皮攻克董村、黑龙村、灯明寺等大镇。至此，建立庆云、乐陵、盐山、无棣4个抗日县政府，和阳信、新海、南皮、宁津、东光、沧县等根据地连成一片。

4月26日 中共河北省委派杨靖远、李启华、史甄、赵焕文、吕器（杨希玲）等人到冀鲁边区开展工作。李启华任三十一支队政治部副主任，杨靖远任三十一支队副司令。边区工委领导机关由乐陵移驻庆云县城。

4月 禹城县程荆璞成立“鲁北第一剧团”，剧种是河北梆子和京剧。是本区较早的一个专业戏剧团体。

同月 侵华日军在德县城东郊扩建原飞机场，占地2.1万亩。该机场1945年日军投降后废弃。

6月初 中共鲁西北特委在冀鲁豫边区省委领导下，在夏津女子小学召开会议重新组建。特委书记张承先、组织部部长尉景平、宣传部部长马诚斋、统战部部长黑伯理、民运部部长韩少英、秘书长赵毅。下辖邱县、清平、高唐、临清、夏津、恩县、武城、平原、禹城9个县。

6月12日 国民党惠民专员刘景良率1200人，配合盐山刘颜臣部1000余人，沧县刘芳庭部800余人，包围庆云和乐陵县城。三十一支队政治部副主任李启华等人被刘景良部绑架。杨靖远率三十一支队夜袭刘景良指挥部，活捉其参谋长以下数十人，换回李启华等人。

7月7日 高（唐）、恩（县）、夏（津）、武（城）、平（原）、禹（城）等县的武装工作队合编为八路军冀鲁边游击支队。支队长孙超、政委彭天琦、政治部主任王克寇，下属4个大队，500余人。

7月8日 根据中共中央北方局和一二九师的指示，为加强冀鲁边区的统一领导，永兴支队、津浦支队与三十一支队在乐陵会师，冀鲁边区军政委员会宣告成立。军政委员会总的战略方针是：巩固津

1938年7月8日，冀鲁边区军政委员会成立大会

南，发展鲁北。马国瑞任书记，曾国华、孙继先、李宽和、潘寿才、杨靖远、邢仁甫为委员。自此，冀鲁边区有了统一的党政军领导组织。

7月 德平、德县及吴桥县地方民团在德平县义渡口组成“抗日同盟军”，司令员徐仲阳，副司令员曹振东，参谋长李玉双。边区军政委员会派赵焕文去“同盟军”任政治部副主任，联合该部共同抗日。

8月2日 八路军津浦、永兴两支队，攻克宁津县城。该县爱国人士张富忱组织的“抗日铁血团”改编为津浦支队教导大队。

8月13日 范筑先调动14个支队的兵力及津浦铁路沿线军民万余人，对津浦铁路德县至济南段进行大破袭，使侵华日军交通一度瘫痪。

9月27日 八路军一一五师三四三旅政委肖华，奉中共中央军委命令，率八路军东进抗日挺进纵队抵达乐陵城，重组中共冀鲁边区军政委员会，肖华任书记。八路军东进抗日挺进纵队下辖3个支队：四支队（津浦支队）、五支队（永兴支队）、六支队（平津支队）。肖华任纵队司令员兼政治委员，符竹庭任政治部主任，邓克明任参谋长。

肖华（右）在冀鲁边区

9月 经中共中央北方局批准，在乐陵县建立了中共冀鲁边特委。李启华任书记，周东光任组织部部长，马振华任民运部部长，李广文任宣传部部长，张博（张岫石）任秘书长。同月，设立

冀南行政区第六专区（津南专区），冀南第六督察专员公署成立，专员杨靖远；冀南军区第六军分区成立，司令员由杨靖远兼任，政治委员李宽和，政治部主任刘贤权。

10月上旬 中共冀鲁边军政委员会在乐陵县创办了军政干校。符竹庭任校长。共办5期，每期3个月，先后培训学员2000多人。

10月 中共冀鲁边区特委创办《烽火报》，总编辑傅国光（后为张镛），工作人员20余人。1941年冬，《烽火报》改为《冀鲁日报》。

同月 冀鲁边区战地动员委员会成立，刘贤权任主任。所辖县、区也相继成立该组织。

同月 冀鲁边区抗日文化教育救国总会成立，吕器任主任。该会创办《战地动员》等刊物。同月底，冀鲁边区中华民族解放先锋队总队成立，姜民毅任队长。此后，各县、区也相继建立了文救会等组织。

同月 侵华日军从沧县、德县、惠民纠集部队，对冀鲁边区进行第一次大“扫荡”。

11月16日 侵华日军独立第三混成旅团及一一四师团，对冀南和鲁西北进行大“扫荡”。

11月 冀鲁边区军政委员会积极贯彻执行中共的抗日民族统一战线政策，收编了一些地方武装，建立了运河支队，支队长李文成（后傅继泽）；泰山支队，支队长牟宜之。

12月 冀南第六专署专员杨靖远在盐山县四区大赵村与敌战斗中牺牲。肖华为此写下“断头流血乃革命者家常便饭，奋斗牺牲是抗日的应有精神”“抗战方兴竟在盐山留遗恨，建国未艾空对鬲水吊英魂”两幅挽联。杨靖远牺牲后，由邢仁甫兼任专员。

同月 冀鲁边区妇女救国总会在盐山县旧县镇成立，崔兰仙任主任。

同月 为开辟鲁北抗日根据地，冀鲁边特委派组织部巡视员马英奇，在临邑县唐坊村组建了临邑、商河、济阳、齐河、禹城、陵县、平原七县党的工作委员会（简称七县工委），马冲任书记。

是年 国民党政府在郑州花园口黄河炸堤，黄河遂夺淮入海（系黄河第26次大改道），本区齐河、济阳等县原黄河道干涸达9年之久，到1947年才回归原河道。

1939年（民国28年）

1月15日 中共鲁西区委员会成立，春至夏，鲁西区党委撤销鲁西北等3个特委，改设6个地委。其中鲁西三地委（又称卫东地委）辖平原、禹城铁路以西和高唐、夏津、武城、恩县等党组织。张承先任三地委书记。

1月21日 沧县、德县、济南的日伪军2万余人，合围“扫荡”冀鲁边区。肖华率“挺纵”和中共地方党政机关主动撤离乐陵县城。

3月 冀鲁边区各地开展反汪（汪精卫）、驱鹿（国民党冀察战区总司令兼河北省主席鹿钟麟）、拥朱（拥护朱德任冀察战区总司令兼河北省主席）的群众运动。

4月1日 八路军“挺纵”五支队机关及所属一部1700余人，在司令员曾国华、政委王叙坤带领下，进驻陵县大宗家一带休整，被日军侦知。日本侵略军纠集德县、商河、宁津等7县的快速部队2000余人，偷袭大宗家八路军。双方激战一天，五支队突围。是役，日军伤亡500余人，敌首安田大佐被击毙。五支队五团政委曾庆洪、特派员谢家树等400余人牺牲，五团团长龙书金负重伤。这是八路军第一次在鲁北与日本侵略者大部队作战。此役，震惊中外，被列入全国战史。

5月 经中共中央北方局批准，冀鲁边区建立津南、鲁北两地委，均由冀南区党委代管。津南地委书记李启华，鲁北地委书记周东光。津南地委辖沧州以东各县，包括今德州地区的宁津、乐陵、庆云等县；鲁北地委辖平原、陵县、德县、商河、临邑、济阳、禹城、齐河、阳信、滨县、沾化（西部）、平禹等县委。

7月11日 驻乐陵县西宁家寨国民党军高树勋部受千余日伪军包围。国民党友邻部队为保存实力，袖手旁观。高部只好求援于八路军“挺纵”。肖华遂派五支队，深夜从宁津县龙潭镇出发，赶到乐陵县西宁家寨，与高军内外合击日本侵略者，打死日本侵略军60多人，伪军100多人，其余狼狈逃窜，缴获敌机枪2挺、步枪200余支，炸毁汽车4辆。

8月 中共冀鲁边区海上特务团成立。

9月4日 根据八路军总部指示，肖华率部转入鲁西，符竹庭接任中共冀鲁边区军政委员会书记。同时，八路军“挺纵”主力部队先后分9批达1.5万余人，调往鲁西和鲁南。

是年 陵县、乐陵、宁津、临邑、庆云、商河、济阳、齐河等县建立抗日民主政权，冀鲁边区抗日革命根据地基本形成。

1940年（民国29年）

1月1日 司令员肖华为《烽火报》撰文，总结冀鲁边区1939年战果：大战177次，击毙日本侵略者1923人，毙伪军3845人，俘1368人（内有军官95人），破袭铁路18次，运走铁轨91条，击毁日伪军列车12辆，破敌电话线366里，缴获步枪2193支、驳壳枪173支、机枪21挺、手枪133支，汽车、电台、洋马、军衣、粮食一大批。人民军队阵亡官兵607人，伤746人。

1月 冀鲁边区中华民族解放先锋队，改为津南青年抗日救国总会，主任王连芳。随之，各县、区“民先队”与“青救会”合并，都称“青救会”。

2月 津南农民抗日救国总会成立。主任姚任远。随之，建立健全了各县、区、乡、村级“农救会”。该组织在动员群众参军、参战、支前、开展减租减息等工作方面起了很大作用。

3月6日 根据中共中央关于《抗日根据地的政权问题》的指示，宁津县首先建立“三三制”（由共产党员、非党左派人士、中间派人士各占三分之一的人组成）的抗日民主政府，李毓贞当选为县长，崔连珍、舒聚荣分别任参议会正副参议长。

3月 由“挺纵”直属队一个连和陵县地方武装的四五百人，组成鲁北支队，司令员兼政委杨忠。该队主要活动在鲁北西部。

5月 冀鲁边区开展肃清托洛茨基反革命分子运动。

6月初 建立商津县。渤海区一专署将南皮县东部3个区、宁津县北部两个区及乐陵、东光两县的边远村，组成商津县，县委书记张白水，县长王道和，农救会主任潘建中，青救会主任李青器，妇救会主任王玉如。

7月1日 冀鲁边区各回民救国会在宁津、乐陵县边境魏家庵召开回民代表会议，成立冀鲁边区回民抗日救国总会。选举王连芳为总会主任兼组织部部长，刘震寰为武装部部长，丁溪野为宣传部部长，李玉池为青年部部长，刘树仁为秘书长，下辖四个分会。

8月18日 冀鲁边区回民大队在宁津县魏家庵正式建立，刘震寰任大队长，王连芳任政委。

9月11日 中共津南地委书记马振华、宁津县委书记张维明，在宁津县薛庄召开区干部会议。翌日拂晓，被柴胡店、大柳等5个据点的300多日伪军包围。与会13人，除2人脱险外，马振华、张维明等均壮烈牺牲。为纪念马振华烈士，将宁津县改为“振华县”。

11月20日 为配合八路军发动的“百团大战”，边区军政委员会书记周贯五率部队同宁津县大队袭击吴桥伪军张国基部，经过三天两夜激战，打死打伤伪军800人，活捉张国基以下千余人。

11月 鲁北支队骑兵连和平原县大队在津浦铁路沿线的三唐（属平原县）火车站，截击侵华日军军用火车一列，打死日本侵略军8人，缴获迫击炮1门、步枪300余支和被服一宗。

1941年（民国30年）

1月 中共中央北方局派张晔、郝炬（何郝炬）、曹戎、李炎组成巡视团，到冀鲁边区巡视工作。在乐陵县朱家寨子村召开了营团（县）以上党政军干部会议，传达北方局关于建立巩固革命根据地的各项指示，后到各县检查工作。

2月 中共中央北方局决定，撤销中共冀鲁边区特委，建立中共冀鲁边区委员会，归属中共山东分局领导，辖原冀南区党委代管的冀鲁边一、二、三地委。代理书记李启华。

同月 中共运东地委建立，书记杨中一，副书记王东宁兼宣传部部长。同时，成立运东专署和冀南六军分区，胡子寿任专署专员，邹国厚任六军分区司令员。辖夏津、恩县、武城、平原、禹城、高唐和清河县一部分，隶属于冀南区党委。

3月初 八路军一一五师教导六旅政委周贯五率十六团、十七团在商河县兴隆镇一带驻扎，遭日伪军2万人包围，激战一天，打死打伤日伪军900多人，因弹药将尽，十六、十七团乘夜幕降临突围北去，损失较小。

3月下旬 冀鲁边区回民抗日救国总会和回民支队机关报《正道周刊》《正道杂志》创刊。

3月 八路军冀鲁边军区成立。邢仁甫任军区司令员，周贯五任军区政委，杨忠任军区政治部主任。

8月 《烽火报》和《前进报》合刊改名《冀鲁日报》，社长戴夫，副社长张镛。

9月7日 陵县抗日政府县长吴匡五率领县大队在临邑城北苏家庙子活动时被日伪军包围。经过激战，吴匡五率县大队冲出重围，但他身负重伤，转移到平原县姜家后牺牲。为纪念他，经上级批准，1943年陵县更名为匡五县。

10月 冀鲁边二地委在平原县王凤楼举办党员干校。共办两期，培训干部50多人。

是年 全区大旱。全年降水量300毫米，庄稼籽粒未收，群众吃树皮、草根，逃荒要饭。此景持续到1942年。

1942年（民国31年）

3月初 中共冀鲁边区党委机关报《冀鲁日报》，首次出版发行石印《联共（布）党史简明教程》和《马列主义初读》两书万余册。

春 陵县、乐陵、宁津等县大旱，又加日本侵略者实行“三光”（抢光、杀光、烧光）政策，群众生活十分艰难。

4月29日 侵华日军华北方面军总司令官冈村宁次，率第四十师团，独立第一、七、八、九混成旅团共万余人，并纠集枣强、清河、夏津、恩县、高唐、武城等县的日伪军数千人，在飞机掩护下向以武城县为中心的八路军驻地进行“铁壁合围”。中共冀南区党委、行署、军区机关、党校及新编七旅、骑兵团、二十一团和武城县委、县府、县大队等7000多人被包围。后大部人员冲出合围，380余人失踪。5月26日，冈村宁次又飞抵德县，纠集日军3个旅团2万余人、伪军1万余人，对冀鲁边区进行持续50天的“大扫荡”。冀鲁边一军分区主力十六团及地方武装2000余人，进行了反扫荡战斗30余次，毙、伤敌1700余人，破坏铁路数段，缴获武器一批，粉碎了日本侵略者“确保津浦交通”的计划。

6月9日 侵华日军中将师团长滕井坐镇德县指挥两个旅团，并纠集德县、连镇、泊镇、沧县的日伪军2万多人，对冀鲁边区进行大“扫荡”，一直持续到8月中旬。在全区挖封锁沟570公里，设据点456个，把抗日根据地分割为上百个小块，边区抗战形势和环境异常艰苦。

6月18日 中共冀鲁边区一地委和专署机关及冀中参观团，在鬲津县四柳林、大、小单家一带（现属东光县），被日军包围。因寡不敌众，伤亡惨重，除少数脱险外，一地委书记杜子孚、组织部部长邸玉栋、专署专员石景芳，冀中三地委书记翟晋阶等300余人壮烈牺牲。这是冀鲁边区在抗战中损失最大的一次战斗。

6月下旬 中共山东分局派彭瑞林任中共冀鲁边区一地委书记，王亦山任专员，傅继泽任一军分区司令员。

6月 冀鲁边区特大干旱。连续150天无雨，河道干涸，群众食野菜树皮。

7月 中共中央领导人刘少奇到达山东在滨海区指导工作期间，听取了在山东分局党校学习的冀鲁边区教导六旅十六团政委陈德、副团长杜步舟关于冀鲁边区的形势汇报。根据刘少奇和一一五师的指示，边区主力部队及区党委党校等单位转移到清河区老鸹嘴、义和庄一带根据地整训，剩下的部队化整为零，和当地党、政、群组织紧密配合，在原地坚持斗争。

9月 中共冀鲁边区二地委群众抗日救亡组织相继建立。

10月初 中共冀鲁边区党委根据中央和华北局指示，将平原、禹城合并为平禹县，齐河、济阳合并为齐济县。

12月27日 侵占禹城的日军司令山田和武城伪县长吴寄朴，纠集日军500人，伪军800人，分四路包围八路军驻地武城县的毛店一带。武城县大队副政委戚烽、特派员刘振亚，率县大队和基干连突围，戚烽、基干连指导员林绍顺等27人壮烈牺牲。

是年 中共冀鲁边区二地委撤销商河县，在惠民、商河境内建商惠县。该县还辖原商河县的八、九区，乐陵县的五区，惠民县的四区，阳信县的五区。

1943年（民国32年）

1月17日 中共冀鲁边二地委在平原县张士府胡窑村召开县团级以上干部大会时，被侵华日军两个旅团8000余人包围，二军分区司令员龙书金指挥部队突围。三地区队副队长任金贵、副教导员于殿珠等近300人壮烈牺牲。

1月26日 济南、德县、惠民等地日伪军5000余人，分乘300辆汽车，对中共冀鲁边区二地委党、政、军驻地临邑县王家楼一带进行合围。军分区司令员龙书金、政委曾旭清，率军与敌激战一天，傍晚冒大雪突出重围。战斗中，歼敌250余人，二军分区副司令员徐尚武等50人牺牲。

2月3日 以占领济南的侵华日军中将师团长细川中康为首，联合驻天津、沧州、惠民、德县的日伪军两万余人，对冀鲁边三军分区根据地——乐陵县铁营大洼一带进行“扫荡”，驻铁营洼的三军分区部分部队和阳信县政府机关、县大队等共400余人，被敌重重包围。八路军多次突围，因力弱未成。战斗从拂晓打到天黑，除县大队教导员王志诚率领部分人员突围外，三军分区副司令员李永安和阳信县县长武大风等分区机关、部队人员大部牺牲。

2月5日 夏津、武城、故城、平原、恩县、临清、高唐7县日伪军，将国民党军二十二旅包围在夏津苏留庄西大沙河内，展开激战，二十二旅将士500余人殉难。

3月 侵华日军强征10万民夫挖封锁沟，在各县之间修公路、筑岗楼，设立据点，企图隔断抗日军民区乡之间的联系。据不完全统计，冀鲁边区内挖封锁沟1400公里，占全省30%；修公路4000公里，占全省31%；岗楼、据点840余个。

春季 中共清河区党委在齐河、济阳地区建立中共济南工委，李萍任书记。

4月10日 侵华日军以万人的兵力，对鬲津河以南进行“扫荡”。乐陵县县长余志远（即张汉卿）被日军包围在一间房子内，战斗到只剩下一颗子弹时，他咬破手指，用鲜血在墙上写下“生前不能孝父母，死后鲜血为国流，嘱我抗日众同志，踏我血迹报国仇”的诗句后，自尽殉国。年仅26岁。

5月10日 冀鲁边区战时行政委员会根据抗战需要和维护群众利益的原则决定：自当月起，在全区发行北海币，并定为冀鲁边区单一的地方本位币；边区建立北海银行冀鲁边分行，各专署成立支行，各县设办事处。

6月30日 冀鲁边军区在新海县（今黄骅县）大赵村召开侦察通讯工作会议。参加会议的有军区副司令员黄骅、参谋长陆成道等有关人员10余名。18时许，受邢仁甫（冀鲁边军区司令员）指使的冀鲁边军区手枪队队长冯冠奎（被八路军收编的土匪）带人闯入会场，当场枪杀了黄骅、陆成道等7人，其他4人受伤。

7月中旬 冀鲁边军区司令邢仁甫等叛变投敌。10月，被侵华日军委任为沧县、南皮、乐陵等“六县剿共司令”。天津解放后被抓获，1950年在盐山县被人民政府处决。

7月底 侵华日军纠集天津伪治安军一个团1300余人，伙同济阳县伪军，到该县二太平等村进行“围剿”。冀鲁边二军分区主力部队和济阳县大队共1500余人埋伏截击，与敌激战半日，毙、伤敌300余人，俘900余人。

7月 周贯五任冀鲁边区军区司令员兼政治委员。

周贯五在冀鲁边区

9月 二军分区司令员龙书金带分区主力部队，在500多名群众的配合下，在临邑县一带开展了一次大破袭活动，破坏了本县境内的所有公路。一夜间，拔除临邑县的夏口至盘河60余华里之间的10多个日伪岗楼。一个月的反“蚕食”斗争中，克敌碉堡、岗楼130余座。

11月23日 中共冀鲁边区一、二地委根据山东分局指示，组织各县、区干部开展“整风运动”。通过整风学习，加强了部队与地方、本地与外地干部之间的团结，改进了思想作风，坚定了革命立场。

是年 全区旱灾严重，部分县绝收。个别地方树叶、树皮被吃光。

1944 年（民国 33 年）

1 月 经中共中央北方局批准，山东分局和山东军区决定，清河与冀鲁边两区合并，建立渤海区，设渤海区委员会。景晓村任区党委书记兼军区政委，王卓如任副书记兼组织部部长，陈放任宣传部部长，杨国夫任渤海军区司令员，龙书金任副司令员，袁也烈任参谋长，周贯五任军区政治部主任。区党委、军区下直辖 6 个地委、6 个军分区。原冀鲁边区所辖各县划为渤海区一、二、三地委。陈德任一地委书记兼一军分区政委，傅继泽任司令员。辖乐陵、吴桥、东光、南皮、沧县、靖远、振华等县；曾旭清任二地委书记兼二军分区政委，司令员龙书金。辖德县（即德州）、德平、平原、禹城、临邑、齐河、匡五（今陵县）等县；李广文任三地委书记兼三军分区政委，刘贤权任司令员。辖庆云、无棣、阳信、海兴、惠民、商河、杨忠等县。四、五、六地委和军分区在淄博、潍坊、垦利一带。

同月 中共渤海区二地委决定，撤销齐济县委，建立齐临县委，县委书记王希平（王自泉），县长李聚五。同时建立济阳县委，县委书记李萍，县长王其元。

2 月 中共德县工作委员会建立，刘子光任书记。德州市工委直属渤海区党委领导。

3 月 1 日 渤海区行政公署正式建立，由清河区与冀鲁边区合并而成。刘其人任行署主任，李人凤任副主任。渤海行政区下设 6 个专署。其中，王亦山任一专署专员，孙子权任二专署专员，王道和任三专署专员。

3 月 武城伪县长吴寄朴纠集 3 个中队的 400 余人，对正在该县运河边齐庄一带活动的中共武城县大队基干连突然包围。该连不足 100 人，毙敌 100 余人，伤敌 200 余人，俘敌 100 余人。此役创造了以少胜多的典型战例。冀南六军分区给该连记集体大功一次，冀南军区授予武城县大队“模范游击大队”称号。

5 月 中共渤海区委在利津县召开县委书记以上干部会议，检查总结原清河区、冀鲁边区抗战以来的路线、政策和游击战争情况，总结经验教训，做出结论，部署工作。

8 月 中共渤海二地委主办的《黎明报》正式创刊。社址在陵县郑寨以南的东西蔡庄。报社不久即遭日伪军破坏，3 人被捕，1 人牺牲。

9 月 中共渤海区二地委召开城市工作会议，并决定建立济南武工队（第一队）、德州武工队（第二队）、禹城武工队（第三队）。

同月 渤海二军分区宣传队在临邑县成立。为纪念解放临邑时牺牲的二军分区副政委李恒泉，命名该队为“恒泉剧团”。1950 年与渤海二地委文工队、德州市文工队合并，组建成德州地区文工队。

10 月 中共渤海区党委决定，新建商（河）惠（民）济（阳）三边县，县委书记赵元明（丁润生），县长王权五。该县归渤海二地委领导。

11 月 渤海二军分区和二地委在部分村庄开展了“雇工增资”“减租减息”、反贪污、参军等群众运动。

年底 全区除个别县城和交通重镇的据点外，其他外围日军据点基本拔掉，渤海解放区连成一片，开始大反攻。

1945 年（民国 34 年）

2 月 中共渤海区党委决定，组建德（州）沧（州）段工作委员会。王明路任工委书记。该工委受渤海区党委城工部领导。同时建立铁路大队。

5 月 渤海区召开人民代表选举大会，并选举出席延安解放区的人民代表刘格平、张永逊、张奎柄、于勋忱、刘冠甲、李洪洲、齐燕铭、傅炳翰等 8 人，朱永顺、辛葭舟、马千里等 3 人为候补代表。同时召开工、青、妇代表会，选出张有田、于耀夫、邱岩桂（女）、朱永顺等作为出席解放区工、青、妇各联合会的代表。

6 月 冀南军区十九团配合夏津、恩县、武城县大队攻克夏津县的珠泉屯和渡口驿敌据点，毙敌多人，俘虏 80 余人，缴获长短枪 92 支。随后又配合平原县大队围攻平原伪军刘家忠部，拔除据点 4 处，毙伤敌人 30 多人，俘 100 余人。缴获长短枪 70 余支。

同月 德州市(县级)民主政府成立。

8 月 15 日 抗日战争胜利。在长达八年的抗日战争中，德州地区军民为中华民族的解放事业做出重大贡献，也付出了很大的代价。据当时不完全统计，把全部损失折合成北海币，共计 1200 多亿元。其中房屋土地损失折合 53 亿元，生活资料 114 亿多元，生产工具 700 多亿元，运输工具 400 多亿元，牲畜、家禽 4 亿多元，敌人敲诈 11 亿多元。

1945 年 8 月，渤海军区庆祝抗战胜利大会

8 月 16 日 山东军区司令部命令，将各军区主力与基干部队编成山东解放军野战兵团，向敌展开大反攻。其中，前线部队第四路为渤海军区部队。前线指挥杨国夫，政委景晓村。其指挥所属部队为山东第七师、警备第六、七旅及作战地区的军分区的独立团、营。

8 月 19 日 冀南军区十九团东渡运河，配合渤海二军分区部队及有关县大队连克恩县至旧城公路两侧 8 个据点，然后，拔除夏津城北 8 个据点。在李楼与七屯之间，伏击日军 120 余人，伪军 300 余人，击毙伪团长杨英贤以下100余人，缴获大批武器。在夏津县新盛店召开祝捷大会。

8月底　渤海二军分区部队，进攻到济南城下，占领黄河大桥下的鹊山一带，并在此地建立马子区、青林区，消灭在齐河、济南一带活动的汉奸聂宜增部（聂胡子），击毙300余人。

8月　渤海军区召开庆祝抗战胜利大会。

秋　中共渤海区第一地委奖给常大娘一面锦旗："向在八年抗战中立下不朽功勋的革命妈妈常大娘致敬"。

常大娘，本姓刘，名相会（一说"香惠"），1891年生于乐陵市三间堂乡刘玉亭村，嫁到常姓人家，人称"常大娘"。抗日战争期间，曾经掩护照顾过冀鲁边区包括肖华在内的一大批边区干部和伤员。她家成为冀鲁边区三地委和靖远县的秘密驻地。1970年，她79岁加入了中国共产党，1974年去世。常大娘是乐陵县第一至三届人大代表，出席过山东省双优大会

9月　渤海二军分区武工大队建立。该队主要负责桑园至洛口铁路沿线新区的开辟工作。后改称津浦铁路武工大队。

10月　中共渤海区党委、军区、行署根据上级决定，将原所属6个地委、6个军分区、6个专署分别合并为4个。一地委书记李广文，军分区司令员傅继泽，专员王道和；二地委书记曾旭清，军分区司令员肖锋，专员孙子权（三、四地委所辖境域大多在今惠民、淄博地区）。

10月至12月　中共渤海区党政军领导袁也烈、景晓村、周贯五等，率军区司政机关及特务一、二团，进抵津浦铁路前线，警六旅担任德州至济南段的作战任务。10月22日，南线特务一团攻克石佛寺和焦家庄后，又包围黄河涯火车站，守敌侵华日军1269部队第12小队投降。10月30日，警六旅等部队攻克平原县城。俘日军80余人，打死打伤和俘伪军千余人。11月中旬，渤海军区部队向平原、禹城段日伪军发动强大攻势，激战6天，攻克火车站3处，拔除敌伪据点80多处，炸毁日军火车一列，毙、伤、俘日伪军1500余人。12月8日，八路军再次围攻平原城，守敌弃城向德州逃窜。12月下旬，渤海军区特务一团夜袭晏城火车站。12月30日，特务一、二团及警六旅、军区骑兵大队进攻禹城县。

12月底　渤海二军分区多数县大队升级为分区主力部队并组建成十一、十二团。同时各县又重建县大队。原分区主力部队升级。

12月　渤海军区"宁津枪厂"建成。

主要生产“一五”式大枪、“三八”式、“三九”式步枪子弹、手榴弹和“单打一”手枪。1947年12月底，该厂随部队南下。

年底 渤海军区司令部公布一年战果：庆云、宁津、乐陵、德平、陵县、平原、禹城、临邑、商河、济阳、齐河、夏津、恩县、武城全部解放。

1946年（民国35年）

1月10日 由共产党、国民党和美国代表组织的军调部德州执行小组成立。成员有共产党代表宋绍德少校（临时委任的军衔），国民党代表刘金铭上校，美方代表怀特中校，渤海区党委代表景晓村、袁也烈。符浩、肖锋作为中共代表分别参加德州、禹城军调小组的工作。2月5日，军调部德州执行小组抵德州。与渤海军区首长举行第一次会谈。谈判无结果。后经过会商达成临时协议。

3月中旬 国民党德州驻军，违反停战协定，进犯八路军防地并设据点。

4月9日 驻禹城魏寨村的国民党保安十九旅和晏城的国民党十二军共3000余人，分三路进犯解放区齐河县华店一带，杀伤八路军、群众8人。

4月中旬 全区推行土地改革并进行复查。共计分给农民土地50万亩。

4月30日 中共渤海区党委在德县土桥镇召开高干会议，讨论华东局的有关决议，端正干部对时局的认识和工作态度。会议还研究部署了渤海区整军、复员、经济建设及组织等工作。

4月 石磊光任乐陵县县长。这是山东省第一个民主政府女县长。

5月30日 中共渤海二地委决定，将平禹县委分建为平北工委和禹城县委。平北工委书记潘子明、副书记邓林华、县长尹一农。禹城县委书记李一民（李逸民）、副书记刘世杰、县长周金生。

6月7日 零时，渤海军区特务第一、二团、二军分区十一、十二团，在冀南军区部队配合下，发起德州之战，对城内的国民党军队发起进攻。经过5昼夜激战，德州城宣告解放。

6月 设置德州市。

1946年冬，由夏津县委、县政府和冀南区党校学员组成的土改工作队，深入乡村开展土改运动

7月 渤海军区和二军分区主力部队与济阳县大队，向占据济阳城的国民党十二军三十六师一〇六团发起攻击，至17日晚结束战斗。

冬 夏津县委、县政府和冀南区党校组成土改工作队，到农村开展土改运动。

1947年（民国36年）

1月29日 渤海军区七师、十一师及二军分区十二团、津浦游击队、平禹、齐禹独立营，对国民党军李连祥部展开攻势，两天拔除据点18处。

3月 中共渤海区党委根据华东局指示，部署全区进行“土改复查”。所属各县先后开展此项工作。

同月 渤海二专署为支援解放战争成立第二后方指挥部。指挥部下设参谋处、政治处、动员科、柴粮科、兵站科、卫生科等。

同月 渤海二专署各县千余名回民青年参军，同时成立回民大队。

5月中旬 渤海二地委各县自4月开始，45天发展新党员11200人，在许多空白村建立党的组织。

9月上旬 庆云、乐陵、德平等县支前民工担架队立功荣归。其中庆云县第一批常备担架队800余人，在近5个月服务期中，荣获“陈毅担架队”的光荣称号，获“支前模范”奖旗一面。

9月 黄河归故道后第一个汛期多次涨水，渤海区43处险工段因9年脱河，堤坝多已残破，遇水即出险，特别是济阳县谷家村等险工段，先后发生塌坝溃堤等严重险情，直接危及堤防安全。沿河各县党政军民，全力以赴，进行长达月余的紧张抢险，保住堤防，取得防汛的胜利。

12月初 中共渤海区二地委召开各县主要领导干部会议，贯彻华东局《关于贯彻高干会议精神及具体执行“三大方案”（精减编制、调整供给标准、清理资财）的决定》。二地委的贯彻意见是实行精减，紧缩编制，厉行节约，降低生活水平，减轻人民负担，集中人力、物力，支援前线。

1948年（民国37年）

1月22日 渤海二军分区回民支队一部，配合禹城、齐河县地方武装，在齐河县黄河岸桃园、丁家口、刘家庙、邱家庄一带，剿灭聂宜庆部400余人。

1月底 中共渤海区二地委部署“三查三整”运动（查工作、查阶级、查斗志，整顿思想、整顿组织、整顿作风）。

6月9日 中共渤海区二地委召开地专机关干部会议，总结第一期整党工作，传达中央土地会议精神和《土地法大纲》，并组织100多名干部到临邑县进行试点工作。

7月 渤海二专署专员王子彬奉命调任渤海行署民政处处长，王其元任二专署代理专员。

9月 中共渤海区一、二地委和专署及所辖县（市）进行调整。一地委书记由渤海区党委副书记李广文兼任，专员王道和，辖乐陵、南皮、庆云、盐山、东光等县；二地委书记田海山，代理专员王其元，辖禹城、平北、临邑、德平、匡五、商河、济阳、德县、德州市。

同月 渤海二专署所属各县人民群众，积极支援济南战役。其中匡五县（今陵县）组织支前营，出动民工800余名；济阳县各村妇女日夜兼工磨出面粉90万公斤；商河民工支前营五连在济南战役中连续8昼夜抢救伤员，荣获渤海纵队嘉奖，被授予“济南战役模范民工连”光荣称号。

10月 济南战役大部分俘虏押至禹城县。渤海二军分区在该县成立“俘虏管理处”，由平原、禹城、匡五、临邑4县各派500人，编为“俘管团”，王岩明任团政委。经3个月的教育，多数俘虏报名参加中国人民解放军。

1949年

1月初 渤海区二专署所属10县（市）涌现出送子、送郎参军模范3800多人，参军人数达23万多人。

1月底 中共渤海二地委从地直机关和各县抽调1000余名干部，组成南下工作队，到鲁南整训后即南下（长江以南省市）。

1月 华东支前司令部，授予乐陵、庆云两县组成的担架团“模范担架团”称号。该团随军转战8个月，历经山东、河北、江苏、安徽、河南5省，行程万余里，历尽艰险。参加济南、淮海等重大战役，涌现出特等功臣石连生等6人，一等功臣351人。

3月初 陈毅、贺龙、邓子恢等9人，赴河北省平山县西柏坡村参加中共七届二中全会，路经德州市，陈毅向中共德州市直机关干部作政治形势报告，并对城建工作给以指导。

4月19日 中国人民解放军第四野战军10万余官兵南下，途经德州市、平原等县（市），各县（市）都成立了“支前拥军委员会”，保证过路部队粮、油、菜等生活物资的供应。

5月17日 根据中共中央关于对在抗日战争中以革命烈士姓名命名的县、区一律恢复原名的指示，将原一专署的振华县改为宁津县；二专署的匡五县改为陵县、杨忠县改为惠济县。

6月9日 中共渤海区党委根据中共山东分局、山东省军区指示，对所属各地委、军分区，重新定名。其中一地委定名为沧南地委，书记袁成隆、司令员贾乾瑞。二地委定名为泺北地委，书记田海山、司令员隋维堂。

7月21日 山东省人民政府发出通令，将原渤海区的4个专署分别改定名称：原一专署改为沧南专署，专员王道和；原二专署改为泺北专署，专员王其元；原三专署改为清河专署，专员王云生；原四专署改为垦利专署，专员王沛云。

8月1日 冀南区、冀中区部分县市合并成立河北省衡水专区，原属于山东省的平原、恩县、夏津、武城随之划入衡水专区（1949年10月，平原县划回山东省，隶属于渤海区泺北专区）。

8月 冀鲁豫边区的齐（河）禹

（城）县的河西县划归渤海区泺北专区。泺北专区先后辖临邑、惠（民）济（阳）、商河、商（河）惠（民）、陵县、齐河、禹城、德平、德县、平原、平（原）禹（城）等县。德州市直属渤海区管辖。

9月22日　黄河洛口段出现最高水位32.33米，洪水漫滩达堤，临水堤段即达500多公里，淹没区内滩地村庄169处，受灾37108人，淹没耕地63920亩，倒塌房屋35间。

9月　宁津县17万亩棉花丰收，占全区第一位。中共沧南地委在长官村搞棉花基点，并在此召开现场会，推广该县经验。

10月1日　全区各县（市）干部、群众采取各种形式庆祝中华人民共和国建立。

11月　泺北专署在临邑、商河、济阳、齐河等县收换优质谷种48个品种，170多万斤，支援苏联。

年底　中共渤海区党委发出《关于公开党的指示》，指出中共已成为全国执政的政党，要求各级党组织、党的工作和每一个党员接受群众的监督、批评，更加密切党与群众的关系，提高党员与群众的觉悟水平。

是年　据统计，全区从1945年至是年年底，为支援解放战争，共出常备民工11期，47万多人；担架7.7万多付；扁担挑子3.9万多付；大马车12.6万辆；牲畜2.2万头。

1950年

2月25日　中央人民政府委员陈嘉庚、庄明理途经德州停留，听取泺北专署专员王其元的汇报，并对教育、农业、交通等工作提出指导意见。

3月　德州市并入德县，称德县城关区。

4月　疏浚土马河。工程区由禹城县大小洼王庄到惠民县大杜家，全长106公里。禹城、临邑、陵县、济阳、惠济、商河6县共出动民工5万多人，5月竣工。

5月1日　经中央人民政府政务院批准，由原渤海区的沧南专区、泺北专区合并成立德州专区。中共中央山东分局决定，撤销渤海区党委、渤海行政公署，其所属的泺北地委、沧南地委，泺北专署、沧南专署合并，建立中共德州地方委员会（简称德州地委）和德州专员公署（简称德州专区）。由袁成隆、张进、傅爱农、王其元组成地委常委会，袁成隆任书记，张进、傅爱农任副书记；王道和任专署专员，王其元任副专员。德州专区辖德县、陵县、平原、德平、商河、齐河、禹城、宁津、乐陵、庆云、临邑、济阳、吴桥、东光、南皮、盐山16个县。

5月13日　下午，大雹灾袭击齐河、禹城、平原、临邑、济阳等县，受灾粮田16万亩。中共德州地委组织干部群众进行救灾，发放救济粮14万公斤。

5月26日　地委做出决议，推选袁成隆、张进、傅爱农、王道和、王其元5人组成常务委员会。同时，研究常委分工，并决定建立6个委员会。即德州地委生产救灾委员会、土地改革委员会、财政经济委员会、社会治安委员会、学习委员会、工青妇等群众团体工作委员会。

5月 全区宣传、贯彻学习《中华人民共和国婚姻法》。

6月1日 各县妇联、学校集会，庆祝首届儿童节。

6月19日 专署发出《关于拥护世界和平，禁止使用原子武器，发动和平签名运动的通知》。到9月底，签名人数达250万人，占全区总人口的58%。

6月25日 全区各县干部、群众集会游行示威，抗议美国发动侵略朝鲜战争。

上半年 全区各县陆续召开第一届各界人民代表大会。

7月13日 地委扩大会议决定，成立575人的“土改复查”训练队，经过培训后，分别到各县（市）帮助进行“土改复查”工作。

8月 齐河、禹城两县霉烂粮食20余万公斤。德州专署对严重失职人员给予撤职查办处分。

9月10日至17日 地委召开扩大会议，参加会议的各县委、县府和群众团体负责人共109人，由组织部部长高原传达地委整风计划，专员王道和传达“土改复查”工作计划，书记袁成隆作关于“整风”问题的综合报告。

10月1日 郭文德研制的蜂窝煤球（亦称经济煤球、大煤球）和蜂窝煤球炉，在德州市线市街正式投入生产。字号“郭文德家庭工业社”。1953年年初，改字号为“利民煤球厂”，有工人10余人，

平原各界人民代表会召开

日产煤球5吨至6吨。

11月25日 专署发出"冬学"运动的通知。全区参加冬学的有27万人，以学文化为主，也进行时事、政策、技术教育。

11月 专署为救济皖北受灾同胞，在全区劝募寒衣1万套。

12月 德州军分区建立。

夏津县东李官屯农业互助组使用的农具

是年 全区实行粮油自由贸易政策。

是年 全区第一个农业互助组在夏津县东李官屯成立。

1951年

1月26日 地委部署镇压反革命工作，至年底，铲除伙匪数股，逮捕团头道首多人，积案3000余件大部清理完毕。

3月 恢复德州市建制,隶属德州专区。

4月20日 专署发出《关于制止乱摊乱募，加强财政管理的通知》，制止各地在文娱活动、填发土地证、动员参军等工作中乱募捐款、挥霍浪费现象。

4月 德州地、市直机关干部及各界群众集会于德州市大寺广场，欢迎志愿军归国代表团和朝鲜人民访华团。

5月1日 各县（市）城镇举行"五一"反美游行示威。全区有80%的村庄、机关、团体订立爱国公约。

7月中旬至8月上旬 全区降雨622.5毫米，加客水侵袭酿成重灾。禹城县淹地占全县耕地面积的70%，庆云县占78%，盐山县占58%，平原县占50%。全区耕地1648万亩，淹涝409万余亩。倒房14.8万间，死伤290多人，死伤牲畜108头。

10月24日 中央人民政府政务院批准，将山东省所属的东光、吴桥、盐山、南皮、宁津、庆云等6县划归河北省；将时属河北省、原为山东省所辖的恩县、武城、夏津3县划归山东省德州专区。德州专区辖德州市和德县、恩县、临邑、乐陵、禹城、齐河、商河、夏津、武城、济阳、德平、平原等12县。

12月 中国人民银行德州专区中心支行，在德州市曹村区建第一个农村信用合作社。

是年 渤海军区由惠民迁往德州市。司政机关驻南关教堂。

是年 全区为抗美援朝捐款181亿元（旧人民币），超计划30亿元。

是年 全区共青团员、民兵要求赴朝鲜参战的7.6万多人，被批准参军的2.4万多人。

1952 年

1 月 7 日　德州专署下达增产节约、支援中国人民志愿军的 7 项指示。即：不准吃请；不准收礼；不准克公肥私；不准欠群众饭账；不准干涉群众婚丧嫁娶；不准随意摊派、募捐；不准聚赌包赌。

1 月 8 日　全区进行区划调整。德县与陵县合并称德县，从两县中划出 5 个区，分别并入平原、临邑、吴桥等县。对其他县的区也作了部分调整，共减少 20 个区。

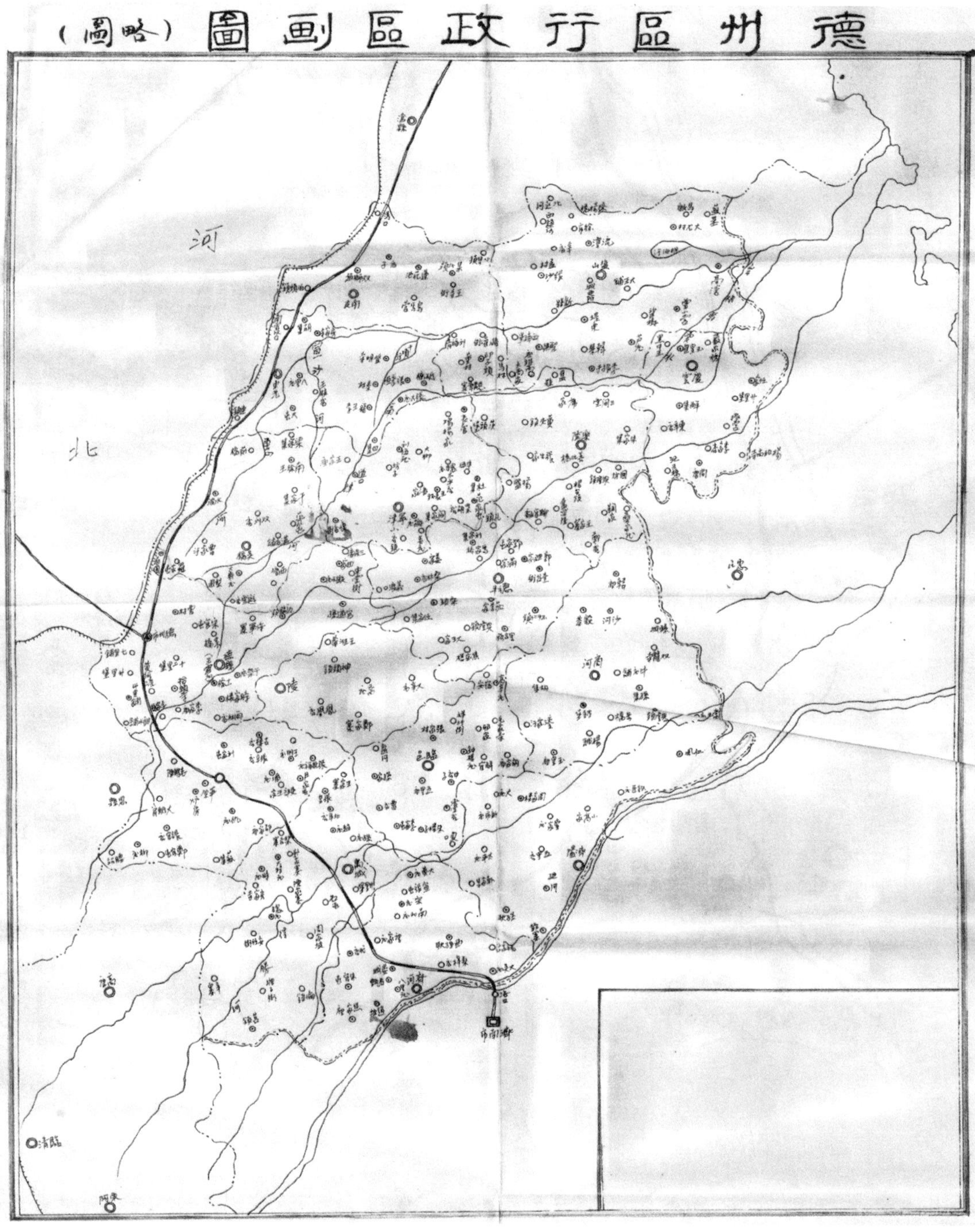

1952 年调整前的德州行政区划图

3月27日 山东省人民政府拨给本区补助粮42万公斤，以解决贫困烈、军属生活及春耕生产之急需。

3月 全区首次试办4处农业生产合作社。即临邑县翟德海社，陵县刘立德社、张世仁社，齐河县张光礼社。共60户，229人。

4月9日 临邑县在“三反”（反贪污、反浪费、反官僚主义）运动中搞逼供信，造成县联社工作人员一家6人投井自杀。地委即派员调查，并于10日发出正确对待贪污分子家属工作的指示。

5月 全区各乡相继召开人民代表会议，选举产生乡人民政府。

同月 渤海军区撤销。

10月16日 全区对国家机关、党派团体、事业单位的干部和二等乙级以上的革命残废军人实行公费医疗。到1985年，全区实行公费医疗的共8.74万人。

10月18日 全区29名代表参加山东省第二届各界人民代表大会。

10月 东光、吴桥、南皮、宁津、庆云、盐山6县划归河北省沧州专区。河北省将夏津、恩县、武城3县和临清、馆陶县的3个镇，划归德州专区。至此，全区辖12县市7镇116区。

11月12日 经中共山东分局批准，成立中共德州地委纪律检查委员会。

是年 开展人民民主运动。区内有8县1市的各界人民代表会议代行人民代表大会的职权，选出县（市）政府委员会。有603个乡实行民主建政。

是年 国家投资3万元（折新人民币），兴修运河武城县曹口扬水站，于1953年建成，灌溉能力为3000亩。

是年 德州市在卫运河建木排架公路桥，命名为“胜利桥”。这是新中国成立后德州地区在卫运河上建造的第一座公路桥。

1952年建成的德州市卫运河胜利桥

1953年

2月7日 中共德州专署党组设立，由17人组成。李干任党组书记、邹荣臻任副书记。

2月19日 美国在侵朝战争中施行的细菌战，殃及平原、禹城、德县、夏津等县，带菌的蚊、蝇、蜘蛛、蜈蚣等均有发现，最密的地域每平方公里约三四十个。夏津出现菌蚊蝇毒死鸡猪现象。当地政府组织人员迅速扑灭。

2月 专署通知，全区沙荒宜林地20余万亩，允许私人使用，谁造林谁受益。土地仍归国有。

3月12日 全区发放革命军人证明书。

3月24日 专署通报批评德州市曹村区、平原县九区挪用救灾款为区公所公职人员购买收音机。

5月13日 地委决定建立整党建党、治安、干部训练、人民武装、保密、企业管理、学习、企业民主改革等9个委员会。

5月 专署在齐河、临邑等8县举办打井钻探技术训练班。

7月1日 德州专署与河北省沧州专署达成卫运河防汛联防协议。

7月中旬至8月中旬 区内连续降雨499.3毫米，客水灌入，小河漫溢，淹地550万亩，倒房66万间，砸死砸伤580人，受灾群众158万人，占全区总人口的43%。

9月 华东行政委员会山东灾区慰问视察组一行22人，由山东省政府副主席晁哲甫等陪同，到禹城、齐河、德县等灾区慰问。

秋 水利部部长傅作义到德州地区视察水灾。

是年 第一次进行人口普查。全区总人口为413.87万人。

1954年

1月9日 山东省人民政府拨给全区少数民族生产、生活专款4.5亿元（旧人民币）。

1月14日 专署对禹城县连续发生灾民自杀和军属讨饭等9起事件进行通报，要求各县（市）领导高度重视解决群众的生活困难问题。

1月16日 专署发出《做好春节供应的指示》。这一指示是根据齐河县7区外流200余户、济阳县有4户烈军属讨饭等问题发出的。要求各县要深入调查，做好供应，大力开展生产救灾活动。

2月18日 山东省第三届赴朝慰问团到达德州。先后到各县城作报告17场，各界听众2.51万余人。

2月18日至3月13日 专署两次拨发烈军属补助费57亿元，复员转业军人补助费146.68亿元（均为旧人民币）。

3月25日至4月22日 全区召开5000~10000人的公审大会39次，处理粮商粮贩369人，从而稳定了粮食市场，保障了人民生活。

春 专署研究决定疏浚徒骇河、赵牛河。工程量为10万立方米，齐河、禹城、临邑、济阳、商河5县出动民工13712人。

春 卫运河基建工程全线开工（自馆陶县徐万仓至德州地区的桑园）。工程量为48.66万立方米，2.12万立方米石料，动用民工、技工7.3万人，开支经费62.4亿元（旧人民币）。

春 为确保津浦铁路的畅通和天津市的安全，在武城县甲马营卫运河右岸，建分洪口门一座，洪水可泄入恩县洼。

4月 全区春旱，灾情上升，外流者日多，影响春季生产。专署决定暂停统购，调整供应面，发放农产品预购订金330亿元，贷款470亿元（旧人民币）。

5月31日 专署普选办公室公布，全区选民共有364.09万人。

9月1日 专署根据中央通知，对全区棉花及棉纺织品实行统购统销，棉花计划收购，棉织品凭票供应，由山东省花纱布公司德州分公司统一经营。

10月 省文物管理委员会对禹城古迹“双槐冢”之北冢进行挖掘清理。经考证，该冢是1800多年前的大型东汉墓群，呈“廿”型，分13室。

11月4日 山东省人民政府令，将德州市改为省辖市（县级），委托所在专署督导。

12月19日 专署对夏津县129名脱产干部违反政策、私自向银行贷款5579万元（旧人民币）的问题进行通报批评。

12月31日 区内首次推销国家经济建设公债93万元（折新人民币）。

是年 全区农业生产合作社由1953年的113处发展到5718处。

是年 全区参加业余文化学习的农民14万余人，扫除文盲1.2万人。

是年 全区农业增产，有7个单位受奖，即先锋农业社（济阳于庆文社），获奖50元；建国农业社（德平李安振社），获奖50元；新民农业社（夏津漆笃旺社），获奖45元；力源农业社（恩县张文彬社），获奖40元；爱国农业社（齐河吕长贞社），获35元；群力农业社（恩县傅守河社），获奖35元；前进农业社（济阳王文良社），获奖30元（均折新人民币）。

是年 中共山东分局决定，在陵县曹村区搞“社会主义三大改造”（农业、手工业、资本主义工商业）试点（亦称中共德州地委基点区）。周振兴为区委书记，许志玉为副书记。

1955年

2月17日 黄河发生严重凌汛，结冰总长度占本区堤段总长的98%，冰厚1米，冰块大量堆积，为历史罕见。专署组织沿黄各县民工打冰198.7万平方米，撒灰土21.3万平方米，使凌汛未在该区造成灾害。

2月18日 下午，地直机关、各县（市）直机关、工厂、学校，集体收听省与济南市举行的反对使用原子武器签名广播大会。会后各地开展签名活动。至4月4日，签名者达284万人，占全区总人口的76%。

3月15日至4月10日 全区调动夏津、恩县、武城、平原、德平、德州等县（市）民工6.14万人修卫运河。堤顶比

1954年行洪水位提高1米，两岸全长178公里。

4月 专署为修黄河防灾害，调集齐河、济阳、禹城3县民工7895人。动用土方934490立方米。

5月 武城县甲马营滞洪区清淤和修整“利民沟”，工程量计160万立方米。全区调集7个县民工38500人，新建水闸兼公路桥2座，铁路桥6座，铁路护墩1座。

运河德州港

6月22日 赵志强（女，德州市副市长，回民，禹城县人），出席全国第二次人民代表大会。是全区首次参加全国人代会的第一位女干部。

6月 专署在地方水利建设中提出“谁受益谁负担，多受益多负担，少受益少负担，不受益不负担”的政策，并规定因办水利增产部分，3～5年不增税。

同月 夏津被列为全国使用德国进口剧毒农药“1059”的试点县。

7月2日 山东省、河北省关于漳卫南运河联合防汛协议书在德州签字。

7月 区内连续阴雨21天，运河水位猛涨。8月19日，从甲马营分洪闸向恩县洼滞洪。蓄水1.7亿立方米，水位高达21.12米，淹没村庄79个，淹耕地22.8万亩。

同月 全区国家机关工作人员全部实行工资制。

8月下旬 德州地、市直机关开展肃反运动。德州市北厂“中原党”被破获。各县直机关、企业、学校也开展肃反运动。

11月20日 地区召开中、小学优秀教师代表会议。选出出席省优秀教师代表会议的代表29人。

11月 实行义务兵役制。年内全区征新兵8200人。

是年 推销国家经济建设公债229万元。

是年 地区人民医院为一患者成功切除一个重达12公斤的子宫肌瘤。

是年 全区非农业人口粮食供应实行以人定量。在德州市进行试点。

1956 年

1 月 13 日 根据山东省分配的移民指标，德州市和德平、平原、齐河、济阳、商河 5 县，迁往黑龙江省 1000 户，迁往青海省 300 户。

3 月 15 日 经国务院批准，撤销德州专区建制。原德州专区的乐陵、商河、临邑、济阳 4 县，划入惠民专区。齐河、禹城、平原、武城、德县、夏津、德州市 7 县（市）划入聊城专区。同时，撤销德平县建制，将其所辖区分别划入临邑、平原、德县、乐陵、商河 5 县。撤销恩县建制，将其辖区分别划入平原、夏津、武城 3 县。将长清县的赵官、潘店、仁里、胡官 4 个区划入齐河县。

3 月 各县（市）农业合作化步入高潮，106 万户农民加入了 8000 多个农业合作社，其中 25% 的农产加入了高级农业社。

7 月 国家民航局派飞机到夏津喷治棉花害虫，防治有效面积达 10 万余亩。

8 月 15 日 夏津县郑保屯籍国民党空军少校黄纲存，由台湾冈山机场驾驶 AT－6 型高级教练机飞回大陆，在福建省某地安全降落。

10 月 20 日 徒骇河二期治理工程全面施工，工程全长 115 公里，土方任务 350 万立方米，共投工 2121 万个，由沿河各县采取以工代赈方式组织投工。

12 月 德州航运办事处船员邓国治和邓士贤技术革新，首创“一列式高缆拖带法”，试航成功。此法不但节约了人力，而且载重吨位大大增加。1958 年，从天津到新乡，各航运部门均已采用。一艘不足百马力的小拖轮，可拖载重百吨的木驳船 5 艘满载上航。

是年 各县(市)对私营工商业的社会主义改造（公私合营）基本完成，形成以国营商业为主，集体、个体商户并存的社会主义统一市场。

是年 德州市在郊区杨家圈建设自来水厂。修整了 7 个净水池，并新建了泵房、变电和消毒等室，铺设通往市区的 10 条管道，修建了水塔。至 1957 年 5 月

1956 年扒鸡厂公私合营场景

1日投产，日供水0.3万立方米，成为全区第一个自来水厂。

1957年

6月2日至4日 齐河县仁里集区先后两次调动民兵400余人，对仁里集区梅庄西队和牛集一、二队想退社的社员进行捆绑、殴打，重伤3人，酿成震惊全区的“牛集事件”。

6月 各县（市）全面开展反右派斗争。

7月 由于黄河中游连降大雨，黄河洛口站洪峰流量每秒9630立方米，水位31.26米，超过保证水位26厘米。聊城地区防汛指挥部，调集685名干部和7840名民兵上堤防守，历时12天，洪水安全下泄。

11月3日 四女寺（水利）枢纽工程动工修建，1958年10月15日建成。总投资998.3万元。

1958年

1月15日 德州市出现零下27摄氏度低温极值。是全区历史上最低气温记录。

1月 原地区所辖县（市）下放干部万余人，到农村与农民实行“三同”（同吃、同住、同劳动）。

2月10日 最高人民检察院和山东省人民检察院，赴德县配合聊城分院、德县检察院调查以时某为首的反革命集团案。

3月17日至18日 德县、德州市、平原、禹城、齐河、武城、夏津7县（市）在德州市召开第一次经济协作会。

6月 武城县城跨卫运河大桥开工兴建。大桥全长167.7米，1959年11月竣工通车。1974年因河道展宽，接长34孔，总长689.4米，钢筋混凝土结构，是境内的第一座特大桥。

7月 中共中央副主席、全国人大常委会委员长刘少奇到禹城县视察工作，并接见该县参加“三干”（即大队、公社、县三级干部）会议的全体人员。

8月7日 德州一中学生李家顺在全省射击运动会上，以10发子弹90环的成绩破全国少年卧射纪录。

1958年7月14日至18日，刘少奇（前左一）到禹城视察

8月中旬 各县（市）总动员，投入大炼钢铁运动。9月24日，聊城专区负责人在德州市大炼钢铁的“淮海战役”会议上作动员报告。群众砸锅献铁，毁掉水车、大车等生产工具。

8月25日 山东农业机械化学院在德州市成立。1962年10月29日，迁往淄博市张店。

8月 夏津县新民歌《四季花开》由宋云庆填词，李桂兰演唱，参加全国“跃进歌舞会演”。在北京怀仁堂演出时，李桂兰受到毛泽东、刘少奇、朱德、周恩来、谭震林等国家领导人的接见，并誉为“青年歌手”。

9月 自上旬起，各县（市）掀起人民公社化高潮，到国庆节前夕，全区实现了公社化。200多个乡镇建成114个人民公社。

1958年公社化后，平原县王打卦公社代家口大队社员集体下地劳动

1958 年，平原县王打卦公社代家口大队集体食堂

同月 地区各县（市）号召各人民公社实行“大兵团作战”，要求食宿露营，采取机耕套耕、人工翻地等方法，深翻地一尺以上。

10 月 在“组织军事化，行动战斗化，生活集体化”的影响下，各县（市）农村普遍办起公共食堂，社员吃饭不要钱，造成浪费。到 1960 年春集体食堂陆续停办。

1958 年，四女寺水利枢纽建设工地

秋末 各县（市）大型农田水利工程纷纷上马。一是修建平原水库，有陵县南下洼、商河沙河、武城利民湖、永兴湖、乐陵铁营洼、平原跃进湖等。因无水源和配套工程，水库当即废

弃。二是“河网化工程”。要求各级河道通航，深 7 米。有平原、禹城开挖的千吨货轮一级河网济（南）德（州）运河；平原、武城开挖的二级河网武（城）平（原）运河；临邑开挖的三级河网临（邑）北（镇）运河以及平原城关的四、五级河道等。这些工程都因脱离实际而废弃。

1959 年建成的德州人民电影院

12 月 10 日　扩大县级建制。乐陵、商河合并，称商河县，1960 年改称乐陵县（县城驻商河）；临邑、济阳合并为临邑县（县城驻临邑城）；平原、德县合并为平原县（县城驻平原城）；禹城、高唐合并为高唐县（县城驻高唐城）；夏津、武城合并为夏津县（县城驻夏津城）。

1959 年

夏　宁津县被国务院命名为“文化县”，获中央扫盲委员会主任陈毅亲笔题词的奖旗一面。11 月 6 日，《人民日报》发表专文介绍该县办农民教育的经验。

7 月　商河建成清水洼水库后，因无退水闸，汛期扒堤放水。夏津、平原、齐河开始围绕位山灌区建发电站，均未成功。

秋　各县（市）开展“反右倾”机会主义运动。数千名干部被拔“白旗”，戴上“右倾”帽子，受到批判或处分。

是年　德州人民电影院建成使用。人民电影院位于商业街东口路北，建于 1958 年。影院占地 1500 平方米，建筑面积 1440 平方米，设座席 934 个。

是年　德州地区展览馆建成。展览馆位于东方红路西段北侧，楼高 2 层 12 米，砖混结构，建筑面积 4800 平方米，是当时城区的标志性建筑物之一。

1959 年的德州地区展览馆

1960 年

3 月 7 日　团中央第一书记胡耀邦到德州市视察工作。在工人俱乐部向市直党团干部作了关于当前形势的报告。

3 月 16 日　省、地、县、社联合调查组，对夏津郑保屯公社因生活困难出现灾民的问题进行调查。对此，政府加强了生产救灾工作的领导。

春　交通部投资 1000 万元开挖京杭大运河。武城、夏津投入大量劳动力参加此项工程。

秋　根据中央指示，在各县（市）对几年内出现的“五风”（共产风、浮夸风、命令风、瞎指挥风、干部生活特殊化风）进行反思，并提出让社员群众休养生息，恢复健康的政策。因缺款少粮，水利建设“休战”，所有工程全部下马。

冬　全区各县（市）农村贸易市场陆续开放。

1961 年

1 月　山东省河务局在德州市建立航运管理局。年货运量达 125.5 万吨，年客运量达 2 万人次。1965 年前，全区航运事业是兴盛时期。1965 年后，上游拦截了水源，卫运河货运受影响，至 1978 年停航，1981 年，航运局撤销。

春　大旱。全区连续 154 天无雨，152.6 万亩农田不能播种而荒芜。

夏　区内发生蝗灾，受灾面积 300 万余亩。国家调用 10 多架飞机撒药治理。

7 月 1 日　德州专区恢复，下辖德州市、平原、禹城、齐河、武城、夏津、济阳、临邑、乐陵、商河、德县 11 个县（市）。中共德州地委和德州地区专员公署正式办公。

7 月 11 日至 23 日　全区平均降雨 382 毫米，其中临邑县 510 毫米。徒骇、马颊河河堤决口，全区 9 个县（市）46% 以上的耕地被淹。中共山东省委书记处书记、副省长白如冰，省委书记处书记周兴，副省长王子文等乘飞机到灾区视察。省有关部门 40 多名干部于 7 月 24 日赶赴德州地区帮助救灾。

8 月下旬　根据中央指示，全区精减非农业人口 3 万多人，其中下放干部、职工 7000 多人。

10 月　德州地区各级党组织认真贯彻中共八届九中全会确定的“调整、巩固、充实、提高”的八字方针。对部分工厂、学校实行关停并转，大力压缩基本建设规模。是年，基建总额比上年削减 73.4%。

10 月　经国务院批准，德州专署恢复；将德县改为陵县。

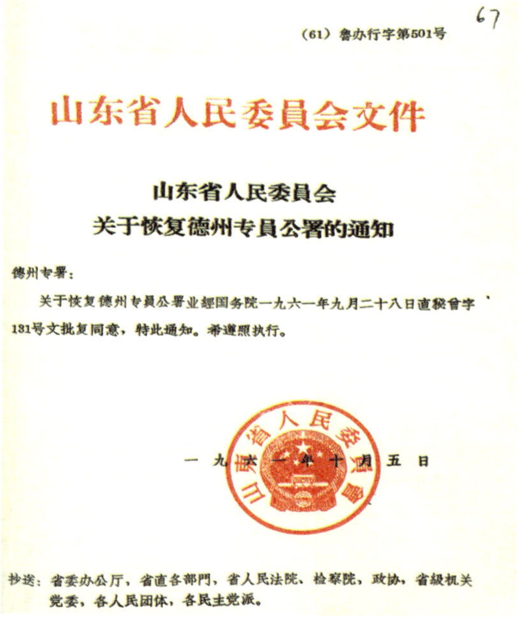
67

（61）鲁办行字第501号

山东省人民委员会文件

山东省人民委员会
关于恢复德州专员公署的通知

德州专署：

关于恢复德州专员公署业经国务院一九六一年九月二十八日直秘曾字131号文批复同意，特此通知。希遵照执行。

一九六一年十月五日

抄送：省委办公厅，省直各部门，省人民法院、检察院，政协，省级机关党委，各人民团体，各民主党派。

1961 年 10 月 5 日，山东省人民委员会关于恢复德州专员公署的通知

秋 地委、专署决定，各县（市）委可以采取分给社员自留地、饲料地的办法进行抗灾自救。全区共分自留地59.3万亩，饲料地13.4万亩。有些农村还自发地采用“借地”“开小片荒”等办法，进行生产自救。

12月 全区全年粮食总产仅有1.93亿公斤，平均单产10公斤，棉花总产5万担，平均单产1.5公斤，粮棉产量都降为历史最低水平。

1962年

春 根据国家要求，地区决定彻底停止引黄灌溉，封闭全部引黄闸，吊起所有虹吸管。从此，废渠还耕，渠道成了社员开荒之地。

春 地委、专署根据农业生产“八字方针”和“农、轻、重”为序的指导思想，采取了调整措施：一是适当缩小社、队规模。全区公社由114个调整为144个，大队由6907个调整为9822个，小队由22657个调整为34337个。二是实行队为基础、三级核算。三是规定社员宅旁植树、小农具、饲养家畜归农户所有并允许家庭经营少量副业。四是继续压缩基建规模，精简职工。全区企业总数由1960年的532个压缩到430个，职工由111930人减少到85222人。五是发动群众抗灾自救。

4月19日 德州中心药材公司，发往夏津县药材公司的信石粉（砒霜）50公斤，因包装未注明品名，被误认为滑石粉，一月内共售给医疗单位12.5公斤，酿成14人中毒，9人死亡的重大事故。对此，卫生部通报全国。

6月 全区11个县（市）发生蝗灾，受灾面积230万亩。区内各级党组织和政府发动群众灭蝗。省民航局出动飞机撒药灭蝗予以支援。

夏 地区为解决水利矛盾签订协议书38件。其中与河北省签订8件，与省外专区签订12件，区内县与县之间签订18件，共涉及纠纷地点144处。

12月 据统计，至是年年底，全区人口比1959年减少37.2万人。

是年 德州市内公共汽车开始营运。两车一线，专线运行，从地区人民医院至国棉一厂，中途设8个站，全程6.2公里，每

1962年，德州市区内的第一辆公共汽车

小时一班。此为地区有市内公共汽车之始。

1963 年

7 月 15 日 德州专区计划生育委员会成立。1964 年，全区在德州市召开的“经济翻身四级干部（地、县、乡、村）”万人大会上，有 1000 多名干部带头做了绝育手术，同年山东省第一次计划生育工作现场会在德州地区商河县召开。

8 月 11 日至 13 日 河北省衡水、武邑灾区 4495 名灾民分 3 批到德州市，得到妥善安置。

8 月上旬 恩县洼分洪。漳卫河上游地区连降暴雨，旬降雨量超过 1000 毫米，是 1949 年新中国成立后最紧张的汛情。为确保津浦路畅通和卫运河下游人民的生命财产安全，陈公堤以内的 5 个公社（平原县的四女寺和董王庄，武城县的甲马营、滕庄、旧城）顾全大局，甘愿牺牲自己的利益，拿出 320 平方公里土地蓄洪，其中淹没耕地 40 万亩，村庄 150 个，受灾户达 19279 户，75653 人。中共山东省委副书记苏毅然、栗再温等领导由地区专员崔振华等陪同，分别到甲马营、陈公堤、四女寺察看险情。研究抢修措施。中共中央华东局书记柯庆施在德州火车站听取德州地委副书记李希平的汇报。沿卫运河的夏津、武城、平原、德州市调集 20 余万人抢修陈公堤；中国人民解放军济南军区调集 4 个师参加抢修工作；海军派橡皮船和水陆两栖汽车，帮助蓄洪区抢运人畜、物资；空军在陈公堤附近空投大量麻袋等抢险物资。

9 月 国家向陈公堤内蓄洪区人民拨发滞洪补助费 1800 万元。秋，民政部部长曾山到滞洪区慰问群众。

是年 商河县向国家交售芝麻 5.6 万公斤。成为全省之最。

1964 年

春 水电部闵江工程局调驻德州，更名为马颊河疏浚工程局，承担马颊河机械化施工疏浚任务。

全区文艺团集编演节目，宣传人民公

临邑河北梆子剧团为农民演出现代剧《夺印》

社好处。

6月18日 夏津县郑保屯公社卫运河三店渡口，发生了新中国建立后全区最大的沉船事故，淹死26人。主要原因是违章超载。

7月1日 第二次人口普查。普查结果全区共计4125175人。

11月 齐河县列入全省“四清”（清政治、清经济、清组织、清思想）试点县，中共山东省委、德州地委组织“四清工作团”进驻齐河开展工作。

冬 中共山东省委在齐河县召开鲁北三区（德州、惠民、聊城）地委书记、专署专员会议，决定在本区开辟一条独流入海的河道，命名为“德惠新河”，会后立即勘测施工，1965年年底河道工程全面竣工。

是年 大涝。全区平均降雨量1044.4毫米。是该区有史记载年份中平均降雨量最多的一年。涝灾面积797.5万亩。

是年 卫运河德州港实现装卸半机械化。

卫运河德州港装卸现场

1965年

1月 全区将原有的152个公社调整为256个。

2月26日至3月4日 中共中央政治局委员、国务院副总理李先念到乐陵、武城两县就解决冀、鲁、豫三省交界处8000万亩土地防洪抗灾问题作调查研究。李先念在乐陵和四女寺枢纽工程区分别就抗洪抗灾作了重要指示，并要求乐陵县大力发展小枣生产。

3月12日 经国务院批准，以卫运河、四女寺减河为界，调整冀、鲁两省边界区划。区内卫运河以西部分公社划归河北省故城县，同时，将原河北省的宁津、庆云两县划归德州地区。

是年 全区平均降水量389.6毫米（德州市降水量256.7毫米），因旱成灾面积354.7万亩。

是年 全区安排各县（市）种水稻50万亩，因干旱缺水不能插秧，原打田埂毁掉，又改种其他作物。全区实际种稻8.7万亩，收获面积7.8万亩。

1966 年

1 月 18 日 中共山东省委发出通知，号召全省人民向乐陵县义和屯村苑洪泉、杨清义、袁金荣学习。这 3 人在 1965 年靠一眼砖井、一部水车、一头毛驴，在 27.5 亩耕地上创出了高产。其中有 4.2 亩耕地平均亩产粮食 1692 斤；1 亩棉田产皮棉 241 斤；6.5 亩蔬菜地产菜 5.6 万斤（均为市斤）。

2 月 夏津县任官庄宫福成、乐陵县义和屯苑洪泉、齐河县米三里村米群山，参加了全省农业先进代表大会并介绍粮棉增产经验。

3 月 22 日 河北省邢台地区发生 7.2 级地震，波及全区各县（市），其中宁津县倒塌房屋 500 多间、夏津县倒塌 5316 间、平原县倒塌 2597 间；武城县甲马营公社有 6 处冒出黑水，地裂 4 厘米。

3 月 国家科委副主任范长江，带领国家科委和中国科学院所属单位组成的 120 余人的山东抗旱工作组到禹城县实地考察。确定在禹城县南北庄一带建立“井灌、井排，旱涝碱综合治理实验区”。

4 月 在济阳县葛店和齐河县韩刘村建引黄灌溉闸。

同月 对徒骇河、马颊河进行扩大治理。国家向徒骇河投资 656 万元，省人民委员会从昌潍、泰安两区调集民工协助施工，共完成土、石方 880 万立方米。国家向马颊河投资 505 万元，完成土、石方 1634 万立方米。在施工中创造了一条河道当年完成 1000 万立方米以上土、石方工程的最高纪录。

6 月初 “文化大革命”运动开始，全区中小学校相继成立红卫兵组织，部分县（市）委派工作组进驻中学。

8 月 “大鸣、大放、大字报、大辩论”在全区城乡展开。红卫兵开始破“四旧”（旧思想、旧文化、旧风俗、旧习惯），批斗“牛鬼蛇神”，搞大串联。

冬 区内工厂、农村也相继建立红卫兵组织，各级负责人被揪斗、游街，党政组织陷于瘫痪，工农业生产处于半停顿状态。

是年 全区大搞农田水利建设，水井达到 30.7 万眼，有水车 12.7 万部、其他水具 2.9 万件、机井 4373 眼，建扬水站 322 处，有机械 529 台（20614.7 马力），建条田 184 万亩、台田 101 万亩。建各级沟渠千余条，完成土方工程两亿立方米，为地区历史上农田水利建设的高潮。

是年 地区统一以农历的初一、初六、十一、十六、二十一、二十六为集日。全区农村集市由原来的 397 处压减为 259 处，贸易市场当成“资本主义尾巴”割掉。

1967 年

1 月 19 日 德州地、市直机关群众组织和德州市的红卫兵，在东方红体育场（现中心广场）召开万人批斗大会。

1 月 25 日 中共德州地委、德州专署被“造反派”夺权（称 1·25 夺权），成立临时权力机构——“德州地区革命造反派服务团”。几日后，改为“德州地区革命造反委员会”。

2月 中国人民解放军奉命介入德州地区“文化大革命”，实行“三支两军”（支工、支农、支左、军管、军训）。

2月至5月底 地直机关夺权的单位有58个，占各部门总数的95%，全区13个县（市）普遍进行了夺权；257个公社已夺权的220个，占86%；9800个生产大队中，已夺权的4000多个，占40%以上。

2月21日 经山东省革命委员会批准，德州地区革命委员会成立。曹通三（军代表）任主任，陈仁泉、崔振华（干部代表）、董学舜（群众组织代表）任副主任。

3月23日 德州地革委召开常委会，重点研究彻底揭开各级党委的“阶级斗争盖子”，把“党内一小撮走资本主义道路的当权派”斗垮斗臭；要求各县、社要搞好“斗、批、改”，广泛发动群众搜集意见。致使大批领导干部被批斗。

3月31日 德州地革委向全区13个县（市）增拨自然灾害救济款145万元。

4月4日 经中共山东省核心领导小组批准，建立德州地革委党的核心领导小组，由邓和山、崔振华、曹通三、陈仁泉、王品玉、孙明郇、王铁生等组成。组长邓和山，副组长崔振华、曹通三。

4月至12月 地区及各县（市）分别成立“贫代会”“工代会”“红代会”。

4月 治理徒骇河、马颊河。分别完成土方916万立方米和1665万立方米。

5月 全区发生严重干热风灾害，平均10天以上，平原县达21天，小麦受到较大损害。

7月9日 德州地革委、德州军分区联合发出“六项通告”，主要内容：贯彻执行中共中央、国务院、中央军委、中央文革小组7项通令，要文斗，不要武斗。严禁打、砸、抢、抄、抓和行凶打人。严禁调集人员、车辆到外地搞武斗。严禁煽动农民进城破坏生产、围攻学生。贯彻执行中共中央关于中小学复课“闹革命”和停止大串连的指示，一律回原单位搞好“斗、批、改”。

8月20日 乐陵县黄夹公社日降雨达311毫米，为区内历史上日降雨最大量。

9月 德州地区有9所中等学校开始进行军训。

同月 德州市长庄公社胡官营村，出土北魏道悦墓志碑和高太夫人墓志碑。这是德州市继出土“三高”（高贞、高庆、高湛）碑之后，又出土的北魏重要珍贵墓志碑。

1968年

3月16日始 马颊河十三局大联合司令部与德州“四大组织”（工人指挥部、红卫兵指挥部、工人总指挥部、红卫兵司令部）“造反群众”联合掀起第二次大批判高潮。

4月10日 成立德州地区革委会清查敌伪档案领导小组，下设办公室。到4月中旬，全区13个县（市），235个公社，9493个大队建立专门领导班子，有清档队伍3718人。

5月21日 15时46分至16时32分，齐河县境内降冰雹达46分钟。冰雹一般有玉米粒大，最大直径为130毫米，重约500克。部分农作物受害。

6月6日 山东省革命委员会同意改组德州地区革命委员会。韦锦章任主任，曹通三、张富堂、孙明郁、宫福成、张一朴、赵世玉等任副主任。工人代表一人暂缺。地革委设常委21名，其中军代表6名，领导干部代表5名，群众组织代表10名。省革委还批准改组了德州市革命委员会。

6月10日 德州地区4万军民在德州市集会，庆祝德州地区革命委员会和德州市革命委员会成立，举行了声势浩大的游行活动。

6月11日 德州地区革命委员会召开第一次常委会议，研究办事机构和常委分工问题。确定的主要工作是把活学活用毛泽东思想群众运动推向高潮。

6月至10月 区内13个县（市）257处公社和80%以上的生产大队重新成立或改组了革命委员会。

9月16日 德州地区召开首届贫下中农代表大会。

9月 截至月末，全区举办清理阶级队伍、整党学习班共9476期，共参加37.7万余人次。又一大批干部、党员、群众受到打击迫害，造成冤、假、错案。

同月 德（州）惠（民）新河破土开挖。1970年基本完工。共完成土、石方5742万立方米，国家投资4832万元。

10月1日 德州地区20名工人代表，应中共中央、国务院邀请在北京参加国庆观礼。

10月24日 德州地革委常委会决定，在齐河农场成立德州地区“五七”干校，一次可接纳300~500人。大批干部下放劳动。

10月 德州地区及各县（市）纷纷组成工人毛泽东思想宣传队进驻学校，领导上层建筑领域的“斗、批、改”工作。

是年 全区有28人出席全国和省劳动模范会议。他们是李俊州、鲍玉坤、吕金芳、杨吉孔、郭立祥、宫福成、刘登伦、李玉振、耿延荣、梁洪林、田建兴、尹双奎、徐师范、米群山、王吉其、陈延舟、张万和、李安镇、李才安、李全吉、张吉梅、王洪苞、邸长和、王长太、王怀仁、王永恒、张立忠、鲁吉良。

是年 大旱，全区平均降水量294.5毫米。武城县连续268天无雨。全区绝大多数浅水井干枯，机井水位大幅度下降，很多村庄人畜饮水困难。

1969年

1月 根据毛泽东“一定要根治海河”的指示，中共山东省委决定继续从德州、泰安、昌潍、聊城、惠民5个地区，调集40余万民工，对马颊河、徒骇河、德惠河等进行治理。全区参加民工24万人。

4月1日 地、县、社各级庆祝中共九大召开。

4月14日 山东省贫下中农毛泽东思想宣传队到达德州地区11个县（除齐河县）。“省贫宣队”共计1283人，其中有泰安地区的1196人，德州地区的87人。

7月18日 渤海湾（北纬38度2分、东经119度4分），发生7.4级地震，影响到宁津县，该县地有裂缝。

8月9日 中共德州地区革命委员会核心领导小组建立，韦锦章任组长，张富堂、曹通三任副组长，宋书文任秘书长。截至12月底，全区13个县（市）和部分公社均建立党的核心领导小组。

10月 德州市新湖开挖。工程由水利电力部十三局承担，到1972年竣工，开挖面积367.5亩。

1970年

8月 全区有600个生产大队实行“合作医疗”，建立卫生室535个，培训“赤脚医生”12462人、卫生员11501人。

10月1日 德州地区毛泽东思想宣传队成立。后改称德州地区文工团、德州地区歌舞团。

10月5日 德州地区人民防空会议召开。德州市已构筑永久、半永久防空工事300多处，面积为1.41万平方米，可容纳2.8万余人。

10月28日 齐河县李家岸引黄灌区施工，1971年6月7日正式放水。

是年 德州地区开展“一打三反”运动，有61479人受审查。

1971年

4月24日 德州火柴厂发生重大火灾，厂房、设备全部烧毁。

5月25日 德州地、市召开4万多人的誓师大会，掀起清查“5·16”分子运动，部分干部、群众被隔离审查。从1974年开始陆续平反。

5月31日 《大众日报》载：德州地区药材公司自1958年试种中草药，到1971年，已在盐碱地上成功地种植枸杞6000多亩，还扩大种植了甘草、蔓荆子、车前子等15种中草药。全区中草药总面积达8600多亩，70多个品种。

7月25日 中国共产党德州地区第一次代表大会开幕。出席大会正式代表938人，列席代表227人，计1165人。选举产生了中国共产党德州地区第一届委员会，正式委员53人，候补委员7人。尹特辉为书记，王成旺、韩峻、曹通三、马岱山、崔振华为副书记。

10月12日 齐河县黄河北岸展宽工程开工。展宽堤长37.78公里，展宽区面积106平方公里，最大库容4.75亿立方米，总投资1.3亿元，动员民工21万人，完成土方1011.1万立方米。

10月 齐河县潘庄引黄闸批准施工，工程费由地方自筹，投入民工20万人。

11月29日 2时10分至3时，德州新华印刷厂胶印车间电火花而引起建区后最大火灾，直接损失达49.2万元。

是年 中国农科院土壤肥料研究所自北京迁到德州市，称山东省土壤肥料研究所，后与地区农科所合并。1978年，土肥所大部分人员迁回北京。

是年 陆军第二十六野战医院在德州市卫运河胜利桥西岸建立。1981年改称中国人民解放军陆军第139医院（现德州市第二人民医院）。

1972 年

春　胜利油田在临邑县城西临盘村附近建立胜利油田临盘指挥部。

5月1日　济南—临邑—德州110千伏输变电工程建成运行。从此，地区内的发电厂并入山东电网，结束了全区电力自发自用的封闭状态。

6月25日　地委作出《关于在全区大力推广曹虎经验的决定》。齐河县贾市公社曹虎大队，发扬自力更生、艰苦奋斗的精神，在人均3亩盐碱地的基础上，1967年粮食产量上《纲要》（亩产400斤），1970年过“黄河”（亩产500斤），1971年跨“长江”（亩产800斤），1972年麦季亩产610斤。7年向国家交售粮食143.7万斤，人均售粮2905斤。

6月　全区夏粮第一次突破5亿公斤大关，总产达5.4亿公斤。秋粮也获丰收。

9月　全区“整党建党”工作进入高潮。全区应建党支部11403个，已建10865个，占95.3%。对“有问题需作组织处理”的党员5705名，已处理3970名。有8658个党支部吸纳新党员31254名。

秋　阿尔巴尼亚科学考察团到山东土

图为收获后生产队的场院

肥所（驻德州）考察、参观。这是该区接待的第一个友好国家的科学考察单位。

是年 德州全区共发生火灾、车辆肇事、中毒、触电等重大事故372起，死亡74人、伤414人。烧毁粮食10.5万公斤、棉花2652公斤，损失折款达124万元。

1973年

2月13日 济阳县公安局破获重大凶杀案。2月9日，济阳县店子公社后陈大队杨某一家8口人全被杀死（杨和其妻及3个男孩和3个女孩）。凶手杀人后纵火灭迹，烧毁房子5间。

3月 国务院批准齐河县城迁往晏城。

5月17日 地委作出《关于在全区教育战线开展向优秀教师李守凤同志学习活动的决议》。李守凤，宁津县大柳公社李架子大队小学教师，共产党员。1964年担任教师后，采取多种形式办学，使瘫儿、哑女都能就读识字，并积极举办业余学校扫除文盲。

8月 德州地区铺设了第一条临（邑）济（南）输油管道。随着“胜利”“华北”“中原”油田的不断开发，到1985年年底，途经区内的管道有7条。合计里程395.4公里。

10月1日 德州电视差转台正式转播，基本解决收看电视难的问题。

是年至1980年 德州地区城镇非农业人口中的中学毕业生，约有3万人下乡，加上济南市到德州地区下乡的知识青年5万人，共计8万人。上山下乡的形式：一是集体插队；二是有条件的可以回老家落户；三是到集体所有制农场。

是年 因卫运河拓宽，武城县城由城关公社向东北方向迁移20公里，即旧城公社（明代时期恩县的县治）西北1.5公里处，重建新县城。1984年，旧城公社改称武城镇；原县城所在地城关公社改称老城镇。新县城习惯称为“新城”。

是年 夏津县后屯乡小王家村发现特殊优良树种，经山东省林业厅鉴定，定名为“包头毛白杨”。该县培育的树苗，曾

下乡到齐河县刘桥公社宋庄大队的知识青年

销往北京、天津、河南、陕西、甘肃、山西、江苏、武汉等地。

1974 年

2 月 4 日 全区召开“批林批孔”动员大会。从此又出现了群众组织之间的派性斗争。

11 月 5 日 全区召开“抓革命，促生产”紧急会议，贯彻毛泽东关于“无产阶级‘文化大革命’已经搞了八年，现在以安定为好，全党全军要团结”的指示。

1975 年

6 月 25 日 德州市药材商店自制成功中药自动配方机，经测试，日包中药 825 付。经省有关部门和地区科委鉴定合格，填补了省内一项空白。

6 月 宁津、乐陵、陵县、庆云 4 县 28 个公社，先后于 20 日至 30 日遭受风、雹灾害，受灾面积 35.8 万余亩，损坏、倒塌房屋 7634 间，伤 214 人，亡 3 人，毁坏树木 7 万余株。6 月 27 日，雹粒大如鸡蛋，伴有 10 级以上大风。灾后，各级党委采取紧急措施大力救灾。

7 月 全区从农村选拔“三不脱离”（不脱离基层、不脱离群众、不脱离生产）的干部 600 名。

12 月 11 日 齐河县潘庄总干渠拥冰形成冰坝，造成干渠在禹城县孙桥村和三里村两处决口，损失 10 万多元。

1976 年

1 月 3 日 德州地区召开发展社队工副业生产会议。“文化大革命”中把社队工副业视为地下工厂、资本主义尾巴来割除的做法开始扭转。

6 月 漳卫河扩大治理工程全部竣工。该工程于 1971 年冬季动工，奋战 5 个春秋，国家投资 3.508 亿元，出动民工 22.5 万人，治理河道 388 公里，加固和建新堤防 805 公里，完成土方 2.14 亿立方米，使漳卫河排洪入海能力比 1963 年提高两倍多，比解放前提高 13 倍。

水利建设工地

7月28日 河北唐山、丰南地区发生强烈地震，德州地区震感强烈。当日，德州地委和市委召开抗震救灾会议。从地、市两级抽调60名医务人员组成医疗队赴唐山。医疗队赴唐山后，连续奋战28昼夜，抢救伤员8011人。自8月6日起，该区各医院陆续接纳唐山伤病员。仅德州市7家医院就接受伤员500多名，经4个多月的治疗，陆续送回原籍。

同日 德州药材采购供应站，无私支援唐山地震灾区三角巾、四头带40万条，有关西药48种，各种器械93种，中药、中成药30多种。地区供销社支援震区苇席3000令，大竹杆2000根，苇箔25万令，杂竹49500公斤。

9月9日 毛泽东逝世。9月10日起，地直机关在地区展览馆二楼设灵堂，地委、地革委领导人轮流守灵，地直机关、工厂、学校等单位群众，排队前往吊唁。18日，德州地、市10万余人冒雨在体育场召开追悼大会。

10月21日至27日 全区城乡数百万干部群众举行盛大集会和游行，热烈欢庆粉碎江青反革命集团的伟大胜利。

11月 德州地委、地革委组建农田基本建设“马西”（马颊河以西地带）会战指挥部。地委副书记袁波任政委，德州军分区副司令员万百川任指挥。会战区包括夏津、武城、平原、陵县、德州市的56个公社，234万亩土地。

1977年

6月9日至10日 省委书记白如冰到德州地区视察工作。对“抓纲治国”、揭批江青反革命集团、发展工农业生产等问题作了指示。

6月上旬至8月下旬 德州地革委组织50余人，对该区基建项目进行清理，共查出计划外工程99个，投资50579万元，占全区基建投资的7%。对此采取停、缓建措施。

7月26日至30日 全区教育战线先进集体、先进工作者代表会议在德州市召开。与会代表652人。

9月9日 纪念毛泽东逝世一周年。德州地区直属机关和驻军2000人举行纪念会。各县（市）的纪念活动也都在千人以上。

10月20日 全区民兵工作先进集体、先进个人代表表彰会在德州召开。出席代表765人。

11月16日 德州地革委所属各部、委、办、局和人民团体的中共领导小组或党的核心小组一律改称党组。

是年 中断10年之久的升学考试制度恢复。全区21309人报考大专院校，录取686人；报考中专学校的53168人，录取2228人。

1978 年

2 月　卢洪任德州地委书记。

卢　洪
（1978.2—1983.10 任书记）

3 月 26 日　齐河县潘庄引黄总干渠台楼闸下游渠堤决口，连续 4 天无法放水，影响了全区春灌。

5 月　全区有 172 个大队，445 个生产队，由生产队核算过渡为大队核算，占全区大队总数的 1.8%。

7 月 10 日　根据省革委通知，德州地区革命委员会改为德州地区行政公署，作为山东省革命委员会的派出机构（简称德州行署）。9 月，山东省委批准，王殿臣任专员。

王殿臣
（1978.9—1983.10 任行署专员，
1983.9—1986.12 任书记）

9 月　地委、行署召开全区科学技术大会。会议对 128 个先进集体、209 名先进个人和 455 项重要科技成果进行奖励。

12 月　国务院批准建立德州师范专

1977 年开学典礼

科学校并正式招生。这是该区第一所高等教育学校。

1979 年刚刚分到责任田的夏津县宋楼村民在村头举行民歌演唱会，庆祝实行“包田到户”

1979 年

2 月 13 日 召开德州地区农业工作会议（也称三级干部大会、三干会议），贯彻落实中共中央的农村经济政策。主要内容有尊重生产队自主权，建立生产责任制，坚持按劳分配的原则，坚持民主理财，发展家庭副业生产，保留自留地、自留林，发展集市贸易等。

3 月 地、县（市）人民检察院普遍恢复。

4 月 根据中共中央通知精神，德州地区给“地主分子”“富农分子”“反革命分子”“坏分子”（简称“四类分子”）摘掉政治“帽子”恢复公民权利的工作基本结束。

5 月 地、县恢复建立纪律检查机构。恢复建立德州地委纪律检查组，10 月，纪检组改称德州地委纪律检查委员会，地委副书记岳贞谟兼任书记，张汉民、岳德、周基勋、刘爱贵任副书记。各县（市）委纪律检查委员会相继建立。

12 月 29 日 全区 11 名中小学教师被省革委批准为全省首批特级教师。

计划生育培训班

12 月 全区已有 13 种产品被山东省和省主管局命名为“名牌产品”“信得过产品”“优质产品”。受省级表扬和奖励的先进企业 8 家，先进车间 2 个，信得过班组 58 个，马恒昌式班组 1 个，质量标兵 13 人。

是年 德州地区大力宣传和提倡一对夫妇只生育一个孩子，对广大育龄夫妇实行科学管理，并采取各类节育措施。

20 世纪 80 年代卖棉花难，棉农昼夜排队售棉

1980 年

1 月 4 日 德州地区为西藏自治区选调机要学员 50 名。

1 月 17 日 《人民日报》头版报道了德州地区各级党委扶持本区 42 个困难公社发展生产的消息，并配发题为《关心后进地区，扶助困难社队》的社论，肯定德州地区的做法，号召全国各地仿效。1982 年 1 月 3 日，《人民日报》再次报道德州地区 42 个困难社翻了身的消息，并配发题为《到穷困社队去》的短评。

2 月 地委为 1700 余名右派分子平反，摘掉“帽子”。

4 月 全区大面积推广“鲁棉 1 号”棉花良种，产量大幅增加。之后几年，由于棉花加工能力有限，出现了卖棉难现象。

同月 济阳县邢家渡引黄灌区经 8 年施工，第一次全线放水。

6 月 14 日 外交部亚洲司江耀祥陪同菲律宾驻华大使纳西索·雷耶斯到德州市瞻仰苏禄国东王墓，并访问了东王后裔居住的北营村。

7 月 13 日 中央新闻电影制片厂在德州市拍摄苏禄国东王墓纪录片。

7 月 全区已从科技人员中提拔领导干部 392 人，其中担任县、区领导职务的 121 人。晋升职称 1189 人。原有用非所学的科技人员 495 人，已调整 376 人。从知识分子中吸收党员 500 多人。批准 64 名科技人员家属转为非农业人口。

9 月 德州市成立汽车出租公司。

1980 年 9 月成立的德州市汽车出租公司

11 月 5 日 世界银行灌溉处处长史密斯一行 5 人，对陵县、禹城盐碱地进行考察，确认对两县的贷款项目。

12 月 28 日 经省人民政府批准，区内有 23 名中、小学教师获“特级教师”称号。

是年 全区农村普遍实行联产计酬责任制。自 1978 年夏，全区农村开始推行农业生产责任制，到是年年底，全区农村 90% 的社队实行了联产计酬责任制。实行包产到户或大包干的占 4.6%。生产责任制克服了分配上的平均主义，调动了农民的积极性，促进了生产的发展。

是年 全区棉花单产、总产创历史最高水平。全区植棉面积 230 万亩，比上年增加 80.3 万亩。棉区推广“鲁棉一号”良种，实行了联产计酬生产责任制，全区棉花总产 10.02 万吨，比上年增长了 3.18 倍，亩产 43.5 公斤。

1981 年

1 月 全区政法系统对“文化大革命”中 5178 起各类刑事案件复查全部结束。公安系统对 1250 起政治案件亦全部复查。全区法院、公安系统对因刘少奇案受株连的案件 183 起，187 人予以平反。

3 月 26 日 上午，国务院副总理万里在德州火车站听取中共德州地、市委负责人关于德州地区农村实行生产责任制情况的汇报。参加汇报的有卢洪、袁波、岳贞谟、成师农、吴振齐、李正、尚荣华、贾玉水、许剑波。

3 月 庆云县杂技团曹友德、何秀兰等 17 人，对该团进行经济承包。这是全区最早实行承包经营责任制的文艺团体。1983 年 1 月 30 日《人民日报》发表题为《经营责任制救活了庆云杂技团》的文章。

5 月 16 日 省委书记苏毅然到德州地区调查研究，听取地委负责人汇报。

5 月 20 日 联合国银行访华团一行 5 人，到禹城、齐河、陵县改碱实验区考察，并向该区提供长期低息贷款。

5 月 中国戏剧家协会参观访问团一行 21 人，到德州参观农业承包责任制情况，先后参访陵县、平原等地。

6 月 地委、行署作出关于开发利用荒碱地的决定：对全区约有 200 万亩荒地，生产队可以集体开垦，统一经营，也可以组垦组种或户垦户种。在种植上坚持宜农则农、宜林则林、宜牧则牧的原则。开荒地 5 年不交征购，不扣口粮，免缴农业税，社员对开荒地的使用权至少 10 年不变。

7 月 24 日 省教育厅批准建立德州地直机关业余大学，设中文专业，学制 3 年。

9 月 16 日 地委召开县（市）委书记会议。会议指出，农业生产形式迅速向联产计酬生产责任制发展，至 5 月，全区实行联产计酬责任制的大队发展到 96.2%，实行定额计酬的减少到 3.8%。责任制的形式在向包产到户和大包干到户发展，至 5 月实行包产到户的队占 28.6%，实行大包干到户的占 26.8%。

9 月 19 日 《人民日报》二版头条刊登德州地区小麦增产幅度大的消息，并配发题为《地力与高产》的评论。是年，全区按照地力的实际情况选择适当的优良品种，小麦平均亩产比上年增加102斤，总产增加3.5亿斤。

9月19日至22日 省委书记白如冰先后到夏津、平原、德州市、陵县、宁津、乐陵、庆云、商河等县（市），察看粮棉生产情况。

9月 根据国务院和山东省人民政府指示，为确保天津市用水，德州地区实施引黄济津工程。12县（市）18万名民工参加10项工程施工，11月25日竣工，工期提前35天。

12月18日 全区劳动致富先进集体、先进户代表会议召开。出席代表420人。

12月25日 地委决定，将原地区所属的德州机床厂、德州柴油机厂、德州拖拉机修造厂、地区交通局汽车修理厂、德州发电厂、德州棉纺织厂、德州印染厂等8个单位划归德州市直接领导和管理。

是年 全区粮棉获丰收。全年粮食总产171.17万吨，比上年增产34.3万吨，增长25.1%，比历史最高水平的1979年增加14.6万吨，增长9.4%；棉花总产16.96万吨，比上年增产6.94万吨，增长69.26%。至此，德州地区结束了20多年吃国家统销粮的历史。

1982年

1月5日 德州地区地方史志编纂委员会成立，下设办公室，承担《德州地区志》编写，并负责指导县（市）志编纂工作。

1月8日 上午，中共中央副主席、国务院总理赵紫阳到德州地区视察，听取德州地委书记卢洪汇报。随同赵紫阳视察的有国务院秘书长杜星垣、中国社会科学院院长马洪、财政部副部长吕培俭、省委副书记李振等。下午，到陵县于集公社张西楼村和临邑县张寨公社盘河村看望了社员。

2月13日 《人民日报》二版报道德州地区农村每户存粮500斤的消息，并配发题为《坚持节约用粮》的短评。短评指出："德州地区在连年丰收后，注意抓节约用粮，这个问题抓得好。"

6月20日 世界银行为开发华北平原农业建设，向德州地区提供贷款3000万美元，治理陵县、禹城、齐河县150万亩盐碱地。这是全区第一个农业引用外资项目。

7月1日 全区进行第三次人口普查，至10日，普查工作结束。经普查，截至6月30日24时，全区人口为5513934人。其中男性2778996人，女性2734938人。

7月7日 地区人民医院对一心脏停搏8次（最长一次达32分钟）、呼吸停止18次的病毒性心肌炎患者进行救治，成功使其康复。

8月22日至25日 中共中央书记处书记、国务院副总理姚依林，到德州地区视察工作。由中共山东省委办公厅副主任宋成春、中共德州地委书记卢洪、副书记高传杰、王殿臣陪同，先后到陵县城关镇叶家大队、张习桥公社大河崖大队、糜镇公社周家大队、平原县仇庄公社寇坊大队视察，并访问6户社员家庭。

1982年8月，姚依林（右三）在农田视察

9月23日 《人民日报》头版以《抓住“金”大上“银”，日子越过越喜人》为题，报道德州地区在短期内实现粮棉双增产的经验，并配发编者按。此消息先由新华社印发内参。

9月 全区专业户发展到10.3万户，占总户数的9.2%；出现新经济联合体1.49万个，参加户数5.66万户，占总户数的5.1%。

同月 全区有145个公社建起216个专业服务公司。

10月6日 投资4850万元的第二次“引黄济津”工程动工，全区10个县（市）民工16.32万人，脱产干部700人参加施工，11月10日完工并向天津市送水。

11月17日 地委、行署作出关于开展向王爱华学习活动的决定。王爱华，女，夏津县烟酒公司营业员，团支部副书记。1976年患败血症后，以顽强的毅力同疾病做斗争，做出突出成绩，连年被评为先进工作者，1982年被团地委命名为“优秀共青团员”。

12月 全区365家县（市）工交企业中，有310家推行了各种形式的经营责任制，占总数的87.1%，工业企业上缴利润比上年增长3%，百元销售利润比上年增长5%。

1983年

春 全区陆续取消生产大队、生产队，建立村民委员会和生产小组。

春 共青团中央授予济阳县团委为“全国青少年绿化祖国突击队”，授予乐陵县茨头堡乡吴家村育苗专业户王延芳、陵县南街育苗专业户康志滨“全国青少年绿化祖国突击手”称号。

5月29日 世界银行行长克劳森一行5人，到禹城县参观世界银行贷款援助的改碱项目。

6月12日至18日 由法中友好协会副主席艾莲娜·马纪樵夫人和农学专家贝隆克率领的中国农村考察团一行11人，

到陵县参观考查，重点了解中国以生产承包责任制为中心的农业改革情况。

7月 德州地区选举出席中共山东省第四次代表大会正式代表47名，候补代表4名。

8月29日 德州预备役步兵师成立。济南军区和山东省军区领导在德州市举行预备役民兵阅兵式，观看军事表演。

10月1日 中共山东省委决定李荣振任德州地区行政公署专员。

李荣振
（1983.10—1987.1任专员）

10月18日 中共山东省委决定，王殿臣任中共德州地委书记。

12月25日 据《人民日报》第五版载文《德州地区实现农业县县翻番》，1983年农业总产值达26亿多元，比1978年增长1.4倍。粮食总产45.2亿斤，比1978年增长50%。收购皮棉63万担，相当于1978年的16倍。交售商品粮5.2亿多斤，人均100多斤。交售皮棉人均120斤，商品率比1978年提高38.7%，集体积累增加3.1倍，人均收入增长3.3倍，达到330元。

11月 21日开始，地直机关进行机构改革。地直机关的部、委、办、局由63个压缩到41个，减少22个，占35%。地委设7个工作部门，行署设25个工作部门；设立9个比局低半格的二级机构，不列入地委、行署工作机构序列，划归地直有关部门领导；地直党政群机关人员由原来的1542人，裁减为1100人。

12月 《庆云县志》内部出版发行，这是德州地区的第一部社会主义新方志。

是年 全区72名教师参加全省优秀教师表彰会。其中选出姚幼珊、苏宝祥、刘兆信出席全国“五讲四美，为人师表”会议。

是年 中国人民武装警察部队德州地区支队成立，受省武装警察总队和地区公安处双重领导。

1984年

春 省教育厅公布：德州地区39名中小学教师为优秀班主任，其中13名为全国优秀班主任。

春 平原县王杲铺乡洼董村，发现清代嘉庆十八年间印制的民间艺术品《七巧灯》，共200个不同图形。

4月 德州报刊函授大学成立。行署专员李荣振兼任校长，徐洪岭为专职副校长，到9月底，全区报名学员达1.5万多人。因学员的大专学历得不到教育部门的承认和资金困难，1985年9月停办。

4月18日 建立邱集煤矿筹建处，筹备开采。邱集煤矿位于齐河县马集镇邱集，面积39平方公里，地质储量2.8亿吨，可采储量0.39亿吨，主要煤种为气肥煤，是良好的工业动力用煤和炼焦配煤。2003年12月正式投产。

4月25日 全区政社分开、建立乡政府工作结束。根据国家和省的要求，报请省批准，全区257处公社改建为204个乡、53个镇。各乡（镇）区划不变。

5月 山东农业大学在德州农校设立农学专科班。

6月30日 禹城孙庄农民刘兰道，一季向国家交售小麦1.55万公斤。

7月1日 德州市第三水厂建成供水。日供水量达5万立方米，基本满足全市需水量。

8月9日 武城县四女寺镇24小时降雨333.5毫米，为华北地区所罕见。

9月16日 德州农村发展学院成立暨第一届学生开学典礼举行。学院是国家教育委员会正式批准的农民成人高等教育专科学校。该校是全区550万名群众集资1000万元兴办的全国第一所培养农村基层干部的大学。设中文秘书、商业企业管理、工业企业管理、农村行政管理、法律专业。校址在陵县城内，占地300亩，有教学楼3682平方米，教职工238人。第一任院长由地委书记王殿臣兼任，党委书记由陵县县委书记李宝善兼任。1989年11月该院撤销。

10月 德州地区人大联络处（副县级）成立，处长姜溪波。

11月4日至5日 中共中央总书记胡耀邦到德州地区视察，听取地委书记王

1984年7月1日，德州市第三水厂供水剪彩

1984 年 11 月 4 日，胡耀邦为德州农村发展学院题写校名

殿臣、行署专员李荣振的工作汇报。并为德州农村发展学院题写校名。

12 月 8 日　根据中共中央和省委的部署，地委召开地直机关整党动员大会，部署整党工作。这次整堂全区自上而上，分四期进行。第一批到 1985 年 6 月结束。参加第一批整党的有地委、行署、地纪委 3 个地级领导班子，72 个地直单位，2 个中央驻德州单位，8 个省驻德州单位，1 个整堂试点县（陵县），共有党员 4576 名。据统计，这批整党单位共清理出滥发奖金、补贴 5.2 万元，滥发服装 903 套，价值 5.8 万多元，滥发实物折款 2 万多元。开除党籍的 1 人，留党察看的 2 人，缓登记的 3 人。

12 月 28 日　地委、行署对 1984 年度多种经营总收入在 10 万元以上的乐陵县茨头堡乡后高村高庆胜、齐河县大夫营乡后营村李吉举、武城县马庄乡潘庄村张天礼 3 个专业户，各授予锦旗一面。

12 月　地区电视台 143 米电视发射塔启用。该塔为区内最高建筑物。

1985 年

1 月　全区实现电报电路的电传化。结束了 100 多年来有线电报电路人工手键发报和手抄电报的历史。

3 月 16 日　地委、行署做出《关于向苏寿堂、季万贞学习的决定》。苏寿堂，乐陵县寨头堡乡帆布厂厂长，在全国优秀青年厂长（经理）评选活动中，被命名为优秀企业家。武城县消声器材厂厂长季万贞在全国优秀青年厂长（经理）评选活动中，当选为优秀青年厂长。

苏寿堂

3 月 19 日至 26 日　中央书记处候补书记郝建秀到平原、齐河、禹城、临邑、陵县、德州市调查了解调整农村产业结构情况。

3 月 19 日至 20 日　行署专员李荣振、副专员赵林山等一行 5 人赴日本和歌山县考察城镇建设。这是地区建立以来向国外派出的第一个政府代表团。

3 月 20 日　地委、行署印发《关于简政放权，搞活企业的试行意见》，坚定不移地贯彻执行中央简政放权的有关规定，下放科以下干部任免权，公司要为企业做好服务工作，国营小型工业企业可以租赁给集体和个人经营。

4 月 8 日　地区农业机械科学研究所张家桐向中国专利局递交“自动保持液面高度墨水瓶”专利申请，获得批准。这是德州地区历史记载中第一项获专利权项目。

4 月 19 日　国务院副总理李鹏到德

1985 年 4 月 19 日，李鹏（前中）考察德州电厂选址现场

州察看华鲁电厂和津浦铁路连接线建设情况，听取德州地委负责人的汇报。

5月 地区举办首届科技成果交易会，来自全国5个省（市）的17个大专院校的科研单位共投入转让科技成果2000多项，签署技术成果转让合同6项，意向性协议5项，委托咨询23项，信息服务60项。

6月 地委、行署从全国各地聘请105位著名专家、教授担任经济和社会发展战略研究顾问。20日至24日，在陵县召开第一次顾问会议，有71名顾问出席并献计献策。

7月15日 陵县防疫站科研人员在一腹泻病人粪便中检验出中国第一株"拟态弧菌"。经卫生部有关部门鉴定认为，该菌对腹泻因子学、免疫学、血清学的探索及临床诊断具有重要意义，填补了中国医学研究的一项空白，引起国内外有关专家重视。

8月23日至24日 地区个体劳动者协会成立，并召开第一次代表大会。来自全区的299名代表一致通过德州地区个体劳动者协会章程，选举产生地区个体劳动者协会第一届委员会。这一届委员会由23名委员组成，张好文当选为主任。

秋 禹城县来凤乡大纪村团支部书记纪金亮，将祖上埋藏的2300斤古铜币挖出，献给国家。这批古铜币分别铸造于明朝末年和清朝顺治、康熙、道光、咸丰、同治、光绪等时期，共20多种，对研究明末及清朝经济贸易关系有重要参考价值。

秋 庆云县青年农民尹义田，在全国农民田径运动会上夺得5000米、1500米赛跑两个第一名，荣获两块金牌。

9月6日 地委办公室印发《老山地区对越自卫反击战九名德州籍指战员给地委的一封信》，号召全区人民学习9位战士的精神。这封信是王甲兵等人在硝烟弥漫的战场上寄出的。信中充满爱国主义和革命英雄主义激情，真实地反映了边防战士战胜艰难险阻、奋勇杀敌的英雄事迹。

9月10日 德州地区暨德州市庆祝第一个教师节大会在地直礼堂隆重举行。大会向尊师重教先进单位颁发了奖旗，向具有30年以上教龄的3307名教师颁发了荣誉证书，对613优秀教育工作者进行表彰。

11月 德州机床厂自行设计的T4020深空钻镗床试制成功，填补了国家空白。

12月 在日本东京召开的第一届亚太地区医学会议上，地区医科所所长郑向黎和德州教育学院教师童耕雷合写的《冷冻对染色体的影响》一文被编入《第一届亚太地区低温医学会议论文集》。

同月 武城县被国家建材总局命名为"玻璃钢县"。

同月 德州火车站，在全国第一个装备调度监督运行微机荧光屏自动显示装置。

是年 对历次政治运动中的遗留问题进行排查和处理。全区需落实政策的案件共49549件，已解决处理40542件，占总数的99.9%。处理和落实政策的范围是，"文化大革命"中遗留的冤假错案，1950—1966年间的党员申诉、原划定为右派或受株连的人员，台胞、台属问题，

1957—1965 年间被精减退职人员，1964—1966 年城镇人口转为农业人口和下放人员等。

是年 据有关资料统计，全区共有烈士 20433 名，其中在第二次世界大战和抗日战争中牺牲的 7222 名，在解放战争中牺牲的 9753 名，抗美援朝中牺牲的 1509 名，在和平建设中牺牲的 1008 名，在两次广西边境保卫战中牺牲的 54 名，牺牲时间不明的 941 名。

是年 著名女篆刻家刘淑度（德州市人）临终前，将自己积攒的 1.28 万元稿费、奖金献给德州市儿童福利基金会。

是年 地区外贸工艺纺织品公司完成出口额 1.0193 亿元，首破亿元关。

1986 年

1 月 16 日 行署印发《关于进一步加强对扶贫工作领导的意见》。意见要求各级领导加强对扶贫工作的领导，建立健全县、乡（镇）扶贫领导小组，制定好扶贫规划和措施，种好责任田，搞好多种经营、家庭副业；传授技术，积极扶持他们发展生产。

同日 中国人民解放军德州陆军预备役师改称德州陆军预备役步兵师。

1 月 地委、行署印发《关于认真贯彻落实中共中央 1986 年 1 号文件的意见》（即《关于 1986 年农村工作的部署》）。意见要求：（1）要用中共中央 1986 年 1 号文件精神，统一广大干部群众的思想，增强继续深入进行农村改革的自觉性。（2）继续搞好农村产业结构的调整。（3）深入改革流通体制。促进商品经济发展。（4）改进和完善农产品的合同订购制度。（5）继续完善农村合作制。（6）继续完善土地承包制度，进一步加强土地管理。（7）努力减轻农民负担，调动农民务农积极性。（8）依靠科学技术，改变生产条件，促进农业稳定发展。（9）加强农村思想政治工作。（10）加强对农村工作的领导。

同月 全区第二批整党结束。第二批整党从 1985 年 4 月下旬开始，历时 9 个月。参加该批整党的有 12 个县（市）及地直第二批县级整党单位，共 400 个党组，78 个党委，91 个总支，818 个党支部，18859 名党员。整党中处理有问题的党员 49 人，其中开除党籍 4 人，留党察看 10 人，撤职 1 人，严重警告 15 人，警告 9 人，缓期登记 9 人，不予登记 1 人。

2 月 21 日 地委批转地委政法委报告，要求在继续严厉打击刑事犯罪和经济犯罪的同时，更加重视社会治安综合治理。切实加强领导，进一步组织好有关部门的齐抓共管，尤其要在各项基层基础工作、预防减少违法犯罪、降低发案率上下功夫，做出新成绩，努力争取全区社会治安秩序持续稳定的好转，为改革和建设创造一个良好的社会环境。

2 月 21 日至 28 日 全国人大代表视察组到德州地区视察工作。

3 月 4 日 地委、行署制定《关于贯彻执行〈中共中央关于教育体制改革的决定〉的意见》。意见从本地区实际出发，提出了有步骤、分阶段地实施九年制义务教育的任务。

3月7日 地委、行署召开全区科技工作会议。会议传达贯彻中央和省委关于科技体制改革的精神，行署副专员马荣珂传达地区《关于科技体制改革的试行意见》。会议对27个科技进步先进集体、46名先进个人、8个尊重知识尊重人才先进集体和个人、53个科技进步项目进行奖励。

3月14日至15日 地委召开全区端正党风经验交流会。会议传达贯彻中央和省委关于端正党风问题的指示，临邑县委、平原县委、禹城县委、地区林业局等20个单位作典型发言，介绍做法和经验。地委书记王殿臣作题为《全党动手抓党风，地直机关做表率，为实现我区党风的根本好转而奋斗》的讲话。

3月下旬 全区深入开展“普法”教育。全区配备法制宣传员14707名，培训1万名；有2163个村庄建立法制夜校，参加学习的干部群众85538人；参加学习的职工27103人。全区开设法制课和道德品质课的中小学，分别占中小学总数的96.4%和86.8%。同时，各县（市）还利用公判会、宣传车、宣传栏、广播、黑板报等多种形式，广泛开展法制宣传教育，广大干部群众的法制观念进一步增强。

4月1日至4日 除庆云、临邑两县外，全区11县（市）共发生流行性出血热病人1057例，死亡10例。

4月6日至7日 在北京参加“农村就业战略和政策国际讨论会”的美国、印度、坦桑尼亚、比利时、斯里兰卡等16个国家的33位代表到禹城、陵县参观农业引用外资项目。

4月10日夜 德州市（县级，至1995年4月改称德城区）第二运输公司“解放牌”大客车载53名游客去泰山，行至长清县平安镇大刘村附近，由于司机没有及时发现停靠在公路右侧的一辆货车，致使客车右前侧撞上货车，客车违章携带的60公升汽油起火爆炸，烧死33人、烧伤19人，车辆报废，酿成了震惊全国的“4·11”特大事故。

4月17日 加拿大残疾人、轮椅运动员克·汉森于17时到达德州市，次日启程前往济南继续他的环球旅行。

4月19日 德州地区邮电局在德州市开通4000门自动电话，结束了德州手摇磁石电话机的历史。

手摇磁石电话机

自动拨号盘电话机

同日 德州地区举行1984—1985年度文艺创作优秀作品授奖大会，64篇获奖，其中有15篇先后在全国和全省获奖。

4月29日 地委、行署召开大会，向全区23名省职工劳模、4名先进班组代表、2名全国“五一劳动奖章”获得者颁发证书、奖金和奖品。

4月下旬 德州电子仪器厂制造的台式呼吸监护仪、袖珍式呼吸监护器、贝克曼电子温度计，在第十四届日内瓦国际发明与新技术博览会上，分别获得特别奖中的二等奖和金牌。

4 月 德州沟盘河水库建成。

5 月 1 日 由农民筹资兴建的商场——德州市兴华商场落成。

5 月 30 日 全区第三批整党结束。第三批整党从 1985 年 12 月中旬开始，至 1986 年 5 月底结束。参加这批整党的有 257 个乡（镇）党委，5 个街道办事处和 3629 个乡（镇）事业单位的党组织，共有党员 54077 名。这批整党被开除党籍的 24 人，撤销党内职务 7 人，给予党内严重警告处分 37 人，党内警告处分 26 人；不予登记 24 人，缓登 92 人。

6 月 19 日 全区 13 个县（市）人民武装部改归地方建制交接工作全部结束。

6 月 21 日晚 商河、庆云两县部分乡镇遭受暴风、冰雹袭击，最大风力 10 级，雹大如杏。

7 月 16 日 地委、行署制定《关于进一步搞活企业若干政策问题的试行规定》。试行规定共 10 条，其要点是：（1）企业在完成国家下达的主要计划指标和财政任务的前提下，通过挖掘潜力，所取得的增收部分，实行企业与地方比例分成。（2）县属集体企业以工代干的负责人，现行工资低于同级工人的，可实行同级工人工资，或实行岗位补贴，补到同级工人的工资水平。（3）凡实行厂长（经理）任期目标责任制的企业，按年度规定目标每年考核一次，完成和超额完成当年目标的，要予以奖励。（4）企业主要负责人工作变动时，由审计部门对该企业进行审计，澄清经营底子。（5）对长期亏损企业，凡扶持一下能活起来的，银行要给予一定贷款扶持。对限期扭亏增盈的企业负责人，给予适当奖励。（6）对经营管理有方，经济效益显著，逐年超额完成计划，有特殊贡献的企业主要负责人，经过县委、县政府考核、批准，可以提升职务和级别。

7 月中旬 地委书记王殿臣参加全国人代会期间向大会提出的帮助德州地区发展经济的提案，获国务院有关部门受理。后地委书记王殿臣、顾问张季夫、行署副专员赵林山等一行 7 人赴京，向国家经委、国务院经济研究中心等部门汇报。

7 月 30 日 全区落实知识分子政策工作基本结束。遵照中央和省委关于落实知识分子政策指示精神，自 1982 年开展工作，截至 7 月底，全区知识分子中的冤假错案和有关历史遗留问题已基本解决。2065 起冤假错案全部平反。需要解决的善后工作，已全部妥善处理。

7 月 31 日至 8 月 1 日 应地委、行署、德州军分区邀请，某军区老山地区防御作战英模报告团一行 6 人，到德州向干部群众作报告。

7 月 德州一中初中三年级 14 岁的学生梅岭，以优异成绩考入南京大学少年预科班。

8 月 10 日 农业部批准夏津县为“全国优质棉生产基地县”。

8 月 18 日 全区乡镇工业工作会议召开。地委、行署各部门、各县（市）、乡镇负责人及乡镇办、村办、联户办、户办工业的代表共 1100 多人参加了会议。会议的中心议题是研究加快乡镇工业的发展步伐，振兴农村经济的问题。地委书记王殿臣在会上作了《加强领导，放宽政策，为加速发展乡镇工业、振兴农村经济而努力》的报告。

8月22日 地委、行署作出《关于加速绿化全区的决定》，提出实现全区绿化的任务。

8月28日 禹城县召开“禹城旱涝碱综合治理实验区”建区20周年庆祝会。山东省人民政府（以下简称省政府）副省长马长贵，省科委主任何宗贵，德州行署专员李荣振，中国科学院、中国农科院有关负责人，专家胡永畅、史孝石、张文全等10人在会上发言，全国政协委员沈谱，中国科学院、山东农业大学、山东农科院分别发来贺信和贺电。

8月29日至31日 联合国计划开发总署和世界粮农组织高级顾问黑勒斯博士到陵县、禹城考察棉花生产。同意将禹城县作为中国山东棉花研究中心技术开发县之一。

9月22日 国内引进的第一套棉花加工成套设备验收开工典礼在齐河第一棉厂举行。

10月7日至11日 中菲（菲律宾）合拍的历史故事片《苏禄国王与中国皇帝》在德州拍摄外景。菲律宾演员在清真寺为东王举行伊斯兰葬礼仪式，拜访居住在北营村的东王后裔。

10月8日 地委学习贯彻《中共中央关于社会主义精神文明建设指导方针的决议》。要求全区各级党组织要把组织党员干部学好中共十二届六中全会文件放在第一位，全面领会决议的基本观点和精神实质；坚持理论联系实际的原则，把学习决议同进行经济体制改革和开放、搞活结合起来，用决议精神指导、促进改革开放和商品经济的发展，坚持两个文明一起抓。

11月上旬 在全省建筑工程质量检查中，德州地区建筑工程公司承建的工程获全部五个检查项目的第一名。

11月 德州地区确定将12个项目作为“七五”期间“星火”计划开发重点：（1）棉花副产品综合加工利用技术；（2）粮食加工和综合利用技术；（3）枣、蜜系列产品综合加工利用技术；（4）瓜、菜储藏保鲜和综合加工利用技术；（5）农村建材技术开发；（6）水产精养技术开发；（7）畜禽养殖及产品综合加工利用技术；（8）饲料品种及加工技术开发；（9）纺织新产品及服装技术开发；（10）为大工业配套的新产品及关键设备开发；（11）新颖日用小商品技术开发；（12）合成新材料及电子应用新技术开发。

电影《苏禄国王与中国皇帝》宣传画

12 月 5 日　省委批准，马仲才任中共德州地委书记。

马仲才
（1986. 12—1989. 12 任书记）

12 月 7 日　由 29 家银行和 9 家大中型企业共同组建的全省第一家资金市场——德州资金市场在新湖饭店开业。第一次开盘拆借成交金额 1150 万元。

12 月 16 日　中原输气公司德州清管站因管线排出的轻质油浸延至茶炉引起火灾，烧死 3 人，伤 8 人，烧毁机动车 5 辆，经济损失达 20 万元。

12 月 24 日至 27 日　中日学术联合考察团到平原县考察义和团起义和清末农民社会情况，代表团分别由中方团长路遥（山东大学历史系教授、中国义和团研究会常务副主席）和日方团长左左木（日本山口大学教授）带领，一行 8 人，重点考察了平原义和团起义旧址苏集乡杠子李庄。

12 月 25 日　地委、行署领导班子调整。马仲才任地委书记，赵林山、张宗亮、吴振齐任副书记。赵林山任行署专员，许志玉、马荣珂、许红峰任副专员。

赵林山
（1987. 1—1989. 2 任专员，
1989. 2—1993. 4 任书记）

12 月 30 日　德州人民广播电台举行开播典礼。

是年　全区废除“内招”和“子女顶替”制度，开始推行劳动合同制度，启动开展企业养老保险、待业保险。

是年　乐陵县中国燕陵酒厂研制的中华蜜酒获全国第二届发明展览会金质奖，并列入“世界名酒录”。

1987 年

1 月初　纺织工业部部长吴文英在京接见德州棉纺织厂党委书记于向阳等 5 位干部职工，对该厂实行厂长负责制后取得的成绩给予充分肯定。

1 月 4 日至 7 日　地委召开县（市）委书记会议。行署专员赵林山作了《深入贯彻改革、开放、搞活的方针促进全区经济稳定协调发展》的报告。地委书记马仲才要求各级党委、政府要更新观念，增强商品经济意识；要在不放松农业的同时，大力发展工业和乡镇企业；要继续解放思想，深入进行改革。各级领导都必须始终抓住经济建设这个中心任务，坚持改革、开放搞活，两个文明建设一起抓，推动经济和各项事业全面发展。

1月 德州地区开展“新时期共产党员如何发挥先锋模范作用”的大讨论。至年底结束，全区99.4%的党支部和95.5%的党员参加了大讨论。共召开各种类型的讨论会43263次，写出讨论稿40842篇。

2月12日 德州市被中央绿化委员会授予“全国绿化先进单位”称号。

2月16日 德州地区体育运动学校建立。

3月3日 地委、行署提出《关于认真贯彻落实中共中央〔1987〕5号文件的意见》，要求各级党委增强把农村改革引向深入的自觉性。一要进一步开放市场，搞活经济，促进生产要素合理流动；二要进一步发展和完善多种经济形式、多种经营方式相结合的农村新经济体制；三要加快供销社、信用社体制改革的步伐；四要继续调整产业结构，促进劳动力转移；五要进一步完善双层经营责任制，加强承包管理；六要加强农村基层组织建设。

3月7日 德州地区书法家协会举办的首次全区书法展览在地区图书馆开幕。

3月中旬 日本爱媛县新居滨市中日交流促进会会长藤原建树率友好代表团对德州进行友好访问。

3月中旬 地委、行署研究落实省委、省政府召开的鲁西北地区经济开发现场办公会精神的具体意见：（一）进一步坚定自力更生、增产节约、发挥优势、振兴德州的信心，借鉴外地经验，走出腾飞的路子。（二）根据会议确定与济南结成“对子”，由马仲才、赵林山率协作代表团到济南拜访，洽谈经济互援问题。（三）各县市区要边贯彻、边落实、边行动，积极主动向省直有关部门汇报工作，主动争取支援。

3月 全区第四批整党结束。第四批整党从1986年10月下旬开始，到3月底结束。参加这批整党的共有9943个农村党支部，15.89万名党员。该批整党重点抓了农村党支部建设。

4月11日 德州地区与济南市对口支援商讨会在济南举行。地委书记马仲才、专员赵林山、副专员许红峰、地委秘书长王晓华参加会议。济南市参加会议的有省委副书记兼济南市委书记姜春云、市长翟永溥、副书记刘耀华等。

4月18日始 地、市两级组织8万名干部职工参加义务劳动，清挖德州市内“两沟一河”排水工程。施工地段总长15.5公里，动土81万立方米，动用工日123万个，解决市区排污不畅问题。

同日 德州地区老年体育协会成立。

4月 全区13个县（市）领导班子进行换届前的调整，应配备干部185人，实配176人。调整后的干部平均年龄为43.5岁，比原来下降2.8岁，45

岁以下的占63.2%，大专文化程度的101人。

5月7日 地委、行署提出《关于深化企业改革、增强企业活力的试行意见》，共9点意见：(1) 继续认真贯彻落实搞活企业的各项政策规定，使企业真正享有自主权。(2) 改善企业的经营机制，按照"两权"适当分离的原则，积极推行各种形式的经营承包责任制。(3) 贯彻按劳分配的原则，进一步理顺企业内部的分配关系。(4) 普遍推行厂长（经理）负责制，做到责、权、利相结合。(5) 采取坚决措施，保护企业的合法权益不受侵犯。(6) 积极发展横向经济联合，建立生产要素市场。(7) 进一步简政放权，抓紧清理、撤销行政性公司。(8) 抓好企业技术改造，增强企业发展后劲。(9) 积极做好思想政治工作，使干部职工自觉投身于改革。

5月 武城县老城镇、祝官屯乡和河北省故城县建国镇沿运河村庄群众在运河河道挖掘文物，挖掘点上千个，挖出的文物有古代木质沉船、唐宋时期的陶罐、瓷碗、琉璃工艺品和唐天宝、明万历年间古钱币及金银制品、香炉等。

6月9日 国务院有关部门确定华鲁电厂继续建设。总投资10亿元，由国家华能公司和山东省各负担50%。山东负担的5亿元中，由胜利油田投资2.5亿元，德州地区集资5000万元。

6月20日 德州地区消费者协会成立。

7月25日 全区提前68天，超额42万元完成省分配的1816万元的国库券认购任务。

7月 地委、行署贯彻省委、省政府诸城现场会议精神，推动全区农村改革不断深化和商品经济的发展。9月，地委、行署提出《关于组织农村商品经济"大合唱"若干问题的试行意见》。

8月13日 山东省第一家国营股份制金融企业——德州信托投资公司开业。信托投资公司为天津证券交易中心会员、中国证券协会会员。

德州信托投资公司

8月下旬 武城县李家户乡刘王庄村天主教283名教徒进行非正常活动，引起有关部门重视。武城县公安机关对为首的给予行政拘留处罚。23日，全国政协常委、中国天主教爱国会主席宗怀德主教和省天主教爱国会副主席郭传真主教等神职人员到武城县李家户乡刘王庄村，向信教群众宣传讲解国家宗教政策。

8月 德州地区争取国家有关部门拨

款近百万元，用于修复国家、省重点保护的名胜古迹颜公祠（陵县）、来禽馆（临邑）、苏禄王墓（德州）、龙门字碑（平原）。

同月　全区颁发居民身份证。从本年第三季度开始对全区16周岁以上公民颁发居民身份证，到1990年上半年全部完成。

9月　全区30多家企业，携9个类别300多个花色品种的产品参加上海"华东地区第二届商品交易会"，成交额达130万元。

10月14日　德州市与抚顺市结为友好城市。

10月17日　德州地区工农业产品展览会在济南工业展览馆举行开幕式。省人大常委会主任李振，省委副书记、代省长姜春云为开幕式剪彩，副省长马世忠讲话。展会共展出工农业产品876个品种，其中获省、部级和国家级优质产品称号的140多种。

10月25日至12月中旬　全区开展以维修配套和更新改造水利设施为中心内容的冬春季节农田水利基本建设。全区有85万名劳力参加，新挖干支斗沟渠628条，清淤1759条；新建干支斗沟渠建筑物2296座，维修加固1445座；新建扬水站55处，改建维修92处；新打机井4000眼，维修旧井4000眼，完成4000眼机井的配套工程。工程完成后，扩大灌溉面积20万亩，改善灌溉面积76.4万亩，扩大除涝面积30万亩，治理盐碱地16.4万亩，新建旱涝保收田37.8万亩，治理水土流失面积270万亩，新建旱涝保收田87.8万亩，治理水土流失面积270平方公里，解决109个村6.61万人饮水困难的问题。

11月10日　地委、行署作出《关于加快公路建设的决定》。决定指出，要树立全党全民办交通，办好交通促发展的战略观念，集中人力物力财力，加快公路建设步伐。决定明确提出干线公路建设的目标：1990年前，完成北郑、青石、济盐3条国道和省道建设任务，把410公里干线建成为二级路，把7处穿越县城的干线建成为一级路，完成济德路复线前期工程和一批大中修项目，使全区公路面貌有较大的改观。

11月21日　农牧渔业部在德州召开有14个省、自治区和武汉、新疆建设兵团参加的全国优质棉基地建设检查会议。

12月1日　德州电视台正式开播。

1986年德州电视台旧址

12 月 7 日至 8 日 省委副书记陆懋曾、中国科学院副院长李振声到禹城县察看“一片三洼”（一片为旱涝碱综合治理试验区，三洼为沙河洼、辛店洼、北丘洼）治理情况。

12 月上旬 经国务院钢材领导小组批准建立的德州钢材市场、汽车贸易中心举行开业典礼。20 个省、市、自治区的 712 个单位 1600 多人出席典礼仪式，国家物资局副局长桓玉珊、副省长马连礼到会讲话。

12 月 26 日 德州儿童乐园举行建成开园典礼。全国政协副主席、全国妇联主任康克清为儿童乐园题词“造福后代”并发来贺电。航空兵某部为儿童乐园捐赠退役飞机 1 架。该园是当时山东省面积最大的儿童乐园。

12 月 德州地区首届文学艺术工作者代表大会召开。作家邓友梅、刘真，诗人杨金亭写来贺信。大会选出德州地区文联负责人。

是年 全区 13 家企业被评为省级先进企业。

是年 全区科研工作取得显著成就。全区取得地区以上科技成果 72 项，其中填补省内空白和达到国内先进水平的 24 项。工业技术改造项目完成 130 项，农业实施省以上“星火计划”和地区以上开发项目 9 项，引进人才 1019 人。年底，全区共评出高、中、初级专业技术人员 42182 人。

1987 年 12 月，德州儿童乐园建成开园

1988 年

1 月 5 日 地委召开工作会议。会议提出以改革为动力，推进科技进步，在调整中求效益，在收紧中求发展，强化农业基础，突出工业重点，生产、流通一齐抓，确保工农业生产再上一个新台阶。地委书记马仲才在会议上就全区经济工作、加快和深化改革、加强党的建设、社会主义精神文明建设等问题作了讲话。

1 月 13 日 苏禄国东王墓被国务院定为全国重点文物保护单位。

春季 全区开展打击制售假冒伪劣商品的专项斗争。全区共抽调 251 名干部，组成 129 个检查组，检查了 2654 家工商企业，发现有问题的（包括个体工商户）585 家，查出假玉米种 14.5 万公斤，假棉种 14 万公斤，假化肥 5458 吨，假农药 30 吨，劣质柴油 40 吨。在重点查处生产资料假冒伪劣商品的同时，检查组也对副食品和其他商品进行了检查，销毁了一些假冒商品。

2 月 16 日 除夕夜，省委副书记、省长姜春云带领省直机关人员到济阳县崔寨乡走访慰问，地委书记马仲才、行署专员赵林山陪同慰问。

2 月 25 日至 28 日 中科院副院长李振声带领全国 100 多名科技人员到德州，与德州地区签订黄淮海平原农业科技开发合作意向协定 250 多项，帮助德州地区制定中低产田开发治理规划和实施方案。

4 月 14 日 香港爱国实业家沈炳麟向德州地区肿瘤医院捐献人民币 30 万元，用于建造病房楼。

4 月 27 日 全区对外开放工作会议召开。会议学习中共中央〔1988〕1 号文件，传达贯彻全省对外开放工作会议精神，研究德州地区如何扩大对外开放，加快发展外向型经济的问题。

5 月 8 日至 10 日 全国植物分子育种技术应用交流会在德州召开，全国 22 个省市自治区的 49 个单位的 78 名科技人员参加会议。

5 月 15 日 中国人民政治协商会议山东省委员会德州地区联络组设立，许志玉任组长。

5 月 23 日至 25 日 国务委员兼国务院秘书长陈俊生、中科院副院长李振声，在副省长赵志浩陪同下，到禹城察看农业开发项目。

5 月 24 日 省委书记梁步庭到德州地区检查指导工作。

6 月 16 日至 18 日 国务院总理李鹏、国务委员兼国务院秘书长陈俊生、中共中央农村政策研究室主任杜润生等，在省委书记梁步庭、副书记陆懋曾、省长姜春云、副省长赵志浩陪同下，到禹城县对旱涝碱综合治理实验区考察。当看到实验区取得的成果时，李鹏高兴地说：“中国农业的发展寄希望于黄淮海平原。”指出：要搞好黄淮海平原农业开发，就得建立资金投入新机制，用经营的办法搞好治理和开发。投入资金，要有偿使用，流动周转，逐步形成良性循环体系。李鹏题词“开发禹城”。

6 月 24 日 全区企业承包工作会议召开，研究部署企业承包工作任务。

1988年6月，李鹏（前中）在禹城考察

6月 全区选出出席中共山东省第五次代表大会代表47名。

7月1日 德州教育学院申请的世界银行的40万美元贷款于7月1日生效。贷款专用于发展中学在职教师培训工作项目，5年内完成。

9月1日 经国务院批准，撤销乐陵县建制，建立乐陵市（县级）。

同日 国家计委批准在禹城县建立鲁西黄牛出口基地。

同日 全区恢复对预备役军官登记制度。

9月2日 山东省政协德州地区联络组设立。经山东省政协第六届三次常委会通过，省政协在德州地区设立联络组，为厅级单位。许志玉任组长，侯树华、冯宝童、周基勋、张国祯任副组长。

9月7日 济阳、陵县、临邑等6县遭受特大风雹灾害。济阳、陵县、临邑、武城、夏津、平原遭到特大风雹的袭击，35个乡镇的917个村庄受灾。受灾面积119.34万亩，成灾面积93.25万亩，减产8成以上至绝产的47.74万亩，刮倒树木23867株，受灾果树34500株，倒塌损坏房屋4207间，并造成少量人畜伤亡。

9月11日至13日 省内外有关专家对平原、齐河、陵县、商河承担的18万亩夏玉米高产综合技术开发项目进行测产验收，平均单产为549.9公斤。

9月14日 地区人大工作联络处改为省人大常委会德州地区联络组。山东省第六届人大常委会第30次会议通过，将德州地区人大工作联络处（正县级）改为省人大常委会派出机构——山东省人大常委会德州地区联络组（正厅级）。吴振齐任组长，王晓华、苏凤文、盛玉振任副组长。

9月20日 经民进山东省工作委员会批准，民进山东省委直属德州市支部成立。省政协副主席、民进山东省工作委员会主委苗永明出席并致辞，沈鑫为民进德州市支部主任委员。

11月1日 《德州日报》创刊。

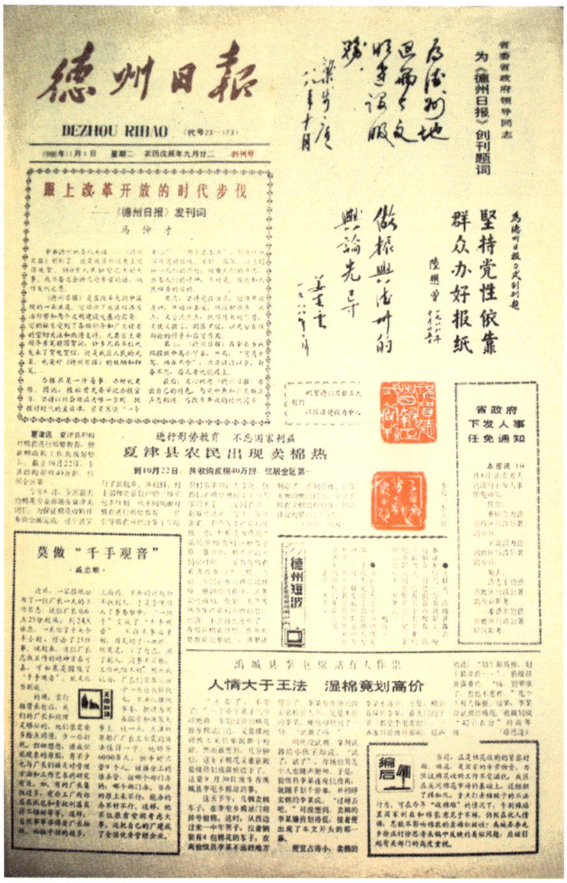
德州日报
DEZHOU RIBAO
省委省政府领导同志为《德州日报》创刊题词
坚持党性 依靠群众 办好报纸
跟上改革开放的时代步伐
——《德州日报》发刊词
马仲才
进行形势教育 不忘国家利益
夏津县农民出现卖棉热
到10月22日，共收购皮棉40万担，位居全区第一
省政府下发人事任免通知
莫做"千手观音"
德州短波
禹城县李屯棉站有人作祟
人情大于王法 湿棉竟划高价
编后

德州日报创刊号

11月6日 中共中央委员、国家体委主任李梦华到德州视察，在地委书记马仲才、行署专员赵林山的陪同下，视察地区体育馆和地区体校。

11月17日至18日 中国少年儿童先锋队德州地区第一次代表大会在地委小礼堂召开，与会205人。大会选举产生中国少年先锋队德州地区第一届委员会。

11月 德州地区在平原、陵县等8个县（市）79个乡镇、544个行政村进行宅基地有偿使用试点，制止农村乱占滥用土地建房。

12月3日 地委、行署命名表彰地区级首批专业技术拔尖人才37名。

12月6日 德州地区农民企业家协会成立。

12月8日 行署命名表彰全区级首批乡镇企业拔尖人才100名。

12月14日 山东省医学科学院与齐河县人民医院成立全省第一家科研医疗联合体，齐河县人民医院挂"山东省医学科学院齐河医院"的牌子。

12月 在武汉举办的全国获奖成果推广交易会上，全区有18个单位、20项获奖成果参展，签订意向书45项，成交额571.7万元。

是年 全区工农业产值达到88.2亿元，其中工业产值达到57.6亿元。

是年 乐陵市政协组织编写的《宋哲元》一书，由山东大学出版社出版。这是中国大陆第一本系统记述和研究宋哲元生平事迹的书籍。

是年 经省人民政府批准，中外合资企业德州德达申家具材料有限公司成立。该公司立足区内丰富的棉秆资源，投资2.3亿元引进德国设备，生产刨花板和饰板等深加工产品，是国内最大的生产刨花板企业。后因产品销路问题破产倒闭。

1988 年 11 月，《德州日报》创刊庆祝会

1989 年

1 月 3 日　由全区人民集资兴建的德州体育馆落成开馆。体育馆坐落于德州东方红路，总投资 190 万元，建筑面积为 2688 平方米，可容纳观众 3500 人。

1 月 6 日　德州地区气象局在平原县恩城、林庄两炮点进行首次人工降雪，总增水量 2204. 2 立方米。

1 月 12 日　德州地区工商局裁决区内最大的建筑经济合同纠纷案：德州生建机械厂一次性付给德州市染织厂 55 万多元的赔偿费。

1 月 22 日　经山东省人大常委会批准，省人大常委会德州地区联络组改为山东省人大常委会德州地区工作委员会。吴振齐任主任，王晓华、苏风文、盛玉振任副主任。

1 月　德州预备役师被山东省人民政府、省军区评为正规化建设达标单位。

2 月 17 日　地委、行署领导班子调整。赵林山任地委书记，吴振齐、马荣珂、袁文光任副书记；马荣珂任专员，董

马荣珂

（1989. 2—1992. 2 任专员）

昭和、许红峰、王富昌任副专员，宫传华为行署调研员。

2 月 22 日 山东省政协德州地区联络组改为山东省政协德州地区工作委员会。许志玉任主任，侯树华、冯宝童、周基勋、张国祯任副主任。

2 月 22 日至 24 日 全区乡镇企业工作会议召开。省委副书记、副省长赵志浩亲临大会讲话。会议提出，充分利用机遇，发挥自身优势，四个轮子齐动，以发展个体和私营企业为重点，优化结构，搞好联合，发挥群体优势，突出经济效益，增强企业活力，在治理整顿中发展，在深化改革中前进，促进全区乡镇企业稳定、持续、健康发展。

3 月 10 日 中国科学院院长周光召、副院长李振声到武城、夏津考察指导黄淮海开发工作。

3 月 15 日 行署制定扶持和奖励棉花生产办法。在认真执行国务院和省政府新制定的棉花政策的基础上，结合本区实际，实施 3 条扶持和奖励办法：（1）对开荒植棉实行优惠政策。每开荒 1 亩棉田，优先供应 25 公斤化肥、5 公斤柴油，5 年不交提留，不交农业税。（2）地、县（市）建立棉花生产奖励基金，实行层层奖励。地区奖励棉花生产成绩突出的县（市）委书记、县（市）长和分管农业的副县（市）长；县（市）可奖到乡（镇）、村和植棉大户。（3）地区着重抓好 50 个重点产棉乡镇，在资金、良种、化肥、柴油、农药、技术等方面给予扶持，力争这 50 个乡镇的棉花产量占全区产量的四分之一。

3 月 17 日 地区电力系统中电压最高、容量最大的 12 万千伏安电力变压器从德州市区安全运抵临邑变电站。变压器高 3.9 米，宽 3.5 米，重 165 吨。整体运输在全区尚属首次。

4 月 7 日 省委书记姜春云到临邑县张寨乡视察，听取地、县、乡、村负责人关于农业生产情况汇报。

4 月 12 日 省顾问委员会主任梁步庭在齐河县检查指导工作，就如何解决经济工作中的困难和问题提出意见。

4 月 29 日至 5 月 3 日 中央顾问委员会委员、中央绿化委员会副主任雍文涛到德州地区视察平原绿化工作。

4 月 民政部授予乐陵市杨家乡梁锥子村农民梁希森“义重德高”匾牌。梁希森共计投资 30 万元先后为全村修建学校、安装自来水、架设高压电线、修便民桥和卫生室，并兴办敬老院，使 6 个乡镇的 14 名鳏寡老人得到赡养。全国 17 家新闻单位先后采访报道梁希森的事迹。

5 月 12 日 地委、行署发出《关于开展向党清俊、侯庆英同志学习的通知》。临邑县人民检察院检察长党清俊廉洁勤政，执法如山，被最高人民检察院授予全国“模范检察长”光荣称号。夏津县渡口驿东村女青年侯庆英在生死关头挺身而出，与持刀行凶的歹徒英勇搏斗，用鲜血保护了两名儿童，被共青团中央授予“见义勇为勇士”光荣称号。

5 月 30 日 全国纺织系统思想政治工作研讨会在德州棉纺织厂召开，纺织部部长吴文英参加会议，充分肯定德州棉纺织厂深入进行形势教育的经验。《人民日报》5 月 9 日曾发表长篇报道介绍“德棉”的做法。

5 月 从北京航空风力研究中心引进的 150 瓦微风发电机，在夏津县新盛店镇东屯村试验成功。这是德州地区投入试用第一台风力发电机，日发电量 3.5 千瓦时以上，经 4 个月的运转，效果良好。

6 月 2 日 平原、陵县、临邑、商河、宁津、乐陵、济阳 7 县（市）的 89 个乡镇遭受冰雹和暴雨袭击，286.1 万亩农田受灾，倒塌房屋 1 万间，死亡畜禽 5000 余头（只），直接经济损失 1.8 亿元。

6 月 10 日 地委召开地直各单位负责人会议，传达发生在北京的政治风波的有关情况。上旬，地委、行署组织广大党员、干部和群众学习上级文件，统一思想。同时深入学校开展细致地思想政治工作，并部署公安、武警和街道居委会加强巡逻值班，重要单位组织了纠察队。经过全区上下共同努力，局势一直比较稳定，各项工作正常进行。

6 月底 齐河县华店乡郭庄村农民郭天富（省政府表彰的售粮模范）一季向国家交售小麦 10 吨。

6 月 全区夏粮喜获丰收，单产平均 323 公斤（列全省第一名），总产 16.9 亿公斤，均达历史最高水平。平原、陵县、禹城、德州市小麦单产超过 350 公斤，武城、商河、庆云、济阳、齐河、禹城 6 个县单产、总产比历史最高水平增长 10% 以上。

7 月 5 日 九三学社德州支社（后为德州市委员会）正式成立。德州师专副教授高仁人任主任委员。

7 月底 德州地区 10 万名个体劳动者和私营企业者向亚运会捐款达 13 万元。

8 月 1 日 德州电厂正式开工建设。建厂始称华鲁发电厂，历经电力体制改革、资产重组后，于 2000 年 12 月 31 日更名为华能国际电力股份有限公司德州电厂。一、二期工程建设安装 4 台 30 万千瓦国产亚临界燃煤机组，1991 年至 1994 年相继建成投产。

8 月 7 日至 9 日 省委副书记、省长

华能德州电厂（一、二、三期工程）

赵志浩先后到庆云、宁津、德州、武城、夏津5县（市）实地察看种植业、畜牧业、林业及工业生产和市场情况。

8月9日 全区清理整顿文化市场工作全面展开。到9月底，清理了47家印刷厂、241个图书报刊经销点、49家音像制品销售点、112家放映点、72家文化娱乐场所。取缔无证经销点37个，查缴非法、黄色书刊20661册、音像带2846盒，封存格调低下、内容不健康的书刊经销点102家，音像放映点51家。

8月上旬 全区百万人投入抗旱保秋活动。进入7月后，全区基本无雨，旱情持续发展。截至8月10日，严重干旱面积达420.5万亩。

8月15日 中共中央和国家机关保密工作会议在德州召开，中共中央、国务院机关134个部门负责人参加会议。国家保密局副局长姜平在会上作报告。中共山东省委常委、秘书长马仲才等出席会议。

8月20日 全区开展计划生育集中活动。至9月22日一个月内做各种手术10万余例。

8月 齐河师范学校被评为全国优秀师范学校，国家教委奖给现金10万元。

9月1日 第一届乐陵金丝小枣节开幕。共接待外地客人1300人次，销售小枣100万公斤。此后，金丝小枣节每年一次。

9月1日至2日 地委推广夏津农村党支部达标升级管理制度。夏津县委在对农村党支部实行年度目标责任制的基础上，由点到面实行达标升级管理制度，进一步强化了党组织管理意识，有效地启动了农村党支部的内在活力，促进了农村改革和两个文明建设。为推广这一经验，地委在夏津召开现场会，要求各县（市）委学习夏津的做法，在搞好试点的基础上，全面实行农村党支部达标升级管理制度。

9月15日 共青团德州地区委员会召开表彰大会，授予德州汽运公司职工子弟学校学生马丽“舍己救人少年英雄”称号，授予王强“舍己救人好少年”称号。团地委作出在全区青少年中广泛开展向马丽、王强同学学习活动的决定。

9月 德州工艺美陶研究所研制成功一套长50米、高1.7米的《孔子事迹图》黑陶壁画。这套黑陶壁画由著名版画家石可和著名工艺美术家陶天恩编绘。

同月 德州火车站广场扩建竣工，面积由0.7公顷增至3.3公顷。

1989年的德州火车站广场

1989年10月，引黄清淤几十万人齐上阵场面

10月15日 冬春水利建设大会战开始。重点是引黄干渠清淤和开挖机井。地区统一组织出工22万人，到11月15日结束。

10月下旬 全区10个县（市）中250处乡镇建立了预防保健站，占全区乡镇总数的80%。

10月 在全国首届民族民间舞蹈《中国舞蹈蓉城之秋》演出会上，商河县的鼓子秧歌获得最佳节目奖、最佳方队奖和最佳组织奖。

11月1日至4日 省政协主席李子超在地委书记赵林山、行署专员马荣珂和地区政协工委负责人陪同下，先后到齐河、平原、陵县、临邑等县，考察工业、农业、精神文明建设和政协工作。

11月12日至13日 国务院副总理田纪云在省长赵志浩、副省长王乐泉的陪同下，实地考察平原县境内的引黄三级沉沙池清淤工作。

11月上旬 德州地区16个“星火”计划项目在全省“星火”成果展览交流评比中获奖，其中有6项获得金奖，5项获得银奖，有5项获得铜奖，其中有4项达到国内先进水平。

12月18日 全国教育考察团到德州考察。国家教委副主任王明达率领全国教育考察团（河北、青海、湖南三省和哈尔滨市的代表），先后到德州市、陵县、济阳县的10余所大、中、小学校考察了解多渠道筹措经费改善办学条件的做法。

同日 国务院召开夏季粮油创高产达标单位表彰电话会。齐河县夏粮总产超过历史最高年10%以上，受到国务院表彰。

是年 德州地区新华书店销售额达3408万元，实现利润202.24万元，全区人均购书额达到5.68元，名列全省第一。

是年 本区黄淮海中低产技术开发取得成果。列入全区1989年黄淮海平原农业科技开发项目的106.6万亩中低产夏玉米，平均亩产479.5公斤，比开发前3年平均每亩增产163.1公斤，增长51.5%。按现行价格算，新增产值1.4亿元。列入农技开发项目的125.05万亩中低产棉花，平均亩产皮棉80.1公斤，新增产值6130.7万元。

是年 全区严打斗争见成效。按照全省的统一部署，自1989年年初，全区开展了3次以打击暴力犯罪、团伙犯罪和流窜犯罪为重点的专项斗争，进行了5次集中打击活动。据统计，共破获各类刑事案件808起，抓获各种犯罪分子3293人；依法逮捕1062人，判处865人，其中死刑28人。通过不断地严厉打击，有效地稳定了社会局势，保障了改革开放和各项工作的顺利开展。

1990年

1月1日 山东省政府调整德州地区部分行政区划。山东省人民政府决定，并报请国务院批准，将济阳县、商河县（除奎台乡划归乐陵外）及齐河县的桑梓镇、大王乡、靳家乡划归济南市管辖。桑梓镇的油房赵村、大漠刘村仍归齐河县。

2月6日至9日 全区计划、财政、技术进步、工交生产工作会议召开。

2月13日至14日 中共中央委员、济南军区司令员李九龙中将到德州地区视察征兵工作。

3月9日至10日 全区科技工作会议召开。确定“科技兴德”战略目标、任务和措施，对上年度优秀科技成果进行表彰奖励。地委书记赵林山、行署副专员

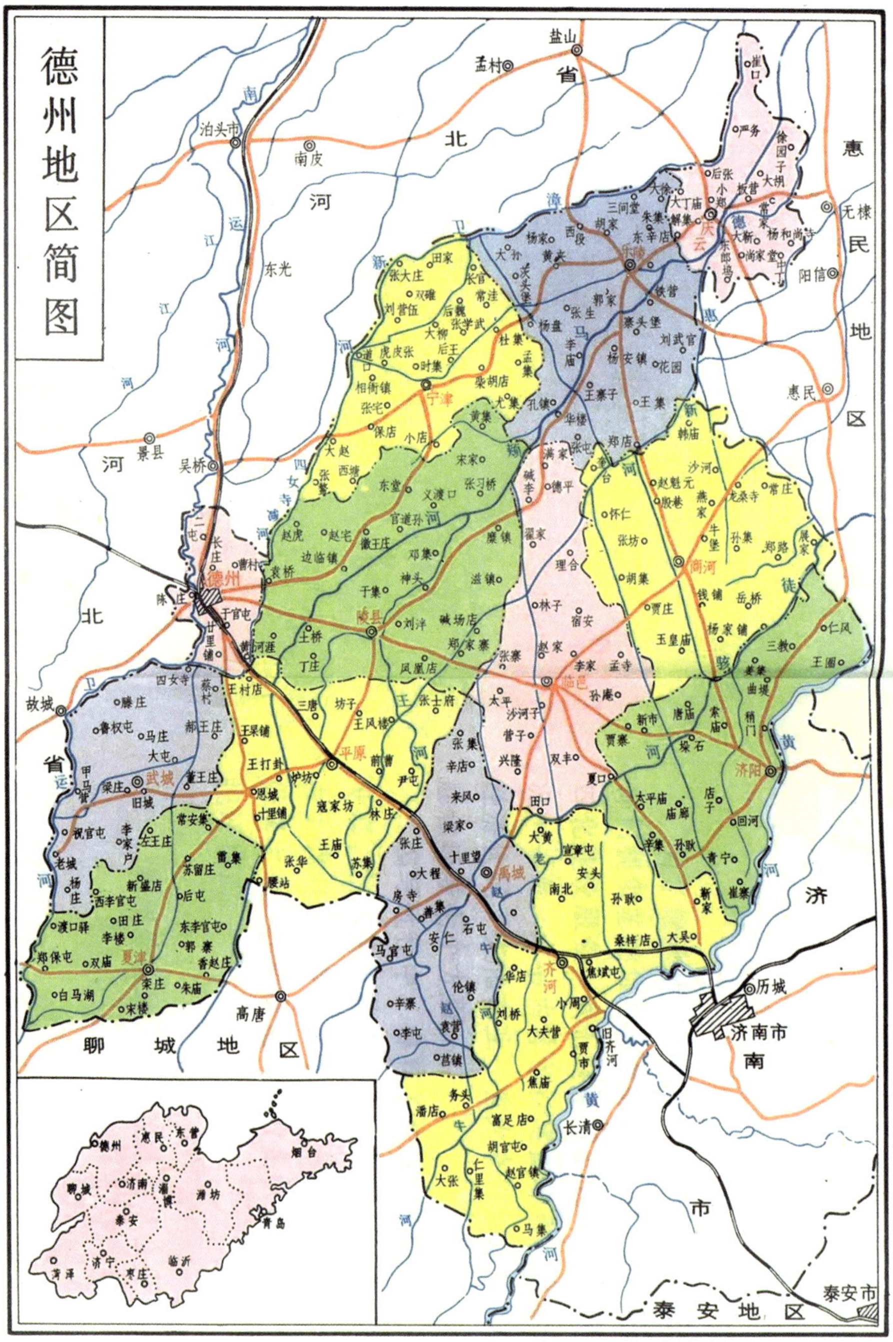

德州地区简图（1964—1989年）

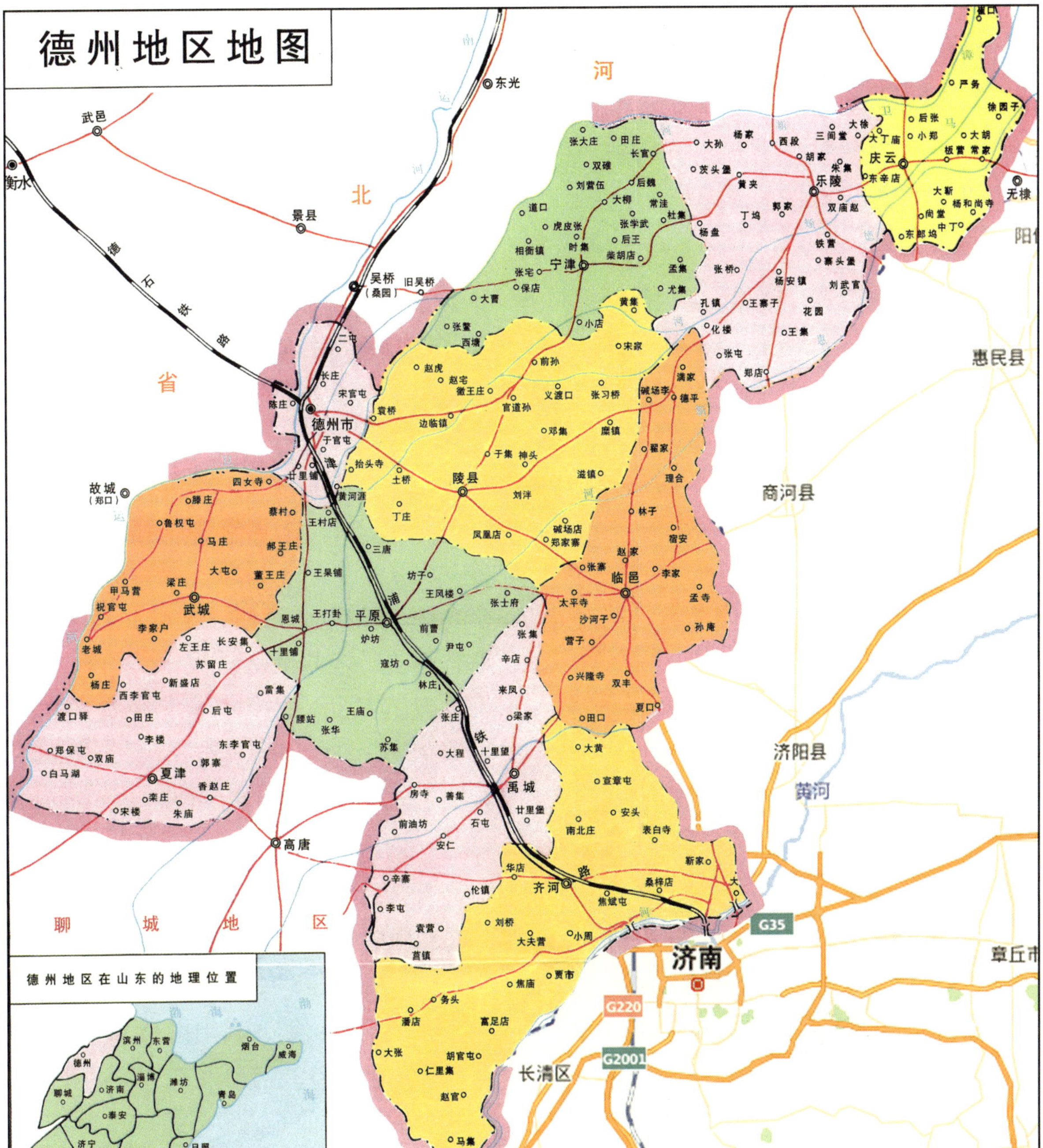

德州地图（1990 年）

许红峰讲话。

3 月 25 日　全国政协副主席王任重为德州第十中学题写校名。

3 月 27 日至 30 日　全国玉米高产开发研讨会在德州召开。来自全国科研、教学和技术推广等部门的 60 多名专家、教授共商玉米高产开发大计。农业部确定 1990 年为农业科技推广年，粮食要增产，玉米挑重担，德州是样板。德州地区粮食连续 10 年增产，1989 年 10 万亩高产开发田单产达633.8公斤，涌现出许多吨粮田、吨粮乡，对玉米高产积累了经验。

4月8日 全国政协主席李先念为“小枣之乡”乐陵市题词：“因地制宜，艰苦奋斗，建设社会主义新农村。”

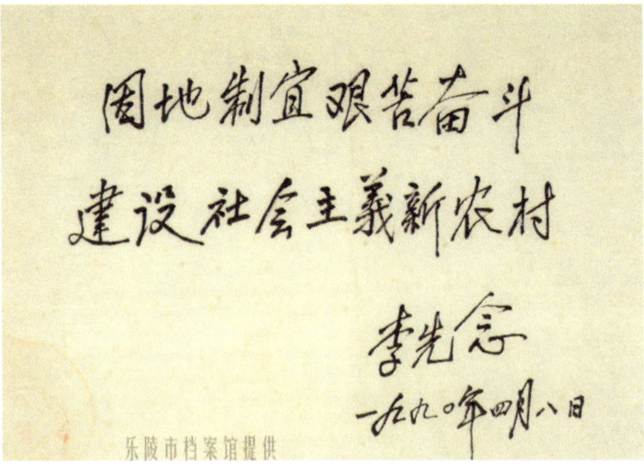

李先念题词

4月14日至15日 省委书记姜春云到齐河走访10余农户，听取农民的意见。地委书记赵林山陪同。

1990年4月14日，姜春云到华店、晏城等乡镇的4个村，走访农民家庭

4月15日 国家体委“争创全国体育先进县”检查验收团一行8人到齐河县检查工作。当年，齐河县被命名为全国体育先进县。

截至4月15日 全区县（市）、乡（镇）中共党代会、人代会和县（市）政协会换届选举工作结束。

4月27日 城隍庙大殿发生火灾，大殿化为灰烬。

火灾前的城隍庙大殿

5月12日 19时10分至21时40分，庆云、宁津、乐陵三县（市）的68个乡镇、2214个村庄，遭受暴风及零星冰雹的袭击，共倒伏小麦78万亩，其中严重减产31万亩，毁坏其他作物3万亩，倒塌破坏房屋1930间，刮倒折断树木4.1万棵，有120多根电线杆和5处输电设备严重损坏。灾害减收小麦5050万公斤，直接经济损失达4300万元。

5月中旬 全区清理撤并各类公司200余家。截至5月中旬，全区共清理撤并各类公司204家，其中撤销116家，占56.9%；合并13家，占6.4%；取消公司名称改为其他企业75家，占36.7%。这些撤并的公司，有的属于不具备开办条件，有的是党政机关开办的，有的属于非法经营、资不抵债。

5月20日至24日 全国“三夏”（夏收、夏种、夏管）现场会在德州召开。总结和推广德州地区以粮保棉，以棉促粮，夺取粮棉双高产的经验。国家计委、人事部、商业部、中国农行、国家气象局、总后军需部、济南军区，全国30个省、自治区、直辖市的农业厅（局）长、处长，山东省及德州地区有关部门负责人100多人出席会议。行署副专员董昭和作典型发言。

5月25日 全区第二次社会科学优秀成果授奖大会召开。43项优秀成果获得奖励。

5月 德州地区体校摔跤队在省“希望杯”摔跤比赛中夺得自由式、古典式两个团体第二名和3块金牌、4块银牌、1块铜牌。

6月11日 行署召开专题会议，部署迎接亚运会工作，确定6月17日为“亚运在我心中，我为亚运做贡献”宣传日。

6月22日至23日 全区经济体制改革工作会议召开。会议明确经济体制改革的主要任务是稳定农村政策，继续深化农村改革；坚持和完善企业承包经营责任制，做好第二轮承包工作；坚持和完善厂长（经理）负责制，切实加强企业党的建设；积极妥善地发展企业集团，推进企业兼并；整顿市场秩序，深化流通体制改革；积极推行各项改革试点工作。

6月23日 凌晨1时半和17时半，陵县、德州、平原、武城、夏津5县（市）的30多个乡（镇），311个村庄，先后两次遭受冰雹袭击。据不完全统计，受灾面积36.77万亩，其中棉田23.2万亩，粮田5.85万亩，瓜、果、菜5.73万亩，其他作物1.99万亩。刮倒、折断树木7.8万棵，刮倒电线杆77根。有14.2万亩粮棉田和瓜果菜绝产，20.7万亩减产五成以上，1.87万亩减产三成以上，造成经济损失约1.25亿元。

6月 1990年度德州地区承担的8项小麦科研课题，通过测产验收，全部超指标完成1990年度计划。8个小麦高产开发项目，总面积168.95万亩。其中120.5万亩纯麦高产开发田总产达48042.42万公斤，单产400.19公斤，分别比上年增产3257.39万公斤和27.13公斤。在48.9万亩麦棉一体化综合技术开发田中，有28.9万亩平均亩产327公斤，20万亩平均亩产296.87公斤。

同月 德州棉纺织厂再次被评为全国纺织系统双文明建设优秀企业。该厂连续4年获得这一称号。

同月 德州地区第一条现代化的汽车安全自动检测线在地区交警支队投入使用。

7月21日 地委、行署部署抗灾救灾工作。入夏后，全区11个县（市）普遍遭受风、雹、虫、涝等多种自然灾害，重灾乡镇82个，重灾村庄4040个，受灾人口347万多人；受灾农田610万亩，占耕地面积的70%，其中重灾面积313万亩，绝产粮田110万亩、棉田97.4万亩、菜田10万亩。加上房屋、牲畜、道路、水利设施等损失，总经济损失12亿元。据此，地委、行署于本日召开紧急会议，部署抗灾救灾工作，把抗灾救灾作为压倒一切的中心任务。到7月中旬，已有近万名干部深入到乡、村、户，发动群众生产自救；向灾区返还粮食267.4万斤，发放救济款和物资折款164万元。

7月30日 省委书记姜春云带领省财政厅、省供销社、省民政厅、省卫生厅负责人到德州地区视察灾情。

8月10日 行署确定每年8月为“义务教育宣传月”。

8月 德州师范专科学校被评为全国优秀师范专科学校，受到国家教委表彰，获奖金30万元。

同月 全区首家全封闭式工业品批发市场——城隍庙市场建成。

9月3日至4日 中共中央政治局委员、国务院副总理田纪云在山东省副省长王乐泉陪同下，到德州视察。田纪云在德州市接见地委、人大、行署、政协和军分区负责人，听取地委、行署领导关于农业生产和抗灾自救情况的汇报，之后由赵林山、马荣珂等陪同，视察平原、禹城、齐河秋季作物的生长情况。田纪云肯定了德州地区农业生产和抗灾自救取得的成绩，指出，要抓好中低产田开发，促进全区平衡增产。抓好合理密植和选用优良品种，进一步搞好农田水利基本建设和台田、条田、旱涝碱综合治理，使农业生产再上新台阶。

9月17日 亚洲运动会圣火在德州11个县（市）传递点燃。德州地区邮票公司发行纪念明信片，发行量为1000枚。此是地区邮票公司首次发行纪念明信片。

9月 夏津县获农业部颁发的“全国优质棉基地建设先进县”称号。是年，夏津县被国务院命名为“粮食生产先进县”。

10月13日 能源部在德州华鲁电厂建设工地召开电力工程现场座谈会。能源部部长黄毅诚、山东省省长赵志浩参观了现场并讲话。

10月22日 据新华社消息，德州市被评为从1989年起率先跨入“小康”（国民生产总值人均800美元）行列的全国36个城市之一。1989年德州市人均国民生产总值为3357元。

11月7日至8日 德州地区学生联合会首次召开代表大会。地委副书记袁文光为大会致祝辞。

11月8日 德州地区首家立体声电影院——德州市人民电影院开业，共有座位921个。

11月16日 德州地区1990年人口普查主要数据公布：截止到1990年7月1日，全区总人口为506.81万人，其中城镇人口54.82万人。其中，男性为256.04万人，占50.5%；女性为250.77万人，占49.5%；汉族500.21万人，占98.7%；少数民族66009人，占1.30%；大专文化程度的27467人，高中（含中专）文化程度的270316人，初中文化程度的1188031人，小学文化程度的2144792人。

11月19日 地委召开全区农村社会主义教育（社教）动员大会。此次农村社教主要内容是开展社会主义优越性、集体主义、爱国主义、精神文明和坚持党的领导等6个方面的教育。时间从11月初至1991年2月初。

11月20日 齐河县邱集煤矿正式开工。该矿位于齐河、东阿两县交界处。煤田东西长6～8.5公里，南北宽6～8公里，工业储量3.25亿吨，设计能力年产45万吨，服务年限为80年。

11月 德州市人民政府拨款14.5万元，对苏禄王墓建筑群进行修缮。

12月5日至8日 省政协主席李子超到德州地区视察工作，听取地委书记赵林山、地区政协工委主任许志玉汇报。

12 月 12 日 禹城县禹城镇北街村办企业——东方化学试剂厂生产的“502”常温瞬时强力万能胶粘剂，在广州第二届国际专利产品展览会上，荣获国际金奖。

1991 年

1 月 8 日至 10 日 全区计划工作会议召开，地委书记赵林山，地委副书记、行署专员马荣珂，行署副专员许红峰等参加会议。许红峰作全区 1990 年计划执行情况的报告。

1 月 全区有 38 家工业企业进入全省第一批大中企业行列。根据国家大中型工业企业划分标准，全区符合中二型以上标准的工业企业有 38 家，其中中大二型 2 家，中一型 11 家，中二型 25 家。

⇨德州汽车改装厂生产的亚新牌 DZ100 系列汽车

⇩德州拖拉机厂生产的泰山牌12马力拖拉机

⇦德州拖拉机厂生产的新湖—18型背负式弥雾喷粉机

20 世纪 90 年代部分工业企业生产的机械产品

2月23日 国务院副秘书长李昌安到德州华能电厂视察。

3月12日 省委书记姜春云在德州地委书记赵林山、副书记袁文光陪同下，到齐河县调查研究，并一起参加植树活动。

3月14日至15日 中国科学院“八五”黄淮海平原农业综合开发工作会议在禹城县召开。中科院副院长李振声、农业项目办公室主任刘安国和副主任吴长惠及24个研究所的63名专家、教授参加会议。会议讨论制订了《中国科学院“八五”黄淮海平原农业综合开发工作计划(讨论稿)》《中国科学院“八五”黄淮海平原农业综合开发项目指南》和《中国科学院“八五”黄淮海平原农业综合开发工作管理办法》，确定进一步开发治理五大地区：沿黄河水资源丰富地区、淮河流域、以黑龙港为主的缺水地区、东部的海水倒灌和沂蒙贫困地区、西部太行山区。

4月12日 德州地区第一家急救中心在德州市立医院开诊。

4月13日至15日 应德州地区行署邀请，以新居滨市企划调整部部长伊藤宣为团长的日本爱媛县新居滨市友好考察团一行7人，到德州进行综合考察。地委书记赵林山、行署副专员徐会三、政协工委主任许志玉等会见了日本客人。

4月23日 全区开展城市“社教”活动。即日起，在全区县以上机关、学校、企事业单位和城市街道，开展社会主义思想教育活动。主要内容是进行以下7个方面的教育：社会主义优越性，党的基本路线和目前的形势任务，国家、集体、个人三者的利益关系，国情、省情、区情，社会主义民主、法制与纪律，党的宗旨和党规党纪，工人阶级的优良传统和历史使命。

4月 德州地区体育代表团参加全省农民运动会获乒乓球比赛男子团体第一名。

5月7日至8日 全区知识分子工作会议召开。会议强调把“尊重知识、尊重人才”提到战略高度来认识。

5月12日至13日 中国农科院在陵县召开科学研究20周年暨陵县试验区建立15周年纪念大会。农业部副部长洪绂曾，副部长、农科院院长王连铮，农科院党组书记、第一副院长沈桂芳，省人大常委会副主任卢洪，副省长张瑞凤出席会议。

5月18日至19日 建设部部长侯捷到德州检查指导城建工作，在副省长张瑞凤、行署副专员许红峰陪同下，到德州火车站、堤岭泵站及北园小区等工程视察，并听取德州地区城市建设和城市综合开发工作情况汇报，对德州市城市建设和综合开发工作给予肯定。

5月28日至30日 京沪铁路沿线中小城市经济技术协作带建立。由德州市委、市政府倡导并首先组织的京沪铁路中小城市联谊暨经济技术协作会议在德州市召开。来自京沪沿线三市四省的34个市(县)和天津铁路分局、济南铁路分局的119名代表汇聚德州，共商经济振兴大计。山东省委副书记马仲才，省顾委主任梁步庭，中央国家机关及山东省有关部门负责人等出席会议。

5 月 29 日 商业部副部长何济海在省政府秘书长张龙、省供销联社主任梁凯军等陪同下，到德州视察工作，听取地区供销联社关于“建立产销一体化服务体系，促进农村商品经济发展”汇报。

6 月 1 日 华鲁电厂主要配套工程之一丁庄水库开始蓄水。该水库位于陵县西部丁庄乡，占地 8899 亩，总投资 7000 万元，于 1989 年动工兴建，是全国火电厂最大的专用水库。它的启用，为华鲁电厂第一台 30 万千瓦机组 6 月底前投产发电做好了用水准备。

6 月 3 日至 4 日 省委副书记、省长赵志浩，在德州召开菏泽、济宁、聊城、德州、惠民、东营六市地负责人座谈会，对黄河洛口铁桥的拆除、“三夏生产”、棉花生产和防汛工作做出部署。

6 月 17 日 水利部副部长严克强、国家防汛总指挥部办公室副主任李兴洲、水利部海河水利委员会副主任张廷、漳卫南运河管理局局长戚天成、省水利厅副厅长邱沛等一行 20 余人，到武城的恩县洼滞洪区视察防汛滞洪工作。

6 月 本区小麦单产名列全省第一。全区 459 万亩小麦单产超过 350 公斤，总产 8 亿公斤。

8 月 16 日 首届“中国宁津蟋蟀节”在宁津举办。《农民日报》《经济参考》《信息日报》、山东省《新闻联播》、省广播电台等 10 多家报刊电台播发了蟋蟀节的盛况。

8 月 31 日 水电部十三局 350—002 号挖泥船在北纬 30°51′10″、东经 122°40′01″（上海花鸟山西湾锚地）处沉没，获保险赔款达 257 万元。

9 月 5 日至 6 日 全国重点棉花产区加强棉花市场管理工作座谈会在德州召开。国家工商局、监察部、商业部、山东省工商局、德州行署，冀、豫、鄂、苏、皖、京、津等省、市工商部门的负责人参加会议。

10 月 4 日 临邑县委举行命名表彰大会，地

1991 年 8 月，宁津蟋蟀节

委副书记莫振奎、团省委副书记赵树丛等出席大会。会上，赵树丛、莫振奎和临邑县委负责人分别宣读了省政府《关于批准魏保明为革命烈士的批复》、团省委《关于追认魏保明为共青团员的决定》和德州地委《关于在全区青少年中开展向魏保明学习的决定》。临邑县委、县政府决定授予魏保明“赖宁式少年英雄”光荣称号，将高辛中心小学更名为“保明小学”，开展向魏保明学习的活动。7 月 11 日，临邑县宿安乡高辛中心小学 15 岁的少先队员魏保明，为抢救两名落水儿童英勇献身。

10 月 20 日 全区 21 万民工开往德惠新河、引黄工程和各县（市）37 条支流水利建设工地，全区冬春水利建设全面展开。共完成各类水利工程 1.5 万公顷，完成土石方 1 亿立方米，新打配套机井 6000 眼，兴建扬水站 106 眼，发展节水灌溉 44 万亩，解决了 4.5 万人饮水困难的问题。

10 月 26 日晚 国务院总理李鹏在赴山东考察途中停经德州，德州地委、行署主要负责人汇报工作。省长赵志浩和省委副书记马仲才在座。

10 月 德州地区向临沂、河南省信阳、安徽省阜阳灾区捐赠面粉 60.2 万公斤，衣服 30 万件。

11 月 8 日 地委部署冬春季节全区农村再一次开展“社教”（社会主义思想教育）活动。其基本任务和要求是开展爱国主义、集体主义和社会主义教育；贯彻党在农村的各项方针政策；加强以党支部为重点的村级组织建设。整个活动时间为 4 个月。

12 月 10 日 地委、行署作出《关于建立和完善国营工业企业内部激励机制的若干规定》。规定的主要内容：实现能上能下的干部人事制度，坚持和完善工效挂钩办法，实行向一线工人倾斜的分配政策，全面推行科技开发项目承包，鼓励销售人员扩大销售，逐步推广“进档达标”承包经营责任制，全面贯彻落实《中华人民共和国企业法》。

12 月 14 日 华鲁电厂一期工程投产发电。由山东电建二公司承担的华鲁电厂一期工程两台 30 万千瓦机组经过 29 个月的建设，提前投产发电，创出了全国同类机组建设工期的最新纪录。

12 月底 全区“打拐”（打击拐卖妇女儿童的犯罪活动）取得初步胜利。地委于 6 月下旬部署开展了“打拐”斗争。全区先后组织 3 万多名公安政法干警、党政干部和治安积极分子，开展了两次集中打击活动。共抓获拐卖妇女儿童的犯罪分子 691 人，摧毁犯罪团伙 41 个，打掉窝点、转运站 22 处，破获此类案件 696 起。

是年 夏津县现代食用生物技术研究所完成大面积食用菌无绿霉菌污染生产栽培技术项目，实现了 150 吨食用菌无霉菌污染，该项技术填补一项国内空白。

1992 年

1 月 3 日 鲁北图书交易会在德州隆重举行。中共中央宣传部、新华社、国家新闻出版署、新华书店总店、中国出版工作者协会、全国书报刊发行协会、中共山东省委宣传部、省新闻出版局、省出版总社、省新华书店及德州地区六大班子负责人出席开幕式。会期3天，省内外58家出版社和271家新华书店负责人参会。

1月9日 德州地区与济南市经济技术协作签字仪式在济南市舜井山庄举行。本区与济南市16个县（市、区）和20多个乡镇建立协作关系，落实协作项目40多个。德州地委书记赵林山，济南市委书记翟永浡出席签字仪式并讲话。

1月20日 省委书记姜春云到齐河县晏城镇北郭村向农民拜年，征求群众意见。

1月27日上午 能源部部长黄毅诚在地委书记赵林山、行署副专员许红峰及省电力工业局局长查克明陪同下，视察华能德州发电厂。

2月15日 经省委批准，杨传堂任德州地委副书记、行署专员。

杨传堂

（1992.2—1994.2任专员）

2月 环境保护工作首次纳入德州地区国民经济和社会发展计划。

同月 德州市获得省级“卫生城市”的称号。

3月10日 地委发出《认真学习中央指示精神、加快改革步伐的通知》。

3月15日 济德科技协会在德州举行。地委书记赵林山和济南市委副书记谢玉堂在开幕式上剪彩。山东大学、山东工业大学、山东师范大学、山东省科学院等50多个单位的110名专家、教授及项目负责人和德州地区各县（市）、有关部门、各乡镇负责人、企业代表2500多人参加会议。会议期间，双份签订意向书161份，初步确立合作意向517个，其中包括济南为德州解决科技难题48项，德州从济南引进或培训人员123名。

3月28日 全区深化改革扩大对外开放会议召开。地区五大班子成员和各县（市）长，有关部门、企业负责人共计400余人参加了会议。地委副书记、行署专员杨传堂在会上讲话，要求：（1）解放思想，增强改革开放的自觉性、危机感和紧迫感；（2）以打破“一大三铁”为突破口，加快企业经营机制转变；（3）加快对外开放步伐，大力发展外向型经济；（4）加强领导，转变职能，保证改革开放积极稳妥地进行。会议讨论修改《关于深化企业改革，扩大对外开放的意见》。

4月9日 能源部电力基建现场会在德州召开。能源部部长黄毅诚对山东省电建公司的工作给予高度评价，号召全国电建系统应认真向山东电建公司学习。

4月19日 由武城酒厂、中国体育杂志社和中央国家机关老年网球队联合举办的中央机关古贝春老年网球邀请赛，经过7天的角逐，在北京体育馆落下帷幕。中央机关200名老年网球爱好者参加比赛。国务委员、国家教委主任李铁映等向60名获奖者颁奖。

4月22日至23日 省长赵志浩在德州地委书记赵林山，副书记、行署专员杨传堂等陪同下，到德州化肥厂、德州刨花板厂、德州振华玻璃厂和禹城县房寺镇调查研究。

4月末 地区直属机关和德州市各界人士3000多人参加全省《齐鲁儿女保护环境十万人签名、绘画》活动。签名活动结束后，这块长达650米的白丝绢，将赠送给6月5日在巴西召开的“世界环境与发展”大会，以纪念世界《人类环境宣言》发表20周年。

4月 德州地区外贸首次组团，参加1992年天津出口商品交易会，签订成交合同额607万元，达成成交意向额6754万元。

5月16日 庆云县发现一古墓群。古墓群位于大丁乡张玛郎村西一华里处。古墓呈圆盔形状，墓与墓之间约5米，东北西南走向，顶部离地面约1.5米。墓穴用大块青砖砌成，墓内饰有壁画，出土文物中有唐代瓷碗等。据省文物局专家鉴定，属唐末、五代时期的墓葬。

5月19日至21日 以市长伊藤武志为首的日本新居滨市友好访华团一行，在行署专员杨传堂、德州市市长周金铭等陪同下，对德州市的经济、文化、教育、体育、市政建设以及市民生活进行考察，并与德州各界人士进行广泛的接触。

5月20日 首届中国临邑邢侗书法艺术节在临邑县邢侗纪念馆举行。

5月22日 全区科技奖励大会召开，地委、行署对获得1991年度国家、省、地科技进步奖、星火计划奖的集体和个人进行表彰奖励。在896项科技成果中，有18项、168项和124项分别达到国家、国内和省内先进水平；2项获国家星火计划奖；3项、67项、433项分获国家、省、地科技进步奖；4项获省星火计划奖。

5月29日至6月1日 全国农村公证工作现场会在德州召开。司法部部长蔡诚和有关部、委负责人及各省市、自治区司法厅厅（局）长、公证处处长等共150多人参加了会议。山东省委副书记高昌礼，省委常委、政法委书记陈建国，德州地委、行署领导杨传堂、莫振奎、蔺善宝等出席了会议。蔡诚在会上讲话指出，德州地区针对农业和农村工作的老大难问题，积极开展大批量、大面积公证的做法，为全国开创农村公证工作新局面闯出了一条新路子。会议要求，全国司法行政机关学习推广德州的经验，推动全国公证工作的全面开展。

6月5日 省委书记姜春云，省委常委、秘书长韩喜凯在地委书记赵林山，副书记、行署专员杨传堂等陪同下，到齐河县贾市乡参加麦收劳动。

6月29日 地委作出《关于表彰全区农村党的建设工作先进乡镇和先进基层

党组织、优秀党务工作者、优秀共产党员的决定》。决定对1991年度的21个农村先进乡镇、48个先进党支部（党委总支）、29名优秀党务工作者和62名优秀共产党员进行了表彰。地委号召全区各级党组织和广大党员要扎扎实实地向先进党组织和优秀共产党员学习，在加快改革开发和发展经济中，争先进当模范，创一流工作成绩。

6月30日 乐陵师范学校撤销。

7月初 全区农村户口实行城市化管理。为适应开放搞活的新形势，强化农村社会治安管理，德州地区自上年11月开始，在全区推广了农村户口城市化管理工作，并取得了显著成绩。截至1992年6月底，全区除个别村庄外，各县（市）都按照《全区农村户口城市化管理工作方案》的要求，保质保量地完成了任务。实行农村户口城市化管理，将更好地服务于经济建设和社会治安综合治理。

7月15日 德州扒鸡公司将6666只扒鸡送往国家体委，随同参加奥运会的中国体育代表团飞向巴塞罗那。德州扒鸡被国家体委列为中国体育代表团首选专用食品。

7月下旬 胜利油田在临邑县临南镇一带发现高产油田，石油资源量1.4亿吨，为1991年探测储量的7倍。

7月23日至26日 德州地区部分县（市）遭受特大暴雨、风雹灾害袭击。夏津、宁津、乐陵、庆云4县（市）降雨多达388毫米，阵风10级以上。有些乡镇大面积积水泥涝，部分农作物被淹。据不完全统计，刮倒用材林木3000株，电线杆400余根。受灾较严重的夏津县棉田被冰雹砸坏近10万亩。据庆云县统计，45万亩农作物积水、7万亩绝产、倒塌房屋9万间。

7月25日 地委副书记、行署专员杨传堂应邀率团对日本新居滨市进行友好访问和考察。与新居滨市市长正式签署两地（市）“友好交流关系协议”。地区杂技团随访问团进行演出。

7月30日19时47分 夏津县西北（北纬37°02′、东经115°53′）发生3.8级地震。其中田庄乡和西李官屯乡震感强烈，震时伴有地声。没有形成震害。

8月11日 济南军区司令员张万年中将、省军区司令易元秋少将到德州视察民兵、预备役工作。

8月20日 日本新居滨市立中荻中学、市立中荻小学分别与德州市第十中学、德州市东方红路第一小学缔结为友好学校。中日双方校长在德州市天衢宾馆交换缔约文本。

8月26日至30日 第二届中国宁津蟋蟀节在宁津县举行。来自美国、日本、俄罗斯、澳大利亚、哥伦比亚等8个国家和北京、天津、上海、江西等国内20多个省、市的宾客参加有关活动。

9月5日 地委、行署对为全区经济社会发展做出突出贡献的科技人员和主管人员给予重奖，并授予“德州科技明星”“科技兴德伯乐奖”称号。

9月6日 德州市程控电话零时割接开通。届时市话号码将由5位升为6位。

9月26日至27日 日本新居滨市妇

女联合会友好访华团一行32人抵德州访问。

9月28日 全省最大的技术改造项目——德州化肥厂年产10万吨合成氨、2万吨甲醇工程正式开工兴建。

10月1日 经上级批准，全区放开城镇居民粮油销售价格，实行随行就市。

10月4日 在第40届国际军事五项锦标赛中，齐河籍运动员黄光泉与其他3名队员荣获男子五项全能冠军。

10月5日 山东省十六届运动会德州地区庆功会在地区体育馆举行。德州地区代表队夺得12枚金牌，11枚银牌和15枚铜牌，总分266分。在全省排名由上届的第15位跃至第11位，同时获得省体育道德风尚奖。

10月10日 地委、行署和德州军分区在齐河县召开大会，为抢救落水青年而献出生命的宣章屯乡李振屯村共青团员杨玉根追记一等功，号召全区人民掀起向杨玉根学习的活动。

10月22日 中共中央政治局委员、国务院副总理田纪云一行9人到庆云视察工作，对庆云的农业生产和养殖业给予充分肯定。田纪云指出："要全面发展庆云经济，不仅要发展养殖业，还要办好乡镇企业，大力发展第三产业"，并题词"坚持改革开放，振兴庆云经济"。

10月25日 第一届中国平原鸽子节在平原开幕。北京、天津、上海等全国10多省市的经贸界人士及美国、英国、加拿大、澳大利亚、德国、新西兰、坦桑尼亚等国家的2500多人参加了盛会。国务院副总理田纪云为中国平原鸽子节题词。

11月3日 中国水利电力部第十三工程局举行国务院总理李鹏题词纪念碑揭幕仪式。李鹏为十三局建局三十周年题词"疏洪导水、造福人民"。该纪念牌由汉白玉大理石制成，高3米，宽3.88米。

11月8日至10日 应德州行署专员

1992年10月22日，田纪云（右四）在庆云县视察

杨传堂的邀请，以岩佐正次为团长的日本新居滨市经济考察团一行 10 人到德州进行经济考察。考察团成员由新居滨市部分企业的社长组成。

11 月 30 日　德州（深圳）产品展销经贸洽谈会成效显著。5 天的产品展销和经贸洽谈活动，共接待中外来宾 3000 余人，签订利用外资合同及协议 83 项，总投资 13.95 亿元，其中外方投资 7.9 亿元，签订产品合同 95 项，金额 56769 万元。

12 月 1 日至 3 日　应德州地区国际经济技术合作公司的邀请，俄罗斯莫斯科市白雪时装歌舞团在地直礼堂进行精彩表演。

12 月 8 日至 9 日　全省城市电台经济信息研讨会在德州召开。地委副书记莫振奎、山东省广播电视厅、山东人民广播电台及全省 14 个地（市）电台的负责人出席会议。

12 月 10 日　全国第五届儿童少年电影“童牛奖”评选活动在德州市拉开帷幕。活动由广播电影电视部、文化部、国家教委、全国妇联和共青团中央主办，德州市协办。

12 月 15 日　副省长王建功视察流经庆云县的德惠新河冬季治理工程，实地察看庆云县为解决苦水区饮水将要兴建的大型水库的水源情况。

12 月 25 日　在第二届日本株式会社佐野图案设计评比中，武城县地毯厂有 25 幅作品获奖，包揽了全部金、银、铜奖。

12 月　经省委批准，张惠来任中共德州地委书记。

张惠来

（1992. 12—1995. 8 任书记）

是年　冬，50 万民兵奋战“三河两灌区”。入冬以后，全区人武系统按照地委、行署和军分区的统一部署，动员全区民兵积极参加农田水利基本建设。全区成建制动用民兵团 11 个，民兵营 213 个，民兵连 8234 个，打井队 400 多个，出动民兵约 50 万人。他们不畏严寒，奋战在徒骇河、马颊河、德惠新河及潘庄、李家岸两大灌区。据统计，共修建工程 1822 处，投资 3076 万元。总参谋部和济南军区、山东省军区分别加按语，转发了本地区这一做法。

是年　全区开始实行“国家政策指导下的市场就业”方针，破除统包统配的就业体制，建立企业自主用工、个人自主择业、主体双方选择、市场竞争就业的新机制。

1993 年

1 月 1 日　《德州日报》正式由周二刊改为周三刊。

1 月 3 日　齐河县破获一起特大抢劫案，罪犯杨某等 4 人落入法网。1992 年 12 月 29 日凌晨，济南市历城区桑梓镇北董村两村民驾驶一辆柴油三轮车到齐河安头乡收购犬，行至安头乡前李仁村南一华里处，从路边窜出 4 名歹徒，将两人打伤后，抢走现金 2000 元，其中一名受害者经抢救无效死亡。

1 月 7 日　临邑县双丰收乡农民任长明创办全区第一家私立小学——临邑私立光明学校。

1 月 15 日　全区 11 个县（市）党委、政府、人大、政协领导班子换届工作圆满结束。调整后的县（市）党政班子平均年龄 42.4 岁，比换届前下降 3.8 岁，其中 35 岁左右的干部 37 名。县（市）主要领导人平均年龄 44 岁，比换届前下降 5 岁；熟悉经济工作的干部有 128 名，占 63%，比换届前增加 20%；大专以上文化程度达到 65.2%，比换届前增加 10%。

2 月 1 日　地委召开全委扩大会议。明确全区经济发展的 3 年奋斗目标是三个“千方百计”：千方百计争取工农业总产值翻一番；千方百计提前一年实现国民生产总值第三个翻番；千方百计争取不低于全省经济的增长幅度。

2 月 4 日至 5 日　副省长张瑞凤到德州检查指导救灾工作。地委书记赵林山，副书记、行署专员杨传堂，副专员苏兴珍汇报情况。1992 年，全区 11 个县（市）211 个乡（镇）都不同程度地受灾。847 万亩农作物，受灾绝产和将近绝产的达 140 万亩，缺钱缺粮又无自救能力的“三无户”达到 6.25 万户、25 万人。张瑞凤还专程到受灾严重的庆云县进行调查。

2 月 6 日至 8 日　首届德州扒鸡美食节在德州体育馆举办，中外来宾 300 多人参加。

2 月 9 日至 13 日　山东省工程咨询院和省交通厅在德州召开济德公路德州至齐河段可行性研究报告评议会。

2 月 10 日　国家教委副主任王明达到德州考察。先后到东方红第一小学、东风东路小学、建设街小学、德州第一职业中专等学校调查。

2 月 12 日　最高法院副院长华联奎在省高院院长宇培杲陪同下，先后到临邑县夏口法庭、城关法庭、陵县郑家寨法庭和地区中级法庭等了解情况。

2 月 17 日　《德州日报》载：为转换政府职能，充分发挥集团化经营的群体优势，组织大流通、开拓大市场，德州地区商业、粮油、供销、石油集团总公司近日挂牌成立，成为自主经营，自负盈亏的大型经济实体。

2 月 17 日至 18 日　省委副书记、副省长李春亭带领省计委、省经委、省财政厅、银行等部门负责人到德州地区调查研究。先后到庆云县尚堂乡化工厂、纺织厂、李梓村和德州振华玻璃厂、刨花板厂、棉纺织厂、第三棉纺织厂调查研究，听取德州地委、行署及有关县（市）的汇报。

2 月 21 日 中共中央政治局常委、国务院副总理朱镕基带领化工部、商业部、农业部、国务院办公厅等 8 个部委的负责人，在山东省委书记姜春云，省长赵志浩，副书记、副省长李春亭及德州地区负责人等陪同下，到禹城视察工作，考察了禹城县房寺镇南小刘村。

2 月 22 日 经过公安机关半年多的侦破，一个带有黑社会性质，骚扰百里方圆，作案近百起，杀害多人，集抢劫、盗窃、强奸、纵火于一体的 14 人特大暴力犯罪团伙，在夏津县东李镇被一网打尽。

2 月 27 日 德州地区人民警察授衔仪式举行。地委副书记、行署专员杨传堂向全区公安系统被授予一级警督、二级警督、三级警督警衔的 49 位警官颁发了授予警衔命令证书。

同日 德州地区第一部移动电话（手机）开通，该手机是地区邮电局网络部内部保障信号测试的摩托罗拉 8900，手机号 900112。

3 月 1 日 德州地区开始实施“双五〇”工程。为彻底改变工业落后面貌，地委、行署决定实施“双五〇”工程，实现“百龙腾飞”，带动全区经济发展。“双五〇”工程是在全区范围内选出 50 个 1992 年产值过 1000 万元，利税过 100 万元的工业企业，用 3 年时间，投入技改资金 41. 4 亿元，安排技改项目 154 个。为确保“双五〇”工程的顺利实施，地区还成立了领导小组和办公室。

3 月 2 日 地委、行署隆重召开表彰奖励大会，为有突出贡献的科技人员、优秀厂长（书记）、优秀乡镇干部和首批享受政府特殊津贴人员等 40 多位有功人员授奖。

3 月 10 日 由德州市承办的中国儿童少年第五届“金牛奖”暨“童鸡奖”评选揭晓。北京电影制片厂的《天堂回信》，长春电影制片厂、河北电影制片厂合拍的《远山姐弟》，儿童电影制片厂的《人之初》荣获优秀故事片奖。同时《天堂回信》等 4 部影片获“童鸡奖”。

3 月 13 日 德州“方向机杯”全国女篮四强邀请赛举行。辽宁队以不败的战绩获冠军，北京队居亚军，山东、沈阳部队分获三、四名。

同日 齐河县境内发生一起特大恶性交通事故。滨州市第二运输公司的一辆“东风”牌半挂车驶入对行线路，与济南市冶金研究所“羊城”牌客车相撞，造成两人死亡、两人重伤、一人轻伤、一车报废，直接经济损失 14 万元。

3 月 22 日 全区 8 个县（市）城镇校改达省优秀标准。1979—1989 年，全区共投资 2. 38 亿元，基本完成了农村中小学校改任务。之后，转入了城镇校舍改造，共投资 2. 15 亿元，新建楼房 121 幢，平房 3985 间，总建筑面积 57. 4 万平方米。

3 月 23 日至 25 日 全省教育工作会议在德州召开。会议主要是学习贯彻党中央、国务院颁发的《中国教育改革和发展纲要》、国家教委 1993 年电话工作会议精神，研究部署 1993 年的教育工作。副省长宋法棠，省教委负责人吕可英、滕昭庆、王恩大以及各地市分管副专员、副市长及教委（局）负责人和省直有关部门负责人共 150 多人参加会议。德州地委书记张惠来、副书记莫振奎到会祝贺。

3月24日 全区“基础设施建设年”活动启动。从1993年开始，在全国开展为期三年的“城乡基础建设年”活动。抓好6个重点：（1）交通运输；（2）邮电通讯；（3）能源动力；（4）水利；（5）商业服务；（6）环境卫生和绿化。

3月26日至4月1日 德州地区组团参加在香港举行的1993年山东省投资招商及进出口贸易洽谈会。共签订利用外资合同24个，总投资9107.3万美元，合同外资金额5066.9万美元；签订利用外资协议27个，总投资141163万美元。签订出口合同10项，合同出口金额600.6万美元，签订出口协议、意向10项，金额1000万美元；签订出口供货合同3项，811.8万美元；签订进口协议1项，280万美元；签订国内贸易1项，987万元人民币。

3月27日 鲁西北地区首家县级电视台——宁津县电视台正式开播。电视台有高125米自立式铁塔1座，电视发射机4部，总功率为2060千瓦。

4月3日至8日 宁津、乐陵、庆云三县出现反常低温，最低达-3℃，60.3万亩麦田遭到严重冻害。

4月5日 德州地区与海口市缔结为友好地市。

4月13日至14日 全区1992年度人口控制目标责任奖惩兑现暨计划生育工作大会召开。授予德州市、齐河县、陵县、临邑县及德州市二屯乡等10个乡镇为人口目标达标先进单位，授予李艳华等140人地区计划生育先进工作者荣誉称号，同时，对部分后进单位予以批评和处罚。地委书记张惠来同各县（市）委书记签订1993—1995年人口控制目标责任书。

4月30日 全区庆祝“五一”国际劳动节大会暨劳模座谈会在德州振华玻璃厂召开。会议表彰德州地区3个“富民兴鲁”劳动奖状获得者和13名“富民兴鲁”劳动奖章获得者。

同月 全区旱情持续发展。农作物受旱面积达280.1万亩，严重受旱面积达114.6万亩。其中小麦受旱205.1万亩，严重受旱48.5万亩，近万亩麦苗面临干旱绝产；棉花有81.1万亩因缺水不能造墒播种，48万亩已播棉因旱影响出苗；蔬菜、果树等作物受旱8.9万亩。

5月7日 德州地区“横向经济联合”恳谈会于在济南南郊宾馆宴会厅举行。据统计，共签订意向合同项目472个，引进外资8900万美元，引进人民币4.75亿元，引进人才1482人。

5月9日 国家土地管理局局长王先进一行3人，在省土管局局长徐及善等陪同下，到德州市视察长庄乡、二屯乡和于官屯乡的农村宅基地有偿使用工作。

5月14日 在北京举办的首届中国国际服装服饰博览会上，陵县颜陵毛纺织厂的12207混纺大衣和德州金泰制衣有限公司的女套装分别获得银奖。

5月18日 德州地区经济广播电台开始（试）播音。电台覆盖半径200公里以上。节目以新闻、经济信息为主，同时设有文艺、游戏、热线点播、咨询等节目。

5月19日 德州市工商局配合公安、交通等部门进行巡回路查。经过一个月的昼夜奋战，共查获走私汽车41辆，价值

800 万元。

5 月 23 日至 25 日　全国篮球四强（八一队、前卫队、沈阳军区队、济南军区队）在齐河县举行比赛。亚洲巨人、八一队教练穆铁柱带队参加。

5 月 24 日晚　夏津、平原、武城、临邑、宁津等县遭到冰雹袭击，降雹持续约 15 分钟，雹粒大的如核桃，小的如玉米粒。夏津县苏留庄等乡镇平地雹厚达 5 厘米。据统计，全区有 30 余个乡镇、近 400 个村遭受雹灾，受灾总面积达 55.3 万亩，部分棉花、小麦、瓜菜、果树等绝产和减产。灾情发生后，各级干部立即奔赴灾区查看灾情、慰问群众，组织救灾。

5 月　由德州行署主办，地区史志办公室编辑的大型综合地情资料工具书《德州年鉴》创刊。1994 年 9 月，地委书记张惠来，行署专员莫振奎为《德州年鉴》题词。

同月　胜利油田在临邑县兴隆寺乡勘探表明该乡含有丰产油田，含油面积至少 3 平方公里，储量 2000 万吨。

6 月 2 日至 6 日　1993 年德州产品展销暨经济技术洽谈会在西安举办。其间，全区签订销售合同和达成协议、意向 339 项，总额 42168 万元，引进技术项目合同、协议和意向总计 849 项，总投资额 52621 万元；达成技术转让协议 12 项，可收益 222 万元。全区达成引进人才意向共 1485 人。

6 月 5 日　宁津—东光公路改建工程竣工通车。该路全长 23.6 公里，总投资 1480 万元，其中县自筹 880 万元。

6 月 6 日　德州服装城奠基。占地 1.6 万平方米，建筑面积 4 万平方米。于 1994 年上半年建成开业。

张惠来为《德州年鉴》题词

莫振奎为《德州年鉴》题词

6月7日 陵县会王乡红庙村发生一起特大凶杀案。罪犯连续杀死3人后，服毒自杀身亡。

同日 陵县神头镇发现汉太中大夫东方朔墓碑一块。碑长170厘米，宽70厘米、厚30厘米，上书："永岳此东方朔先生之墓"。

同日 农业部部长刘江到德州视察工作，副省长王建功陪同视察。

6月13日 德州地区新华书店被国家新闻出版署定为全国首家改革试点单位。

6月14日 陵县、平原、武城、临邑、夏津等县遭受冰雹大风袭击。据统计，全区大约有46万亩农作物受灾。其中夏津降雹时间持续10～20分钟，雹大如核桃，小如花生米，同时伴有7级大风，14个乡镇、217个村受灾，面积31.5万亩，经济损失5035万元。陵县黄集、宋家、张习桥3个乡镇遭风雹袭击。风力8～9级，阵风10级，许多大树被刮折。冰雹大如鸡蛋，小如小枣，密度小，呈西南东北方向，降雹时间11分钟。受灾面积10万余亩，重灾7.3万亩。

6月17日至19日 全国人大常委会副委员长费孝通到德州地区考察指导工作，听取地委书记张惠来工作汇报，走访农村和乡镇企业，与地、乡镇企业厂长、农民亲切交谈，详细了解农村经济发展情况。省人大常委会副主任苗枫林陪同。

6月18日至19日 省社会科学院与夏津县委、县政府联合召开夏津县经济发展战略研讨会。30多位专家学者参加研讨会，省委副书记马仲才、省人大常委会副主任马世忠、秘书长赵林山到会并分别讲话。

6月22日 17时40分，夏津县境内自西北向东南遭受特大风暴袭击，风力10级以上，持续半小时。其间，天昏地暗，电线线路中断，房屋落瓦，30厘米至40厘米直径的树木被拦腰折断或连根拔起，折倒树木1万多棵；全县10万亩果园落果率达42%～50%，严重的80%，造成直接经济损失2200万元。造成人员伤亡数十人。同日，禹城县也遭受罕见的特大暴风雨袭击，最大风力达10级，暴

1993年6月18日，省委副书记马仲才（中）、副省长马世忠（左）、行署专员杨传堂（右）在夏津县经济发展战略研讨会上

风雨和冰雹造成3人死亡，300多人受伤，直接经济损失3200万以上。

6月24日 陕西省专家代表团一行13人到德州地区考察。

6月30日 国务委员陈俊生带领农业部、国内贸易部、化工部和国务院研究室的负责人，到德州地区考察棉花生产情况。陈俊生一行到夏津县新盛店镇的几个村庄，详细了解棉铃虫防治、棉花用肥和植棉技术的推广等情况。

7月8日至9日 庆云县先后3次遭受特大暴风和冰雹袭击，连续时间长达1小时50分钟。全县通信、供电、交通中断。16个乡镇程度不同地受灾，其中严务、大胡等10个乡镇受灾严重，受灾面积达35万亩，直接经济损失亿元以上。

7月18日 为期3天的全国科技攻关成果招商洽谈会德州专场在德州市青少年宫闭幕。洽谈会共签订意向260余项，意向成交额7300多万元。北京大学、南开大学等20多所高校和研究所的人员及德州地区和沧州、石家庄、衡水等单位代表共3000余人参加招商会。

7月20日 国务委员陈俊生、水利部副部长周文智到齐河县检查黄河防汛工作。

7月21日 庆云县动工修复石佛寺，占地面积1960平方米。

7月22日 中国农业银行总行行长马水伟到德州考察农村金融工作。考察了德州市农业银行、长庄营业所和二屯营业所，听取了省农行行长王忠民以及德州、青岛、潍坊、淄博等地、市农行系统汇报，地委书记张惠来、行署专员杨传堂、行署副专员许红峰介绍德州地区经济发展情况。

7月28日至29日 以日本新居滨市教育委员会教育长渡边健为团长的新居滨市学生友好交流团一行20人到德州地区进行友好交流和访问。

7月 截至月底，华能德州发电厂实现本年度安全生产第二个100天，创造了全国同类大型发电机组安全生产最高纪录。

同月 《德州地区志》由齐鲁书社出版，并向国内外发行。《德州地区志》记述了德州地区1840年至1985年间自然、政治、经济、军事、文教等方面的历史史实，共计123万字。

8月12日 省高级人民法院在临邑县开庭，对一起二审抢劫案件进行公开审理。车匪曹某、张某、李某被判处死刑，剥夺政治权利终身。曹犯等3人，均是吉林省九台市人。1992年12月9日16时左右，在临邑夏口镇窜上由济南开往德州的长途公共汽车，持刀威逼乘客交出1700余元，并打伤几名乘客。

8月18日 庆云县崔口镇遭风雹袭击，降雹时间持续15分钟左右，冰雹大如杏，并伴有8级以上大风，致使7630亩农作物受灾，大部分玉米倒伏，大树连根拔起，直接经济损失25万元。

8月21日 世界气象组织主席、国家气象局局长邹竞蒙视察地区气象台气象预报会商室，参观了地区气象台研制并获国家专利的“PB”系列防感应避雷器的生产情况。

8月30日 临邑县挖掘队在施工过程中，将北京至上海的10620光纤通信电缆掘断，造成通信中断长达 17 小时，损失 800 万元。

9 月 4 日 经国务院批准，撤销禹城县，设立禹城市（县级），其行政区域不变，不增加机构和人员编制。禹城县于 10 月 18 日举行撤县设市庆祝活动。

同日 地委决定公开选拔地直有关单位主要负责人。公开选拔的单位有地区供销社、粮油集团总公司、机械电子工业公司、纺织工业公司、第一轻工业公司。10 月 22 日，新选拔的 5 名干部上任。

10 月 1 日 德州电视台每周三次新闻改为每日新闻。

10 月 6 日 冬春农田水利基本建设开始。全区出动劳力 80 万人，建成水利工程 1.5 万顷，完成土石方 1 亿立方米。

10 月 14 日 全国公安战线二级英模张信忠事迹报告大会在宁津县举行。会上宣布了公安部关于追授张信忠全国公安战线二级英模称号的命令，以及中共德州地委追授张信忠“优秀共产党员、廉洁自律模范”称号的决定。

10 月 15 日 地委副书记、行署专员杨传堂，地委副书记徐会三、副专员苏兴珍带队，分别到滨州、聊城两地区进行考察学习。

10 月 26 日 庆云水库开工。至 1995 年 12 月 30 日竣工，结束了库区长期缺水的历史。

1997 年 10 月，副省长林廷生（中）、市委书记莫振奎（前左一）等在丁东水库竣工蓄水剪彩后到泵站总控室检查

10 月 丁东水库项目正式破土动工。该水库从潘庄引黄总干渠引水，经马颊河、小庄沟入库，引水线路总长度为 130 公里。入库泵站位于水库西北角，设计提水能力 20 立方米/秒。库区总面积达 8.51 平方公里，东西宽 1.5 公里，南北长 5 公里，围坝长 11.64 公里，坝高 9 米，蓄水面积 7 平方公里，总库容 5260 万立方米，年调蓄水量 1 亿立方米。1997 年 10 月，丁东水库竣工蓄水，副省长林廷生为竣工剪彩。1998 年正式投入使用。

11 月 4 日 全区环境保护目标责任书签字仪式举行。地委副书记、行署专员杨传堂与 11 个县（市）的县（市）长签订 1993 年环境目标责任书。

11 月 4 日至 6 日 全省纺织企业深

化劳动改革现场会在德州棉纺织厂召开，会议推广德州棉纺织厂深化劳动改革，增强企业活力，从而使得生产效率、经济效益、职工报酬同步增长的经验和做法。

11月15日至24日 骤降的雨雪使气温在10天内由18℃降至－20℃，温差接近40℃，致使本地区果树遭到不同程度的冻害，面积达60万亩，占果园总面积的75%。其中地上部分树体冻死的达8万亩，损失果品0.75亿公斤，直接经济损失达3亿元。

11月16日 地区纪委、检察分院、监察局召开查处大案要案通报会议，进一步部署反腐败斗争。1月至10月，全区共立查各类党内违纪案件579起，处分党员417人，挽回经济损失80万元。在立查案件中，重大案件190起。全区检察机关立查经济犯罪案件213起，其中贪污受贿万元以上的大案33起。

11月18日 华能德州电厂三号机组总启动成功。

11月22日 德州地区水利工地数万民工撤出风雪大包围。11月中旬，全区连降中到大雨。11月15日，由雨转雪，气温骤然降至－9℃，之后气温持续下降最低达－20℃。正在坚持施工的数万民工滞困工地，处境困难。行署紧急命令各县（市）和地直有关部门，不惜一切代价抢运民工，全区各级领导随即奔赴工地组织撤离。水利、交通、气象、公安等部门通力协作，紧急调动车辆1500辆（次）。至22日，民工全部撤离工地。

12月2日至4日 1993年德州（深圳）对外经济贸易洽谈会在深圳市环宇大酒店举行，地委、行署负责人率地直有关部门、各县（市）部分企业负责人105人参加了会议。会议期间，共签订利用外资合同、协议、意向60项，总投资21707万美元，其中合同、协议、意向外资金额11199万美元；签订出口合同协议67项，总金额5700万美元。

12月27日 全区各级党委、政府和社会各界组织丰富多彩地活动，纪念毛泽东100周年诞辰。

12月29日 乐陵市郭家乡郝家村发生一起特大爆炸事故。村民非法生产鞭炮，导制鞭炮、炸药爆炸，炸死4人，重伤5人，炸毁房屋5间，直接经济损失1万余元。

12月 德州地区和平原县分别被林业部授予“全国平原绿化先进单位”称号。

1994年

1月1日 《德州日报》正式由每周三刊改为每周六刊。

1月6日 经国家计委、山东省计委批准，禹城市张庄镇被列为1993年全国农村小城镇建设试点镇，国家扶持资金125万元。该镇在全省14个申报县（市）竞争中，以条件最优而取胜。

1月18日 由中央电视台、山东省电影电视剧制作中心、山东电视台联合录制的8集连续剧《大地缘》首映式及座谈会在陵县举行。该剧以治理黄淮海平原为背景，以著名土壤学家王守纯等一批农业科学家为原形，真实反映了20世纪60年代至80年代末活跃在鲁北平原改碱治涝第一线的老、中、青三代科学家的工作生活情况。

同日 首届李信麟教育基金颁奖仪式在济南举行。德州地区4名优秀教师获奖。

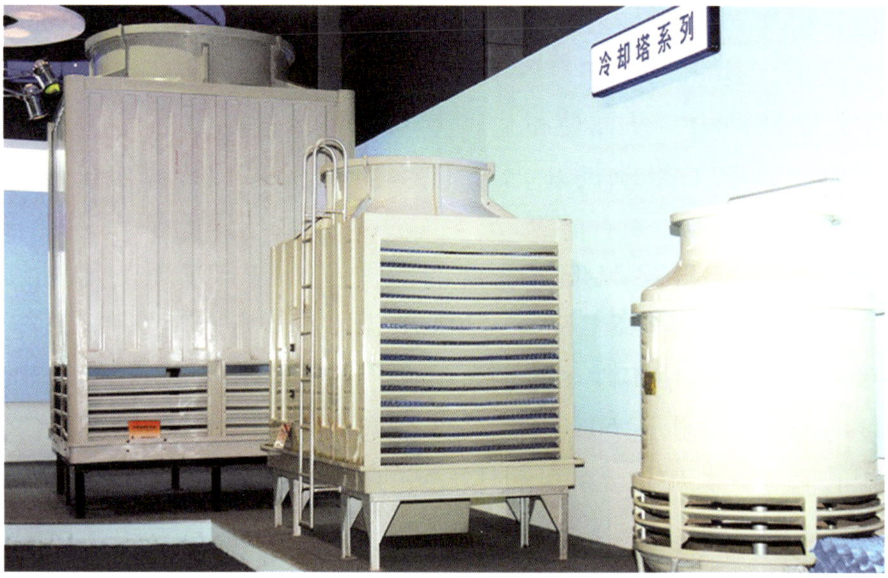

武城玻璃钢制品

1月27日 夏津县召开公判大会，对1993年2月27日破获的东李镇特大持枪犯罪团伙的8名罪犯、“4·19”杀人劫车案的3名罪犯和另外两名抢劫犯进行公开宣判，对寇某、孟某、黄某、钟某执行枪决。

1月28日 德州地区首家法医鉴定中心举行揭幕仪式。

同日 德州医药集团总公司创立揭牌仪式举行。地委书记张惠来、省医药管理局局长孙启松出席揭牌仪式。

1月31日 全区棉花工作会议召开。地委书记张惠来、副书记莫振奎分别在会上讲话，行署副专员蔺善宝对1994年棉花生产作了部署。会议要求，为完成地委确定的植棉300万亩，总产300万担的生产任务，恢复产棉大区的优势地位，要抓好棉花生产的5个关键环节：（1）抓面积，在提高单产，增加总产上搞突破。（2）抓种子培养和推广良种是提高产量的重大措施，要下大力气抓好。（3）抓技术，重点抓好地膜覆盖、营养钵育苗、干籽播种、配方施肥等技术的推广。（4）抓主体种植，在间作套种上搞突破。（5）抓服务，在统一上搞突破。

武城汽车改装厂生产的玻璃钢复合材料整体车身“齐鲁牌”旅行车

2月1日 武城玻璃钢喜获全国“六连冠”。据中国玻璃钢工业协会确认：武城县自1988年被国家授予“第一个玻璃钢县”以后，产量、产值连续6年名列全国县级单位榜首，获得全国第一。

同日 武城汽车改装厂生产的玻璃钢复合材料整体车身技术获国家专利，齐鲁牌旅行车填补了国家空白，获山东省新产品发明科技进步二等奖，评为国家新产品。

同日 宁津县公安局刑警队指导员夏吉亮、陵县公安局刑警队副大队长马清峰被公安部授予“全国优秀人民警察”称号。

2月2日 经省委批准，莫振奎任德州行署专员。

莫振奎
（1994.2—1995.8任专员，
1995.5—1997.12任书记）

2月23日 全省实现村村通电汇报工作会议在德州召开。德州地区于1994年3月28日，8530个行政村实现了村村通电。

3月1日 白喉免疫工作全面展开。德州地区为白喉病疫区，几年间有病例及疑似病例发生，死亡率极高。地区及各县（市）防疫部门将对全区7～12岁儿童实行童型白喉二联制剂加强免疫，对13岁以上青少年及成人实行成人型白喉二联制剂加强免疫。

3月5日 《德州日报》头版发表《李明星发明果蔬保鲜技术在新疆一炮打响》的消息。被团中央和国家科委命名为“全国农村青年星火带头人”的平原镇巩庄村43岁的农民李明星，经8年间上百次的反复试验，成功地发明了“三元无乙烯气调果蔬贮运保鲜概论和应用技术”，并试制出“多功能乙烯净化器”，获第二届国际新技术产品优秀奖并被国家授予专利权。1993年8月，李明星携技术北上出塞，使新疆葡萄南运深圳万里行试验成功。

3月22日 11个县（市）、198个乡镇相继成立了残联。全区累计完成白内障复明手术4527例，儿麻矫治手术1428例，语训聋儿90名。建特教校6处12个班，在校生125人，普校附设特教班49个，共有学生304人。全区福利企业安置残疾人2346名就业。

3月 德州地区计划生育工作获省委省政府表彰。地委行署对1993年的先进单位进行了表彰。

3月 全区有620名民办教师被选招为公办教师。

4月1日至2日 全区个体私营经济发展研讨会召开。地委书记张惠来在讲话中强调：必须千方百计让本区个体私营经济尽快进入“快车道”。

4月3日至7日 德州气温异常高达28摄氏度，至7日开始下降，到10日下降到18摄氏度。

4月6日至7日 国务委员陈俊生就棉花生产等问题到德州调查研究，并到夏津县视察了新盛店、东李、宋楼等乡的棉花播种情况。副省长王建功和省直有关部门负责人陪同。

地委书记张惠来（右一）、行署专员莫振奎（右二）等向1993年全区计划生育工作先进单位颁发奖励证书

4月8日至11日 省委副书记、省长赵志浩到德州地区就欠发达地区如何改变现状、更好更快地发展经济进行调查研究。先后到齐河、禹城、德州、乐陵、庆云，深入田间地头和工厂企业，广泛了解情况。

4月17日至20日 省黄淮海平原农业综合开发第二期建设项目验收团一行21人，在副专员蔺善宝等陪同下，对宁津、陵县、齐河3县11个乡镇的黄淮海农业开发项目进行检查验收。

4月19日 德州制药厂生产的高新技术产品——得高宁，获得省科技进步二等奖。

4月21日至23日 由全国针织协会主办、德州纺织机械厂承办的全国针织行业“三新”（新原料、新设备、新技术）会议在德州召开。全国针织协会有关负责人及10个省、市60多个厂家的150多名代表参加了会议。

4月25日 陵县和淄博电视台联合在齐国故都淄博市临淄区开机拍摄电视剧《东方朔》。剧本由陵县籍作家刘凤海与他人合作完成。

4月26日 省内首家从事电脑提花商标印刷的合资企业——德澳电脑商标织造有限公司建成，年产电脑提花商标2888万支。

5月2日至10日 平原、武城、夏津、德州4县（市）分别召开公判大会，宣判4案犯死刑，剥夺政治权利终身。

5月3日 枣树新品种——“冬枣”在乐陵市引种成功。

5月10日 全区11个县（市）组成6个招才团分7路赴北京、沈阳、哈尔滨、长春、大连、重庆、成都、长沙、武汉、济南等地招聘人才，共与1280名大中专毕业生签订了意向书。

5 月 13 日　中华人民共和国济南卫生检疫局德州办事处成立。

5 月 17 日　经司法部和省编委批准，山东省德州劳改支队正式更名为德州监狱，并举行更名挂牌仪式。

5 月 19 日　德州市跃华玻璃钢厂厂长李忠印荣获“中国科技之星”荣誉称号。

德州通力实业公司生产的“德宝”牌农用三轮车

5 月 20 日至 21 日　中共中央组织部部长吕枫在山东省委副书记李文全陪同下到德州，就培养中青年干部、加强基层党组织建设等问题调查研究。

5 月 27 日　德州通力实业有限公司成立。公司成立之初主要制造经营农用三轮车，汽车配件。生产的“德宝”牌三轮车远销省内外。

5 月 29 日　《人民日报》报道：德州地区把发展工业的重点放在抓现有企业的技术改造上，1991 至 1993 年，全区完成技改投资 16 亿元，增加年产值能力 30 亿元，利税能力 5.3 亿元，创汇能力 1 亿美元。全区有 41 家企业跨入大中型企业行列。德州国棉厂、德州振华玻璃厂、德州通力实业总公司、乐陵木制工艺品总厂、乐陵金麒刹车片有限公司等十几家企业，1993 年生产规模、经济效益、全员劳动生产率等主要经济技术指标均居全国同行业前列。

5 月 30 日　行署副专员蔺善宝带领 5 名从事人工防雹降雨技术人员赴意大利那布勒斯参加第六次国际人工影响天气和云雾物理应用会议。

6 月 2 日　德州振华玻璃厂与香港中国置业（控股）有限公司合资组建“德州振华玻璃有限公司”，总注册资本为 9285.71 万元人民币，德州振华玻璃厂出资额占 70%。

6 月 7 日　全区县、乡机构改革基本

1994 年 6 月，黄河断流致使全区大旱，饮水困难。德州市区启用单位自备井向市民供水

结束。自本年春开始，各县（市）、乡（镇）相继进行机构改革，至本日已基本结束。应精简的机构全部实行“转、并、撤、归”，人员实行分流。全区县（市）直党政机构由769个合并为331个；211个乡（镇）合并为193个；县（市）直机关工作人员由14658人减少到6531人，精简幅度为55.5%；乡（镇）党政机关工作人员由11541人减少到6227人，精简幅度为46%。

6月16日 德州市政府召开紧急会议，要求启动市区内“自备井”，以解全市居民吃水、用水的燃眉之急。铁路给水所、石油化工厂、水电部十三局等29个单位的54眼“自备井”迅速并网，无偿向居民供水。自5月30日，黄河开始断流，全区大旱，德州市及全区大部农村饮水困难。

6月19日 全省棉花主产区抗旱工作会议在德州召开。省委副书记、省长赵志浩，副省长王建功出席会议。赵志浩在会上讲话。截至6月14日，全省农作物受旱面积已达6100多万亩，其中重旱3000多万亩，近2000万亩夏播作物不能按时播种，有150万亩不能正常出苗，85万亩夏作物已枯死。全省有261万人、53万大牲畜饮水困难，一部分大、中城市供水紧张。

6月22日 德州地区首家股票交易市场——工行山东省信托投资公司德州办事处证券产权交易营业部开业，专门办理股票的发行、托管、登记过户、支付和代收股票的本息红利、投资及股票咨询等交易业务。

6月24日 晚，全区普降中雨，旱情始有缓解。

6月 德州市实验小学逸夫教学楼竣工。此楼由香港著名爱国人士邵逸夫捐赠40万港币建成，总建筑面积2213平方米。1995年，他又捐款80万港币建德州一中逸夫楼。

逸夫楼

7月6日 行署召开济德高速公路征地拆迁动员大会。

同日 全区普降暴雨，齐河、禹城、临邑、宁津、平原5县（市），52个乡镇，1020个村庄遭受水灾，有615个村庄进水。倒塌房屋2万余间，死亡牲畜14900头，农作物受灾面积200万亩。禹城市个别村庄积水

0.5 米以上；齐河县淹死 2 人，直接经济损失 3.9 亿元。

7 月 30 日 国家计生委副主任彭玉在省计生委主任孟云陪同下，到德州市进行为期 3 天的调查研究。

8 月 4 日 “八五”期间重点工程“振华”玻璃有限公司六机窑节能技改工程经过半年多的准备正式开工。该项工程由国家建材局确定，总投资 700 万元。其中，国家建材局投资 340 万元，改造项目达 40 余项，全线改造后，年节煤 2400 吨，节电 36 万千瓦时，年增产量 3 万重箱，一级品率提高5—7 个百分点，年综合效益 230 万元。

8 月 10 日 行署批准，临邑、乐陵、宁津、庆云、武城 5 县（市）建立成人中等专业学校。至此，全区成人中专覆盖率达到 100%。

8 月 11 日 经临邑县法院、武城县法院分别审理，北京万源工业公司临邑化工厂、武城县百货公司，分别被依法宣告破产。

8 月 24 日至 26 日 以埃及农业研究中心主任戈马博士为团长的棉花专家考察团一行 6 人，到德州地区进行参观考察和学术交流活动。考察团与地区棉办等有关部门及棉花专家就棉花管理技术问题进行交流。

8 月 30 日 省委副书记、副省长李春亭到德州地区检查指导改革开放试点县工作。他先后考察了齐河、禹城、宁津、庆云 4 个改革试点县（市），召开了由上述 4 县（市）和招远、章丘、安丘、环翠 4 个强县（市）及省市对口部门负责人参加的座谈会。

8 月 31 日 全区义务教育工作会议召开，确定到 1997 年全区普及九年义务教育。

8 月 国家计委副主任马凯到德州了解棉花种植和收购情况，并到夏津县与县、乡、村负责人座谈，副专员刘富春陪同调研。

9 月 1 日 “’94 国产商品展销月、’94山东畅销国品评选活动”，在德州市举行。全国各地 100 多个厂家的 9 大类千余种产品参加展销。

9 月 3 日 全国 36 个中小城市科协第十二次协作网会议在德州召开。50 多名代表聚集一堂共同探讨在改革开放、市场经济新形势下科协工作的新经验、新途径。

同日 德州邮电局开通“121”天气预报特种服务台。

9 月 6 日 德州地区在中韩（威海）经贸洽谈会上取得丰硕成果。全区共引进项目合同协议 76 项，总投资额 8103 万美元。其中外贸 4300 万美元，出口协议额 4000 多万美元，达成协议内贸额 4 亿元人民币。

9 月 11 日至 12 日 中共中央政治局常委、国务院副总理朱镕基到德州地区考察棉花工作。朱镕基到夏津等县（市），深入田间地头，观察棉花长势，向农民详细了解生产、生活等方面情况，同时向农民宣传国家的棉花政策，保证棉花收购不打“白条”。

9 月 12 日 中国农业银行总行行长史纪良到德州地区视察，听取地区农行的工作汇报，详细解棉花收购资金的准备、供应情况。

9月13日至14日 行署召开全区公路建设工作会议。地委副书记、行署专员莫振奎强调，公路现代化规划目标分三步实施：1995年至1997年修建高等级公路与改造老油路并举；1998年至2000年以提高公路等级为主，完成老油路改造；2001年至2010年完善高等级公路网。

1994年9月11日，朱镕基（中）在夏津县视察棉花生产情况

9月17日 在第八届全国发明展览会上，德州地区的18个参评项目，有15个获奖。其中，获得金牌3枚、银牌4枚、铜牌8枚。金牌获得总数与济南、烟台并列第一。

9月22日 《人民日报》报道夏津县双庙乡范楼村农民范士芳的先进事迹。范士芳从1984年开始承包114亩荒地植棉，10年间向国家交售籽棉25万公斤，收入30多万元，先后被评为“全国植棉大户”“山东省劳动模范”。

9月26日 中国青少年发展基金会拨专款救助齐河县50名失学少年。国务委员、国务院秘书长罗干，国务院副秘书长罗韶华、何祚芝分别与齐河县小周乡后甄小学的王凤国、王凤伟和富足店乡杨道口小学的杨继华结对，每人救助300元。

10月5日 德州地区运动员在全省十七届运动会举重比赛中夺得两枚金牌、一枚银牌、两枚铜牌。

10月29日至11月4日 以地委副书记、行署副专员王存荣为团长，由140人组成的代表团参加首届中国环渤海地区中外技术合作招商洽谈会。共签订项目合同135个，合同利用资金5190万美元、1.943亿人民币；签订贸易合同26个，金额5000多万元。

11月8日 济德高速公路开工建设。（济齐段）齐河县互通立交桥址奠基开工。省委书记、省长赵志浩，省委副书记、副省长李春亭，省人大常委会主任李振，省政协主席陆懋增，交通部副部长李居昌，国家开发银行信贷局局长叶惠和济南军区、德州地区负责人以及省直有关部门负责人、沿线县（市）代表800多人参加奠基开工仪式。

11月13日至18日 中国教育学会会长，全国人大教科文卫原副主任、教育部党组原书记张承先，在省教育督学、省教委办公室主任马钊陪同下，到德州地区视察教育工作。

11 月 16 日 由全国人大常委会委员杨振怀、何康，省人大常委会副主任郭长才率领的全国人大常委会执法检查团以及由省人大常委会委员、农经委副主任史世宏率领的省人大常委会执法检查团对德州地区贯彻执行《中华人民共和国农业法》《中华人民共和国农业技术推广法》情况进行检查。

11 月 28 日 华能德州电厂第 4 台 30 万千瓦机组经 7 昼夜的满负荷试运转，各项性能指标均达国家验收优良标准，正式移交试生产。

12 月 15 日 全区个体私营工商界民间团体组织——德州地区商会正式成立。截至 8 月，全区个体工商户发展到 10 万余户，私营企业 965 家。

12 月 17 日 经国务院批准，撤销德州地区和县级德州市，设立地级德州市，市人民政府驻原德州地区行署驻地。德州市设立德城区，以原县级德州市的行政区域为德城区的行政区域。德州市辖原德州地区的陵县、宁津县、庆云县、临邑县、齐河县、平原县、夏津县、武城县，原德州地区的乐陵市、禹城市由省直辖（由德州市代管）。

12 月 20 日至 21 日 地委、行署召开全区教育工作会议。会议传达贯彻全国、全省教育工作会议精神，研究部署本区教育改革的发展目标和工作任务。地委书记张惠来，地委副书记、行署专员莫振奎在会上讲话。

德州地区行政公署

12 月 22 日 在全国名优新产品博览会上，乐陵金丝小枣一举夺魁，又获全国林业博览会金奖。

12 月 28 日 德州市中区集中供热工程竣工。投资 1000 多万元的德州市中区集中供热工程全线施工完毕，达到了供热要求。

1995 年

1 月 4 日 全国人大常委会委员莫文祥和部分省人大代表对德州市、武城、夏津 3 县（市）半个多月的视察活动圆满结束，地区人大工委主任李荣振、副主任李宝贵参加视察。

1 月 6 日至 7 日 以省政协副主席、民建山东省主委李功九为团长的省政协委员视察团一行 20 人，到德州地区就发展农村经济及减轻农民负担工作情况进行实地考察和走访。

1 月 9 日 香港著名爱国人士沈炳麟，为全省重点贫困县之一的夏津县捐资 18.9 万元，用于改善农村小学办学条件。

1 月 16 日 据报载：截至 1994 年年底，德州电业局售电量达到 23.24 亿千瓦时，完成 1994 年售电计划的 102.51%，比上年增长 11.2%，售电量创历史最高纪录。

1 月 17 日 禹城市房寺镇参加“希望小学”落成典礼，并为学校揭牌。该校由省、地、县三级捐款 70 万元，占地 32 亩。副省长张瑞凤带领省直有关部门的负责人参加典礼。

2 月 10 日 中央电视台在《新闻联播》中播出北京军区总医院为临邑县小姑娘杨晓霞免费治病的新闻。同时播放了北京市各界人士踊跃捐款资助的消息，引起反响。共计收到捐款 60 余万元。杨晓霞身患肤体溃烂性疾病，转入该院后得到热情关怀和精心治疗。杨晓霞治愈后，刻苦学习，后被北方交通大学免试录取，毕业后从事残疾人康复工作。

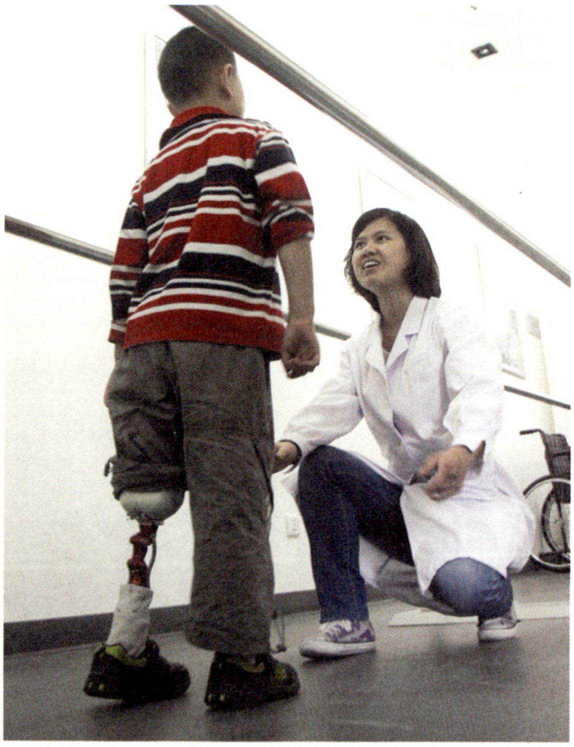

杨晓霞引导残疾儿童做康复训练

2 月 13 日 德州化肥厂的三万吨甲醛、德州玻璃厂的仿瓷烤花、德州振华玻璃厂的玻璃空心砖、德州服装厂的牛仔服装、禹城禹王实业总公司的“忘不了”DHA 胶丸 5 个重点项目被省技术进步领导小组定为全省技术改造“百项重点”项目。

2 月 17 日 省委决定，撤销“中共德州地区委员会”，成立地级“中共德州市委员会”。市委常委由张惠来、莫振奎、徐会三、王存荣、许红峰、蔚立臻、官延水、李怀喜、张松泰、王克功等10人组成。张惠来任书记，莫振奎、徐会三、王存荣、许红峰、蔚立臻任副书记。德州原地委书记、副书记、委员职务自然免除。原地委各部门和各人民团体改为市委各部门和各人民团体。20日上午，中国共产党德州市委员会（地区级，以下简称德州市委或市委）揭牌，正式对外办公。市委决定，撤销县级“中共德州市委员会”，成立“中共德州市德城区委员会”。

2月22日 山东省重点基本建设百强计划工程、全国最大的牛仔布生产项目——德州元济纺织公司一期工程竣工投入运营。

3月12日至13日 以菲律宾驻华大使罗穆阿多和爱尔兰驻华大使（兼驻菲大使）塞尔玛为首的友好使团一行18人，到德州访问，参观了德州棉纺织厂和德州印染厂，拜谒了苏禄王墓。

3月29日 1993年曾被公安部授予全国公安战线“二级英雄模范”荣誉称号的宁津县公安局刑警队原队长张信忠烈士，被载入《1994年中国法律年鉴》《全国政法系统先进单位、先进个人名录》。

4月7日 行署副专员刘富春率县（市）和市直各外贸公司及有关企业200多人参加’95中国青岛对外经济贸易洽谈会。签订出口供货合同、协议4.1亿元，自营出口合同、协议成交额2381万美元，签订利用外资合同、协议、意向50项外资金额884万美元。

4月12日至16日 德州市第十三届人民代表大会（延续原县级德州市的届次）第一次全体会议在德州举行。出席会议代表404人，莫振奎作《政府工作报告》。李荣振当选市人大常委会主任，王维义、王克功、解华、齐书芳、王福寿、高登平、高仁人当选副主任，戚晓耕当选为秘书长；莫振奎当选德州市（地

1995年4月18日，地级德州市建立大会

级）人民政府首任市长，王存荣、苏兴珍、刘富春、金清云、刘奉昌、王根源、郭作富当选副市长；高金森当选市中级人民法院院长，邓辉当选市人民检察院检察长。会议举产生市人大常委会委员22名。

4月13日至17日 政协德州市九届（延续原县级德州市的届次）一次会议举行。253名委员出席会议。会议选举孙清明为市政协主席，蔺善宝、周庆芳、李守凤、胡振国、张海潮、戈鸿昌、邹维忠为副主席，王有相为秘书长。

4月18日 上午，地级德州市建市大会在市直礼堂举行。中共中央委员、济南军区原政委宋清渭，中共中央对台办公室和国务院对台事务办公室副主任、海峡两岸关系协会常务副会长唐树备，省委常委、统战部部长韩寓群，省人大常委会副主任赵林山，省政府副省长邵桂芳，省政协副主席孔令仁，省军区副司令员秦江昌，省人大常委会原副主任卢洪，省政协原副主任周振兴以及省直有关部门和单位的负责人出席大会表示祝贺。中共德州市委、市人民代表大会常务委员会（以下简称市人大常委会）、市人民政府、中国人民政治协商会议德州市委员会（以下简称市政协）、中国共产党德州市纪律检查委员会（以下简称市纪委）、德州军分区的负责人；在德州工作过的地专级离退休老干部；市直各部门、各单位副科级以上干部；中国人民解放军驻德部队代表；工人、农民、学生代表；德城区六大班子的负责人，以及中央、省驻德单位的负责人1500多人，参加大会。大会由德州市市长莫振奎主持。省政府副省长邵桂芳宣读国务院关于同意山东省撤销德州地区设立地级德州市的批复；省民政厅副厅长张建军在会上宣读山东省人民政府关于撤销德州地区和县级德州市设立地级德州市的通知。省委常委、统战部部长韩寓群和德州市委书记张惠来分别在会上讲话。宋清渭、韩寓群、卢洪、赵林山、唐树备、邵桂芳、孔令仁、周振兴分别为市纪检委、市人大、市政府、市政协揭牌。

4月21日 红十字会国际联合会救灾代表威尔玛·德海杰女士到德州实地考察齐河县、禹城市的救灾情况，副市长刘奉昌陪同。

5月2日 撤地设市后的第一次市政府全体会议召开。会议通过《德州人民政府关于一九九五年改善城乡人民生活十件实事的决定》。市委副书记、副市长王存荣主持，市委副书记、市长莫振奎讲话。副市长苏兴珍、刘富春、金清云、刘奉昌、王根源、郭作富等出席会议。

5月31日 凌晨2时到3时20分，宁津县遭受暴风雨袭击，部分乡镇降雨量超过85毫米，阵风8级以上。即将收获的43万亩小麦和其他农作物大面积受灾，大风刮倒刮断树木近5000棵，部分电力、通信、广播设施遭到破坏。

6月2日 市人民医院病房大楼开工奠基。

6月5日 中共中央政治局委员、国务院副总理姜春云在李春亭、邵桂芳、张惠来、莫振奎、刘奉昌等陪同下，到齐河县视察黄河防汛工作。

6月12日 在山东省青年摔跤比赛国际跤古典式比赛中，德州市运动员张磊、崔才文、郑伟、姚金涛分获40公斤级、70公斤级、76公斤级、63公斤级金牌，杨秀森等3名运动员夺得银牌。还获得国际跤自由式3枚银牌，团体总分获第七名。

6月14日 省委副书记李文全到德州检查“三夏”工作。

6月16日 经外经贸部批准，德州染料化工厂、武城地毯厂、禹城机械厂3家企业获得进出口经营权。至此，德州市已有6家生产企业、两家外贸企业获得进出口经营权。

6月17日 由陵县和省县级经济管理研究会共同举办的“发展冬季农业，振兴农村经济”研讨会在陵县召开。来自国家、省、市的农业问题专家、教授就该县在全国首创“棉田绿色越冬，农业增产增收”种植制度改革经验进行论证。省委副书记、副省长宋法棠，省人大常委会副主任赵林山，市委书记张惠来，副市长刘奉昌等出席会议并讲话。

6月23日 中华全国总工会副主席杨兴富到德州振华集团有限责任公司检查指导工作。

同日 国内规模较大的牛仔布生产厂——德州元济纺织公司开工剪彩仪式，在该公司举行。全国人大常委会副委员长吴阶平，山东省省长李春亭及国务院台办、省人大、省政府、市委、市政府有关负责人和台湾裕隆企业集团董事长吴舜文参加剪彩。

6月24日 15时30分至18时30分，德州市发生80年未遇的严重风雹灾害。先后有5个冰雹云单体侵入德州市，其中最严重的冰雹云中心强度达60分贝，云顶高度1.7万米。从河北的安国县开始，沿途经历了9县（市），到禹城北近200公里，宽度8～12公里范围内出现了风雹灾害，农作物绝产范围从河北的龙华到德城区的黄河涯镇近40公里，宽3公里，约120平方公里。降雹时间12分钟左右，最大冰雹直径6厘米，积雹厚度20厘米。灾害发生后，德州市委、市政府紧急部署抗灾自救。

6月25日 荷兰山德士种子公司总裁艾伯·艾德玛和公司亚洲部经理屠小明，由全国著名黄瓜育种专家、天津黄瓜研究所所长侯峰教授陪同到德州农科所考察交流。

7月1日 中共平原县委书记兰忠良被中共中央组织部授予“全国优秀县（市）委书记”称号。

7月6日至8日 省政协常委、省伊斯兰协会会长丁文方率省政协民族宗教视察组到德州视察《宗教活动场所管理条例》《山东省民族工作条例》贯彻落实情况。

7月26日 市政府出台企业最低工资标准规定。规定提出，1995年本市企业职工最低工资标准为每人每月150元。

8月4日 全省首架用于人工防雹增雨的流动火箭发射架在宁津发射成功。

8月12日 德州振华集团公司在全国首家引进的彩色空心玻璃砖生产线通过国家级论证。

8月22日至25日 省委常委、省纪委书记谭福德在市委常委、市纪委书记赵志录陪同下，到临邑县、乐陵市调查研究。

8月31日 经省委批准，莫振奎任德州市委书记。

9月12日 市十三届人大常委会举行第3次会议，通过关于接受莫振奎辞去德州市市长职务的请求决定，通过关于黄胜代理德州市市长职务的决定。

9月18日 市纪委发布《关于对全市县（处）、乡（科）及领导干部乘用小汽车清理情况的通报》。全市64名县、科级干部乘用的超标小汽车全部停用。

9月26日 全市棉花工作会议召开。棉花购销将继续实行“三不放开”和“四统一”政策。

9月28日 德州美丽华股份有限公司“中华碘泉”天然矿泉水自动灌装线投产。

9月29日 德州东风中路拓宽工程竣工。

10月9日至11日 省委副书记陈建国先后到乐陵、宁津、夏津3县（市），市直部分大中型企业及华能德州电厂考察调研。

10月12日 沟盘河水库扩建工程开工。

10月16日 省委副书记、副省长宋法棠到其工作联系点——宁津县检查指导工作。

10月17日至18日 荷兰格罗宁根市政府代表团和商务代表团一行12人，对德州进行访问，达成合作意向4个。与此同时，荷兰Carge公司投资50万美元兴建的外商独资企业德州凯佳实业公司正式成立。

10月28日 交通部副部长李居昌视察济德高速公路建设工地。

同日 德州商品检验局正式开验。

11月7日 德州新华出版发行集团公司总经理刘强获第四届中国韬奋出版奖。

11月9日至10日 德州市十三届人大常委会第四次会议，选举周齐、朱晓强、姜玉山为德州市人民政府副市长（挂职）。

11月28日 德州市天然气供气管网工程开工。

12月1日 国家计划生育委员会副主任李宏规在省计生委副主任李翰章的陪同下到德州市检查指导工作，实地考察了禹城市、德城区的县、乡、村三级计划生育服务站室和“三结合”项目。

12月2日至5日 以菲律宾苏丹王皇太子伊示卖·基兰为首的代表团一行4人，对德州市进行访问。基兰皇太子此行，是500多年间远在菲律宾的苏禄王后裔们的第一次来访。代表团到苏禄王墓祭奠祖先，在墓旁栽下一棵象征中菲人民友谊的常青树，拜访了苏禄王在德州的后裔。

12月4日 1995年全国高中数学奥林匹克赛成绩揭晓，德州市共有13名高中生获奖。

12月15日 中共中央政治局候补委员、书记处书记温家宝在省委办公厅、省农委负责人和市委书记莫振奎的陪同下，到庆云视察农村工作。温家宝在详细询问了全县经济发展及农民收入等情况后，对庆云县在发展经济中所取得的成绩表示赞赏。他说，你们要靠自己的努力，靠农民群众的辛勤劳动，克服困难，各级政府也要给予扶持，帮助他们尽快脱贫。

1996年

1月1日 市政府设立市长公开电

话，同时组建政府公开电话网络。

1月8日至10日 省人大常委会主任李振到德州视察，深入齐河、平原县农村和部分市属企业了解经济、社会各项事业的发展情况和乡镇人大换届选举工作。

1月11日 西藏自治区党委常委、日喀则地委书记桑珠率党政考察团一行10人，到德州参观考察。德州市莫振奎等领导及市直有关部门负责人和援藏干部家属，与西藏客人欢聚一堂，共叙情谊，交流经验。

2月10日 全市乡（镇）人大换届选举工作结束。全市乡（镇）人大换届选举工作，自上年11月1日开始，到该日结束。各级党委非常重视该次乡（镇）首次单独进行换届选举工作，及时给予精心指导，保证了乡（镇）人大换届选举工作依法顺利完成。共有2938068名具有选民资格的选民参加了选举，参选率为96%。全市194个乡（镇）770个选区，共选出代表10748名，并选出乡（镇）新一届政权领导班子。

3月1日 市五大班子有关人员及市直经济综合部门的负责人赴河北省沧州、衡水等地参观考察。市委书记莫振奎带队。

3月5日至8日 以北京市经济技术协作办公室常务副主任韩永宽为团长的考察团到德州进行为期4天的参观考察。

3月9日至10日 莫振奎、李荣振、孙清明、高儒林等带领市直有关综合经济部门负责人和与聊城接壤的禹城、齐河、平原、夏津4县（市）的县（市）委书记一行20余人，赴聊城地区参观考察学习。

3月18日至21日 德州市第十三届人民代表大会举行第二次会议。补选黄胜为德州市人民政府市长。

4月1日 全市11个县（市、区）人民武装部收归军队建制。

4月2日至5日 以矢野胜美为团长的日本新居滨市赴日研修生人选团一行6人，就接受第二批赴日研修生事宜到德州进行考察，确定接受德州第二批派遣的研修生11人。

4月6日至7日 市委书记莫振奎率团到滨州地区参观考察。

4月18日 德州军分区隆重举行县级人武干部授中国人民解放军军衔仪式。

4月22日 市委副书记蔚立臻带领市直有关部门和部分县（市、区）负责人、部分企业厂长一行36人，赴上海进行经济技术考察和洽谈活动，并在上海设立了办事机构。

同日 德州市与天津港经济合作协议正式签署。市委书记莫振奎会见天津港客人。

4月26日 德州市劳动力市场挂牌开业。

4月30日 全市“严打”斗争动员大会召开。省公安厅厅长兼武警山东省总队第一政委孟庆丰、省武警总队副总队长李焕良、市委书记莫振奎以及市六大班子其他成员出席了大会。参加大会的有5000余人。“严打”斗争打击的重点是严重暴力犯罪、车匪路霸、盗抢机动车辆、盗抢金融、财会部门的犯罪分子，带有黑社会性质的犯罪团伙和流氓势力，负案在逃的重大犯罪分子，非法组织宗教活动的犯罪分子。

5月2日 “全国十佳春蕾女童”——夏津县宋楼乡张堤小学三年级学生张红英赴京参加表彰大会载誉归来，受到市委、人大、政协等负责人接见。

5月13日至26日 以副市长王存荣为团长的德州市经贸代表团一行18人，对韩国进行经贸考察和贸易招商活动。

5月19日 新加坡ATS电脑私人有限公司总裁洪天赐博士一行3人到德州市进行友好访问。

5月21日 同济大学副校长周家伦带领5位专家教授到德州进行为期4天的考察。

5月24日 菲律宾岷里拉、加洛干和巴西市三大华人义诊中心负责人友好访问团一行6人，在省政协副主席郑守仪、省政协台港澳海外联谊委员会负责人陪同下到德州进行友好访问。

6月2日 市委、市政府作出《关于授予李开运同志模范称号并开展向其学习活动的决定》。齐河县马集乡司法所长李开运是一位全心全意为人民服务的优秀干警。是年4月4日，他被司法部授予全国司法行政系统二级英雄模范称号。6月7日，李开运英模表彰大会在齐河举行。

李开运

6月4日 中共山东省顾问委员会主任苏毅然到德州部分企业和夏津、禹城、陵县、乐陵、庆云5县（市）调查研究。

6月8日 德州市暨德城区召开万人大会，依法对58名严重刑事犯罪分子进行公开逮捕、公开审判。

6月11日 国家开发银行技术改造信贷局局长王泽民等一行5人到德州参观考察技改项目，先后考察了德州化肥厂、禹城化工总厂、陵县复合肥厂。

6月13日至15日 德州体育馆举办全民健身宣传周全国青年男子篮球四强邀请赛。

6月16日 国家文物局、广电部等联合拍摄的12集系列片《中华五千年》摄制组到陵县文博苑拍摄第7集，主要内容有东方朔画赞碑，颜真卿、东方朔像，唐代城墙遗址等。

6月18日至19日 省委副书记、省长李春亭，在德州市委书记莫振奎和市政府领导陪同下，先后到齐河、禹城、夏津等县（市）农村视察“三夏”工作。

7月9日至11日 省委副书记李文全，在市委书记莫振奎等陪同下，到齐河、禹城、德城等县（市、区）的公安、政法等基层单位和乡镇、工厂企业，检查督导“严打”工作。

7月21日 德州市首次国家公务员过渡考试分别在德州实验小学、德州五中和技工学校举行。参加当日考试的共计2251人。

7月25日 德州预备役首批预备役

军官授衔仪式在德州举行。山东省军区和军分区的首长为418名预备役师领导机关、师直属队的全体预备役军官及各团的团职预备军官授衔。

7月下旬到8月初　由于黄河中下游和卫运河上游连降暴雨，从8月6日开始，黄河和卫运河出现洪水漫滩，冲击堤坝的险情，威胁着沿河人民生命财产的安全。全市各行各业全力支援抗洪救灾。

8月17日　省委副书记、副省长宋法棠到庆云县、乐陵市、宁津县察看漳卫新河汛情。

8月19日　水利部副部长周文智赶赴德州察看灾情。

8月23日至24日　日本爱媛县议员尾崎率新居滨市友好访问团一行4人到德州考察访问。

8月25日　国家气象局局长邹竞蒙、副局长温克刚一行到德州气象局检查指导工作。

8月31日　副省长王玉玺带领省直有关部门的负责人到夏津、武城县视察灾情，指导救灾工作。

9月1日至4日　中国共产党德州市第十一次代表大会在德州召开（延续原县级德州市的届次）。来自11个县（市、区）的422名代表出席会议。莫振奎作《奋发图强团结实干为实现本世纪末的宏伟目标而奋斗》报告，赵志录作市纪委工作报告。大会选出中共德州市第十一届委员会委员39名、候补委员6名和市纪委委员27名，通过了关于市委工作报告、市纪委工作报告的决议。4日下午，中共德州市第十一届委员会举行第一次全体委员会议，选出由11人组成的新一届市委常务委员会，选举莫振奎、黄胜、王存荣、蔚立臻、李怀喜、官延水、张松泰、赵志录、高儒林、兰忠良、张成道为市委常务委员。莫振奎当选市委书记，黄胜、王存荣、蔚立臻、李怀喜当选市委副书记。赵志录当选市纪检委书记，陈希武、王嘉齐、陈焕然当选市纪检委副书记。

1996年漳卫河行洪

9月6日　中国国民党革命委员会（以下简称民革）省直德州市支部成立会议在德州召开，选举产生首届民革省直德州市支部委员会。民革山东省委副主委王孔杰到会。

9月15日至25日 乐陵市举办1996中国乐陵金丝小枣节暨经贸洽谈联谊会。

9月20日至21日 省委书记赵志浩在德州市委书记莫振奎等陪同下，先后到齐河黄河板纸厂、禹城禹贸发制品有限公司、陵县丁东水库等单位调查研究。

9月21日 法国全国奶制品行业中心国际发展部经理杜泰义到德州考察。

同日 来自新加坡、印尼、泰国、马来西亚等10多个国家和中国香港地区的保健品推销商考察团一行400多人抵达德州，出席德州生达医药保健品有限公司创建22周年及蜂皇乳连续5年获得金奖庆典大会和庆典晚会。

9月23日至27日 '96中国德州经贸洽谈联谊会在德州五环体育馆举办。全国工商联副主席保育钧、中共山东省委副书记韩喜凯出席开幕式，有2400名中外宾客应邀出席联谊大会。洽谈会共签订项目合同、协议108个，总投资额53.7亿元，其中引进资金41.3亿元；签订贸易合同额36.8亿元。

9月29日 市委、市政府作出《关于德州师专、德州教育学院、德州市直业大联合办学的决定》。三校合并办学，实行一步到位、一体办学，三块牌子暂保留不变。一套班子，一支教师队伍，承担普通高等教育和成人高等教育两项任务，合并内部相关机构，集中在师专内办学，实行党委领导下的校长负责制。

10月19日 德州市人民检察院成立并举行揭牌仪式。

10月26日 清华大学党委副书记胡显章及学校产业集团党委副书记马日恩带领54名师生到达夏津县，与夏津县政府签订建立大学生社会实践基地及科技合作的协议书，并进行了首次社会实践活动。

10月30日 济德高速公路济南黄河大桥开工典礼仪式在济南举行，此为山东省黄河上建设规模最大、标准最高的桥

1996年10月19日，德州市人民检察院正式成立

梁。省委副书记、省长李春亭，交通部副部长李居昌，省人大常委会副主任徐建春、副省长张瑞凤、省政协副主席翟永淳等为大桥工程奠基。

11 月 4 日 国家计划委员会、农业部、水利部作出决定：“九五”期间在德州市建设国家大型商品粮生产基地。基地采取中央和地方联合投资的办法进行建设，中央和地方投资比例为 1∶1，基地建设总投资为 1 亿元。

11 月 6 日 省委副书记、副省长宋法棠就实行农业产业化问题到宁津县进行专题调查指导。

同日 德州市政府驻北京联络处挂牌暨京德兴大酒店开业仪式在北京举行。

12 月 2 日 德州师范专科学校、德州教育学院、德州市直业大三校合并办学基建一期工程奠基典礼在德州师专举行。该工程共投资 2059.4 万元。

12 月 18 日 德州市参展团一行 32 人参加在海口市举办的 1996 中国科技成果转化与新产品交易会。该市共 15 项新产品参展，有 6 项获得本次交易会金奖，同时签订意向书 18 份、协议书 8 份、合同书 1 份，成交额 6000 万元。

12 月 23 日至 24 日 全市经济工作会议召开。回顾总结全年的工作，研究部署 1997 年改革和经济建设的任务。市委书记莫振奎作讲话。

12 月 国家九五科技攻关“冬季农业”项目万亩试验示范区在陵县建立。

同月 全市机关事业单位全员社会养老保险改革正式启动，企业离休人员养老金全部通过社会保险机构直接发放。

1997 年

1 月 3 日 市委、市政府召开全市减轻农民负担工作会议。市委书记莫振奎作讲话。

1 月 10 日 在烟台举行的“黄海杯”全国第三届冬泳比赛中，德州宏力队夺 7 枚奖牌。

1 月 11 日至 2 月 1 日 全市 11 个县（市、区）的主要负责人，参加在新加坡南洋理工大学举办的行政和经济管理研讨班。

1 月 16 日 市委、市政府决定 1997 年为群众办好十件实事。一是建成丁东水库，提高供水能力；二是完善基础设施，美化市容市貌；三是实施保障制度，扩建安居工程；四是提供报警服务，维护交通安全；五是加快公路建设，提高交通水平；六是规范市场管理，整顿市场秩序；七是强化打假力度，维护群众权益；八是加强文化建设，丰富精神生活；九是完成“三校”合并，扩大高中招生；十是提高医疗水平，改进服务工作。

2 月 21 日 德州市各界人士以各种形式悼念邓小平逝世。

2 月 25 日 经省批准，德州市列入“京九经济带”。

3 月 6 日 德州医药股份有限公司 1920 万股个人股在山东企业产权交易所隆重挂牌交易。

3 月 6 日至 9 日 省军区司令员张齐红少将到德州地区检查指导民兵预备役工作。

3 月 17 日至 20 日 中国人民政治协商会议第九届德州市委员会第三次会议在德州召开。

4 月 1 日 德州市实行由县（市、区）集中办理婚姻登记制度，建立起新的婚姻登记管理体制。

4 月 2 日 首列德州直达北京的旅客列车 602 次开行。

4 月 3 日 齐河县黄河滩区村庄搬迁工作全面展开。共有 10 个村庄需迁出滩区，全市捐款 400 万元予以资助。

4 月 13 日 中共中央政治局委员、全国人大常委会副委员长田纪云在省人大常委会副主任赵林山和德州市委书记莫振奎、市人大常委会主任李荣振等陪同下，到庆云县视察工作。田纪云参观了庆云县乡工业产品展览，视察了庆云水库，听取了县委书记王树理的工作汇报。田纪云充分肯定 1992 年以后庆云县的工作，并对庆云经济和各项社会事业的发展提出指导性意见。

田纪云（右）到庆云县视察工作

4 月 14 日 全省第一家人口文化促进会——德州市德城人口文化促进会正式成立。

4 月 17 日 市政府下发《关于公布全市企业最低工资标准的通知》，规定德州市（除庆云县）企业职工最低标准为每人每月 180 元，庆云县企业职工最低工资标准为每人每月 160 元。

4 月 22 日 德州市杂文学会成立。

4 月 24 日 由德州市委、市政府和新华社山东分社主办的“’97 香港·百年沧桑话回归”大型图片巡回展在德州市展览馆开展。

5 月 8 日至 10 日 第五次全国农区发展畜牧业座谈会在德州市隆重召开，国务院总理李鹏向大会发来贺信。国务委员陈俊生到会讲话，省委书记吴官正、省委副书记、省长李春亭到会看望与会人员。国家有关部委办局和各省市、自治区农业、畜牧等部门的 200 多人参加会议。会议总结交流 5 年间秸秆养畜、过腹还田的工作经验，表彰了 1996 年度秸秆养畜十佳示范县。会议期间，与会人员参观了德城区、陵县、临邑、宁津、夏津、禹城等县（市、区）的青贮氨化、黄牛市场、黄牛育肥小区和有关龙头企业生产情况。

5 月 9 日 国务委员陈俊生到禹城市先后视察禹西生态农业开发区、安仁镇王子付肉牛育肥小区、家畜改良站和第三棉厂、禹城鲁禹食品有限公司、禹城环宇集团等企业。

同日 省委副书记、省长李春亭到齐河黄河板纸厂指导工作。

1997 年 5 月，吴官正（中）在德州市委书记莫振奎等陪同下，到德州人造板总厂视察

5 月 9 日至 11 日 省委书记吴官正到德州先后考察德州恒升化工集团、德州棉纺厂等 18 个市、县企业，视察了济德高速公路、临邑县和禹城市的养牛场等农业项目，看望部分教师、职工、全国劳模、孤寡老人。

5 月 12 日至 20 日 荷兰凯佳贸易公司董事长、总经理汉克·郃慕伦一行到德州进行经济考察和经贸洽谈。

5 月 22 日 全市住房制度改革工作会议提出建立住房公积金制度，全面启动房改工作。

6 月 6 日至 10 日 在第二届亚太经合组织（APEC）国际贸易博览会上，德州市共租用展位 16 个，参展企业 260 家、1800 多种产品，推出 230 个招商引资项目。签订利用外资项目合同、协议意向 36 个，总投资 9418.7 万美元，外资金额 4701.2 万美元。

6 月 13 日 中国民主促进会德州市委员会、九三学社德州市委员会成立并召开第一次会员、社员代表大会。大会选举沈鑫为民进德州市委员会主任委员、高仁人为九三学社德州市委员会主任委员。

6 月 22 日 省政府在德州召开漳卫河防汛紧急会议。省委副书记、常务副省长宋法棠出席会议并讲话。

7 月 1 日 晚，德州市举行盛大的焰火晚会庆祝香港回归。

7 月 9 日 德州军分区举行阅兵仪式。受阅方队有 15 个，其中由各县（市、区）人武、专武干部组成的徒手方队 11 个，由德城区民兵应急分队组成的步枪方队和摩托车方队各 1 个，由市一职专女学生组成的冲锋枪方队 1 个，由水电部十三局民兵组成的高炮方队 1 个，受阅人数 748 人。

7 月 11 日 市气象局消息，自 5 月中旬，全市降水稀少，持续异常高温，最高达39.7℃，地下水位普遍大幅度下降，水源短缺，农作物受灾十分严重。截至7月下旬，全市旱灾面积800多万亩，重灾400多万亩，近40万亩因旱灾未能出苗，100多万亩因旱情严重未能播种，旱情持续。

7月15日 德州市公安局德城分局刑警大队三中队探长吴佃禄被公安部评为“全国特级优秀人民警察”。

同日 济德路漳卫新河大桥主体工程竣工。

7月22日 德州市小麦产量创历史最高水平。539.96万亩小麦平均亩产417公斤，总产达到22.37亿公斤。单产、总产分别再创历史最高水平，实现了连续10年持续增产。

7月30日 德州市直机关110名下派干部分赴夏津、庆云两县的53个特困村帮助工作。

7月31日至8月1日 省委书记吴官正到庆云、乐陵检查指导工作。市委书记莫振奎等陪同。

8月5日 全省普通高校招生录取工作会议在德州宾馆召开。

同日 山东德棉集团成立。副省长韩寓群、中国纺织总会副会长许坤元、山东省纺织厅厅长刘寿北参加活动。德棉集团是山东省规模最大的纺织企业集团。

同日 德州体育代表队在全省赛艇、皮划艇项目比赛中取得优异成绩，共夺得10枚金牌、12枚银牌、7枚铜牌。

8月18日 山东黑马集团成立。

9月3日 德州市实验中学设立。

9月22日 宁津县发现唐代古墓。经专家鉴定，该墓属初唐早期墓葬，其出土的大量文物陶罐、陶车等，对研究鲁西北地区的历史发展有一定参考价值。

9月24日 德州市第一届运动会圆满结束。运动会从5月至9月历时5个月，共设15个项目，11个县（市、区）、华能德州电厂、市教委、德州师专代表团的3142名运动员参加比赛，德城、平原、陵县代表团荣获团体总分前三名。首届运动会参与总人数达3万人。

9月26日 全市技改重点项目——临邑石油化工厂20万吨/年重油催化裂化技改工程一次投产试车成功。

1997年5月，德州市第一届运动会在五环体育场开幕

9 月 26 日至 28 日　省委书记吴官正到德州农村考察，重点考察了秋收秋种和农田水利建设情况。

9 月 29 日至 30 日　德州市十三届人大常委会举行第 15 次会议，通过德州市人民政府关于与日本新居滨市缔结友好城市关系的议案。

10 月 8 日　济德高速公路飞机跑道正式通过验收并一次试飞成功。

10 月 12 日　丁东水库竣工蓄水。丁东水库总面积 8.51 平方公里，蓄水面积 7 平方公里，总库容 5000 万立方米，年调蓄水量 1 亿平方米，每年可为华能德州电厂供水 2555 万立方米，为城区工业和居民生活供水 4380 立方米，还可以对潘庄引黄灌区下游的农业供水进行调蓄。丁东水库是德州有历史记载后兴建的最大蓄水设施。

10 月 20 日　中共德州市第十一届委员会第三次全体委员（扩大）会议举行。

10 月 23 日至 26 日　德州（厦门）经贸洽谈会在厦门富山国际展览城隆重举行。海内外客商 500 余人参加会议，共签订合资、合作和资产交易项目 352 项，投资意向协议金额 8 亿元。

11 月 2 日　济德、济聊高速公路德州段建成通车。省委书记吴官正，省委副书记、省长李春亭，省人大常委会主任赵志浩，省政协主席陆懋曾，省委常委、省纪委书记谭福德，交通部副部长胡希捷，济南军区副司令员刘伦贤等出席通车仪式。

11 月 10 日　邯济铁路德州段破土动工。铁路西起邯郸，东至济南。

11 月 11 日　德州市与日本新居滨市结为友好城市协议书签字仪式，在新居滨市政府大会议厅举行，德州市市长和新居滨市市长伊藤武志分别签字。

11 月 18 日　市委作出《关于开展向王为民同志学习活动的决定》。王为民是胜利油田临盘采油厂一矿副矿长，9 月 14 日下午，在采油厂 41—274 号井执行技术革新调试任务中不幸殉职，时年 48 岁。王为民生前曾被授予“全国五一劳动奖章”“全国劳动模范”等 50 多个荣誉称号，被中国石油天然气总公司命名为“铁人式的好工人”，4 次受到邓小平、江泽民、李鹏等党和国家领导人的接见。市委决定在全市广泛开展向王为民学习活动。

王为民

11 月 20 日　德州市 11 个县（市、区）政府全部出台城区居民最低生活保障线制度。初步确定保障对象 3205 人，落实保障资金 181.5 万元，12 月初发证到户。

11 月 24 日　省委副书记韩喜凯先后到德城、武城、乐陵、庆云等县（市、区）的部分国有、集体和私营企业和农村进行调研指导。

12 月 7 日　全市党员领导干部会议召开，宣布中共山东省委关于德州市委主要负责人职务调整的决定。省建委主任赵克志任德州市委书记，莫振奎调任泰安市委书记。

赵克志
（1997. 12—2001. 1 任书记）

12 月 11 日 福建厦门厦华电子有限公司和德州市百货大楼向庆云“希望工程”捐款 20 万元，在庆云县后张乡特困村卞家筹建“厦华希望小学”。

12 月 12 日 市委召开县（市、区）委书记会议。市委书记赵克志就换届选举作讲话。强调换届选举工作一定要坚持按标准选人用人，要选拔那些政治上强、实践经验丰富、能驾驭复杂局面、有开拓进取精神、能真抓实干并政绩突出的干部进入领导班子。要坚持群众公认的原则，注重“社会公论”，起用那些群众拥护的干部。尤其要选好配强“一把手”，要真正把那些政治坚定、作风过硬、素质全面的优秀干部选拔到重要领导岗位上来。

12 月 17 日 市委召开全市个体私营经济工作电视会议，提出抢抓机遇，加大措施，加快个体私营经济发展的要求。

12 月 28 日 德州市人民医院病房大楼启用。

德州市人民医院（2013 年摄），左侧为 1997 年建成启用的病房大楼

1998 年

1 月 6 日至 7 日 全市经济工作会议召开。会议提出 1998 年德州市经济工作的主要任务：实施工业带动战略，加快企业的改革和发展；强化农业基础，加快产业化进程；全方位扩大对外开放，增强经济发展的外向度；加快结构调整，大力培植新的经济增长点和制高点；动员全社会参与，大力发展个体私营经济。

1 月 7 日 全市地方税收突破 6 亿元大关。1997 年地方税收完成 61373 万元，比上年增收 10758 万元，增幅达 22.1%。其中，省级收入完成 4826.9 万元，比上年增长 21.3%；市级以下收入完成 56546 万元，比上年增长 22.1%。

1 月 12 日至 13 日 全省土地管理工作会议在德州召开。副省长陈抗甫讲话，德州市委书记赵克志出席会议，副市长郭作富作典型发言。

1 月 17 日 乐陵市杨安镇被国家体改委批准列入第二批全国小城镇综合改革试点乡镇。

同日 全市有线光缆全面开通。该网具有同时传输 30 套电视节目的功能。

1 月 21 日 市委、市政府决定 1998 年为全市人民办十件实事：一、建设城区供水工程；二、加快城市建设步伐；三、提高城市管理水平；四、增强城市服务功能；五、积极发展文化事业；六、健全社会保障体系；七、进一步改善办学条件；八、继续搞好交通建设；九、提高城乡供电能力；十、完善邮电基础设施。

1 月 22 日 德州市盐碱土绿化研究所所长、高级工程师魏坤峰潜心 10 余年主持研究的《耐盐花木与地被植物筛选》荣获全国第四届花卉博览会二等奖。

同日 德州市十三届人大常委会第 18 次会议通过《德州市城市总体规划（1996—2010）》。

2 月 9 日 全市工业工作会议召开。会议提出，要贯彻全党抓经济，重点抓工业的指导思想，深入实施“工业带动战略”和工业“一把手工程”，振奋精神，加大措施，迅速形成全党动员、全民动手，大干快上工业的良好局面。

2 月 10 日至 19 日 由市台办、市农委、市纺织局等部门组成的代表团到台湾省进行考察访问。

2 月 12 日 武城古贝春集团总公司生产的古贝春系列白酒获“山东名牌产品”称号。

2 月 20 日至 21 日 全市推进农业产业化经营工作会议召开。市委书记赵克志讲话强调，要落实好加快农村经济发展的关键措施。一要把产业化经营作为搞好农业和农村工作的总抓手；二要克服“抓农业就是抓生产”的旧观念，跳出农业抓农业，实现种养加一体化，产供销一条龙；三要把个体私营经济作为农村经济的重要增长点；四要把农田水利建设作为推进农业可持续发展的保障。

2 月 24 日 全省建材行业工作会议在德州召开。

2 月 25 日至 3 月 1 日 中国人民政治协商会议德州市第十届委员会第一次会

议召开。会议选举李怀喜为主席，官延水、周庆芳、李守凤、胡振国、戈鸿昌、邹维忠、王有相、纪金海、李胜滋为副主席，孙路军为秘书长。

2月26日至3月2日 德州市第十四届人民代表大会第一次会议召开。大会选举蔚立臻为人大常委会主任，王维义、齐书芳、高登平、高仁人、高金森、孟宪亮、耿文猷、王佑成为副主任，马恩岭为秘书长；选举黄胜为市长，宁经谋、刘富春、金清云、刘奉昌、王根源、郭作富、史好泉、刘伯哲为副市长；选举耿朝玉为市中级人民法院院长，邓辉为市检察院检察长。

3月10日 市委组织部摄制的6集电视纪实片《历史的跨越》，在山东省第四届精神文明建设“精品工程”评选中，荣获“精品工程”奖。

3月11日 市直机关“讲学习、树新风、塑形象、创一流”动员大会召开。要求市直机关广大党员干部紧紧围绕“解放思想，放开搞活，加快发展”这个主题开展大讨论，统一思想，提高认识，狠抓落实，确保市委、市政府各项政策措施顺利实施。

3月18日 全市个体私营经济工作表彰大会召开，赵克志、宁经谋、孙永春、蔚立臻、李怀喜等出席表彰会，并为20个个体私营经济工作先进单位、70个先进私营企业、30个模范个体工商户颁奖。赵克志作《解放思想，放开搞活，大力发展个体私营经济》的讲话。他强调：一、统一思想，提高认识，增强发展个体私营经济的历史责任感；二、突出重点，强化措施，实现个体私营经济的新突破；三、放宽政策，优化环境，形成个体私营经济大发展的浓厚氛围；四、放手发动，加强领导，推动个体私营经济进入快车道。

3月24日 全市对外开放会议召开。会议确定1998年为对外开放年。市委书记赵克志在讲话中指出，对外开放要突出重点加快步伐，一要把招商引资作为实施开放带动战略的重中之重；二要深化外贸体制改革，大力发展对外贸易；三要以争取外援和劳务输出为重点，积

1998年3月30日至31日，吴官正（右）在宁津县张宅乡红庙李村指导工作

极扩大对外经济合作；四要加快开发区建设。

3月25日 德州高等专科学校成立揭牌。该校由原德州师范专科学校、德州教育学院、德州市直业余大学三校合并而成。副省长张瑞凤、市委书记赵克志为德州高等专科学校成立揭牌。

3月30日 华能德州电厂三期工程破土动工。

同日 郑安香、赵景芳获全国“敬老好儿女金榜奖”，全振一、钟亚工获“全国老有所为奉献奖”，史好泉、贾玉水获“全国重视老龄工作功勋奖”。

3月30日至31日 中共中央政治局委员、山东省委书记吴官正到宁津县张宅乡红庙李村检查指导工作。市委书记赵克

经济开发区启动开发初期

开发区新貌

志陪同。

3月 德州经济开发区正式启动建设，12月经山东省人民政府批准设立为省级经济开发区。开发区管辖面积320平方公里，坚持“高起点规划，高水平建设，高效能管理”，基础设施实现了道路、供水、供电、排水、天然气、通讯、有线电视、信息宽带网、集中供热、土地平整“九通一平”。先后有江苏波司登集团、上海光明乳业集团、河南双汇集团、山东皇明集团、鲁银投资集团、日本明治机械株式会社、日本三和电子有限公司、德国攀帕博格集团、香港华宇集团、韩国宇星饲料株式会社、韩国逸真电子株式会社、韩国厚成电子株式会社等国内外知名企业在区内落户。初步形成了新能源利用、空调、医药、机械、纺织、食品、建材、物流八大基础产业。

2012年3月，德州经济开发区升级为国家级。开发区被多次授予“山东省优秀开发区”等荣誉称号，是山东省人民政府向外商推荐的三个投资环境最优秀的开发区之一，已经成为德州市对外开放的窗口、招商引资的基地和经济发展的重要增长点。

4月3日 全市深化产权制度改革动员大会召开。动员全市上下立即行动起来，齐心协力打好企业改制攻坚战。政府领导就深化企业产权制度改革讲了具体意见。市委书记赵克志讲话强调：一、提高认识，解放思想，增强抓好企业改革的自觉性；二、统一思想，明确重点，坚持多种形式改制；三、决心大，行动快，确保改革一次成功，不吃“夹生饭”；四、加强领导形成合力，保证改革的顺利进行。

4月4日 省青联八届二次常委会议在德州召开。会议选举产生省青联八届委员会主席、副主席、秘书长。

4月21日 德州市房改新政《德州市取消福利分房，实行新房新制度暂行办法》《德州市房改售中部分产权向全部产权过度暂行办法》发布。根据省委、省政府关于加快建立住房新体制的要求，市政府相应出台3项新的房改政策：一、取消福利性分房，实行新房新制度；二、规范公房上市交易行为；三、深化房改，完成部分产权向全部产权过渡。

4月23日 武警部队副司令员兼参谋长吴双战中将到武警德州支队德州区中队视察。

同日 德州市雨情自动测报系统通过国家鉴定，在国内率先实现市、县、乡三级雨情自动测报。

4月27日至29日 德州市工会第十四次代表大会（延续原县级德州市届次）召开，会议选举李守凤为主席，陈庆园、辛志和、王玉梅、崔兴泰为副主席。

4月28日 农业部菜篮子工程定点市场暨德州蔬菜批发市场正式挂牌营业。该市场位于德城区于官屯乡东七里铺村，占地102亩，日均交易量达100万公斤以上。

4月29日 武警部队副司令员朱成友到夏津县中队检查工作。

5月1日至13日 市委书记赵克志带领各县（市、区）委书记和市直有关部门负责人，赴海南省海口市、广东省南海市、深圳市、惠州市，福建省厦门市、泉州市和浙江省温州市学习考察。

5月8日 以全市最大的百货零售企业德州市百货大楼为核心组成的山东德百集团正式挂牌。

5月18日 美丽华大酒店股份有限公司成立挂牌仪式举行。成为全市第一家国有资产全部退出，内部职工持股的股份制企业。

5月19日 德州市城市信用社中心社“5·11”特大雇佣杀人案凶手侯庆福在东北被擒获。2000年2月22日，涉嫌帮助联系凶手的重要犯罪嫌疑人王铁流归案，案件全部告破。

6月4日至5日 省委副书记、省长李春亭，副省长林廷生，到禹城、乐陵、德城等地及市属部分企业调查研究。

6月8日 山东德州扒鸡集团有限公司成立。

6月10日 日本新居滨别子雄狮俱乐部会长白石重次和新居滨协荣技研株式会社会长伊东义章到德州访问。

6月15日至18日 省委副书记吴爱英到夏津、禹城、德城检查工作。

6月24日至26日 省人大常委会主任赵志浩先后到庆云、乐陵、德城等县（市、区）及市属部分企业视察。

6月25日 市委作出《关于命名表彰先进基层党组织优秀共产党员和农村红旗党支部的决定》，对在改革和建设中做出优异成绩和突出贡献的山东德棉集团有限公司党委等14个基层党组织，张国华等4名党员，宁津县红庙李村等3个农村党支部予以表彰。

7月4日至5日 中共德州市委十一届四次全体（扩大）会议召开，会议讨论通过《中共德州市委关于进一步解放思想、放开搞活、加快发展的决议》《中共德州市委关于解决当前农村几个突出问题的决定》《德州市产业结构调整规划》。《中共德州市委关于进一步解放思想，放开搞活，加快发展的决议》分8个方面：一、解放思想，更新观念，始终坚持以经济建设为中心不动摇；二、放宽政策，优化环境，创造聚集生产要素的新优势；三、对所有制结构进行战略性调整，大力发展非公有制经济；四、调整产业结构，积极实施工贸带动战略；五、调整农业结构，加快推进产业化进程；六、深化改革，扩大开放，增强经济发展的活力；七、实施科教兴德战略，保持经济可持续性发展；八、加强党的建设和精神文明建设，为加快发展提供有力保障。市委书记赵克志在会上作了题为《抓住新机遇，创造新优势，坚定不移地放开搞活加快发展》的报告。

7月8日至13日 德州市参加1998青岛对外经济贸易洽谈会，签订进出口贸易39项，进出口成交28项，合同额5105万美元，洽谈利用外资项目31项，外资额6614万美元。

7月10日 全市党政群机关干部职工轮岗分流动员大会召开，号召机关广大干部职工，奔向经济建设主战场，推动全市经济发展。

7月13日至14日 全市降特大暴雨，德城、宁津、乐陵、庆云等县（市、区）降雨量超过100毫米，最大点降雨量150毫米。徒骇河、德惠新河、漳卫新河均蓄满外溢，各县（市、区）部分低洼农田受灾。德州市区积水。

德州市城市中心广场

7月16日至17日 中共聊城市委副书记、市长郭兆信率政府考察团一行30人到德州考察发展个体私营企业和机关干部分流情况。

8月3日 市委、市政府作出《关于命名表彰首批“德州市农村科技大王”的决定》，授予盖荫宝等26名来自农村生产第一线的优秀科技人才为首批“德州市农村科技大王”荣誉称号。

8月4日 全市局部地区遭大暴雨袭击，有34个乡镇降雨量超过100毫米。其中平原县7个乡镇超过200毫米，最大点降雨量为平原县城关228毫米，造成大面积积水。

8月10日至15日 赵克志、孙永春、李怀喜率市委组织部、市人事局、市公安局、市民经委、市工商局、市土管局、市统计局、市财政局等单位的负责人，赴河北省的沧州市、沧县、河涧、高阳、蠡县、安平、清河等地，考察、学习发展个体私营经济的经验。

8月13日 德州市区11条公交运营线路拍卖，市公共汽车公司员工买断其中9条。

8月17日 全市粮食流通体制改革和养老保险再就业工作会议召开。会议提出，要切实做好养老保险和再就业工作，确保粮食流通体制改革顺利进行。

8月18日 德州市首家改制的市属国有工业企业，德州农药厂与清州集团联合组建的股份制企业——德州恒东农药化工有限公司正式挂牌运营。

8月28日 德州市城市中心广场正式向社会开放。省人大常委会副主任李文全、市委书记赵克志等出席竣工剪彩仪式。

8月29日 市委、市政府召开全市四级（市、县、乡、村）干部电话大会，动员广大党员、干部、群众，认真学习河北沧州等地的经验，实现民营经济跳跃式发展。

9月1日至5日 市委副书记、副市长宁经谋，市人大常委会主任蔚立臻，市纪检委书记赵志录，市委常委、德城区委书记李艳华率领各县区及市直有关部门的主要负责人，分赴河北省河涧、高阳、蠡县、安平、清河等县（市）考察个体私营经济。

9月3日 由中央、省8家新闻单位组成的联合采访团到德州采访。主题为“解放思想，放开搞活，加快发展”和“工贸带动、农业产业化、扩大开放、发展个体私营经济”以及精神文明建设。

9月8日至9日 共青团德州市第十八次代表大会（延续原县级德州市届次）召开，选举产生共青团德州市第十八届委员会，选举苏东亮为书记，宋明华、王希刚、孙起生、张恒志为副书记。

9月14日 市委召开加快国有集体企业改革发展大会。市委书记赵克志在会上提出“要讲政治、顾大局，促增长，做贡献，全面推进国有集体工业改革与发展”。

9月16日至20日 1998中国德州经贸洽谈联谊会在德州举行。由省外经贸委、省台办和德州市人民政府联合举办，德州市人民政府承办。政府官员及著名企业家等1520多人出席开幕式。洽谈联谊会共签订投资合同项目222项，总额93.1亿元。

9月18日 市委、市人民政府颁布《关于加快民营经济发展的暂行规定》。其主要内容是牢固确立民营经济在全市经济中的主体地位，动员社会各界人士投身于民营经济，为民营经济创造良好的发展环境，为民营经济发展提供优质服务，努力提高民营企业家的政治地位。

9月25日 日本新居滨市友好访华团到德州进行友好访问。

9月28日 中国共产党德州市代表会议召开。大会选举产生德州市出席山东省第七次党代会的43名代表，市委书记赵克志在会上作了题为《领导干部要带头“讲学习、讲政治、讲正气”》的

1998年10月19日，赵克志（右一）接待上访群众

讲话。

10月8日 德州市邮电分营大会暨德州市邮政局、德州市电信局成立揭牌仪式举行。各县（市、区）邮政局、电信局已于9月15日前相继挂牌成立。

10月19日 市委书记赵克志在市劳动大厦公开接待群众来访。此是市级领导首次公开接访。是年7月，市委决定市委、市政府成员和县（市、区）党委、政府领导成员实行公开接待群众来访制度。当年市县（市、区）两级共受理来信来访9194件次，处理8978件次，结案率为97.6%。其中市委、市政府受理群众来信来访2690件，处结2534件，结案率为94.2%。据统计，市县（市、区）两级领导公开集中接访1215起3672人。其中市委、市政府领导接待133起505人，处结率达96%。

10月26日至28日 德州市妇女第十三次代表大会（延续原县级德州市届次）召开。大会选举产生市妇联十三届执委会，主席杨玉娥，副主席王文美、田淑霞、张莉。

10月30日 德州市骨干出口企业80多家和外销业务员160多人参加广州举行的第48届交易会。共签订出口合同51份，出口成交额780万美元，达成出口意向1350万美元。

10月31日 山东黑马商贸城开业。

11月4日 德州市人民医院成功抢救一产后子癫的三胞胎产妇。

同日 原德州酒厂、德州化工机械厂分别改制为德州又一村酿酒有限公司、德州鲁王化工机械有限公司，并举行揭牌仪式。

11月23日 德州科海电子有限公司试制成功的可替代传统抄表计费方式的电度表——DDR系列IC卡单项预付费电度表投入生产。该电表具有电触双重计量、声光并举报警、剩余电能报警、防窃电及显示等多种功能。

同日 日本宫崎中央眼科医院医学博士、院长土屋利纪一行3人到德州市人民医院考察。

11月28日 山东省最大的图书音像市场——德州新华集团图书音像城开工兴建。

11月 德州陆军预备役步兵师改称中国人民解放军德州陆军预备役后勤保障旅。

12月3日 共青团德州市委作出决定，授予见义勇为优秀青年崔立广“德州市新长征突击手”荣誉称号。崔立广系德州机床厂工人，他奋不顾身追歹徒，身受重伤。

12月8日至10日 市委书记赵克志带领市直有关部门主要负责人、各县（市、区）委书记及11家骨干工业企业的厂长（经理），赴滨州、聊城两地考察骨干企业。

12月11日 德州火车站首次实现运输收入超亿元。

同日 金车集团东风汽车运输公司职工邵某，从建设银行贷款，购得富康轿车一辆，成为德州市汽车消费贷款第一人。

12月12日 皇明太阳能高科技工业园开工建设。

12月22日 鲁北大厦有限公司举行

成立大会。该公司为由国有企业德州鲁北大厦改制而成的股份合作制企业。

12 月 24 日 全市经济工作会议决定：从 1999 年开始，在全市抓好“三个一批”，实施好“五个百万”工程。即抓好一批，增资德棉、恒升、晶华、宏力、恒源、绿源、箱板纸、兴禹化工、禹王亭、古贝春 10 个财源支柱项目，力争到 2000 年各企业年销售收入达 10 亿元、利税达亿元，其中恒升、德棉、恒源、箱板纸厂利税确保超亿元；储备一批，确定无线电三厂、华乐集团、东港五金、低聚糖、科海电子、皇明太阳能等 10 个具有一定规模、市场前景好的企业，两三年内利税达到 5000 万元，5 年超亿元；开发一批，5 年内研究开发一批高科技项目，增强工业发展的后续力量。用 3 年左右实现“五个百万”工程，即 100 万吨尿素、100 万吨复合肥、100 万吨造纸、100 万吨炼油、100 万台（套）太阳能热水器。同时，力争达到 30 万台拖拉机、400 万套刹车片、600 万套小五金、1000 万只回扫变压器的生产能力。

12 月 25 日 德州东方红西市场建成开业。以纺织品为主营。

12 月 28 日 山东省人民政府正式批复同意《德州市城市总体规划（1996—2010)》。德州市区将以京沪铁路和岔河为界，分为铁西、市中、河东三片。河东片设立省级德州经济开发区。

是年 山东省石油集团德州总公司（1992 年组建）随山东石油集团公司整体划归中国石油化工集团公司。

是年 德州、聊城相邻县级勘界完成。德州的齐河、禹城、平原、夏津 4 个县市，与聊城的东阿、茌平、高唐、临清 4 个县市，共勘定两市间县级边界 293.4 公里，7 个三县交会汇点。其中，德州方面县（市）牵头勘定的 4 条县级边界线 186.8 公里，交汇点 4 个。

是年 全市企业改革取得突破性进展。大部分市、县（市、区）属企业纳入“放小”范围，因地制宜，多种形式改制，全市乡及乡以上企业改制面达 95%，其中采取股份制、股份合作制和资产转出、出售涉及产权的占 86.5%，共盘活资产 19.6 亿元，新增股本金 10.1 亿元。

1999 年

1 月 6 日 以西藏日喀则地委副书记、行署专员梁殿臣为团长的日喀则地区党政代表团一行到德州参观考察。

同日 德州汽车总站投入使用。停车场面积达 5 万平方米，日发车可达 2400 余班次，时为全省市地级汽车站之最。

1 月 10 日 市委、市政府决定年内为改善城乡人民生活办十件实事：一、健全社会保障体系；二、加强城市道路建设；三、搞好城市美化绿化；四、改善城市生活环境；五、提高污水治理能力；六、搞好交通设施建设；七、加强市场建设；八、改造建设农村电网；九、完善文化教育设施；十、提高住房建设管理水平。

1 月 13 日 东风路拆迁建设工程动员大会召开。德州城区东风路横贯市区东

1998 年建设、1999 年投入使用的汽车总站

西、全长 10 公里，在半年时间内建成，成为高标准的精品工程、样板工程。

1 月 14 日　武城县神龙地毯集团生产的 35 万平方英尺地毯首次登上南美洲大陆，铺到巴西、阿根廷等国家的高级宾馆内。

同日　工商银行牡丹卡——铁路自动售票系统在德州火车站和美丽华大酒店开通使用。德州火车站成为全国第二家采用自动式铁路售票的火车站。

1 月 24 日　市委、市政府在济南举行加快经济发展恳谈会。曾在德州工作过和在济工作的德州籍省级老干部宋清渭、李振、马仲才、霍新堂、李养珍、卢洪、徐学孟、赵林山、周振兴及 100 多名厅级干部参加。市委书记赵克志在会上讲话。

1 月 25 日至 27 日　中国人民政治协商会议德州市第十届委员会第二次会议举行。

1 月 26 日至 28 日　德州市第十四届人民代表大会第二次会议开幕。

1 月 28 日　水利部部长汪恕诚到德州检查黄河防汛工作。

1 月　国务院发文命令取缔农村合作基金会。市政府按照有关文件精神，组织有关部门组成工作组分赴各基金会开展内部清产和外部核资，妥善处理善后问题。

2 月 8 日　德州市荣获 1996 年至 1998 年度全省“齐鲁杯创建现代化城市优秀市”（齐鲁杯最高奖）称号，乐陵、禹城荣获“先进城市”称号，临邑、齐河荣获“优秀县城”称号。

2 月 25 日　市委书记赵克志在全市 1998 年度总结表彰大会上，就开展全市万名干部驻村活动做了专题部署。“万名干部下农村”的任务目标，就是要让农民过上“五个好日子”，即：认真解决农民反映强烈的热点、难点问题，化解矛盾，理顺关系，让农民过上顺心日子；帮助农村找准发展经济的路子，让农民过上富裕日子；整顿干部思想作风，加强农村民主建设，让农民过上放心日子；加强社会治安综合治理，创造良好的生产环境，让农民过上太平日子；积极开展各种健康向上的活动，进一步抓好精神文明建设，让农民过上文明日子。从 3 月开始，全市选派市县（市、区）各级干部10297人，自带行李、炊具，组成工作组，进村入户，帮助农民解决实际问题，促进农民增收，保持农村经济稳定发展。连续进行3年，干部每年轮换一次。3月16日，首批309名市直机关下派干部奔赴基层。7月7日，《人民日报》以《让农民过上“五个好日子”——德州万名干部下农村带来经济新变化》为题报道德州市万名干部下乡的经验做法。

2月26日 山东兴禹化工集团年产13万吨尿素技改项目正式竣工投产。

3月3日 市委书记赵克志会见台湾台元有限公司总经理戚维功，双方就加强合作，进一步改善德州元济纺织有限公司生产经营状况交换意见。

3月8日至14日 赵克志、宁经谋、孙永春、蔚立臻、李怀喜、赵志录等带领各县（市、区）委书记及市直有关部门的负责人，赴潍坊、烟台、青岛三地的8县（市、区）参观考察农业产业化、企业改革与发展、对外开放及小城镇建设情况。

3月18日 市委、市政府决定用5年左右的时间，实现以能源、交通、通信为重点的“十大兴德”工程。一、德州华能电厂三、四期扩建工程；二、220千伏输变电站及城市、农村电网建设工程；三、城区道路及环城一级公路建设工程；四、境内公路交通体系建设工程；五、全市综合信息网及邮电通信工程；六、市区十大专业批发市场工程；七、新湖风景区建设工程；八、河东新区建设工程；九、德州高专扩建工程；十、农业科技创新园及水利建设工程。

3月25日 市委书记赵克志到市劳动保险大厦集中接访33位上访者，一同接访的还有市委副书记孙永春，市委常委、秘书长高儒林，副市长刘富春。

3月29日 山东德棉集团香港雅东国际有限公司在香港举行揭牌仪式。

4月2日 市级领导班子和领导干部“三讲”（讲学习、讲政治、讲正气）教育动员大会召开。

4月6日 日本新居滨市经济考察团一行12人到德州，就赴日研修生工作、外语培训、研修方法等进行磋商考察。

1999年5月29日，姜春云（前右二）到宁津县张宅乡红庙李村考察指导计生协会工作

4月17日至19日 省委书记吴官正到德州，就国有集体企业改革与发展进行调查研究。先后到禹城、德州宏力集团等单位听取汇报，探讨深化企业改革等有关问题。赵克志等陪同。

4月17日至20日 全国部分县级计生协会会长研讨班在宁津县结束。中国计生协会要求各地全面推广宁津计生协会的经验。

5月23日至24日 市委书记赵克志带领市直有关部门和部分县区负责人，到河北省清河县参观考察个体私营经济发展情况。

5月28日至29日 中共中央政治局委员、全国人大常委会副委员长、中国计生协会会长姜春云到德州视察计划生育工作，参加在宁津召开的纪念中国计划生育协会成立19周年暨读书知识竞赛颁奖大会。

同日 省委副书记、省长李春亭到德州检查指导工作。

5月29日至30日 全国农科示范园（区）建设与发展研讨会在德州召开。

6月4日至5日 由《人民日报》、新华社《经济参考报》和中央电视台3家新闻单位组成的采访团，对德州市“万名干部下乡与三讲教育一致”专题进行采访。

6月28日 “德州人民好公仆”命名表彰大会举行。会议宣读德州市人大常委会关于授予百名“德州人民好公仆”和“德州十佳公仆”荣誉称号的决定。

6月30日 德州警备司令部成立。

7月2日至4日 澳大利亚墨尔副市长李锦球等到德州参观考察。赵克志、宁经谋、蔚立臻、高儒林、刘伯哲分别会见客人。

7月12日 齐河县刘桥乡生产的“刘桥”牌脱毒马铃薯获国家“绿色食品”证书，这是全国首家获得“绿色食品”证书的马铃薯生产基地。

7月15日至16日 中共河南省南阳市委书记孙兰卿、市委副书记黄玉钧等一行，到德州考察学习高效农业发展情况。

7月18日 由菲律宾北伊洛戈省省长小费尔迪南德·马科斯率领的代表团一行到德州访问。

7月22日 上午，漳卫南运河防汛抢险演习在德城区减河右岸举行。省委副书记、常务副省长宋法棠，省军区副司令员秦江昌，水利部海河水利委员会副主任赵慧家，省水利厅厅长王玉柱，漳卫南运河管理局局长王继章，德州市有关领导及河北省邯郸、衡水、邢台、沧州有关负责人出席并观看演习。

7月25日 市委召开专门会议，研究部署进一步做好维护社会稳定和对邪教“法轮功”练习者教育转化工作。

7月26日 德州一中学生王明任、王文坷高考综合成绩900分，夺得全省高考理科状元。

7月28日 德州市组团参加1999青洽会，共签订进出口合同、协议90份，进出口成交2977万美元。利用外资项目9项，项目总投资7086万美元，合同、协议外资项目3621万美元。

8月8日 市委书记赵克志接受中央电视台采访。主题是如何认识和推广宁津县计划生育协会工作的经验。

8月10日至11日 中共沧州市委书记薄绍铨带领市委、市政府及部分市直部门负责人到德州考察。

8月16日 山东德建集团成立。由原德州市（地区）建筑工程公司改制为股份制集团。

8月18日至28日 德州体育代表队在微山县省水上学校举行的山东省赛艇、皮划艇比赛中，以总分327分夺得团体第一名。

8月23日 德州经济开发区将开发区大街的冠名权以130万元的价格卖给晶华集团，更名为晶华路。

8月25日 市政府代表团赴南京大学参观考察，双方商定建立全面、长期合作关系。

8月28日 德州移动通信分公司成立大会在德州中心广场举行。此前，各县（市）移动通信分公司于7月8日开始独立运营。德州移动通信分公司自7月9日开始独立运营。

8月28日至9月8日 市委书记赵克志带领市计委、市民经委、市外事办和新华集团、皇明太阳能公司的主要负责人，到澳大利亚、新西兰有关市区考察访问，洽谈经贸项目。

9月6日 德州市教委选派41名中小学校长赴烟台、威海挂职学习（其中赴烟台22人，赴威海19人）。

9月9日 德州第一届中国汽车展销会正式开幕。有十几个汽车厂家的几十种型号的汽车参展。

9月12日 德州市与南开大学举行建立全面长期合作关系签字仪式。双方签订《德州市与南开大学建立全面长期合作关系协议书》。

9月16日 由中共德州市委选派的100名优秀青年干部分赴南京大学、南开大学参加为期一年的研究生课程进修班学习。自此，市委计划用3年时间，投资1039万元，选派300名中青年干部赴南京大学、南开大学、新加坡南洋理工大学学习培训。

9月16日至20日 ’99中国经贸洽谈联谊会在德州会展中心举办。到会客商2000人，应邀内宾有海尔公司、厦门华侨电子股份有限公司、湘酒公司、希望集团、双星集团等国内知名大企业。大会累计签约合同投资项目158项，引进资金31.6亿元。协议签约投资项目50项，引进资金16.3亿元；累计签约贸易项目总额13.8亿元，其中外贸9800万美元。

9月 中国民主同盟、中国民主建国

1999年12月26日，德州市房地产交易中心落成典礼

会、中国民众促进会、九三学社德州市委员会机关成立。

同月 中国联合通信公司德州分公司暨所属县市支公司成立。当年建成基站23个，发展用户1.05万户。

10月17日 市委书记赵克志应邀率团参加南开大学80周年校庆。

潘庄干渠

10月19日至21日 中共德州市十一届七次全委（扩大）会议在市会展中心举行。会议研究部署解放思想，推动国有企业改革等重大问题。

11月1日至2日 中共中央党建工作领导小组副组长、“三讲”教育（讲学习、讲政治、讲正气）联席会议负责人张全景到德州检查指导工作。

11月29日 山东省改革开放试点县现场办公会在陵县召开。省委常委、宣传部部长陈光林和省直有关部门负责人出席会议。与会人员参观了颜威棉纺集团、宏祥化纤集团、绿源集团和陵县农业高科技示范园，听取陵县县委汇报。市委书记赵克志，市委副书记、副市长宁经谋就会议的贯彻落实发表意见。

12月5日 中共聊城市委书记张敬涛、市人大常委会主任侯继唐率领聊城各县（市、区）委书记组成的考察团到德州考察农业产业化和民营经济发展情况。

12月15日至16日 西藏自治区政协副主席、中共日喀则地委书记平措率日喀则党政代表团到德州参观访问。

12月23日至24日 省“改革开放试点县”武城现场办公会召开。副省长林廷生、省直有关部门负责人和赵克志等市领导出席会议。

12月26日 德州市房地产交易中心举行落成典礼。交易中心位于三八路步行街。

是年 中国致公党德州支部成立，曹鸿鸣任主委，时有党员5人。

是年 市委书记、军分区党委第一书记赵克志被评为全国“关心支持国防后备力量建设十佳新闻人物”。

2000年

1月4日 潘庄引黄灌区续建工程通过由省、市、县三级组成的验收委员会验收，工程质量达到优良等级。该工程是1972年潘庄灌区开灌以后第二次规模较大续建改造工程，可改善灌区灌溉面积11万亩，年节水660万立方米。

1月8日至9日 全省个体私营经济会议在德州召开。副省长林书香讲话，副省长林廷生、省长助理臧海强分别主持会议，市委书记赵克志致辞，市政府领导介绍德州全市发展个体私营经济的经验做法。与会人员代表先后到德州经济开发区、德城区和武城县的14个单位进行检查指导。

1月11日 宁津县机械弹簧厂生产的120KM/H货车转向架8A弹簧（提速簧）通过国家验收，达到部颁标准。铁道部确定该厂为铁路货车提速簧唯一定点生产厂家。

宁津县机械弹簧厂生产的弹簧

1月13日 平原县被国务院、中央军委命名为“全国双拥模范县”。

1月15日 市委、市政府在济南举行加快德州经济发展恳谈会。曾在德州工作过和在济南工作的德州籍省级老干部宋清渭、李振、孙淑义、陈光林、张宗亮、王久祜、徐学孟、赵林山、周振兴、霍少堂、李养珍及100多位曾在德州任职或挂职、在济南工作的副厅级以上干部等欢聚一堂，共叙乡友之情，同谋发展大计。

同日 临邑县造纸厂“10万吨/年造纸项目一期工程”竣工投产。

1月17日至18日 全省社会救助工作经验交流会暨市地民政局长会议在德州召开。

1月21日 平原县德齐龙化工集团投入5598万元的大型技改项目——10万吨尿素工程竣工投产，第一批尿素产品已顺利下线。

1月23日至25日 中国人民政治协商会议德州市第十届委员会第三次会议举行。

1月24日至26日 德州市第十四届人民代表大会第三次会举行。

1月29日 市委、市政府作出《关于2000年为能改善城乡人民生活办十件事的决定》：一、健全社会保障体系；二、加快发展广播电视事业；三、完善城市景观体系；四、改造城区道路；五、规划建设城区市场；六、加快环保投资建设；七、提高城区供气供水能力；八、搞好公路交通建设；九、改善文化教育条件；十、抓好农村电网改造和邮电、消防设施建设。

1月 根据省、市政府关于调整完善盐业经营管理体制的通知精神，德州盐业站由省供销社盐业公司整体划归省盐业总公司，改为“德州盐业公司”，成为省盐业总公司的直属企业。同时，加挂“德州市盐务局”的牌子，为德州市政府的盐业主管行政机构和盐业行政执法主体。

2月1日 庆云县德力星化工集团承担的省级科研攻关课题“三甲基乙酰氯工艺技术研究”顺利通过省级科技成果鉴定，填补省内空白，达到国内领先水平。

2月17日 由德州市政府主办的《德州年鉴》获得全省一等奖。

2月20日至24日 全国高校设置评议委员会在广州召开的会议上，德州高专以38票全票赞成通过升入本科评审。

2月22日 德州大坝水泥（集团）厂的大坝牌普通硅酸盐525号水泥、德州一棉有限公司的豪威牌棉纱和皇威牌棉布、德州恒丰纺织有限公司的恒宇牌精梳纱、皇明太阳能有限公司的皇明牌太阳能热水器等5种产品被省经贸委认定为“山东名牌产品”。至此，德州“山东名牌产品”总数达9个。

同日 宁津县获“全国广播电视先进县”称号。

2月29日 市委书记赵克志在全市总结表彰大会上讲话强调：各级把抓好经济结构调整作为保持经济持续快速增长的战略举措，坚持在调整中发展，在发展中提高，千方百计促进经济结构转换、产业结构升级、产品结构更新换代。进一步调整优化农业结构，增加农民收入。全市确立粮棉、畜牧、蔬菜、林果、水产、花卉6大主导产业，按照“三扩三压”（即扩大优质专用粮食生产，压缩普通粮食生产；扩大优质高效经济作物生产，压缩普通经济作物生产；扩大出口创汇产品生产，压缩缺乏市场竞争优势的农产品生产）的思路进行农业结构调整，初步形成“北枣西棉，中牧南菜”的发展框架。

2月 乐陵市被国家林业局、中国经济林协会命名为“中国金丝小枣之乡”。

3月3日至4日 省委副书记陈建国带领省委组织部、政研室、省“三讲”办的部分人员，就搞好“三讲”教育和加强改进农村工作到德州调查研究。

3月4日 国道314线宁津至德州段拓宽工程竣工。

3月10日至11日 中共菏泽地委书记李明先率团到德州考察民营经济发展情况。

3月11日至14日 市委、市政府组织各县（市、区）委书记和市直有关部门负责人，前往泰安、临沂、日照等市参观考察学习。

3月18日 禹城被列为全国农业科技综合示范市。

3月24日 德州技校晋升为国家级重点技校。

3月27日 以山东省政协原主席陆懋曾为组长的中央“三讲”教育检查组一行5人到德州检查工作。

3月 经教育部和山东省政府批准，德州高等专科学校更名为德州学院。10月26日，举行挂牌仪式。副省长邵桂芳，省政协副主席、青岛海洋大学校长管华诗，省教育厅厅长滕昭庆，省高校工委副书记、教育厅副厅长刘凤龙，山东大学校长展涛及德州市委书记赵克志等出席。

2000 年 10 月 26 日，副省长邵桂芳（左一）与德州市委书记赵克志为德州学院揭牌

4 月 2 日至 5 日　以矢野胜美为团长的日本新居滨市企业代表团一行 9 人，到德州选拔赴日研修生。

4 月 6 日　凌晨 1 时 30 分，德州美丽华大酒店发生特大火灾，烧毁建筑 400 多平方米，造成 13 人死亡、2 人受伤，直接财产损失 15.4 万元。原因是客人酒后吸烟引起火灾。

4 月 12 日　宁津县“人口文化促进会”成立。中国人口文化促进会常务副会长王夫棠为宁津县“人口文化促进会”揭牌，并赠送中共中央总书记江泽民题写的“人口文化促进会”。

4 月 13 日　皇明太阳能集团通过 ISO 9002 国际质量标准体系认证。这是全国太阳能行业首家通过该认证的企业。

4 月 15 日至 16 日　菲律宾记者团一行 7 人到德州访问。

4 月 16 日　中共中央党校副校长王伟光一行 6 人到德州考察。

4 月 18 日至 19 日　中共淄博市委书记闫启俊带领考察团一行 20 余人到德州考察个体私营经济发展情况。

4 月 25 日　“山东华鲁恒升化工股份有限公司”成立。由原德州化肥厂改制而成。市委书记赵克志等为新成立的“华鲁恒升股份有限公司”揭牌。

4 月 28 日　市委、市政府出台《关于实施民营经济“1123 工程”的意见》。“1123 工程”实施范围是根据上年综合排序情况，按 1∶1.5 的比例入选实施单位，通过年终考核，把列全市前 10 名的乡镇、前 10 名的村、前 20 名企业和 3 个工业园区列入第二批“1123 工程”奖励范围，享受各类扶优扶强政策，实行动态滚动管理，每两年为一个实施期。

5 月 8 日　德州市乡镇行政区划进行适当调整。至 7 月 31 日，率先在全省完成乡镇调整工作。全市原有乡镇（街道）198 个，合并后减少到 125 个。其中街道由 5 个增至 11 个，乡镇由 193 个，减至 114 个。合并前平均每个乡镇（街道）2.51 万人，合并后平均 3.98 万人，比合并前增加 1.47 万人，增加比例为 58.6%。省委、省政府在德州召开现场会，推广德州市乡镇行政区划调整的做法。

5月9日 全省沿黄地市抗旱工作现场会在德州召开。

5月17日 经省人民政府批准，山东德棉股份有限公司成立。该公司由山东德棉集团有限公司为主发起人，联合德州恒丰纺织有限公司等5家公司共同发起设立。

5月22日 德州市7个项目被列入2000年度国家级“星火计划”。

6月2日 市委、市政府在平原县召开全国公安系统二级英雄模范张谦龙追认命名表彰大会。

6月5日 中国联通禹城、乐陵、平原、陵县、宁津、庆云、夏津、临邑、武城、齐河10县（市）营业厅全部成立。

6月18日 山东德百集团有限公司成立。前身是1983年建成开业的德州百货大楼，几经改制发展成为山东德百集团有限公司。

同日 山东黑马集团有限公司成立。前身是德州地区（市）燃料集团总公司，1997年9月在全市率先改制组建为山东黑马集团，再改制为山东黑马集团有限公司。

6月28日至30日 日本新居滨市政府代表团到德州进行友好访问。

7月1日 市委在会展中心举办全市对外招商引资报告会。美中友好关系发展中心总裁、百达金融集团有限公司董事局主席魏强就招商引资作报告。

7月13日 副省长韩寓群带领省防指、省水利厅、省海河流域管理局负责人，到德州市视察漳卫河、四女寺枢纽工程、西郑分洪闸工程及恩县洼蓄滞洪区建设。

7月16日至18日 中共中央政治局候补委员、书记处书记、中央组织部部长曾庆红到德州调查研究。

8月1日至3日 全国棉花检验技术交流考核工作会议在德州召开。

8月4日 美国石油技术公司总裁拉夫·英迪拉·班达柯和美国赛别林公司总裁珊迪·考克一行到德州访问。

8月8日 德州电信公司固定电话用户超50万。

8月11日 平原移动通信分公司在王庙镇前王兴明村建成德州市移动电话第一村。该村有97户农户，已有移动电话用户63户，占总户数65%。

8月16日至22日 德州市少年赛艇队在全国少年赛艇比赛中获团体第二名。

8月20日 全国北方区花生新品种高产示范观摩会在齐河县宾馆召开。

9月7日 市委、市政府召开欢送援疆教师座谈会。有6名优秀骨干教师支援边疆，任教两年。

9月8日 禹城市实施的国家级农业标准一类示范区——肉牛养殖项目通过国家质量技术监督局组织的考核验收。

9月9日 全国第一座环卫工人纪念馆——时传祥纪念馆，在时传祥的家乡齐河县落成开馆。中共中央政治局常委李瑞环为纪念馆题写馆名。中央有关部委负责人、省市县负责人和时传祥亲属及环卫职工代表1000多人出席开馆仪式。李瑞环、尉健行、宋平、倪志福、姜春云、王光英、何鲁丽、张全景、王光美等写来贺信或发来贺电。市委书记赵克志致辞。纪念馆坐落在齐河县城东北郊，占地2万平方米，收藏有记录、反映时传祥事迹的照片380幅和实物100多件。

时传祥纪念馆

9月15日 德州海关正式开关。2000年6月经国务院批准设立。

9月16日至18日 第四届中国德州投资贸易洽谈会举办。国家和省的有关老领导谭启龙、苏毅然、梁步庭、李振、陆懋曾、程飞，副省长陈延明、省政协副主席潘广田，市委书记赵克志等出席开幕式。洽谈会签约的15个重点投资项目总投资12.9亿元，其中引进资金7.3亿元。

9月19日 德州市本科录取人数首次突破3000人大关，创历史最高纪录。

9月28日 西藏阿里地区乡镇干部考察团一行40人到德州参观考察。

10月3日至5日 中共中央政治局委员、山东省委书记吴官正视察德州经济开发区。

10月4日至5日 山东、河北、河南3省司法行政基层基础工作座谈会在德州召开。

10月12日 国务院副总理温家宝到德州考察水利工程，听取山东省副省长陈延明关于水利工程有关情况汇报。

10月20日至21日 全省非公有制经济组织党建工作会议在德州召开。

10月24日 德州市东风路（堤岭桥至迎宾路）综合改造工程获得2000年国家市政工程“金杯奖”。

10月26日 京福高速公路德州南连接线暨104国道德吴段、314省道德宁段竣工通车。

10月28日至29日 司法部在德州召开现场会。总结推广陵县乡镇司法调解中心建设经验。市委书记赵克志向与会人员大家介绍了德州的基本情况和全市乡镇司法调解中心建设的主要做法和体会。

11月1日 据第五次全国人口普查统计，截至零时，全市人口为529.37万人。

11月3日 中共威海市委书记孙守璞、市长崔曰臣率领党政考察团到德州参观考察。

11月9日至10日 市委召开十一届九次全委会议。审议并原则通过《德州市国民经济和社会发展第十个五年计划纲要（草案)》。

11月12日 国家环保总局局长解振

华到四女寺枢纽工程察看南水北调线路水质环保情况。

11月14日 武警部队副司令员高文远中将到德州武警支队检查工作。

11月22日 赵克志会见美国未来趋势国际集团总裁华赞。

11月25日至26日 全国人大常委会委员、中共中央文献研究室主任逄先知，到德州经济开发区、皇明太阳能集团、常兴集团、天衢工业园和武城县部分民营企业视察。赵克志、蔚立臻、高儒林、李念东等陪同。

11月30日 德州市漳卫新河东关大桥竣工通车。

12月1日 德州市围棋协会成立。

12月9日 《大众日报》讯，齐河县潘店镇曹庙村退休教师孙立银43年坚持为乡亲们义务送报，被上海大世界吉尼斯总部评为“义务送报时间最长的人”。

12月11日 在全国跆拳道冠军赛上，德州运动员王磊夺得78公斤级银牌。

同日 京福高速公路德齐段二期工程竣工通车。同时鲁冀收费站正式启用，至此，全长1278公里的京沪高速公路全线通车。

同日 德州市公开选拔副县级干部工作圆满结束。全市1067名报考者中选出16名副县级领导干部，平均年龄33.2岁。

12月12日 全国政协人口资源环境委员会“南水北调”调研组组长陈邦柱带领调研组到四女寺枢纽工程察看南水北调线路。

12月25日 全市经济工作会议召开。赵克志讲话强调，要突出“一个主题”，抓好“两件大事”。一个主题：千方百计把经济搞上去，一心一意为群众办实事。两件大事：一是更有效地开展结构调整、大上工业活动，促进经济和社会事业更快更好的发展；二是深入开展转变干部作风、密切干群关系、使人民群众安居乐业活动，为加快发展创造一个稳定的社会环境。

同日 全市206个邮政储蓄网点联入全省绿卡网，实现全省范围内的通存通兑。

12月26日至月底 全市组织开展打假联合行动，共查获假冒伪劣商品1078.3万元，立案查处制假售假案件1450起，捣毁制（售）假窝点225个。

12月 妥善处置“阳信事件”。8日，滨州市阳信县河流镇发生一起违反民族政策、伤害回族群众感情的事件。12月12日，在少数人的串联、组织下，河北省孟村回族自治县数百名回族群众乘车前往阳信县，在阳信县境内与劝阻民警发生冲突。有6名群众死亡，19人受伤，13名民警受伤，引起全国关注，德州和外地部分回族群众向滨州聚集。德州市委、市政府按照上级统一部署，采取周密措施，市级主要负责人一线指挥，调集市县乡干部和公安干警，全力以赴，日夜守候在冀鲁德州边界，劝阻和制止外地回民群众到滨州聚集，防止事态蔓延扩大，积极做好善后工作，受到省委、省政府主要负责人的充分肯定。

是年 全市经济实力增强，国内生产总值翻了一番，地方财政收入增长2.5

倍。经济结构调整取得较大进展，产业结构排序由“一二三”先后转变为“二一三”“二三一”。所有制结构发生重大变化，多种经济成分长足发展，民营经济成为重要生力军。基础设施、重点项目建设成效显著，济德高速公路、丁东水库、中心广场等一批重点工程相继建成，华能德州电厂三期等重点项目先后开工，发展的环境条件得到改善。

2001 年

1 月 4 日　省政府在武城县召开改革开放试点县现场办公会议。

同日　全省农村经营管理工作会议在德州召开。

1 月 10 日　市委召开全市干部会议。宣读省委关于德州市级领导班子调整的决定：黄胜任中共德州市委书记。同时增补：刘富春任中共德州市委常委、副书记；田玉茂任中共德州市委委员、常委、副书记，兼任市纪检委书记；刘焕立任中共德州市委委员、常委、副书记；苗仲华、李传武、张甲太任中共德州市委委员、常委。

黄　胜
(2001. 1—2007. 4 任书记，
1996. 3—2001. 1 任市长)

同日　德州市京剧团青年花脸演员陈长庆荣获全国京剧优秀青年演员评比展演二等奖。

1 月 16 日　华能集团总经理李小鹏等到德州考察德州电厂。

同日　德州广播电视中心大楼落成。

广电大楼

1 月 18 日　德棉股份有限公司利税 2000 年突破亿元大关。

1 月　中国石油天然气集团公司（简称中石油）开始在德州布点，2002 年 7

月，中石油德州销售分公司成立。

2月8日 总投资1.496亿元，年产2万吨IMO900异麦芽低聚糖建设项目，在禹城市山东保龄宝生物技术有限公司开工建设。建成后将成为全国最大的生物糖源开发基地。

2月11日 中国留日同学会总会会长陈伟博士向德州市政府赠送200多个品种的蔬菜、花卉、林果原种。

2月21日 德州市十四届人大常委会举行第22次会议。会议批准黄胜辞去德州市人民政府市长的请求，决定任命孙永春为德州市人民政府代市长。

2月22日至25日 中国人民政治协商会议德州市十届委员会第四次会议召开。增选王根源、陈建国为市政协副主席。

2月23日至26日 德州市第十四届人民代表大会第四次会议召开。会议通过德州市“十五”计划纲要和纲要报告的决议。补选赵志录、李光仁、马恩岭、赵忠新、夏荣恩、王绍荣为市人大常委会副主任。选举孙永春为德州市人民政府市长。

孙永春

（2001.2—2006.4任市长）

2月27日至28日 山东省收费及房地产价格管理工作会议在德州市召开。

2月 市委、市政府制订发布《关于中共德州市委机关改革的实施意见》和《关于德州市人民政府机构改革的实施意见》。改革调整后，市委设工作部门9个，部门管理机构2个，派出机构3个。市政府设立工作机构38个，其中工作部门31个，办事机构2个，议事协调机构的办事机构1个，部门管理机构4个。

3月7日 袁敬华荣获国际青少年消除贫困奖一等奖。夏津县精华语训希望学校创办人袁敬华，8年间立足农村特殊教育，使120名聋哑儿童开口说了话，荣获国际青少年消除贫困奖一等奖。该奖由联合国开发计划署和中国青少年发展基金会设立，旨在表彰在消除贫困领域做出杰出贡献的青少年。

袁敬华（右）

同日 武城县检察院被最高人民检察院授予“人民满意的检察院”称号。

3月14日 德棉集团子弟小学被教育部确认为“全国中小学现代教育技术

实验学校”。

3 月 15 日　以中国驻匈牙利大使赵希迪为团长的外交部驻外使节考察团一行 26 人到德州考察。

3 月 18 日　市委、市政府举行农村税费改革报告会，全市费改税工作启动。

3 月 26 日　德州博力液晶显示器专用偏振片项目工程在市经济开发区奠基。该项目由青岛北方集团、德州无线电三厂、山东集华公司与美国宏达显示公司共同组建，总投资 1.18 亿元，生产的液晶显示器专用偏振产品主要应用于通信工具以及便携式电脑、军用雷达、家用电器等领域。

3 月 29 至日 4 月 5 日　黄胜、孙永春带领市党政代表团赴安徽省安庆市，上海浦东新区、长宁区，江苏省苏州市和昆山市考察学习。

3 月 30 日　经山东省教委批准，德州学院 2001 年首次面向全省计划招生 3300 人。

4 月 2 日至 3 日　中共徐州市委书记王希龙、市长陈耀南率党政考察团一行 67 人到德州考察民营经济发展情况。

4 月 14 日　武警部队司令员吴双战到德州检查指导工作。

4 月 16 日　山东省 2001 年春季糖酒副食品交易会在德州举办，来自全国各地 1000 多家企业的近万名客商参会。

4 月 20 日　德州市中级人民法院、市公安局在市中心广场召开公捕公判大会，依法对 47 名犯罪嫌疑人进行公开逮捕，对 9 名严重刑事犯罪分子进行公开宣判。

4 月 23 日　德州友好城市日本新居滨市工商企业界一行 8 人到德州选拔第七批赴日研修生人选。

4 月 26 日　全市庆“五一”暨“好公仆”表彰大会召开。德州市全国“五一劳动奖章”“富民兴鲁劳动奖章（状）”获得者以及第二届“德州双十佳公仆”“德州人民好公仆”等模范人物受表彰。

4 月 30 日　德州世纪广场举行竣工典礼。

改造前的世纪广场

4 月　经省政府批准，并报教育部备案，山东大禹专修学院升格为德州科技职业学院，成为列入全国统招计划的普通高等院校。山东大禹专修学院前身是成立于 1988 年的禹城县农业机械化学校，1992 年改为德州地区农业机械电子工程学校，2000 年 10 月，升格为高等学历教育院校，改名为山东大禹专修学院。

改造后的世纪广场

同月 庆云籍运动员郝凌云在上海举行的世界武术博览会上获得跆拳道55公斤级冠军。

5月1日 德州市正式取消“市镇粮食供应转移证”和“农转非粮食审批证”“地方城镇户口供应粮审批凭证”“农村粮食关系转移证明”。粮食供给全面市场化。

5月1日至15日 首届中国临邑槐花节在红坛寺森林公园举行。

5月8日 德州金华茶城开业典礼暨茶博会开幕式在市经济开发区举行。

5月15日 京福高速（齐河段）特大液化槽车发生火灾。22时55分，一辆车号为冀J32211运输液化气的斯太尔槽车（内装22吨石油液化气），由北向南行至京福高速公路与济聊高速公路交汇处北路口1000米（齐河段）处，与一辆车号为鲁Q91072的运输玉米的解放142半挂车（30吨）相撞起火。斯太尔槽车副驾驶当场死亡，驾驶员被烧伤。槽车报废，解放车损坏。

5月18日 投资3亿元年产10万吨的全国最大的板纸项目在齐河板纸厂动工兴建。

5月26日 皇明高科园二期工程竣工投产，年产40万台时代系列太阳能热水器生产线投产。

5月31日 齐河县刘桥乡被农业部命名为“中国脱毒马铃薯之乡”，是全国唯一获此殊荣的乡镇。

6月5日 浙江省温州市政府代表团率乐清市越剧团到德州慰问演出，以感谢德州人民对到德州投资经营的温州人的大力支持和帮助。

同日 以台湾毛衣编织工业同业公会理事长林河渊为团长的台湾纺织业山东地区联合访问团一行15人到德州参观考察。

6月7日 德州市反邪教协会成立。

6月19日 晶华宝利来碳纤维布制造有限公司投产庆典仪式在市经济开发区晶华工业园举行。

同日 德州市高级技工学校揭牌。

6月25日 马来西亚国家土地发展部副部长陈记光率领工业农业投资考察团到德州考察。

6月 德州污水处理厂主体工程竣工投入使用。日处理污水10万吨，处理后的污水大部分可用于工业用水和景观用水。

7月26日 德州市城市信用社正式挂牌开业。

坐落在东风路上的波司登公司厂区

同日 波司登山东分公司（德州）开业。

7月27日 第二个市级经济技术开发区——德州黄河经济技术开发区在齐河县成立。

8月1日 上午，市委机关办公新址启用。市委机关由原来的新湖南岸迁至三八西路。旧址拆除围墙，融入新湖风景区，办公用房改为市文化中心和图书馆、老干部活动中心等，成为市民休闲游玩场所。

8月2日 省委副书记、省长李春亭到德州检查指导工作，并参加市委常委民主生活会。

8月19日 美国普南林银行集团副董事长麦高文和美国拉斯维加斯市旅游总公司董事长傅东仁一行3人到德州考察通信和旅游项目。

8月22日 温州工业园落户庆云，总投资3亿元，占地面积100公顷，一期工程投资1亿元。

8月23日 凌晨5时至6时40分，德城、齐河、平原、禹城、临邑、陵县6县（市、区）的17个乡镇、301个村庄遭受不同程度的风雹袭击。风雹持续时间为20～30分钟，冰雹大如鸡蛋、小如小枣，并伴有短时大风，风力达到8～10级。德城区和武城县受灾最为严重。全市农作物受灾面积共2.8万公顷受灾作物主要是玉米、棉花、瓜菜和果树。

8月25日　市直部门录用国家公务员和机关工作者的笔试进行，630人竞争84个录用名额。此是德州市1997年后第二次面向社会招考国家公务员。

8月29日　在广州南海市举行的第九届全国运动会武术散手比赛中，德州运动员刘龙获75～80公斤级比赛全国冠军。这是德州市在历届全运会中夺得的第一块金牌。

8月30日　中共中央委员、济南军区副司令员李良辉中将等到德州调查研究。

8月31日　丁东水库至三水厂供水管道接长工程竣工通水。年供水4380万立方米，供水保证率95%。

9月4日　山东省首届农业物资交流暨2001秋季农机产品展销会在德州会展中心召开，300余家厂商参展。

9月5日　世界华人华侨社团联合总会副主席、香港汇堡投资有限公司、亚洲（东南亚）拓展集团董事长何威廉，北美华侨华人社团联合会会长、美国付宝钠集团有限公司总裁贾文铖，世界华人华侨社团联合总会秘书长任兴亮一行到德州考察。

9月8日　德州迪龙电子有限公司100赫兹高清晰度大屏幕背投彩电隆重下线。

9月8日至9日　全国人大常委会副委员长、全国妇联主席彭佩云到禹城市、德州经济开发区、德城区视察。

9月9日　新加坡ATS集团与山东黑马集团、德州又一村有限公司举行联合上市签字仪式。三家企业将在纳闽国际金融交易所联合上市，开创德州市企业在境外上市先河。

2001年9月8日至9日，彭佩云（前左三）参观德州市儿童乐园（现为德州市妇女儿童活动中心）

9月9日至12日　中共中央政治局委员、山东省委书记吴官正到德州调查研究，提出进一步解放思想，增强加快发展的压力感和紧迫感，不断开创改革建设新局面。

9月16日至20日　中国德州第五届投资贸易洽谈会召开。省政协主席韩喜凯、副省长林书香等为大会剪彩。市长孙永春致开幕词。副市长刘富春主持开幕式。该届洽谈会室内外展区面积达到8000多平方米，共设摊位300个。北京、广州、济南、青岛、福建等地的30多家企业参展。应邀到会的客商共2526人，其中外宾795人，分别来自美国、加拿大、澳大利亚、日本、新加坡等20个国家和地区。洽谈会共签订项目合同181个，总投资68亿元，引进资金58亿元。签订外贸出口合同26个，外贸出口额1.8亿美元；签订内贸合同36个，国内贸易成交额5.7亿元。

9月19日 光明乳业（德州）有限公司一期工程竣工投产。

9月21日 中央储备粮德州直属库揭牌仪式举行。

9月24日 山东省政府确定的重点工程——联通二级光缆干线工程（德州段）启动建设。

9月26日至28日 全国侨联副主席冀朝铸到德州调查研究，并应聘为德州市高级顾问。

10月11日 市委、市政府召开全市干部大会。大会要求立足超常发展谋求跨越前进，夺取新世纪开局之年“满堂红”。

同日 北汽福田车辆股份有限公司总经理王金玉、副总经理王金福到德州考察、洽谈合作项目。

10月12日至13日 中共枣庄市委常委、滕州市委书记牛启忠带领滕州市党政考察团一行94人到德州考察。

10月20日 德州学院与俄罗斯远东交大结为友好学校，双方签订互派留学生协议。

10月26日 德州市杂技团《快乐的炊事员》节目在中国文联、中国杂技家协会联合主办的第一届中国杂技艺术节荣获优秀节目奖。

11月2日至12月28日 德州市乒乓球运动协会、篮球运动协会、保龄球运动协会、摔柔运动协会、体育记者协会先后成立。

11月4日 德百集团、德州扒鸡公司与新疆七星建工集团在德州经济开发区举行合作项目签字仪式。

11月4日至15日 应日本国新居滨市政府和韩国仁川市政府的邀请，以市长孙永春为团长的德州友好考察团一行8人，对两市进行考察访问。

11月9日至12日 省人大常委会主任赵志浩到齐河、禹城、德城区、庆云、乐陵等县市区，深入企业、农村、学校和市场，了解企业经营、群众生产和社会事业发展等情况。

11月16日 山东德棉集团与世界著名大型纤维生产企业阿考迪斯公司签署协议，共同开发生产抗菌系列高新技术产品，并成为阿考迪斯公司在中国的唯一购货单位和抗菌纤维产品在中国市场的独家代理。

11月18日 北京国科集团投资的齐河旅游娱乐广场项目在黄河经济技术开发区开工奠基。

11月 德州市菊花在全国第七届菊花品种展览会上荣获百菊赛一等奖、室外景点布置一等奖、展台布展二等奖及其他3个三等奖。

12月1日 2001年中国乒协超霸赛“三星·贝莱特杯”德州赛区比赛，在德城区五环体育馆举行。北京女队以3:1的总比分战胜山东鲁能女队获得九运会女团冠军。

12月15日 德州杂技团一行22人

启程，前往危地马拉、洪都拉斯、巴拿马、哥斯达黎加等中美国家演出。

12月18日 平原县德齐龙化工集团投资1.2亿元的13万吨尿素和3万吨甲醇项目竣工投产，该集团跃居全国小氮肥行业十强行列。

12月28日 德州城隍庙商城竣工开业。

2002年

1月1日 省委副书记姜大明到德州元济纺织有限公司、德棉集团、皇明集团等企业，看望节日生产一线的企业干部职工。

1月1日至3日 财政部副部长张佑才一行4人到德州就农业农村及教育工作调查研究。

1月4日至5日 内蒙古赤峰市党政考察团到德州考察农业产业化发展情况。

1月6日 全省邮政工作会议在德州召开。

1月6日至7日 省政府在德州召开民营经济工作座谈会。

1月10日至11日 海委系统深化水利改革强化经营管理工作会议在德州召开。

1月15日 3700多支非法枪支被销毁。全市公安机关开展治爆缉枪行动，一年间共收缴各类枪支7266支、子弹3.9万发、各类炸药6000余公斤。

1月18日 德州龙马金建集团、德州神马物贸集团、德州天马粮油集团、德州飞马肉联食品集团、德州粮建集团同时成立。

1月31日至2月1日 省政府在德州召开专题研究漳卫南运河流域污染治理会议。

2月1日 德州市首次举行国有土地使用权拍卖会。公开拍卖德州市地毯厂、橡胶厂和造纸厂破产后的156亩国有土地，11家房地产企业参加竞拍，三块土地拍得8870万元，比起拍价高出2755万元。

2月1日至2日 西藏日喀则地区党政代表团到德州参观考察。

收缴的非法枪支

2 月 19 日　德州商贸开发区举行成立挂牌仪式。该开发区位于德州市区西部。

2002 年 2 月 19 日，商贸开发区成立揭牌仪式

2 月 21 日至 23 日　中国人民政治协商会议德州市第十届委员会第五次会议召开。

2 月 21 日至 24 日　德州市第十四届人民代表大会第五次会议召开。补选王卫东为市人大常委会秘书长。

2 月 27 日　凌晨，德州百货大楼发生特大火灾。全市 11 个消防中队和市区 5 个企业专职消防队及济南市消防中队，共出动 39 部消防车、290 名消防队员，历经 8 小时扑救，终将大火彻底扑灭。4 月 16 日，新百货大楼在原址开工建设，德州市直机关干部职工以及部分企业和职工捐款支援。12 月 29 日，德百集团新百货大楼重新开业。

同日　市委、市政府召开全市“三城联创”暨 2002 年城建工程动员大会，动员部署创建全国卫生城市、省级文明城市和省级双拥模范城以及城建工作。

3 月 18 日　双汇集团董事长万隆一行应邀到德州参观考察，洽谈合作事宜。

3 月 26 日　山东中粮鲁德食品有限公司成立。

3 月 28 日　由德州电业局、德州热

2002 年 2 月 27 日失火后的德州百货大楼

建成后的新百货大楼

力公司、德达森集团合资兴建的德州北郊热电项目，在德达森集团开工建设。

4月1日至13日 市委书记黄胜率团参加2002（悉尼）中国山东经贸洽谈会，并顺访德州的友好城市——维多利亚省莫那须市。

4月4日 省委副书记、省长张高丽到德州检查指导工作。实地考察华能德州电厂、元济纺织有限公司、波司登山东分公司、金华茶城、中大空调、光明乳业、双德富饶、晶华宝利来、皇明等企业。

4月5日 济南军区政委张文台中将到德州检查指导工作。

4月6日至10日 德州市组团参加第六届中国东西部合作与投资贸易洽谈会。签订合同金额1.4亿元。

4月19日 中德合资总投资1.8亿元的环保型综合热电厂项目，总投资1.2亿元的年产150万平方米超薄仿真丝机织地毯项目签字仪式在武城举行。

4月25日 市中级人民法院、市人民检察院、市公安局在市中心广场召开公捕公判大会，依法对22名犯罪嫌疑人进行公开逮捕，对11名严重刑事犯罪分子进行公开宣判。

4月28日 德州市人民医院新门诊大楼落成启用。

同日 济南军区司令员陈炳德、政委张文台、副司令员李良辉、参谋长高春翔，省军区司令员张齐红、政委赵承风到德州检查指导工作。

4月29日 德州经济发展报告会在北京人民大会堂隆重举行。全国政协副主席经叔平及全国工商联、中央和国家有关部委办以及北京市有关部门负责人出席报告会。

5月5日至11日 市长孙永春率经贸代表团，赴香港参加山东省政府举办的“山东省重点项目推介会暨香港山东商会成立大会”。

5月8日至9日 中共中央政治局委员、中共山东省委书记吴官正到庆云县、临邑县的部分市场和企业考察，了解经济发展、财政收入、社会就业及农村税费改革等情况。

5月8日至10日 中共中央政治局委员、中央军委副主席、国务委员兼国防部部长迟浩田上将、解放军副总参谋长钱树根上将一行到德州视察指导工作。济南军区司令员陈炳德、政委张文台，山东省副省长韩寓群、林廷生，河南省委副书记支树平、副省长李志斌等陪同。

迟浩田（左一）到德州观看军事演练

5月11日至12日 2002年鲁西北新技术新成果新产品技贸展洽会在夏津举行。签订合作项目62项，合同利用资金1100万元。

5月12日至21日 副市长郭宗治带领德州经贸代表团参加日本（大阪）中国山东出口商品洽谈会。达成贸易合同协议8项，合同协议金额538万美元。

5月18日 省长姜大明到德州检查农村税费改革工作。

5月20日至21日 全国政协副主席、中华全国供销社总社理事会主任白立忱就供销社的改革与发展到德州调查研究。

5月21日 浙江客商以4200万元取得市工人文化宫原址27亩国有土地使用权。开创外地客商在德州参加挂牌方式获得国有土地使用权的先例。

5月27日 香港金龙科技集团董事局主席胡国赞到德州考察。

6月19日 韩国国会议员、新千年民主党中小企业特别委员会委员长金允式为团长的韩国企业考察团到德州考察。

6月20日 德州第一支上市公司股

2002年6月20日，“华鲁恒升”在上海证券交易所挂牌交易

票“华鲁恒升”在上海证券交易所挂牌交易。6月5日，“华鲁恒升”股票由上海证券交易所首次公开发行。至6月11日，实际发行A股6000万股，每股发行价6.28元，配售中签率0.093%，扣除发行费用，共募集资金3.558亿元。

6月26日 禹城市平息职工卧轨事件。禹城市棉纺厂改制，未兑付拖欠职工的工资、养老保险金和集资款等，致矛盾激化，全体职工卧轨抗议，导致京沪铁路、济郸铁路停运达55分钟。事后，禹城市政府协调补发解决，事件平息。

7月8日 国家经贸委副主任谢旭人到德州，就华鲁恒升大型氮肥装置国产化工程项目进行专题调研。副省长王仁元，德州市孙永春、刘富春、张成道及市直有关部门负责人陪同调查。

7月15日 德州城区最高气温达42.6℃，这是1955年至2002年，德州7月中旬的最高气温纪录。

8月6日 德州首例试管婴儿在市人民医院手术室降生。

8月6日至7日 河北省衡水市党政考察团一行70余人到德州参观考察。

8月7日 北京市委常委、常务副市长孟学农一行24人，围绕北京实施“肉菜放心工程”，到德州考察绿色蔬菜生产基地建设情况。

8月8日 北京福田公司与德州市合作协议签字仪式在德州大酒店举行。

8月12日 联合国教科文组织国际化学网（INCS）驻德国中心主任塞火阳博士到德州考察职业教育。

8月12日至13日 德州市党政代表团赴浙江省金华市学习考察。召开德州（金华）经济发展恳谈会，共签订合同35个，引进国内外资金33亿元。

8月24日 平原县600名农民自费包专车赴温州学习民营经济。此次活动历时7天。Y319次“山东平原号农民专列”从平原火车站启程，直达温州。考察团分5组，分别到鹿城、瓯海、乐清、瑞安、苍南、平阳等地参观考察。中央电视台在《新闻联播》节目中对相关活动

平原号农民专列

进行了报道。

8 月 25 日 夏津县农民孙忠岐，带着他设计、改造的“怪车”，与孙天、姜国峰 3 人启程赴英国，参加在英国盖特县玛格特镇举行的有英、美、德、日、俄等 12 个国家参加的世界“怪车”大赛，获得第 5 名。他的“怪车”被英国伦敦“怪车”博物馆永久收藏。

9 月 4 日 在全省第 29 届运动会上，德州代表队 23 名选手参加 18 个不同级别的比赛，共夺得 4 块金牌、2 块银牌、1 块铜牌，获得团体总分第 4 名。并获得体育道德风尚奖。刘勇在古典式摔跤比赛中，获得甲组 130 公斤级冠军。

9 月 9 日至 10 日 内蒙古自治区满洲里市党政考察团一行 20 人，到德州市就木材深加工、工业建设、城镇建设等情况进行考察。

9 月 12 日 华鲁恒升大氮肥项目开工建设。

9 月 16 日至 20 日 中国德州第六届投资贸易洽谈会在德州会展中心举行。此次德洽会共邀请客商 2900 余人，到会的外宾分别来自英国、澳大利亚、日本、新加坡、韩国、俄罗斯等 31 个国家和地区。该届德洽会共签订外联合同项目 56 个，合同引进外资额 7.4 亿美元；内联合同项目 228 个，合同引进资金 67 亿元人民币。

9 月 17 日 德州韩国商会成立。韩国前总理李寿成及德州市委、市政府负责人出席成立大会。

9 月 24 日 德州福田汽车改装有限公司成立暨揭牌仪式隆重举行。

9 月 27 日 省武警总队政委冯金安到德州调查研究。

10 月 1 日至 2 日 中共中央政治局委员、山东省委书记吴官正到德州检查指导工作，看望慰问节日期间坚守工作岗位的公安干警和坚持生产的干部群众，并参观第六届德洽会产品展览。

10 月 3 日 全国人大外事委员会副主任、济南军区原政委宋清渭上将到德州考察。

10 月 18 日 中国庆云小商品博览会开幕。博览会是集投资、贸易、洽谈于一体的区域性大型会展。2000 年举办首届中国庆云市场商品交易会，2002 年更名博览会。

2002 年第一届庆云小商品博览会开幕式

10月22日 全市危桥改造工程启动开工仪式在陵县大田生产桥施工现场举行，全市三大干流河道、两条引黄总干渠危桥改造工程正式启动。到2005年11月全部完工，共改造危桥168座，其中重建83座，维修加固85座，完成投资9519万元。危桥改造工程受到群众欢迎，成为当时最大的民心工程，中央电视台做专题报道。

10月25日 德州市暨德城区在市五环体育场举行公捕公判大会，依法对30名犯罪嫌疑人进行公开逮捕，对12名严重刑事犯罪分子进行公开宣判。

10月28日 中国致公党德州市第一次代表大会召开。会议选举产生了中国致公党德州市第一届委员会组成人员，曹鸿鸣为主任委员。

11月11日 劳动和社会保障部副部长李其炎到德州调研。

11月13日至16日 国家计委副主任于广洲一行4人到德州调研。

11月26日 加拿大国际新技术发展集团公司董事长祝加贝一行到德州访问考察。

11月30日至12月2日 由中共内蒙古自治区党委副书记陈光林及通辽市委书记赵双连、市长莫建成率领的通辽市党政考察团一行51人到德州考察。

11月 由香港龙图实业公司和德州亚太集团共同投资兴办的德州华宇职业学院动工。2003年9月招收中职生。2004年5月，经省政府批准，并报教育部备案，成为全日制民办高等职业学校，纳入国家统招计划。

12月5日 财政部副部长楼继伟到德州考察。

12月7日 德州市散打运动协会成立；15日，德州市牌类运动协会成立；28日，德州市中国象棋协会成立。

12月8日 北京国科集团增资项目签约仪式在齐河举行。国科集团新增42亿元投资，在齐河建设一个集住宅、旅游、娱乐、教育于一体的现代化综合区。

同日 德州市与聊城市联合举行引位入德（夏津）竣工通水仪式。该工程从聊城位山灌区三干渠引水入夏津，夏津段总长42.9公里，总投资1600万元。

12月9日 德州海关口岸直通监管场站开通仪式在德州资通国际物流中心举行。

12月17日 下午，省长张高丽在德州作中共十六大精神宣讲报告。

12月18日 上午，德州晶华集团超薄及在线镀膜玻璃项目顺利竣工点火。

12月24日 德州市第一例龙凤胎试管婴儿在市人民医院剖宫降生，男孩2.5公斤，女孩2.85公斤。

12月 济邯铁路正式开通。全长232公里，德州段53公里，途径禹城市、齐河县，设晏城、潘店、伦镇3个车站。

是年 杭州天目山齐素萍居士在庆云恢复重建海岛金山寺。

2003年

1月16日 在山东省第九届人民代表大会第六次会议上，德州市孙永春、苏寿堂、黄明、刘锡潜、袁敬华、樊春霞等

6人当选为第十届全国人民代表大会代表。

1月17日 德州汽车东站正式投入运营。汽车东站位于经济技术开发区晶华路与东风路交汇处。

1月21日 最高人民检察院党组书记贾春旺到德州检查指导工作，并走访基层检察院、和慰问检察干警。

1月22日 省委副书记、省政协主席吴爱英，省委常委、政法委书记高新亭带领省直有关部门负责人到陵县农村和困难企业，走访慰问城乡困难群众。

1月29日 由德州迪龙数码高科电子有限公司生产的56台背投彩色电视机出口摩洛哥和泰国，首次实现批量出口。

同日 德州扒鸡集团有限公司通过山东检验检疫局专家组评审，获HACCP食品安全保障体系认证和出口食品卫生注册，“德州扒鸡”有了迈向国际市场的“通行证”。

同日 由国家气象中心投资20多万元兴建的全市第一座地面气象测报自动站在陵县建成投入使用。

2月12日至14日 中国共产党德州市第十二次代表大会在德州会展中心召开。黄胜向大会作《超常发展、跨越前进，为全面建设小康社会而努力奋斗》报告，提出三步跨越的构想和目标。十二届一次全委会议选举黄胜、孙永春、田玉茂、刘焕立、兰忠良、苗仲华、刘炳义、史好泉、李传武、张甲太、姜忠玉、迟丽华、许传忠为市委常委；黄胜为市委书记，孙永春、田玉茂、刘焕立、兰忠良、苗仲华为副书记。

全会还批准市第十二届纪律检查委员会第一次全体会议选举结果：中共德州市纪律检查委员会书记田玉茂，副书记王嘉齐、陈焕然、李学根。

2月17日 中国人民政治协商会议德州市第十一届委员会第一次会议召开。会议选举李怀喜为主席，王根源、李守凤、纪金海、李胜滋、陈建国、孙路军、苏寿堂、孙彦杰、张庆伟为副主席，张跃中为秘书长。

2月18日至21日 德州市第十五届人民代表大会第一次会议召开。会议选举蔚立臻为市人大常委会主任，刘奉昌、张成道、王佑成、李光仁、马恩岭、赵忠新、夏荣恩、王绍荣、许兰荣为副主任，王卫东为秘书长；孙永春为德州市人民政府市长，苗仲华、郭作富、李艳华、郭宗治、曹鸿鸣、袁秀和、满春重、李保海为副市长；耿朝玉为德州市中级人民法院院长；丁福祥为德州市人民检察院检察长。

2月28日 德州市消费者法律支持中心成立，这是山东省首家市级消协成立的针对消费者的法律帮扶机构。

3月17日 市委召开常委扩大会议，听取市政府及各招商部门关于招商引资工作情况的汇报，对2003年的招商引资工作进行安排部署，号召全市各级紧紧抓住招商引资这一“天字号工程”，再掀扩大开放招商引资新高潮。

3月20日 在全省科学技术奖励电视会议上，德州市有9项成果获省级科学技术奖，其中二等奖5项、三等奖4项。

3月26日 在全省建设工作会议上，德州市被评为2002年度全省城市环境综合整治先进城市。

3月28日 德州市武术运动协会成立。

3月30日 德州市“村村通油路”工程开工典礼仪式在禹城举行。

3月 齐河县少儿竞技体校教练焦凡勤被国际摔联批准为“国际级裁判员”。

4月12日 2004年全省50个重点建设项目之一的山东国际物流中心在齐河县落户，项目总投资15亿美元。

锦绣川风景区

同日 德州百名律师代表全市359名律师着袍宣誓。中华全国律师协会决定从4月1日起，律师出庭要佩带会徽、着律师袍，以增强律师责任感和形象感。

4月26日至28日 共青团德州市第十九次代表大会召开。选举孙起生为书记，张恒志、鄂宏达、桑青、马文国为副书记。

4月 岔河（锦绣川）风景区开工建设。风景区全长10公里，水面宽200米，当年底完成一期工程。

5月1日 德州市防治非典型肺炎（简称“非典”）指挥部成立。4月，全国有部分地区相继发生“非典”疫情。市委、市政府发出紧急通告，部署防疫。

5月2日 市委召开县（市、区）委书记紧急会议，总结防治“非典”工作，研究部署下一阶段任务。力争实现“不输入、不扩散、不死人”的目标，坚决打好防治“非典”这场硬仗。相关资料显示：全市建立监测台1.42万个，检查员1.41万人，发热门诊1196个，接诊3430例，对9万多名务工返乡和外来人员进行观察，全市无诊断病例和疑似病例发生。至7月，疫情解除。

5月13日 省委书记、省人大常委会主任张高丽到德州检查指导防治“非典”和经济工作。先后到京福高速公路山东零点检查留验站、经济开发区、亚佳公司、岔河（锦绣川）风景区施工工地及陵县经济开发区、群力公司、张西楼村考察防治“非典”和经济建设情况。

5月16日 全省农村公路改造工作会议在德州召开。与会人员还参观了禹城、齐河的农村公路改造工程现场。

6月6日 山东省农村信用社联合社成立，由全省农村信用社入股组成。8月9日，省联社德州办事处成立，代表省联社履行对全市农村信用社的管理、指导、协调和服务职能。

6月16日至18日 中共菏泽市委书记陈光、市长杜昌文率领菏泽市党政代表团到德州考察。

6月19日至20日 中共潍坊市委书

记张传林率领潍坊市党政代表团到德州考察。

6月26日 德州经济发展恳谈会在上海召开。会上举行长江三角洲分片招商集中签约仪式。共有38个招商项目签约，合同引资额84.2亿元，其中外资2.3亿美元。客商投资过亿元或过千万美元的项目达23个，占60%；外资项目8个，占22%；工业项目28个，占74.3%；商贸流通项目9个，占23.1%。当日，市委主要负责人等在上海会见韩国卡尔泰克公司总经理李宪琥、浙江航民集团总经理付月祥、杭州海通房地产开发有限公司董事长项月华、中国南龙集团董事长应赞寿、浙江金信信托投资股份有限公司董事长葛政、浙大网新控股有限公司总裁赵健、三合（国际）旅行用品有限公司董事长曾永强等。

7月1日至2日 由中纪委驻卫生部纪检组长张凤楼带队的国务院防治“非典”工作督查组，到市人民医院、第二人民医院、防疫站、德州学院、北园社区及齐河县实地检查“非典”防治情况。

7月7日 由国家发展改革委员会、国家粮食局、中国农业发展银行组成的粮食调研组，到德州对夏粮产量、收购进度等情况进行调研。

7月8日 德州凯元热电一期工程正式投产运营。

7月9日至11日 市属企业参观团赴聊城、滨州参观学习。分别到华信铝业、时风集团、泉林纸业集团、魏桥纺织集团、渤海活塞集团、亚光集团和滨州开发区参观学习。

7月10日 拓展——帕攀博格泰尔托机械有限公司筑路机械生产项目在德州经济开发区投入运行。

7月26日 乐陵市荣家村南农田发现2处地裂缝，其中一条长约300米呈月牙状，宽0.3~1.00米。两条缝相距500米。据初步调查，主要原因是长期大量抽取地下水，泥沙随水带出，局部形成地下空洞，上部地层遇水黏结力降低而陷落形成。

7月 乐陵市“金麒麟”“飞达”“洁能”3种产品商标，被评为山东省“著名商标”。

8月3日至6日 日本味之素株式会社一行10人到德州考察并就合作问题

2003年8月14日，罗干（中）在皇明集团考察

洽谈。

8月6日 全国围棋甲级联赛（山东—云南）在德州贵都大酒店举行。山东《齐鲁晚报》鲁抗队以3比1胜云南队。

8月14日 中共中央政治局常委、中央政法委书记罗干到德州调研。在省委书记、省人大常委会主任张高丽，省委副书记、省政协主席吴爱英陪同下，罗干先后深入到德州经济开发区和车站街派出所、新湖风景区实地考察。

8月15日至19日 德州（深圳）经贸合作恳谈会召开。共有29个合同项目签约，总投资46.8亿元，其中客商投资43.8亿元。投资过亿元的项目20个。港台投资项目10个，投资金额2.44亿美元。

8月23日 中国乒乓球俱乐部超级联赛（山东—上海）在德州五环体育馆举行。上海圣雪绒乒乓球男队的王励勤以3比1战胜山东鲁能乒乓球队的秦志戬。

8月 华芳夏津纺织有限公司成立。由江苏华芳集团在夏津投资兴建，总投资20亿元，占地1020亩，年产棉纱6万吨，布匹2400米。生产的华芳牌棉纱被认定为中国名牌。

9月4日 全市金融系统扶持青年创业贷款启动。农村"青春创业"贷款扶持活动正式开始。

9月8日 NPC背投电视投产两周年暨华北生产基地新厂启用举行庆典仪式。

9月10日 上海浦东发展银行济南分行与德州市政府合作签字仪式在德州大酒店举行。

9月16日至21日 中国德州第七届

2003年10月9日，德州市村村通客车启动仪式

投资贸易洽谈会在德州举办。洽谈会共邀请客商 2459 人。

10 月 5 日 德州选手李仓枭在青岛举行的“中国首届业余二胡选手大赛”中获得少年组一等奖。

10 月 9 日 夜间开始，全市出现持续强降雨天气，两天内全市平均降水 173 毫米，有 3 个县降水超过 200 毫米，最高的宁津县达 245 毫米，市区达 194 毫米，降水持续时间之长、强度之大为德州有气象资料记载后历年之最。大暴雨使宁津、陵县、德城、平原、武城、夏津 6 县（区）部分农田受淹，市区部分低洼地段出现严重积水。

10 月 9 日 全市村村通客车工程全面启动。村村通客车是继全面启动全市农村公路改造工程，并在当年完成农村公路改造 4621 公里、2442 个村庄已通油路的基础上，又一项全面启动的民生工程。

10 月 13 日至 19 日 韩国始兴市市长郑钟欣、议长金旺圭率领的代表团到德州访问。德州市与韩国始兴市正式签署友好合作协议。

10 月 14 日至 15 日 香港仲良集团董事长蒋丽芸、总裁梁海明一行到德州参观考察，就投资事宜与有关方面进行洽谈。

10 月 18 日至 19 日 首届全省肉牛产销洽谈会在德州举办。京、津、沪等地和省内的肉牛加工、饲料、兽药等 30 多家企业的负责人，全省肉牛养殖场、养殖大户、合作组织的负责人等 300 多人参加洽谈会。据不完全统计，洽谈会共达成合作意向 260 多个，意向贸易额 1.2 亿元。

10 月 19 日至 24 日 德州市第二届运动会举行。主赛区设在德城区，平原、乐陵、临邑、齐河等设有分赛场。11 个县（市、区）和 16 个单位代表团参赛，2133 名运动员在 20 个比赛项目中展开了 528 个小项的角逐。获金牌总数前 8 名的代表团依次为齐河、平原、德城区、禹城、乐陵、夏津、临邑、德州学院。

10 月 28 日 应美国加利福尼亚州政府和美中贸易协会的邀请，市政府招商代表团一行 4 人，赴美国进行为期 3 周的集中招商活动。

11 月 8 日 美国全球天使投资咨询有限公司首席执行官约翰·蒂尔特斯、新浪北美公司总裁张宏等一行 5 人到德州考察。

同日 在苏州举行的“2003 全国跆拳道冠军赛”上，德州跆拳道运动员王磊力克群雄，获得男子 72 公斤级冠军。这是王磊连续两年荣膺该赛事冠军。

11 月 17 日 在淄博举办的山东省第四届菊花展览会上，德州市园林管理处选送的菊花获得品种菊组 5 个一等奖（列全省第一位）、室内创意一等奖及悬崖菊一等奖。

11 月 28 日至 29 日 全国政协委员、香港繁荣集团董事局主席陈玉书一行 4 人到德州考察投资环境，寻求项目合作。

12 月 2 日 市司法技术鉴定中心成立。

12 月 14 日 德州至河北省衡水高速公路建成通车。德衡高速公路全长 61.3 公里，投资 14.6 亿元，是国家干线路之一。

12 月 16 日 德州新湖风景区被授予

新湖全景

“山东人居环境范例奖”。新湖风景区占地140公顷，其中水面40公顷。

12月18日 德州德药制药有限公司成立。德州德药制药有限公司是以德州制药厂经营性净资产作价49%、步长集团出资51%对德州制药厂进行增资扩股成立的新企业。

12月19日 中国银行业监督管理委员会德州监督分局（简称德州银监分局）挂牌成立。

同日 德州市棉花协会成立。

12月22日至23日 中共西藏自治区委常务副书记、区人大常委会主任列确率领西藏自治区代表团一行16人到德州考察。

12月24日 省委副书记、省长韩寓群到德州走访慰问农村困难群众和企业困难职工。

是年 各县（市、区）交警大队纳入德州市公安交通警察支队统一管理。

是年 继续以产权制度改革为核心，以调整所有制结构、建立现代企业制度为目标，采取有效措施，推进企业改革的深化和完善。截至年底，全市乡及乡以上企业2020家，进行不同形式改革的2019家，占总数的99.9%。其中股份有限公司8家、有限责任公司535家、股份合作制企业341家、出售拍卖企业948家、兼并企业52家、送出企业41家、实行租赁制经营的31家，采取其他改革形式的63家、破产的321家。在改制后的2019家乡及乡以上企业中，国有、集体资产全部退出的1676家，占83.01%。国有资本已基本退出流通领域，股份制已成为流通资本的主要实行方式。

是年 在市属企业改革中，先后组建了商业、物资、粮食、供销、石油、德百、黑马、扒鸡、盐业、新华、棉麻、烟草12个商业贸易流通部门（集团）。

2004年

1月5日 乐陵外贸枣制品厂在德州检验检疫局获优惠原产地证书，出口泰国小枣10.24吨，货值达1.34万美元，成为德州市首批获东盟优惠关税的产品。

1月8日 德州豪门集团和浙江天马教育实业公司合作投资1.01亿元，在河东新区开办德州豪门旅游管理学校和德州正道棋校，举行签字仪式。

同日 宁津杂技团的小演员走进中央电视台戏曲春节晚会舞台，演出《金猴闹春》。

1月9日 中央农村工作领导小组办公室主任陈锡文带领调研组到禹城调查研究。

1月10日 全市“三台（110、119、122）合一”开通。“三台合一”的开通，将原来的二级接警转为一级接警，能在接警过程进行监听和插话，随时掌握重大警情，提高出警速度。

同日 德州华夏民间工艺研究所制作的金丝贴（先师孔子），被定为“中国十大科技人物”的馈赠礼品。

1月30日至2月1日 中国人民政治协商会议德州市第十届委员会第二次会议举行。

1月30日至2月2日 德州市第十五届人民代表大会第二次会议举行。

2月3日 全省公路工作会议在德州召开。

同日 国家发改委调研组一行4人就粮食、棉花等大宗农产品和外贸出口问题到德州调研。

2月11日 全国政协常委、民建中常务副主席张榕明一行，就民建组织建设问题到德州调研。

2月15日 长河公园破土动工。长河公园旧址为砖瓦厂取土坑塘、化工厂及其废水排放池。经过3年的建设完成。

2月17日 德州九中改造工程破土动工，新建6层综合教学楼1座，可容纳54个教学班近3000名学生就读，建筑面积27700平方米，总投资3000万元，9月1日投入使用。

2月18日 德州市第一家四星级酒店——美丽华大酒店揭牌。

2月19日 德棉集团、扒鸡公司、晶华集团、华鲁恒升等16家企业的19种产品获“山东名牌”称号。

2月22日 市长孙永春在德州大酒店会见美国新泽西州西橘市副市长维莱兹一行。

2月24日 德州首座斜拉式大桥——新河路岔河大桥开工建设。大桥采用独塔A型斜拉桥方案，跨径360米。大桥概算投资5500万元，2005年5月竣工通车。

改造完成的德州九中

2004 年建设中的新河路岔河大桥

境整治。从德城区二屯镇到临邑夏口镇全程 90 多公里，拆除违建，清除垃圾，种植乔灌木，沿路环境大为改观。

3 月 11 日至 12 日　泰安市党政代表团到德州参观考察。

3 月 18 日至 21 日　在第九届全国冬泳锦标赛上，德州冬泳爱好者李金旺摘得 55～59 岁组的 50 米仰泳铜牌。

2 月 29 日　德州市妇女第十四次代表大会召开。在十四届一次执委会上，选举常委 7 人，主席杨玉娥，副主席田淑霞、张莉、徐宝丽。

3 月 1 日　德棉股份有限公司通过 ISO 18000职业健康安全体系认证。至此，该公司已先后通过ISO 9000质量保证体系、ISO 14000环境管理体系和 ISO 18000职业健康安全体系认证，成为德州市首家全部通过 3 个体系认证的企业。

3 月 1 日至 7 日　德州市 10 家重点进出口企业和 30 多家供货企业参加第 14 届中国华东进出口商品交易会。

3 月 8 日　省委、省政府在德州举行对口帮扶欠发达县座谈会。会议专题研究帮扶陵县、宁津、平原、武城、庆云 5 县的工作。省人大常委会副主任时立军、副省长赵克志参加座谈会。

3 月 10 日　市区内 104 国道进行环

3 月 21 日　德国弗朗豪夫研究院太阳能研究所所长卢瑟博士到德州，就皇明太阳能发电及玻璃自洁试验项目进展情况进行考察。

3 月 23 日至 24 日　韩国前总理李寿成偕夫人一行到德州访问考察。德州市与其就无公害蔬菜生产基地项目、农用复合肥生产项目达成协议。

同日　浙江省金华市政协主席李成昌带领部分企业家一行 13 人到德州考察，了解德州投资环境，寻求合作项目。

3 月 29 日　国务院督导组到德州对贯彻落实中央经济工作会议精神和国办发文件精神情况进行督促检查。其间，到齐河县莱钢永锋钢铁有限公司考察，听取有关工作情况汇报。

3 月 29 日至 30 日　济南军区司令员陈炳德上将率考察组到德州对新时期国防

后备力量建设进行专题调研。

2004 年 3 月 29 日，陈炳德（中）到德州预备役保障旅调研

4 月 5 日　德州市革命烈士陵园被山东省国防动员委员会国防教育办公室命名为首批“山东省国防教育基地”。首批命名的还有济南战役纪念馆等 17 个单位。

同日　山东贝莱特空调有限公司以 3700 万元夺得 2005 年赛季青岛足球队冠名权。

4 月 17 日　潍坊医学院研究生教学基地揭牌仪式暨首届研究生班开学典礼在德州人民医院举行。

4 月 18 日至 20 日　中共濮阳市委书记吴灵臣率领党政代表团到德州参观考察。

4 月 19 日　德国巴登州能源商务部部长瑞特曼博士，应山东皇明集团的邀请，就实施建筑与太阳能一体化、建立国际节能环保工业科技示范区项目到德州进行考察。

4 月 29 日　全市举行庆祝“五一”暨表彰劳模大会，表彰全国“五一劳动奖章”（奖状）获得者、省“富民兴鲁”劳动奖章（奖状）获得者、市劳动模范和“富民兴德”劳动奖状获得单位。

5 月 8 日　中华骨髓库山东省分库德州市工作站启动。

5 月 16 日　山东省新华书店图书发行分中心奠基仪式在德州市经济开发区举行。项目总投资 3.5 亿元，一期工程总投资 1.2 亿元。

5 月 19 日　德州（杭州）区域经济交流与协作恳谈会暨合作项目签约仪式在杭州举行。有 43 个招商项目集中签约，合同引资 56 亿元。

5 月 21 日　河北省邯郸市党政考察团到德州考察。

5 月 25 日　德州企业代表团赴欧洲招商引资。

6 月 9 日至 16 日　应韩国始兴市政府邀请，市长孙永春率德州市政府代表团赴韩国开展友好交流招商活动。

6 月 11 日　全市粮食流通体制改革

工作会议召开。提出进一步深化粮食流通体制和粮食企业两项改革，放开粮食价格，放开粮食收购、销售市场，对种粮农民实行直接补贴。推进以产权制度改革为重点的粮食企业改革。

6月16日 德州德工机械有限公司首批产品正式下线。德工机械有限公司2002年3月28日奠基开工，经过两年建设，总投资8000万元、年产工程机械6000台的一期工程投产。

6月19日 德州市首届全民健身节开幕，万名群众冒雨参加开幕式。健身节至10月底结束。

6月20日 意大利菲尔集团总裁到德州与凯元热电有限公司洽谈合作开展热电联产项目，双方达成合作意向。菲尔集团是意大利一家专门投资新型能源的企业，在意大利及欧洲设有10多家分公司。

6月26日 德州双汇食品有限责任公司建成开业。

6月30日 韩国宇成建业株式会社社长韩正铉到德州访问。

7月2日 山东照东方集团与荷兰康尼克斯公司就合资经营项目事宜，在德州举行签字仪式。8月1日，共同组建的山东德派克纸业有限公司正式揭牌成立。

7月10日至11日 2004年中国德州专利及高新技术成果展洽会举行。80余所高等院校、科研单位的专家、学者236人，专利发明人80余人参加盛会。61个重点项目达成技术合作协议，集中签约。

7月16日至18日 中央电视台、人民日报社、法制日报社和《中国人大》《民主与法制》杂志社等新闻媒体的有关人员和记者到德州就人大工作进行采访。

7月17日 新加坡、印尼考察团到德州访问。

7月17日至20日 市长孙永春率领市直有关部门、有关县和部分民营企业的负责人赴青海考察，与青海省有关部门和企业签署4项合作协议。

7月21日至22日 省委书记、省人大常委会主任张高丽到德州参加市委常委民主生活会，深入到部分县（市）就发展民营经济调查研究。

7月25日 韩国企业家考察团到德州考察参观。

7月下旬 全市有74.9万名农民参

孙永春（中）在德城区视察教育工作

加新型合作医疗。2003 年全市整体试点，截至 6 月底，全市 29 个乡镇，31.1 万人受益。

7 月底　经省政府批准，德州市高级技工学校更名为德州市技术学院。德州市技术学院始建于 1958 年，现有在校生 3350 人，开设大专班、高级技工班和中级技工班 3 个层次，近 20 个专业。

7 月　宁津县保店镇红庙李村被司法部授予“全国民主法制示范村”称号。

8 月 7 日至 8 日　全省农村青年中心建设现场推进会在德州举行。

8 月 12 日　德州国际投融资项目合作洽谈会在京举行。

8 月 14 日　威特国际新加坡海外发展公司董事局主席戴维率领的新加坡投资考察团到德州考察。

8 月 18 日　山东恒源石化集团 100 万吨/年重交沥青项目竣工投产。

8 月 27 日　中共滨州市委书记、市人大常委会主任孙德汉率领滨州市考察团到德州考察。

8 月　市委、市政府印发《关于进一步落实计划生育一票否决制的若干规定》，明确计划生育一票否决的指标、依据、时限以及具体办法。

9 月 6 日　市长孙永春会见俄罗斯别尔哥罗德大学校长雷昂纳德 · 亚克维奇 · 嘉特臣科一行，并就德州学院与别尔哥罗德大学教育合作事宜进行交流。2004 年 6 月，德州学院代表团访问别尔哥罗德大学，双方达成“2 + 2”教育合作项目。从 2004 年起，德州学院将在教育学、新闻学和法学专业与别大合作，共同培养部分本科学生。

9 月 15 日　第十届中国国际家具展

2004 年全国汽车场地越野锦标赛（德州站）开幕式

览会在上海举行。宁津县组织10家民营企业参展。宁津展团“中国桌椅之乡”品牌在展览会上首次亮相。

9月15日至20日　中国德州第八届投资贸易洽谈会召开。会期5天，共签订外联项目26个，合同引进外资4.3亿美元；内联项目278个，合同引进资金139亿元；外贸出口合同31个，贸易额2.86亿美元；内贸合同12个，贸易额15.9亿元。

9月26日　日本新居滨市副议长仙波宪一为团长的代表团到德州访问。

9月27日至28日　马来西亚砂拉越州第一副首席部长陈康南，在中国机械设备进出口总公司总裁李树智陪同下，到德州参观考察。

2004年全国汽车场地越野锦标赛（德州站）获奖选手

10月22日至25日　2004年全国汽车场地越野锦标赛（德州站）举行。来自广东、北京、黑龙江、山东等国内20个汽车俱乐部86部赛车参加。广东长丰猎豹花都华南虎车队一队26号车和来自河南黄金叶极限2队90号车分别摘得A、B两组的冠军。

10月25日至27日　韩国始兴市副市长李启长率友好访问团到德州访问。

10月26日至28日　2004年中国德州国际怪车邀请赛在德州举行。来自中国、美国、英国、新西兰、澳大利亚、斯洛文尼亚6个国家的16辆怪车参加比赛。

10月29日　日本味之素株式会社考察团到德州，就市经济开发区投资建设饲料级赖氨酸项目进行考察。

10月31日　以台湾中华海峡两岸新闻事业交流协会理事长、中国树为团长的台湾经贸考察团到德州考察。

11月8日　德州皇明集团公司生产的300多盏太阳能庭院灯落户滨州市一旅游度假村。

11月10日至11日　河北省邢台市党政考察团到德州考察。

11月16日至25日　市长孙永春率团赴台湾考察招商。先后到台北、新竹、台中、台东、高雄、花莲等城市，拜访和会见台湾中华两岸文化经济交流发展促进会、台湾裕隆集团等30多家台湾企业。在台期间，举行4次招商恳谈活动，与台商在城市建设、人才培养和电子、机械、服装、食品、饲料、石油深加工等方面初步达成合作意向。

11月18日至19日　全省公安信息工作会议在德州召开。会议投资贸易发展

华鲁恒升集团化工股份有限公司 30 万吨大氮肥装置主生产区

联合会理事长许水总结推广德城区公安分局预警信息处置系统的经验做法。

11 月 25 日至 26 日 两省五市四县（区）人大工作研讨会在德州召开。来自河北省沧州市、衡水市、吴桥县、景县、故城县和山东省滨州市、聊城市、德州市、德城区的人大常委会负责人出席会议。

11 月 26 日 德齐龙化工集团销售收入实现 11.2 亿元，利税突破 2 亿元大关，达到 2.065 亿元，提前 40 天超额完成年度计划。

12 月 7 日 德州市商业银行成立。

12 月 16 日 武城县荣获中国轻工业联合会、中国少数民族用品协会授予的“中国民族毯业城”称号。

12 月 23 日至 24 日 全国太阳能热利用行业年会在德州召开。来自科技部、清华大学等科研单位的 10 余位专家与 200 余名太阳能产品生产企业的代表参加会议。

12 月 27 日 德州新湖风景区荣获“中国人居环境范例奖”。

12 月 28 日 山东华鲁恒升集团化工股份有限公司年产 30 万吨大氮肥国产化装置一次性开车成功，实现了首套以煤为原料的年产 30 万吨合成氨装置的自主化。

12 月 30 日 德州市 5 家企业入选全省民企百强，分别是皇明集团、华乐集团、照东方纸业集团、泰山体育器材有限公司和中大集团。乐陵、齐河被评为全省发展民营经济先进县（市、区）。

同日 德百集团年销售额突破 10 亿元，综合经济效益进入全国百强行列，连续保持全省同行业前 10 名。

12 月 庆云县被国家林业局命名为“中国金丝小枣之乡”。

2005 年

1 月 12 日 市红十字会募集 20 万元救济物资运往各县（市、区）红十字会。全市共救助 1000 余户，每户发放价值 200 元的物品。

1 月 24 日 长冈和雄率日本明治机械株式会社考察团德州考察。

1月24日至26日 中国人民政治协商会议德州市第十一届委员会第三次会议举行。

1月24日至27日 德州市第十五届人民代表大会第三次会议举行。

1月26日 德州接轨京津推进区域经济合作恳谈会暨迎新春联谊会在天津举行。天津市人大常委会副主任陈洪江，天津港务局党委书记王恩德，天津新技术产业园区副主任宗国英，天津市经协办副主任罗亭，天津国际商会、天津贸促会副会长姚志喜，天津铁路局副局长梁爱和，海河委员会副主任王文生，以及来自法国、韩国、日本、马来西亚及中国台湾地区和京津地区的部分著名企业家、社会各界知名人士等300多人出席会议。德州市委副书记、市长孙永春，副市长郭作富、李艳华、郭宗治出席会议。

1月29日 清华IT学习认证中心揭牌仪式暨清华大学IT工程师培训进驻德州新闻发布会在德州光彩世纪软件基地举行。

1月 按照中央部署，从1月开始，用一年半左右的时间，在全市行政机关事业单位开展以实践“三个代表”重要思想为主要内容的保持共产党员先进性教育活动。

2月28日 水利部副部长翟浩辉到德州检查农村水利建设和灌溉工作。

3月1日 宁津县被中国轻工业联合会和中国工艺美术学会授予“中国工艺毯之乡”称号；被中国食品土畜进出口商会授予“中国工艺毯出口第一县”称号。

3月16日 皇明太阳能光电灯落户西沙群岛。

3月27日至29日 德州考察团赴莱芜、枣庄、临沂学习考察。

4月2日 全市建设“文明山东”“文明德州”启动仪式暨创建省级文明城市活动动员大会在城市中心广场举行。集会干部群众4000余人。

4月4日至6日 市长孙永春率团赴枣庄、临沂两市学习考察。

4月14日 武警总部司令员吴双战一行到德州视察工作。

4月18日 德州市（地级）建市十周年庆典大会召开，1500人出席。省人大、省政协有关领导以及部分省直和其他市地嘉宾到会。

4月22日 全国政协副主席、全国工商联主席黄孟复等到德州调研。

同日 德州市人民政府与国家开发银行山东省分行金融合作洽谈会在美丽华大酒店举行。全市共向国家开发银行重点推介18个项目，涉及城市基础设施、教育和卫生事业三大类，总投资20.8亿元。

4月24日 香港美时集团德州工厂二期工程签约暨奠基仪式举行。美时集团是全国最大的家具生产企业，2003年2月落户德州。

4月28日 济南市政府考察团到德州参观考察城市建设。

同日 中国低聚糖检测中心、中国低聚糖协作秘书处在禹城成立。

4月 庆云县中澳集团被国务院扶贫办评为“国家扶贫龙头企业”，被农业部

2005 年 4 月 18 日，庆祝德州建市十周年大会

等 8 部委认定为“农业产业化国家重点龙头企业”。

5 月 10 日　中共河北省委副书记、省长季允石率领河北省党政考察团到德州考察城市化和城市建设工作。副省长赵克志陪同考察。

5 月 12 日　省教育厅行文，批准德州学院与俄罗斯符拉迪沃斯托克国立经济服务大学（简称“符大”）联合举办的中俄合作办学项目，并将国际经济与贸易、艺术设计两个专业的 100 个名额列入全省专科招生计划。

5 月 17 日　中共安阳市委书记靳绥东、市长董永安率领党政考察团到德州就民营经济和招商引资发展情况参观考察。

5 月 17 日至 19 日　应韩国始兴市政府邀请，市长孙永春率领德州市政府友好访问团及文化艺术团一行 30 余人，赴韩国始兴市进行友好访问，与韩国始兴市市长卢承哲签署缔结友好城市协议。

5 月 18 日　庆云县中澳工业园、民营创业园等 48 个招商引资项目集中开工建设。

5 月 21 日　菲律宾驻华大使维里·C 嘉携夫人率友好访问团到德州访问参观。

5 月 25 日　台湾中华工商企业家联合会、台北国际青年商会考察团到德州参观考察。

5 月 30 日　宁津国际家具工业园举行奠基仪式，首批 6 家家具龙头企业开工建设。

6 月 4 日　全市村村通自来水工程启动仪式在宁津举行。

6 月 5 日至 10 日　德州招商团赴香港参加 2005 年山东经贸合作项目推介会。共签订项目合同协议 19 个，总投资 10.4 亿美元，合同利用外资 7.4 亿美元。协议意向 9 个，总投资 7.8 亿美元，协议利用外资 5.4 亿美元。签订贸易合同 2 个，合同出口额6280万美元。

6月6日至12日 应菲律宾菲华各界联合会的邀请，德州市苏禄王后裔第17代孙安金田等一行5人，随中国侨联访问团赴菲律宾进行访问。

6月9日 德州—京津地区经贸合作恳谈会在德州举行。来自京津地区的120多名客商和嘉宾出席。会上，共签约项目33个，合同金额3.7亿美元。其中超千万美元的项目达到12个，外贸项目10个，合同引进外资5580万美元。

同日 河北省张家口市政府考察团到德州考察城市和开发区建设。

6月14日 台湾地区电机电子工业同业公会副总干事罗怀家一行3人到德州参观考察。

6月15日 全市656万亩小麦收获结束，总产超过25亿公斤，种植面积和总产均创历史最高水平。

6月19日 全省科学发展情况交流现场会在德州召开。

6月21日 由中共滨州市委副书记、纪委书记吴金娃带领的滨州市党政代表团一行120余人到德州参观考察。

7月2日 德州学院举行2005届毕业典礼。这是德州学院面向全省招生后的首届本科毕业生，共有1151人首次被授予学士学位。

7月5日 山东省当代文学研究会第十届年会在德州学院举行。

2005年6月4日，德州市村村通自来水工程启动仪式

7月11日 由中共中央统战部副部长陈喜庆为领队，全国人大常委会委员、中国农业大学校长陈章良为团长的全国无党派人士考察团到宁津县调研“推进农业专业化，提高市场竞争力，增加农民收入”情况。

7月19日 德州市政务服务中心、德州市行政效能投诉中心揭牌正式投入使用。同时，外商服务投诉中心并入政务服务中心办公，市长公开电话改号为“12345”后，也在政务服务中心正式开通。首批进驻34个市直部门，设59个窗口，提供394项服务事项。

8月5日 德州市创建中国优秀旅游城市启动。计划用3年的时间，将德州市创建成为中国优秀旅游城市。

8月6日 中国诗歌学会授予齐河县“中国诗歌创作基地”称号。

8月18日 市委、市政府举行庆贺并资助大学生仪式。得到资助的大学生共计249人，其中市委、市政府资助149人，国科集团资助100人。每名学生得到资助金3000元。

8月26日 香港同胞“健康快车”

驶入德州站，“健康快车 2005 光明行”德州站活动正式启动。在 3 个月时间里，为德州市 1000 名贫困白内障患者免费实施复明手术。

8 月 全市开始换发第二代身份证。

9 月 2 日至 4 日 鲁台（德州）经贸合作联谊会暨项目签约仪式举行。德州市有关单位和县市区与台商就涉及电子电器、食品加工等产业的 16 个项目签约，共引进台资 1.16 亿美元。

9 月 4 日 在徐州举行的第十届全国运动会铁人三项赛赛场上，德州籍运动员耿文博力挫群雄，以 1 小时 54 分 21 秒的成绩获得男子个人组冠军。

耿文博

9 月 13 日 在州长助理乔戈·麦高克率领下，澳大利亚维多利亚州政府代表团一行 17 人到德州访问。

9 月 16 日 中国太阳能学会、中国资源综合利用协会可再生能源专业委员会和中国农村能源行业协会太阳能热利用专业委员会联合命名德州为“中国太阳城”。

“中国太阳城”牌匾

同日 晚，中央电视台《同一首歌》——“走进德州·相约波司登”大型文艺晚会在市经济开发区上演。

9 月 16 日至 18 日 中国德州第九届投资贸易洽谈会在市经济开发区会展中心举行。应邀参加该届德洽会的国内外贵宾共 1819 人，其中外宾 1100 人，内宾 719 人。大会直接销售额 3600 万元，共签订重点项目 80 个，合同引进资金 109 亿元，内贸合同 30.8 亿元，外贸合 2.9 亿元。

9 月 19 日 中共辽宁省葫芦岛市委副书记、代市长孙兆林率领的政府考察团到德州考察。

9 月 22 日 最高人民检察院检察长贾春旺到德州参加基层建设现场会并视察德州市检察工作。先后视察宁津县、陵县基层检察院建设情况。

9 月底 全市 98% 行政村通客车。全市共开辟通村客车线路 365 条，投放客车 1025 辆，设置了 1832 个停车点、264 个候车亭、55 个乡镇客运发车场，总投资 8205 万元。到年底，全市所有的行政村都实现通车。

10 月 9 日 德州晶华集团在齐河举

2015年9月22日，贾春旺（前左）在德州检查指导基层检察工作

行开工仪式，为投资4.2亿元的旋窑水泥生产线项目奠基。该项目由晶华集团和齐河金石集团共同投资兴建。

10月17日至18日 德州学院主办第五次全国新建综合性本科院校工作研讨会。来自全国22个省、市、自治区51所高校党委书记、院长参会。

10月20日至21日 日本夏普株式会社太阳能事业部副部长佐和达男一行应皇明集团邀请，到德州考察太阳能产业发展情况，洽谈有关投资合作事宜。

10月27日 济南军区司令员范长龙中将到德州调研。

10月29日 德州市中心医院新院举行开诊庆典仪式。新院占地210亩，于2004年9月16日开工建设。

11月1日 澳大利亚欧本海墨公司总经理夏基格尼西一行到陵县考察大豆分离蛋白合作项目。

同日 经省政府批准，以德州技术学院为基础，吸收德州广播电视大学、德州财贸经济学校、德州粮食学校、德州经济学校5校合并组建德州职业技术学院。2006年1月9日，德州职业技术学院举行揭牌仪式。

11月2日至3日 国家发改委副主任张平率调研组到德州就化肥、棉花生产经营及管理进行调研。

11月4日至5日 全国人大常委会委员、华侨委员会副主任委员、致公党中央副主席王宋大，到德州调研民营经济发展与致公党基层组织建设情况。

11月8日 帮扶欠发达县（德州）工作座谈会在济南召开。

11月11日 德州市政府和人民银行济南分行共同举办优化金融生态环境、构建诚信德州政银企恳谈会。24家省级金融机构参加恳谈会。

11月14日至23日 德州市政府代表团对日本新居滨市进行友好访问。

11月16日 全国人大常委会委员、全国人大农业与农村委员会主任委员刘明祖，副主任委员李春亭等到德州就农业龙头企业发展、农村合作经济组织建设开展调研。

11月18日 中国轻工业联合会、中国发酵工业协会授予禹城市“中国功能糖城”称号。

11月21日 泰山体育产业集团有限公司暨山东大学体育教学实习基地、山大泰山体育研发中心在乐陵泰山集团举行揭牌仪式。

11月26日 全省建设和谐社区工作

会议在德州召开。

11 月 29 日至 12 月 7 日 德州市赴韩国招商代表团一行 24 人在韩国进行为期 9 天的招商活动。共洽谈签订重点项目 23 个，项目总投资 6500 万美元；签订贸易合同 11 个，贸易额 3560 万美元。

11 月下旬 国家统计局对 2004 年度全国棉花生产排出百强县，夏津、陵县、武城、宁津、乐陵 5 县市榜上有名，分别排在第 6 位、28 位、44 位、54 位、58 位。

12 月 15 日 市委、市政府下发《关于加快实施“中国太阳城”战略的意见》，就实施“中国太阳城”战略的指导思想、基本原则、发展目标及工作重点，提出具体意见。

12 月 17 日 青银高速公路齐河至夏津段竣工通车。

同日 民革中央副主席朱学范、民革山东省委主委周鸿兴到宁津县视察秸秆生物反应堆技术推广应用情况。

12 月 24 日 德州市政府在北京召开“希森模式：传统农区建设社会主义新农村实践和探索高层研讨会”。国务院和农业部、财政部等 16 部委的负责人及专家学者，德州市市长孙永春、副市长袁秀和，乐陵市政府负责人共 50 多人参加研讨会。

12 月 30 日 全市首届房地产展销会在市会展中心开幕。房展会主题是创造和谐人居，促进住房消费，鼓励产业发展。

是年 德州市区大学路人行过街天桥建成使用。由山东省交通厅拨款修建。

2006 年

1 月 16 日 冀鲁豫三省省际治安工作协作机制建设第一届年会在德州召开。河北、河南、山东的公安厅及周边市地公安局的负责人，就三省治安协作工作进行研讨。

1 月 26 日 “感动德州 2005 年度十佳人物”评选揭晓：十运会上勇夺铁人三项金牌的德州籍运动员耿文博，功能糖产业的领军人物之一刘宗利，心系下岗职工、掀起家政市场革命的焦文玉，与疾病顽强抗争的作家田毅，公安战线一级英模范素云，带领村民走向文明富足的村支书任廷水，为聋哑群体倾注满腔爱心的贾书梅，靠轮椅“走”路的矢志创业者刘奇，19 年扎根禹城治沙富民的中科院高级工程师施来成，用亲情陪伴孤寡老人 20 个春秋的保安员王成。

2 月 7 日至 9 日 中国人民政治协商会议德州市第十一届委员会第四次会议召开。补选张跃中为市政协副主席。

2 月 8 日至 10 日 德州市第十五届人民代表大会第四次会议召开。补选李康军、王卫东为常委会副主任，选举尚洪立为市中级人民法院院长。

2 月 9 日 日本味之素株式会社考察团菊地义昭访问德州。

2 月 15 日 德州市人民政府与建设银行山东省分行区域经济发展战略合作暨中小企业金融服务合作签字仪式举行。合作协议总额 3.50 亿元，中小企业合作贷款总需 3.20 亿元。

3 月 1 日 全市领导干部会议召开，宣布关于调整市政府主要负责人的决定。

省委决定，吴翠云任市委副书记、市政府党组书记，推荐为市政府市长人选。

吴翠云（2006.3—2011.1任市长，2011.1—2015.7任书记）

3月3日 德州市十五届人大常委会召开第二十六次会议，任命吴翠云为德州市副市长、代理市长，接受孙永春辞去德州市市长职务的请求。

3月6日 德州市举行“推进和谐发展，展示巾帼风采”事迹报告和表彰大会。庆祝第96个国际劳动妇女节，为2005年度受到全国、省、市妇联表彰的先进集体和个人代表颁奖。

3月13日 市委、市政府召开专题会议研究市区城建工作，确定以建设区域性中心城市为目标，重点加快河东新城建设，进一步提升城市功能、形象和辐射带动作用。

3月19日 世界太阳能城协会主席大卫·米尔兹和执行主席车尔·布期托就太阳能产业发展情况到德州考察。

同日 台湾晋亿集团投资1亿美元的晋德有限公司项目在平原动土奠基。

3月31日 齐河县被国务院、全国绿化委员会授予“全国绿化模范县”称号，成为2006年山东省唯一获此殊荣的县。

4月2日 全市社会主义新农村建设动员大会召开。

4月6日 国家人口计生委副主任赵白鸽一行到德州考察计划生育工作。市委副书记、代市长吴翠云，市委副书记刘焕立，副市长李艳华，市政府秘书长尚泓海陪同考察。

4月7日 临邑县地方剧种“一勾勾”被国务院批准为“国家非物质文化遗产”。

4月28日 新华社《瞭望》周刊社和中共德州市委、市政府主办的建设社会主义新农村“瞭望——平原论坛”在平原县举行。

4月 省人民政府批准，设立省级德州运河经济开发区。

5月5日 德州中南集团“中南控股”（在新加坡市场为“中南控股有限公司”）在新加坡主板发行8500万股（新股）。首发（IPO）共筹集资金3750万新加坡元（2380万美元）。

5月9日 滨州簸箕李灌区向庆云调水工程竣工通水。

5月14日 全国政协副主席陈奎元率全国政协大运河保护与申报世界文化遗产工作考察团到德州考察大运河文化。

5月20日至22日 以日本新居滨市市长佐佐木龙为团长的访问团到德州访问

参观。

5月22日 山东省“十大优秀母亲”评选结果揭晓。乐陵市特教学校校长贾淑梅榜上有名。

5月30日 德州市第十五届人民代表大会举行第五次会议，补选吴翠云为德州市市长。

5月30日至31日 全省建立民族工作长效机制经验交流会在德州召开。

5月31日 中国发酵工业协会多元醇分会成立大会在禹城市召开。

5月 中国工业经济联合会公布全国447个工业行业排名前5位的排头兵企业，德州市8家企业入选，其中金麒麟集团有限公司列特种陶器制品制造业第一位。

6月7日至8日 2006年德州市普通高考报名人数为3.05万人，共录取考生（本、专科）1.97万人，其中本科7227人，专科1.14万人。6513名考生考取普通中专。

6月24日 “2006中国林业经济论坛首届年会——林业与县域经济发展研讨会”在齐河举行。

6月26日 山东人民广播电台、德州人民广播电台联合推出的《直播山东——走进德州看民营》节目在德州现场直播。

6月26日至28日 俄罗斯苏瓦集团投资贸易部负责人维克多·科斯金到德州考察。

7月1日 全市开始执行新的电价政策，平均销售电价提高2.61分/千瓦时，其中居民生活用电每千瓦时提高0.69分。

7月5日 20时30分至22时，宁津县、乐陵市遭受暴风雨及冰雹袭击，降雨量达473.7毫米，雷雨时最大风力11级，持续约8~20分钟。

7月10日 郭澄清文学创作全国研讨会在德州召开。中共中央组织部原部长、全国党建研究会顾问张全景出席会议并讲话。著名作家、诗人贺敬之致信祝贺，中国作家协会副主席、中国当代文学会会长张炯讲话。市委副书记、市长吴翠云致辞。

7月13日 省委书记、省人大常委会主任张高丽到庆云县、临邑县就发展县域经济和服务业进行调查研究。

同日 20时59分，连日的高温闷热天气，使德州电网最高负荷达到152.3万千瓦，日用电量达3003万千瓦时，双双创出历史新高。

同日 欧盟法院做出裁定：取消对山东瑞普生化有限公司甲酚12.3%反倾销税。该公司在长达4年的反倾销诉讼案中彻底胜诉。

7月17日 全市干部大会召开。提出继续实施民营经济和招商引资两大“天字号”工程，继续倾力培植中国太阳城、中国功能糖城、中国空调城三大“国字号”品牌。

7月27日 “怀旧之旅”德国老爷车队到达德州。该车队由41辆25年以上车龄的汽车组成，5月底从德国出发，终点上海。

7月31日 应德州市人民政府的邀请，韩国始兴市中学生友好交流团，首次到德州市进行为期5天的友好访问。

同日 德州市慈善总会成立暨第一次会员代表大会召开。

7月 国务院对在重大技术装备国产化工作中做出突出贡献的41个单位和30名先进个人进行表彰。华鲁恒升化工股份有限公司总经理杨振峰,因在大氮肥装置国产化项目中做出的开创性贡献而获此殊荣。

8月6日 晶华集团空心玻璃砖“一窑四线”投产。

8月7日至8日 省委在平原县召开全省部分市新农村建设座谈会。省委副书记高新亭出席会议并讲话。

8月16日至19日 市长吴翠云率领市直有关部门负责人到天津滨海新区考察，就对接滨海新区，寻求合作进行交流。此后，又到河北省唐山市、沧州市学习考察。

8月21日 德州获“中国人居环境奖”(水环境治理优秀范例城市)。

8月22日 省委副书记、济南市委书记姜大明到齐河县、平原县就加快建设省会城市经济圈调研。

9月3日 第二届鲁台（德州）经贸合作联谊会举行。台湾工商建研会、澳门闽台总商会、晋亿实业股份有限公司等客商出席会议。

9月4日 蒋子龙、阎纲、程树榛、杨匡满、张曰凯等著名作家和《人民日报》《市场报》《人民文学》《三月风》、中新社以及省内知名媒体的编辑、记者到乐陵参加“枣都文化采风”活动。

9月6日 山东古贝春有限公司年产10万吨白酒扩产项目投产、年产10万吨酒精项目奠基和中南汽车城项目奠基仪式在武城举行。

9月10日 禹城市中农润田公司开发的多肽尿素新产品及其生产工艺得到专家认定，填补国内空白，达到国际先进水平。

9月16日至18日 “2006海内外知名企业家齐鲁行”暨中国德州第十届投资贸易洽谈会举行。全国政协副主席、全国工商联主席黄孟复，全国工商联副主席谢伯阳，山东省副省长王仁元，省政协副主席、省委统战部部长齐乃贵，省政协副主席、省工商联会长苗淑菊等出席开幕式。大会签订重点合作项目148个，引进资金118亿元。会上，中国制冷空调协会授予德州市“中国中央空调城”称号。

9月17日 中韩商务恳谈会在贵都大酒店举行。吴翠云、苗仲华、张铁军，郭宗治、市政府秘书长尚泓海及100多名韩国客商出席。

9月17日至25日 德州市武术运动员吕勇绪代表山东省参加2006年全国武术套路冠军赛，获得男子棍术第二名、男子刀术第三名。

9月25日 武城县实现村村通自来水。成为山东省第九个、德州市第一个整建制实现全县393个行政村全部村村通自来水的县。

9月30日 全市“中国名牌”和“中国驰名商标”表彰暨实施名牌战略工作会议召开。表彰2006年度获中国名牌和中国驰名商标企业。

2006年9月25日，武城县实现村村通自来水竣工仪式

10月13日 全省大企业节能工作座谈会在德州召开。

10月15日 德棉集团魏凤珍、王金红、周俊平在全国棉纺织行业织布工（喷气织机）职业技能大赛上，分获比赛综合第一、第三、第五名。

魏凤珍（右三）获奖归来

同日 在2006年全国皮划艇锦标赛上，付金磊等获得男子4人划艇1000米、男子4人划艇500米、男子4人划艇200米3枚金牌。

10月16日 在山东省第21届运动会上。德州代表团共获得22.5枚金牌、12.5枚银牌、10枚铜牌。

10月18日 山东德棉股份有限公司在深圳证券交易所上市。

同日 山东省新华书店鲁北发行中心启用仪式及山东省文教图书展订会在德州举行。

10月28日 德州市中老年艺术团揭牌成立。

11月4日 德州市第一个500千伏输变电工程正式投产送电。该工程位于禹城市辛店镇，主要承担着德州南部电网的供电任务。

11月8日 济南军区政委刘冬冬上将到德州市调研。

11月10日 新加坡毅鸣投资公司董事长李崇敏和巴林阿尔萨拉姆银行总裁欧曼卡玛尔到德州访问。

11月16日 德州市数字电视平台建成开通。

同日 台湾地区美利达工业股份有限公司总裁曾鼎煌一行到德州考察。

11月18日 海内外高端人才德州恳谈会召开。来自美国、乌克兰、乌兹别克斯坦等国的专家以及50多位海外留学代表、国内知名高等院校和科研院所的博士出席会议。

11月21日 全省敬老院建设观摩暨农村低保工作会议在德州市召开。

11月25日至28日 乌克兰尼古拉耶夫市市长弗拉基米尔·恰依卡率团到德州参观访问。市长吴翠云和弗拉基米尔·恰依卡分别代表双方市政府签署合作备忘录，确定两市在经贸合作、文化交流等领域的合作意向。

12月7日 全省预备役后勤保障旅正规化建设座谈会在德州市举行。

12 月 10 日　德州沪平永发造纸有限公司年产 20 万吨高强瓦楞原纸项目暨生物制浆改造工程竣工投产。

12 月 15 日　全省 2007 年工会送温暖、解难事、促和谐活动启动仪式在德州举行。

12 月 20 日　全市 269 万农村群众喝上自来水。全市农村自来水普及率达到 67%。

12 月 22 日　乐陵市特教学校校长贾淑梅获第二届“中国十大杰出母亲”和首届“全国百名优秀母亲”称号。

12 月 26 日　中共中央宣传部副部长雒树刚带领中央有关重大课题调研组到德州调研。德州市委副书记、市长吴翠云，市委常委、宣传部部长刘炳义，市委常委、秘书长史好泉陪同。

同日　首届山东省农村文化艺术节暨德州市第二届农村文化艺术节开幕式在禹城市举行，并在该市张庄镇黎济寨村举行首场演出。

12 月　本市“一勾勾”“东方朔的民间传说”等 7 项非物质文化遗产项目入选全省首批省级非物质文化遗产名录。

是年　全面取消农业税，农民种地不再向国家缴纳税费，并能享受各种惠农补贴。

2007 年

1 月 5 日　市委召开常委扩大会议。会议强调，集中力量抓好对接天津滨海新区、市属企业改革发展、重大项目争取、产业集聚、经济开发区“二次创业”、优化发展环境等大事要事。

1 月 6 日　市委常委、德州经济开发区管委会主任许传忠被授予第六届“中国改革十大杰出人物”称号。德州经济开发区失地农民安置模式被评为“中国改革十大创新案例”。

1 月 14 日　“关于复建德州‘董子读书台’的议案”在市第十五届人大六次会议通过。9 月，在德州经济开发区开

复建的董子读书台

始复建董子读书台，并以此为核心，建成具有丰富文化内涵的董子文化园，总占地743亩。一期工程主体建筑董子读书台、“三策固本”牌坊，2008年完成。二期工程主要是董子文化街、景区东部生态湿地，2009年基本完成。

1月18日 中国首批赴苏丹维和部队第一梯队18名德州籍官兵，在执行为期8个月的维和任务后载誉归来。

1月22日至24日 中国人民政治协商会议德州市第十一届委员会第五次会议召开。会议增选田玉茂、许传忠、魏学平为市政协十一届委员会副主席，李风臣为市政协秘书长。

1月23日至25日 德州市第十五届人民代表大会第六次会议召开。会议补选兰忠良、刘炳义为市十五届人大常委会副主任，史好泉、陈福祯为德州市人民政府副市长，麻然华为市十五届人大常委会秘书长。

1月25日 省委书记、省人大常委会主任张高丽到德州走访慰问老党员和困难企业职工。

1月 德州市入选“全国投资环境百佳城市”。

2月13日 全省首家再担保互助中心在德州成立。

同日 中国致公党德州市第二次代表大会召开。二届一次全委会选举马传先为主任委员。

2月27日 山东龙力生物科技有限公司“玉米芯酶法制备低聚木糖”项目获国家技术发明二等奖。山东武城康达化工有限公司“重要农药、医药中间体的绿色化工生产技术集成”项目获国家科技进步二等奖。

2月28日 九三学社德州市第三次代表大会召开。选举钟铃为主任委员。

同日 中国民主促进会德州市第三次代表大会召开。选举孙彦杰为主任委员。

3月5日 德州市义务教育阶段农村中小学学杂费全部免除。共涉及56万多名学生，计1.37亿元。

3月23日 市工商业联合会召开第十届代表大会。选举苏寿堂为会长。

3月24日 海峡两岸图画书教学观摩活动暨儿童文学促进语文有效教学研讨会在德州市北园小学举行，德城区被国际儿童读物联盟（IBBY）及其中国分会（IBBY）授予“中国促进阅读示范区”称号。

3月28日至29日 全省渔政管理工作会议在德州召开。

3月29日 日本伊藤忠商事株式会社考察团到德州访问。

4月2日 全市120院前急救网络开通运行，实现全市医疗急救资源的统一整合和有效利用。

4月5日 市委召开全市领导干部会议。宣布中共山东省委关于中共德州市委主要负责人调整的决定，雷建国任中共德州市委委员、常委、书记兼市委党校校长，黄胜不再担任德州市委书记、常委、委员和党校校长职务。

4月18日 零时起，全国铁路实施第6次大面积提速并实行新的列车运行图。德州火车站的旅客列车对数将增加到

雷建国（2007.4—2011.1任书记）

69对，其中200公里/小时动车组7对，直达特快12对，特快11对，快速旅客列车14对，其他旅客列车25对。

4月18日至19日 市委书记雷建国，市委副书记、市长吴翠云，应邀出席天津市第十四届商品交易投资洽谈会开幕式，并参观考察天津市滨海新区，会见天津市有关负责人，重点就对接滨海新区，加强双方战略合作，实现两地经济的相互促进与融合进行洽谈磋商。

4月19日 市委、市政府制订《关于加强与天津滨海新区经济技术合作交流的意见》，要求充分认识对接天津滨海新区的重大意义，迅速启动各项对接工作，主要是承接好产业转移，加强对口部门的合作交流，参与滨海新区各类经贸活动，加强与环渤海地区的经济贸易交流，搞好对口干部挂职交流，搞好联谊活动。

4月20日至23日 中国共产党德州市第十三次代表大会召开。雷建国作《坚持科学发展，构建和谐社会，为实现新崛起、建设新德州而努力奋斗》的报告，确定了大力实施工业强市、科教兴市、民营推动、开放带动战略，重点推进“南融（济南）北接（京津）”战略。市委十三届一次全体会议选举雷建国、吴翠云、刘焕立、史好泉、李艳华、李传武、张甲太、邹德家、袁秀和、陈永华、孙成良、李希信、杨军13人为常务委员会委员。雷建国为书记，吴翠云、刘焕立为副书记。全会还批准中共德州市纪律检查委

在市委十三届一次全体会议上当选的市委常委。从左至右依次为：杨军、孙成良、袁秀和、张甲太、李艳华、刘焕立、雷建国、吴翠云、史好泉、李传武、邹德家、陈永华、李希信

员会第一次全体会议选举结果：中共德州市纪律检查委员会书记孙成良，副书记李学根、孙秀河、王胜强。

4 月 24 日　国家民委副主任杨传堂在德州大酒店会见第七届全省少数民族传统体育运动会成员和在德州市考察的省政协视察组成员。

4 月 25 日至 28 日　第七届山东省少数民族传统体育运动会在德州举行，来自全省 17 市和济南大学 18 个代表团约 3800 多人参加比赛。中央候补委员、国家民委党组副书记、副主任杨传堂出席开幕式。省委书记李建国，省长韩寓群发来贺信。运动会于 28 日闭幕。东道主德州代表团，共获得 4 枚金牌，5 枚银牌，4 枚铜牌和男子武术短器械一等奖，金牌总数在全省 18 个代表团中列第三名。

4 月 26 日　乐陵市被中国调味品协会授予“中国调味品产业城”称号。

4 月 27 日至 28 日　德州市对接天津滨海新区恳谈会在天津滨海新区举行。双方签订了“缔结友好市区关系协议”和“战略合作框架协议”。天津市委常委、滨海新区管委会主任皮黔生、天津市人大常委会副主任陈洪江，天津市委副秘书长叶礼敏，市政府副秘书长王志铭，滨海新区管委会副主任宋联新、郝寿义，德州市委书记雷建国，副书记、市长吴翠云，副书记史好泉等出席签字仪式。

4 月 29 日　德州市被交通部确定为国家公路运输枢纽城市。

4 月　全市 192 所学校的 92287 平方米 D 级危房全部完成改造。

5 月 10 日至 13 日　市委组织部组织全市百名农村支部书记赴河南省刘庄、南街村和江苏省华西村学习考察。

5 月 12 日　市委、市政府召开接轨济南、融入省会城市群经济圈动员会议，动员全市上下进一步统一思想，以更加积极的姿态、更加有力的措施，全面主动做好接轨济南、融入省会城市群经济圈的文章。

5 月 19 日　美国纽约州商务访问团到德州访问。

2007 年 4 月 25 日，山东省第七届少数民族传统体育运动会开幕式

5 月 20 日　在第七届全国残运会上，德州 3 名运动员代表山东队参加 6 个项目的比赛，王玉芹夺得 3 个项目的铜牌。

5 月 21 日　在首届山东省农村文化艺术节上，德州获得 2 个金奖、4 个银奖、4 个铜奖、7 个优秀奖。

5 月 24 日　全市“解放思想、转变作风、共建和谐、促进发展”主题教育活动动员暨优化发展环境工作会议在市会展中

2007 年 4 月，德州对接天津滨海新区恳谈会

心召开。

5 月 25 日至 29 日　雷建国、吴翠云率德州市党政考察团，到江苏省昆山市、苏州市、无锡市、江阴市和浙江省嘉善县、义乌市，考察学习对外开放、招商引资、园区建设、资本运作以及接受上海辐射带动方面的先进经验和做法。

5 月 28 日　大连北方粮食交易市场大豆订单电子商务开业暨德州交收仓库挂牌。

6 月 1 日至 2 日　省委书记李建国到乐陵市、德州经济开发区、禹城市及有关企业调研。雷建国、吴翠云、刘焕立、史好泉、李希信、杨军等陪同。

6 月 2 日　齐河县探明一处中型煤矿井田，新增煤炭资源储量 13761.7 万吨。

6 月 5 日　德州市融入济南、服务省会共同发展恳谈会在济南舜耕山庄举行。省委常委、济南市委书记焉荣竹，济南市委副书记、市长张建国及德州市雷建国、吴翠云、蔚立臻、李怀喜等出席会议。双方签订了《德州市融入济南服务省会共同发展战略合作协议》。还举

2007 年 6 月 1 日，李建国（右一）在乐陵市视察

行了友好县(市、区)签约和重点合作项目签约仪式。

6月6日 中国企业国际融资洽谈会在天津市滨海新区开幕,德州作为天津滨海新区的友好城市应邀参加会议。德州市共有18家企业参会,是山东省参会企业数最多的城市。

6月8日 德州第一批市级非物质文化遗产名录公布,包括临邑县"一勾勾"在内的7大类共29项非物质文化遗产入围。

6月9日 漳卫南运河防汛座谈会在德州召开。

同日 德州运动员吕勇绪在上海开幕的2007年全国武术套路精英赛暨奥运选拔赛中,为山东队夺得两枚金牌。

6月14日 德州首次被卫生部、中国红十字会、解放军总后勤部联合授予"全国无偿献血先进城市"称号

6月15日 市委、市政府与山东省委高校工委、省教育厅人才对接恳谈会(高校服务地方座谈会)在德州市举行。会议签订了《人才对接战略合作框架协议书》。

"一勾勾"演出现场

6月16日 总投资4592万元的德州市立医院新病房大楼启用。

6月19日 省委副书记韩寓群到乐陵、禹城检查指导工作。

同日 全国青年男子柔道锦标赛在德州市五环体育馆举行。来自全国22个省(市、自治区、直辖市)的37支代表队193名运动员参加比赛。

6月 庆云县首次在道路两侧白杨和白蜡树上发现美国白蛾。美国白蛾是一种食性杂、繁殖量大、适应性强、危害严重的世界性检疫害虫。

7月1日 市委召开庆祝中国共产党建党86周年暨领导干部会议。学习贯彻总书记胡锦涛在中央党校省部级干部进修班上的重要讲话和省第九次党代会精神,命名表彰全市近年来涌现出的基层党建工作示范单位。

7月5日 市委、市政府决定,自2007年开始,在全市范围内广泛开展招商引资、二次创业活动。制订《关于进一步推进招商引资工作的意见》,要求转变招商理念,突出招商重点,做好"南融北接""东引西联"("南融北接""东引西联":向南融入以济南为核心的省会城市群经济圈,向北对接以天津滨海新区为核心的环渤海经济圈,向东引进黄河三角洲生态经济区和山东半岛蓝色经济区资金项目人才,向西连接以邯郸为核心的中原经济区和山

西能源综合试验区)工作,承接京津辐射,当好配角,错位发展,互利共赢,把德州打造成两地的产业转移基地、制造业配套基地、商贸物流基地、农副产品供应基地和劳动力输出基地。

7月8日 中国人民武装警察部队司令员吴双战上将、后勤部部长何映华少将一行到武警德州支队检查工作。武警山东总队总队长戴肃军、政委冯金安,德州市雷建国、吴翠云、刘焕立、李传武、李希信、满春重陪同。

7月10日 省科技厅在禹城隆重举行国家糖工程技术研究中心禹城分中心揭牌仪式。省委常委、副省长王军民,省科技厅厅长翟鲁宁,山东大学副校长娄红祥,国家糖工程技术研究中心主任王鹏,德州市雷建国、吴翠云、陈永华、李希信、张庆伟、尚泓海等出席揭牌仪式。省委常委、副省长王军民,市委书记雷建国为中心揭牌,市长吴翠云讲话。

7月11日 “两院”(中国科学院、中国社会科学院)院士德州行暨产学研合作恳谈会在德州召开。德州市先后与天津工业大学、天津农科院、山东省科学院、济南大学等大专院校和科研院所签订合作协议。

7月17日 山东省浙江商会企业家德州行投资恳谈会召开。

7月18日 14时36分,德州市普降暴雨,1小时内降雨量达117毫米,降雨强度百年一遇。

7月23日 雷建国、吴翠云会见由菲律宾苏禄省副省长安娜·沙依都利亚和苏丹依百拉吟·巴金率领的菲律宾苏禄访华团。

同日 台湾农业科技考察团到德州考察。

7月28日 德州市举行庆祝建军80周年大会暨民兵应急分队训练汇报表演。

7月30日 省政府正式批准在德州设置国家级规范性Ⅰ类治理超载检测站4个,即:京福高速鲁冀界治超检测站、青银高速鲁冀界治超检测站、104国道鲁冀界治超检测站、205国道鲁冀界治超检测站。

7月 齐河县在晏城镇京福高速大桥引桥下和309国道北侧杨树林中发现美国白蛾危害,树叶大部分被吃光,呈现出夏日冬景的现象。齐河县出动6辆消防车、数十名消防官兵对疫情紧急进行药物防治。同时,县政府紧急调拨100万元专项资金购置防治机械和高效农药,并调集1架直升机对主要生态林进行飞机防治,作业面积达到10万亩。疫情得到控制。

8月1日 奥运火炬“祥云”在德州巡游。

8月2日 德州市召开农业农村经济融入济南服务省会共同发展对接恳谈会。两市农业、林业、水利、畜牧4部门签订合作协议。

8月4日至6日 市长吴翠云率领市直有关部门和部分县(市)政府负责人赴上海、浙江等地考察招商。参加了2007年商帮文化论坛,举办了德州经济发展投资说明会。

8月8日 山东省(平原)台湾工业园揭牌。

同日 中国乐陵富硒金丝小枣旅游文化节启动暨汇源集团(乐陵)水果饮料食品加工项目开工奠基。

8月11日至18日 德州市委举办理论学习读书会,市委书记雷建国提出“坚持以人为本,发展生态经济,建设和谐德州”总体要求,确定把发展生态经济作为全面落实科学发展观,加快转变发展方式,促进经济社会又好又快发展的有效路径。

8月22日 由市慈善总会、市总工会、共青团德州市委、市教育局等单位联合组织的2007年资助贫困大学生新生仪式在德州美丽华大酒店举行。发放资助款91.3万元,311名大学生得到资助。

同日 德州运动员李燕在全国首届水上运动会上夺得两项冠军。

8月24日至27日 山西省政协副主席吕日周,全国人大代表、山西杏花村汾酒集团董事长郭双威到德州考察新农村建设和民营企业发展情况。雷建国、吴翠云、李怀喜会见。

8月27日 德州市人民医院妇产科成功为一位20岁姑娘切除了重达10公斤的巨大卵巢畸胎瘤,国内罕见。

9月3日至5日 新加坡交易所高级总监罗怡德、上市部副总监吴科春等到德州考察境外上市和资源培植情况。

9月6日 市委书记雷建国会见韩国仁荷大学经营学院院长李庆焕及部分韩国企业家。

9月8日至26日 中国德州第十一届投资贸易洽谈会2007新能源论坛暨第六届古贝春酒文化节开幕。共邀请国内外客商724人,除各县(市区)签约项目外,集中签约69个重点项目,总投资140亿元,引进资金125亿元。

同日 德州首次荣登《福布斯》2007年中国大陆最佳商业城市榜,列第88位。

9月9日 国家安全生产监督管理总局局长李毅中率国务院安委会督查组到德州检查指导工作。

同日 “百名浙商德州行”客商到德州市部分企业参观考察,并举行“百名浙商德州行”友好合作签约仪式。

9月15日 世界太阳城协会主席克瑞斯·在德维德和执行主席车尔·布斯托到德州考察。

9月22日 太阳能热利用工业化国际研讨会暨首条太阳能真空管自动流水生产线建成发布会在皇明太阳能博物科技馆举行。

同日 中国重型汽车集团德州配套基地建设恳谈会暨德州市汽车行业协会成立揭牌仪式在武城举行。

9月23日 中国武城汽车零部件产业发展论坛暨中国汽车零部件产业城授牌仪式在武城县举行。

同日 周主信荣获“全省道德模范”称号。周主信为庆云县优秀教育工作者,2007年4月27日,因劳累过度、积劳成疾,突发疾病在工作岗位上去世,年仅44岁。

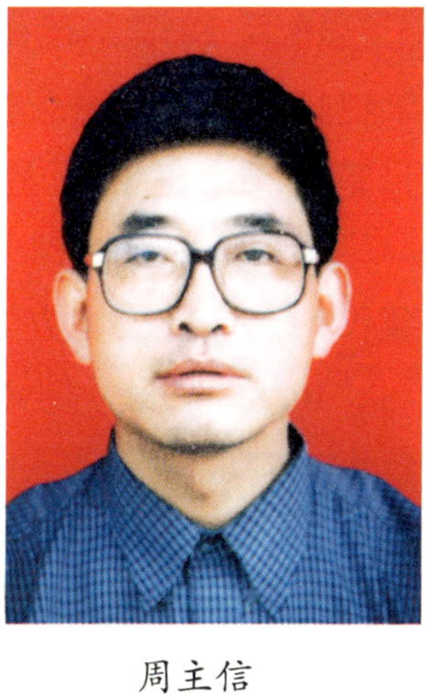

周主信

同日 全国土工合成材料工程协会常

务理事联席会议在德州召开。陵县荣获中国土工合成材料生产基地称号。

9月23日至29日 德州市第三届运动会在市五环体育馆举行。该届运动会共有17个代表团参赛。

9月26日至27日 市长吴翠云到江苏省扬州市应邀出席世界运河名城博览会暨运河名城市长论坛,并作主题演讲。

9月26日至10月7日 德州市出现30年来持续时间最长、连续降水天数最多的连阴雨天气,秋收、秋种推迟近7天时间。

9月30日 天津海关与青岛海关(德州关)区域通关合作备忘录签字仪式在德州举行。

10月7日 在山东省第四届花卉博展会上,代表德州参展的德城区花卉获得花博会7个奖项,悬崖菊荣获单项一等奖。

10月9日 法国汤姆逊公司亚太地区总裁克鲁德率团到德州考察。

10月14日 中国纺织产业科技论坛暨山东省棉纺织名城授牌仪式在夏津举行,夏津县被命名为“山东省纺织名城”。

10月18日 德州市人民政府与中国华电集团公司战略合作暨开发建设能源项目签字仪式在北京钓鱼台国宾馆举行。

同日 新加坡凯发集团与夏津县合作建设的日产5万立方米水厂项目奠基。

10月19日 德州市中级人民法院少年审判庭成立。

10月24日 市委书记雷建国、市长吴翠云会见由葡萄牙国际龙商联合总会会长、浙江同心集团董事局主席陈玉斌率领的欧洲海外华侨投资考察团。

10月30日 山东省首个生物基地——禹城山东生物产业基地揭牌。

11月8日 苏禄王墓园整修工程竣工。

11月9日 夏津县境内315省道与青银高速交汇处附近,发生一起7死13伤的特大交通事故。7时30分左右,大雾,一辆由苏留庄开往夏津县城的5路公交车,驾驶员违规超车,与迎面而来的河北籍斯太尔大货车相撞侧翻,当场死亡5人,2人送医院抢救无效死亡,重伤8人,轻伤5人。

11月11日 市委书记雷建国会见美国纽约州中小企业发展中心总署署长、美国全国中小企业发展中心联合会主席詹姆勘斯·金恩为团长的纽约州商务代表团。

11月12日 德州市组团参加在济南举办的第五届中国国际农产品交易会。

11月20日至12月2日 市长吴翠云率德州市政府经贸团赴日本、韩国开展友好访问和系列招商活动。共洽谈、签约和推介重点项目17个,合同外资额1.21亿美元。

11月25日至28日 市委书记雷建国率德州代表团在京举办集中推进与中央直属企业对接合作活动。史好泉、李希信、李保海率团在京举办集中推进与中央直属企业对接合作活动,集中洽谈推介并签约重点项目。

11月28日 国家旅游局公布《关于命名钦州市等31个城市为“中国优秀旅游城市”的决定》,德州市名列其中。

同日 泰山管理学院德州分院成立暨

长河公园"中国优秀旅游城市"标志

德州市青年企业家 MBA 课程班举行开学典礼。

11 月 29 日 由安东尼·乔利福爵士率领的英国商务代表团到德州中大贝莱特集团考察合作项目。

同日 中国青年创业国际计划项目座谈会在德州召开。

12 月 1 日 台湾裕隆集团投资 1 亿美元的元茂服装项目在德城区天衢工业园开工奠基。

12 月 1 日至 4 日 齐河县时传祥纪念馆京剧职工演出团自编导自演的现代京剧《时传祥》,在北京全国政协礼堂上演。

12 月 5 日至 8 日 市委书记雷建国率德州经贸招商团赴香港开展招商活动,举行 2007 年山东德州(香港)投资说明会,签订重点合作项目 2 个,合同利用外资 5 亿多美元。

12 月 9 日至 10 日 市委书记雷建国率领党政考察团赴深圳市就扩大开放、高新区发展、城市建设、服务业发展等考察学习。

同日 香港总商会会长、香港山东商会会长蒋丽莉到德州考察。

12 月 15 日 乐陵金麒麟集团国家级企业技术中心揭牌。

12 月 26 日 台湾中联盛集团董事长、新宝集团总裁陈盛佃到德州考察。

12 月 27 日 德州供电公司举行售电

2007 年 12 月 15 日,金麒麟公司"国家级企业技术中心"揭牌

量突破100亿千瓦时暨安全生产3000天新闻发布会。

12月28日 夏津县惠津水库竣工蓄水。水库南北1370米,东西平均1435米,围坝中轴线长4829米,设计库容1150万立方米,占地220公顷。

是年 孟祥斌被评为2007年感动中国年度人物。孟祥斌(1979—2007)出身于齐河县刘桥乡一个农民家庭,1997年高中毕业后参军。2007年11月30日,孟祥斌因奋不顾身搭救一跳江女青年而壮烈牺牲,年仅28岁。德州市文明委员会办公室、市总工会、共青团德州市委、市妇女联合会作出决定,追授孟祥斌“德州市道德模范”荣誉称号。

孟祥斌

是年 德州市在全国率先提出建设“吨粮市”。当年粮食总产58亿公斤,被评为“全国粮食生产先进市”。

是年 莱钢永锋钢铁有限公司年纳税3.7519亿元,跻身全国私营企业纳税百强,位列第五。

2008年

1月1日 德州市实施老年人优待乘坐市内公共汽车办法。65周岁至69周岁老年人享受半价乘车优待,年满70周岁及以上老年人享受免费乘车优待。

1月3日至7日 中国人民政治协商会议德州市第十二届委员会第一次会议召开。选举田玉茂为市政协十二届委员会主席,陈建国、李胜滋、孙路军、苏寿堂、张庆伟、张跃中、陈焕然、马传先当选为副主席,李玉文为秘书长。

1月4日至8日 德州市第十六届人民代表大会第一次会议召开。会议进一步强调,坚持深化改革,努力扩大对外开放。加强区域经济技术合作,组织实施好“南融北接”“东引西联”战略,积极融入渤海经济圈和省会城市经济圈,承接京津冀和沿海地区产业转移,实现借力发展。会议选举雷建国为市十六届人大常务委员会主任,兰忠良、夏荣恩、麻然华、朱昌连、钟玲为副主任,祖传虎为秘书长;选举吴翠云为德州市人民政府市长,史好泉、李希信、满春重、李保海、韩建亭、陈福祯、康志民为副市长;选举尚洪立为德州市中级人民法院院长,选举丁福祥为德州市人民检察院检察长。

1月8日 山东华鲁恒升化工股份有限公司“30万吨合成氨成套技术与关键设备开发研制及应用”项目获2008年度国家科技进步二等奖。

1月13日 2008山东临邑经济发展(北京)汇报会在北京钓鱼台国宾馆隆重举行。

1月23日 河东新城建设中失地农民“五位一体”安置模式在全省建设工作会议上推广。失地补偿、发展经济、社会保障、拆迁安置、培训就业,是德州市在河东新城建设中探索出的确保失地农民安居乐业的“五位一体”安置模式。

1月24日 雷建国、吴翠云率德州考察团赴济南学习考察城市规划建设管理经验。

1月25日 解放军第二炮兵政治部副主任、中纪委委员邓天生少将率慰问团到齐河县看望慰问烈士孟祥斌的亲属。

1月31日 中国邮政储蓄银行德州市分行暨10个县市支行成立。

同日 京沪高速铁路建设工程动员会在德州召开。

1月 庆云县残疾女孩杨蓉当选为全国“关爱之心”十大人物，并被授予北京奥运会“志愿之星宣讲团”成员证书。

2月1日 省委副书记、省长姜大明到德州走访慰问农村和企业困难群众，并深入到齐河县了解煤电运、油、物价、商品供应、困难群众救助等方面的情况。

2月16日至24日 市长吴翠云率代表团赴澳大利亚阿德莱德市参加2008年第三届世界太阳城大会。吴翠云在会上发表演讲，接过世界太阳城协会会旗，宣布德州市正式承办2010年第四届世界太阳城大会。

2月22日至3月3日 市委副书记刘焕立率德州经贸考察团赴台湾参观考察并开展系列招商活动。

2月25日 全省机械工业工作会议在德州召开。中国机械工业联合会副会长陆仁琪，省机械工业协会会长冯杭、副会长刘卫东，德州副市长康志民出席会议。

2月26日 中国人民人寿保险股份有限公司德州中心支公司成立。

2月28日至29日 全省知识产权局长会议在德州召开。

3月1日 德州市文化战略研究与产业发展规划交流会议召开。

3月8日 韩国韩中交流协会会长、韩国企业投资研究院院长金容德到德州访问。

3月11日至12日 新加坡特许建筑师总裁、国际著名建筑设计师蔡家声，前田集团董事长何优仙到德州参观考察。蔡家声、何优仙被德州市聘为城市规划与建设顾问和经济顾问。

3月12日 德州市人民医院为一名严重心衰竭伴频发室速患者成功植入心脏再同步治疗复律除颤器，填补了山东省空白。

3月13日至16日 市委书记雷建国率领党政考察团赴烟台、青岛两市，就扩大

德州党政考察团考察海尔集团

对外开放、重大项目建设、经济开发区发展和城市规划建设等情况考察学习。

同日 2008年全国农资展示交易会在德城区七西农资市场举办。

3月18日 山东省马颊河干流重点治理工程开工仪式在夏津县举行。

3月22日 致公党山东省委会、德州市人民政府合作培训农村医疗卫生人员启动仪式在陵县举行。

同日 武城神龙毯业有限公司生产的龙禧牌地毯荣膺"国家质量免检"产品。

3月23日 全市2008年公务员招考笔试在德州学院和德州技术学院两个考点举行,共有9869名考生展开对78个职位角逐。

3月24日 澳大利亚南威尔士州工党书记毕卡尔到德州访问。

4月1日 全市对外开放工作会议召开。部署对外联络、招商引资和利用外资工作。

同日 德州市创建国家卫生城市工作会议召开,正式启动爱国卫生月活动。

4月3日 省长姜大明到德州调研,重点了解和指导德州承办2010年第四届世界太阳城大会的筹备进展情况。

4月4日 塞拉利昂民运党总书记安苏·博伊斯·兰萨纳,到德州考察就业、扶贫减困等方面的经验和做法。

4月5日 第一届夏津黄河故道森林公园梨花节开幕。

4月7日至10日 市委常委、副市长李希信率团赴福建、厦门等地开展招商活动,举办山东德州(厦门)台商说明会。

4月9日 省委副书记刘伟到夏津、武城、平原调研。

4月12日至13日 山东省食文化研究会2008年度工作会议暨食文化专家论坛在武城古贝春公司举行。

4月18日 省委常委、青岛市委书记闫启俊到德州考察调研。

4月20日 省委书记姜异康到陵县、平原县、德州经济开发区、德城区的部分企业、农村、社区、学校实地考察经济社会发展情况。

4月20日至21日 中共河南省商丘市委书记王保存率商丘市党政考察团到德州参观考察。

4月25日 "2007年度感动德州十佳人物"评选活动揭晓,孟祥斌、周主信获"2007年度感动德州十佳人物"特别奖,张星南、吴福增、梁希森、魏学香、周培荣、姚汝勇、鲁英杰、宋善金、齐桂芝、张风雷等获"2007年度感动德州十佳人物"称号。

乐陵市环卫处吴福增

4月25日至26日 中央电视台《每周质量报告》栏目组在德州拍摄6集有

关德州市节能专题片。

4月26日至28日 德州市总工会第十五次代表大会召开。会议选举陈永华为十五届委员会主席，傅林、张慧君、王荣渭、孙刚为副主席。

4月29日 德州市召开实施“南融北接”战略打造京津济地区主要畜产品生产基地研讨会。中国农业大学生物学院院长、中国工程院院士李宁，国务院发展研究中心研究员潘耀国，中国社会科学院农村发展研究所研究员刘玉满，中国农业科学院农经所畜牧室主任王济民及天津市、山东省有关专家学者应邀参加研讨会。市委书记雷建国致辞，市长吴翠云讲话。

5月1日 德州市人民公园、植物园开始免费对社会开放。

5月6日至7日 全国人大常委会委员、全国人大科教文卫委员会副主任委员王佐书带领执法调研组就《中华人民共和国义务教育法》执行情况到德州调研。

5月12日 四川汶川发生特大地震。德州有震感。

5月13日 著名学者季羡林、任继愈、欧阳中石向德州赠书。欧阳中石在捐赠仪式上讲话。

5月15日至16日 民政部农村五保供养服务机构管理研讨会在德州召开。

5月20日 全市召开支援四川抗震救灾电视会议。第一批由政府采购的赈灾物资、100多吨食品装车运往灾区四川绵阳市。

同日 全市200多家房地产开发、建筑施工等企业参与支援抗震救灾，共捐赠板房248套，价值200余万元。

5月22日 德州首支抗震救灾卫生防疫队起程赴四川绵阳灾区。

同日 2008年环渤海地区经济联合市长联席会特派员（德州）集中办公会在德州召开。

5月25日 庆云县举办鲁冀区域旅游合作与发展论坛。

5月26日 德州市创业促进会暨YBC德州（试点）办公室成立。

5月28日 根据全省统一安排，德州市对口援建北川县白什乡。当日，以副市长满春重为指挥的援建指挥部赶赴灾区。

6月1日 国家马铃薯工程技术研究中心在乐陵市希森中联马铃薯产业集团成立。副省长李兆前、德州市委书记、市人大常委会主任雷建国为中心揭牌。

同日 山东省海外联谊会港澳台及海外理事考察团到德州参观考察。

6月9日 纽约州中小企业发展中心总署副署长玛丽·霍夫曼率商务考察团就加强双方经贸与合作到德州考察。

6月9日至12日 市委书记雷建国率党政考察团赴菏泽、郑州、洛阳、开封4市考察学习。

6月12日 2008年海内外华商促进环渤海经济发展（山东·德州）大会在德州举行。

6月14日 德州市召开发展生态经济研讨会，邀请专家学者对《德州市发展生态经济对策研究报告》进行论证。

6 月 16 日 平原县人民政府、中化化肥有限公司、德齐龙化工集团股权转让签约暨中化平原化工有限公司成立仪式在平原举行。

6 月 17 日 截至本日，全市共有 16.12 万名中共党员缴纳“特殊党费” 1795.8 万元。这些“特殊党费”用于支援四川地震灾区人民重建家园。

6 月 19 日 全国政协副主席孙家正率领全国政协委员视察团到德州视察和谐社区建设工作。

2008 年 6 月 19 日，孙家正（中）在德州经济开发区视察

6 月 20 日 世界太阳城协会主席克瑞斯 · 在德维德、秘书长车尔 · 布斯托到德州考察 2010 年第四届世界太阳城大会筹备情况及太阳能推广应用工作。

6 月 21 日 全国政协文史和学习委员会副主任、青海省政协原主席桑结加率领全国政协京杭大运河保护与申遗调研组到德州考察大运河德州段的保护开发情况。

6 月 26 日至 28 日 市长吴翠云率团赴四川省成都市、绵阳市地震灾区，考察指导德州援建过渡安置房及对口支援北川县白什乡工作，代表市委、市政府和全市人民看望慰问战斗在抗震救灾一线的德州干部职工。

6 月 27 日 德国驻华大使到德州考察可再生能源发展情况。

同日 美国商务部代表团到德州考察亚太集团、中大贝莱特集团、景津集团、皇明集团等企业。

6 月 28 日 晶华集团高档汽车玻璃原片项目开工。

同日 夏津县与匈牙利高津斯巴茨卡市缔结友好城市。市长吴翠云会见匈牙利高津斯巴茨卡市市长司特卡，并出席该市与夏津县缔结友好城市签字仪式。

6 月 夏津县被中国纺织工业协会、中国棉纺织行业协会授予“中国棉纺织名城”“中国纺织产品质量放心县”荣誉称号。

7 月 10 日至 12 日 澳大利亚伊普斯威市市长保罗 · 比萨尔率领考察团就加强经贸、文化教育等领域的合作交流与德州进行洽谈，签订建立友好交流关系协议书。雷建国会见考察团一行。吴翠云与保罗 · 比萨尔在协议上签字。

7 月 11 日 省委常委、省军区司

2008 年 6 月 26 至 28 日，市长吴翠云（左二）在四川地震灾区检查德州援建过渡安置房工作

令员谈文虎，省军区政委南兵军、副司令员尚书国、参谋长陈文荣、副参谋长谭保平到德州检查指导黄河防汛工作。

7 月 12 日至 13 日 市长吴翠云率考察团赴河北省保定市，参观考察新能源产业特别是太阳能产业发展和推广利用工作。

7 月 18 日 澳门客商到德州考察。雷建国、吴翠云会见澳门冠南集团总裁蔡少雄。

7 月 21 日 德州市汽车摩托车专修学院派出 550 名学生赴北京做奥运安保工作。

同日 德州市代表队在 2008 年山东省青少年赛艇锦标赛上，获得 9 枚金牌、7 枚银牌、4 枚铜牌，团体总分居第一位。

7 月 31 日 中国可再生能源学会、中国资源综合利用协会可再生能源专业委员会等联合命名“皇明太阳谷”为“中国太阳谷”。

同日 市委常委扩大会议确立“坚持以人为本，发展生态经济，建设和谐德

中国太阳谷全貌

州”的总体思路，实施“南融北接”战略，做大邻边经济，推进现代农业，发展生态经济，促进全民创业，繁荣发展文化，保障改善民生等重点工作，力争尽快建成区域性经济文化高地，实现富民强市新跨越。

7月 从6月开始，美国白蛾在全市呈蔓延态势。各县市发生面积300万亩，成灾100万亩。各县市掀起美国白蛾防治高潮，采取药物喷洒和生物防治技术，控制虫害蔓延。

同月 德州市的山东华乐实业集团有限公司、德州元济纺织有限公司、德州华源生态科技有限公司、山东德棉集团有限公司4家企业成功跻身于2007—2008年度中国纺织服装企业竞争力500强，分列第69名、第281名、第288名和第351名。

8月1日 德州市召开工业产业规划论证会，对《德州市四大优势产业和三大新兴产业发展规划》进行论证。

8月8日 夏津县举行“碧水绕城”工程竣工通水仪式。

8月16日至20日 市委书记雷建国、市长吴翠云率领党政考察团赴泰安、滨州、潍坊、东营、淄博、聊城考察学习工业经济、重大项目建设、城市规划建设管理、服务业发展、经济开发区建设及县域经济等工作。

8月19日 国家生物产业基地落户德州市。

8月25日至9月3日 市委常委、常务副市长史好泉率市经贸考察团赴台湾开展经贸考察和招商活动。

8月 市委、市政府印发《关于全面实施“生态立市”战略加快发展生态经济的意见》。

同月 禹城保龄宝生物股份有限公司、陵县谷神生物科技集团公司、山东禹王实业有限公司3家高新技术企业建立博士后科研工作站。至此，德州市已拥有博士后科研工作站4个。

同月 德州市被评为山东省创建文明城市工作先进城市。

同月 泰山体育产业集团为2008年奥运会提供体操、柔道、跆拳道、摔跤、拳击和田径等6大类200多种体育产品，成为奥运史上一次性提供器材最多的企业。

9月1日 禹城市被中国食品工业协会正式授予“中国食品馅料城”称号。

同日 富豪康博大酒店奠基。总投资5亿元，是落户德州的第一家五星级酒店。

9月2日 市委书记雷建国会见前来考察的德国弗莱堡市市长萨洛蒙一行。

同日 庆云县被中国市场学会命名为“中国商贸名城”，庆云县商场被授予“中国市场学会专业批发市场示范实验基地”称号。

9月12日 电影《花开有声》在德州举行首映仪式。电影以全国人大代表、夏津县精华聋儿语训希望学校校长袁敬华事迹改编，由八一电影制片厂历经半年拍摄。

同日 山东德工机械有限公司自主研发的WB525路面冷再生机，获国家科学技术委员会等4部委联合授予的“2007

2008 年 9 月 28 日，德州国际陆港揭牌

年国家重点新产品”称号。

9 月 18 日至 20 日 德州市在浙江省杭州市开展城建暨服务业项目推介和考察活动。共推出城市建设和服务业两大领域 5 大类 106 个项目，达成合作项目 3 项。雷建国、史好泉等参加推介会。

9 月 22 日 台湾顺集工业（股份）公司董事长、台湾工业区厂商联合总会会长洪犹男到德州考察。

同日 国家发改委、农业部、水利部、国土资源部、科技部、国家粮食局等单位到陵县开展粮食生产情况调研。为《全国新增 1000 亿斤粮食生产能力规划》编制做准备。

9 月 26 日 德州市被授予“中国围棋城”称号。

9 月 27 日 台湾电子电机同业公会考察团到德州考察。

9 月 28 日 德州市在天津召开实施“南融北接”战略工作汇报会。天津市人大常委会副主任左明，山东省人大常委会副主任崔曰臣、副省长李兆前，天津市、山东省、济南市有关负责人和企业负责人出席。

同日 德州国际陆港揭牌仪式在天津举行。

9 月 28 日至 30 日 中国德州第十二届投资贸易洽谈会暨第四届鲁台科技交流合作周活动举行。应邀参加的国内外贵宾 1650 名。洽谈会期间，50 个项目集中签约，项目合同投资总额 146 亿元。

9 月 29 日 山东（德城）电子信息产业园揭牌暨富电二期竣工庆典仪式举行。

9 月 古树名木复查工作开始。普查结果显示，全市共有古树名木 255112 株。

10 月 6 日 华能德州电厂机组改造配套供热管网工程，直径 1220 毫米供热管道通入市区。

10 月 10 日 山东德棉股份有限公司王晓菲在 2008 年全国棉纺织行业“经纬——常山杯”细纱工职业技能大赛上夺得冠军。

10 月 13 日至 17 日 市委副书记刘焕立、副市长满春重带领党政考察团，赴泰安、临沂、潍坊、宿迁等地考察学习农村社区建设。

10 月 17 日 德州市体育舞蹈运动协会成立大会暨 2008 年全国国标舞公开赛在五环体育馆举办，来自全国 28 支代表队的 500 余名舞蹈爱好者参加比赛。

同日 中共宁夏回族自治区党委副书记于革胜率自治区党政考察团到德州考察“三农”工作。

10 月 20 日 市委成立德州市农村综

合改革推进委员会。市委副书记刘焕立任常务副主任，分别从市农办、市委组织部、市民政局等30个市直部门抽调40名工作人员实行集中办公。

10月21日至22日 全国人大科教文卫委员会副主任委员宋法棠到德州考察。

10月23日 纪念引黄防淤固堤成果获全国科学大会奖30周年暨专题研讨会在齐河召开。

11月2日 泰安市党政考察团到德州考察。

11月3日 德州市城镇居民基本医疗保险启动，全市参保缴费人员近30万人，收缴医疗保险费2000余万元。

11月3日至6日 纽约州中小企业发展中心总署副署长布莱恩·格斯汀率美国纽约州商务考察团，就加强双方经贸交流与合作到德州考察。

11月4日 中共烟台市委书记、市人大常委会主任孙永春率烟台市党政考察团到德州考察。

11月7日 德城区烟草专卖局查获一起案值165万余元非法运输卷烟案。该案（统称“11·07案”）是公安部、国家烟草专卖局一号督办案，案情涉及北京、山东、河北等8个省市，涉案人员44人、涉案金额1.2亿元，为一起特大制售假烟网络案件。

11月8日 纪念改革开放30周年暨德州经济开发区建区10周年庆祝大会召开。中国开发区协会会长刘培强，省人大常委会原副主任赵林山、曹学成，德州市雷建国、吴翠云等几大班子负责人，国家、省直有关单位和兄弟市负责人，德州市部分离退休老干部，中央、省驻德单位，市直部门、单位的负责人出席庆祝大会。

11月12日 由市委宣传部、市文化局主办的“学习贯彻十七届三中全会精神暨纪念改革开放三十周年”文化下乡活动启动。全市各级文联、曲艺家协会等部门单位开展文化下乡活动，其中市歌舞团、京剧团、杂技团下乡演出。此后历年春冬季节均开展文化下乡活动。2014年扩大为“文化科技卫生三下乡”。

11月14日 全市汶川地震抗震救灾表彰大会召开。在抗震救灾工作中做出突出成绩的75个先进集体、241名先进个人、10个先进基层党组织及

2008年11月，市歌舞团在乡镇演出

31 名优秀共产党员受到表彰。

11 月 17 日　德州举行“中国京剧城”授牌仪式暨京剧专场晚会。

11 月 18 日　2008 年新能源与生物技术产业发展两院院士德州行启动仪式暨新能源规划发展论证会举行。中国科学院、中国工程院的 7 位院士，部分高校院所专家学者以及省科技厅有关负责人参加活动。

12 月 11 日　滨德高速公路开工仪式暨工程建设动员大会在德州举行。

12 月 12 日　美国高盛、鼎辉投资、皇明集团战略合作新闻发布会在北京举行。市长吴翠云，高盛（亚洲）董事总经理张奕，鼎辉投资董事长吴尚志，皇明集团董事长黄鸣以及 150 余家新闻媒体的记者参加新闻发布会。

12 月 16 日　省委常委、省军区司令员谈文虎，省军区政委南兵军带领省军区首长机关直属部队到德州进行冬季野营训练。

宣章原居住的院落

12 月 20 日　天衢工业园被山东省知识产权局认定为“山东省知识产权园区”。

优美、整洁的齐河县宣章社区

12 月 23 日　德州市改革开放 30 周年 10 件大事评选揭晓。1. 实施引黄工程建设平原水库，确保德州用水安全；2. 1995 年撤地设市，德州发展步入快车道；3. 1998 年开展“解放思想、放开搞活、加快发展”大讨论，改革开放实现新突破，民营经济成亮点；4. 1998 年启动建设德州经济开发区，形成经济社会发展新平台；5. 2000 年德州学院专升本，开辟德州高等教育新天地；6. 2002 年全市推行农村党员干部星级化管理，党的执政基础不断巩固和加强；7. 德州实现村村通油路通客车，树起全国农村公路建设一面旗帜；8. 平安德州建设成效显著，诸多经验全国全省推广；9. 改造提升老城，开发建设新城，2006 年德州荣膺“中国人居环境奖”；10. 2007 年实施工业强市战略，德州经济发展实现新崛起。

12 月 24 日至 26 日　共青

团德州市第二十次代表大会召开，选举高秀鹏为书记，孟令芳、许建、徐建军为副书记。

12月 青银高速公路德州段建成通车。境内全长79.55公里，双向六车道，沥青混凝土路面，经齐河县、禹城市、夏津县，设3个收费站。

是年 德州市按照中央关于城镇化建设的部署和山东省委省政府的具体要求，把农民居住社区建设和产业园区建设（概括为两区同建）作为推进城镇化的总抓手，大力推动，坚持社区、园区同步推进、同步建设，结合县域、镇域产业布局，优化农村产业园区规划，扩大园区规模，推动工业向园区集中、就业向城镇集中、居住向社区集中，取得了“两区同建”和地区经济发展新成效。齐河县自2009年全面启动“两区同建”以来，已有1000余个行政村合并为173个并居型农村社区，打造出洪州、华中、南北、宣章等一批全国有影响的农村社区。

是年 全市开展粮食高产创建攻关示范，当年粮食总产63.45亿公斤。

是年 全市分三批将31家（含医药商业企业）市属工业企业实行属地管理，分别划归德城区18家、夏津县1家、经济开发区7家、运河开发区5家。

2009年

1月5日至7日 中国人民政治协商会议德州市第十二届委员会第二次会议召开。

1月6日至8日 德州市第十六届人民代表大会第二次会议召开。市长吴翠云在《政府工作报告》中回顾2008年工作时指出，“南融北接”战略深入实施，对外开放迈出坚实步伐。全市350多家企业与天津、济南的大企业结成上下游配套关系。2009年要抓住北京、天津、济南等地产业规划和产业布局调整的机遇，重点围绕全市优势产业和骨干产业加强合作。发挥传统产业的比较优势，吸引京津冀、济南等地的劳动密集型产业向德州转移，把德州建设成为这些地区的产业园和创业园。

1月9日 全市村庄合并和农村社区建设试点工作会议召开。

1月15日 省委书记姜异康到临邑县部分困难企业、农村走访慰问干部职工、城乡困难群众和农村老党员，代表省委、省政府向他们送上慰问金和慰问品。

同日 “中国太阳谷建设研讨会”举行。国内外的众多知名建筑专家齐聚德州，诺贝尔和平奖获得者科尼斯·布劳恩亲临现场。

1月22日 武城县地毯博物馆正式开馆。

1月30日 德城区三八路改造工程开工。工程西起京沪铁路桥涵，东至康博大道，全长6850米，铁路桥涵至岔河桥段道路红线40米宽，岔河桥至康博大道段道路绿线100米宽，按城市主干道标准建设，同时进行排水、绿化、路灯配套设施建设。同年7月主干道通车。

2月7日 市委书记雷建国率党政考察团赴天津市考察学习，深入推进“北接”战略。

2月10日 中央“科学发展观学习实践活动”指导检查组到山东省首批学习实

践活动试点、省委书记姜异康联系点禹城市检查指导工作。

2月11日 农业部部长孙政才到德州视察指导“三农”及小麦抗旱春管工作。副省长贾万志、省农业厅厅长战树毅、市委书记雷建国、市长吴翠云等陪同。

2月13日 美国卡特彼勒集团公司亚太地区战略支持总经理丹尼·戴维斯到德州考察德工机械有限公司路面冷再生项目。

2月18日 《经济日报》以《德州:发展追寻阳光,生活享受阳光》为主题,用整版篇幅全方位、多角度对德州走低碳经济之路,发展太阳能等新能源产业的情况进行系统报道。

2月22日 台湾美联国际集团大中华区代表刘希明等到德州考察薄膜太阳能电池及太阳能发电项目。

2月23日 全国政协原副主席李蒙与中国西部研究与发展促进会顾问黄璜,常务副会长程路,副会长田鹤年,副会长、三安集团董事长张令玉一行,在省政协原副主席王久祜的陪同下,到德州考察指导“三农”工作。

2月26日 2009年全国粮油产销企业订货会暨全国粮油经销商联谊会在德州开幕,德州荣获“中国粮油食品城”称号。

3月2日 奇威特2009年战略合作伙伴签约大会在德州召开。

3月3日 德州市启动“银龄安康工程”,全市年满50周岁到80周岁、身体健康的老年人,均可申请投保“老年人意外伤害组合保险”。

3月4日 减河治理与湿地修复工程(山东段)防洪评价报告审查会召开。减河湿地风景区建设启动。减河生态湿地风

减河湿地一段

景区全长11公里,一期投资2.1亿元,全长4.5公里,3月开工建设,2010年4月26日建成纳客。二期投资2亿元,全长6.5公里,2009年5月启动,2011年9月底全部竣工。

同日 韩国一雄唇腭裂医疗服务协会会长闵丙一到德城区,为30名特困唇腭裂儿童做康复手术。

同日 德州市与世界气候组织战略合作备忘录签字。气候组织中华区总裁吴昌华,全球城市项目主任菲利普·杰瑟普,市委常委、常务副市长袁秀和出席签字仪式。

3月7日 市委、市政府制订《关于推进全市村庄合并和农村社区建设的意见》。主要任务是争取每年全市减少1000个左右的行政村,连续工作3年,实现预期目标。基本原则是因村制宜,分类指导;积极稳妥,注重实效;以人为本,尊重实际;依法操作,确保稳定。主要模式是分为农村社区整合型、城中村改造聚合型、强村带动型、产业联结型、自然村恢复型、邻近村合并型等。

3月11日 德州市政府与国家粮食局科学研究院科技合作签约仪式在北京举行。

3月13日至14日 北京中建百意安投资服务中心总裁方世忠到德州考察太阳能光伏生产项目。

3月17日 马来西亚云石集团董事长刘丞风到德州洽谈热电联产项目。

同日 美国加州参议员幕僚长法兰克到德州考察太阳能产业。

3月21日 德国慕保集团欧洲造纸工程研究院总裁休伯特·龙格,到德州考察造纸产业。

3月23日 美国加州郡长联合会主席加力·怀亚特率加州帝国郡考察团到德州参观访问。

同日 市气象科普馆落成启用。

3月23日至27日 市经贸代表团赴港开展“香港招商周”活动。

3月25日 全省医疗和工伤保险工作会议在德州召开。

3月25日至26日 市党政考察团到临沂、潍坊、莱芜3市,学习考察农村社区建设。

3月26日 中共德州市委第十三届委员会第5次专题会议在齐河召开,研究推进全市全村庄合并和农村社区建设,合村并建工作进入实质性操作阶段。

3月27日 德州中央直属棉花储备库项目在德城区奠基。

3月 夏津县被中华环保联合会、中国城市科学研究会、中国农业生态环境保护协会、中国社会科学院数量经济与技术经济研究所授予“中国绿色名县”称号。

4月3日 德州扒鸡集团与北京京铁投资管理中心签订德州扒鸡总代理框架协议,德州扒鸡正式列为北京铁路局列车食品。

4月7日 市委书记雷建国做客德州新闻网,与网友在线交流,真情对话,征求群众对深入开展学习实践科学发展观活动的意见建议。

4月7日至8日 省政协副主席、民革山东省委主委李德强率省政协优化西部地区外商投资环境调研组到德州调研。

4 月 12 日　夏津县棉田首次实现国家补贴全覆盖。由国家补贴 870 万元的 58 万公斤优质棉种，已全部直供到夏津县各村。

4 月 17 日　德州市实施对接天津战略发展合作恳谈会在天津举行，会议共签约 39 个项目。

同日　市级机关办公地点搬迁。原分散在德州市三八西路的中共德州市委、德兴北路的市人大常委会、东方红路的市政府和市政协机关迁入经济开发区行政中心综合楼。

中共德州地委(市委)原大门及办公楼

2001—2008 年市委办公楼

4 月 22 日　德州市与山东省科学院科技合作战略框架研讨会在齐河召开。

同日　德州市政府与铁道部签署《关于京沪高铁德州东站合作建设协议》，将德州东站面积由 6000 平方米改为 2 万平方米。

市政府原办公楼及广电大楼

4 月 27 日　省环保局局长刘富春到市经济开发区、禹城市、平原县调研污水治理、生态建设等工作。

同日　全国棉花高产创建活动启动仪式在夏津县宋楼镇举行，来自全国 14 个省市的 100 多名农业专家参加活动。

5 月 1 日至 4 日　市委书记雷建国率领代表团赴德国、瑞士访问，推介德州 2010 年第四届世界太阳城大会，推进德州太阳能产业发展和利用对外合作。

5 月 4 日　临邑县女孩程佳薇病逝后，在山东省眼科医院成功实施眼角膜捐献摘除手术。成为德州市首例眼角膜捐献者。

5 月 7 日　德州市收藏家协会成立。

5 月 14 日　国家防汛抗旱总指挥部秘书长、水利部副部长刘宁率领国家防总防汛检查组到德州检查指导工作。

5 月 17 日至 24 日　市长吴翠云率市经贸考察团赴台湾进行考察招商。共洽谈、签约和推进重点项目 76 个，达成协议意向 51 个，利用台资 9 亿多美元。

5 月 28 日　北美华人创业协会到德

行政中心综合楼

州考察。

5月29日 省委书记、省人大常委会主任姜异康到德州检查指导学习实践科学发展观活动。

6月1日 德州慈善大会暨全市"慈善月"活动启动。

同日 中国红十字会胡大一爱心工程暨德州市人民医院经济开发区分院启动仪式举行。

同日 庆云县与山东影视剧制作中心联合拍制全省首部数字电影《春雨沙沙》举行开机仪式。影片以庆云县教育工作者周主信为原型，先后获得山东精品工程奖、泰山文艺奖、第十届长春电影节"金麦穗"提

2009年6月2日，全国军转安置工作表彰大会在京召开，党和国家领导人胡锦涛(前右一)等会见出席会议的代表。德州市委组织部副部长、市人社局局长展德明(左二)参加了会议

名奖和第七届圣地亚哥国际儿童电影节“外语电影最佳演艺奖”。

6月2日 全国军转安置工作表彰大会在京召开，市人社局被表彰为全国军转安置工作先进单位，市委组织部副部长、市人社局局长展德明参加会议并受到党和国家领导人接见。

6月7日 德州市博物馆开工奠基。

6月9日 水利部海河水利委员会主任任宪韶率海委防汛检查组到德州检查防汛工作。

6月11日至12日 青岛保税区考察团到德州考察洽谈项目合作事宜，与德城区签订建设保税产业园框架协议。

6月13日至14日 全国政协台港澳侨委员会副主任唐闻生、中国侨联副主席林淑娘到德州参观考察。

6月14日至17日 纽约州中小企业发展中心总署署长詹姆斯·金率美国纽约州商务考察团到德州考察。

6月15日 省委常委、常务副省长王仁元到德州检查漳卫南运河防汛工作，并调研农村住房建设、危房改造和服务业发展工作。

同日 东方希望集团董事长刘永行到德州考察。

6月17日 中国德州董子（董仲舒）文化研讨会召开。

6月18日 武城运河大桥竣工通车。山东省副省长才利民、河北省副省长宋恩华，两省有关部门负责人，德州市委书记、市人大常委会主任雷建国，市委副书记、市长吴翠云，副市长翟长生，中共衡水市委书记陈贵，市委副书记、市长高宏志，副市长戴国华等参加剪彩通车仪式。

6月24日 老挝人民革命党中央政治局委员、阿速波省委书记兼省长西耐·明拉万率考察团到陵县富路车业有限公司考察。

同日 省人大常委会在德州召开全省部分市人大工作座谈会。

6月24日至25日 农业部副部长高鸿宾等到德州检查畜牧兽医工作。

6月26日至29日 雷建国、兰忠良、袁秀和等市领导到四川省绵阳市考察灾后重建工作。

6月27日 山东省第二个国家级肉牛综合试验站——国家肉牛产业技术体系乐陵综合试验站揭牌。

6月30日 德州市人民政府与四川省宜宾市人民政府在宜宾签署友好城市战

2009年6月26日至29日，雷建国（前右三）赴对口支援的北川县白什乡调研

略合作协议，德州市委书记、市人大常委会主任雷建国，宜宾市委书记、市人大常委会主任杨冬生出席签约仪式。

7月1日 省长姜大明到德州就企业发展、项目建设和农业生产进行调研。雷建国、吴翠云等陪同调研。

同日 兰忠良、袁秀和率德州党政考察团赴成都市青白江区考察统筹城乡一体化发展工作。

7月2日 中国驻丹麦大使谢杭生到陵县考察。

7月19日 台湾投资考察团到德州考察。

7月25日 临邑县“中国书法之乡”揭牌。

7月28日 德州市生活垃圾焚烧发电项目开工奠基。

8月3日至12日 市长吴翠云率团赴美国、加拿大进行友好访问和考察招商，分别与加拿大安大略省查塔姆肯特市市长兰德霍普，美国纽约州伦瑟利尔地区行政长官凯思琳、特罗伊市市长哈利图特坚签署协议，缔结友好合作关系。

8月10日 德州市被中国制冷空调工业协会授予“中央空调城”称号。

8月13日 德州第一个TD—SCDMA视频电话在德州移动通信公司拨打成功。

8月15日 德州（昆山）台商投资说明会在江苏省昆山市举行。

8月16日至18日 市委书记雷建国率领德州经贸招商团赴上海招商，开展系列招商活动。

8月17日 古巴医疗服务中心北京代表处代表团就与德州市合作办理“中古友好眼科医院”项目到德州考察。

8月28日 山东保龄宝生物股份有限公司在深圳证券交易所正式挂牌上市。“保龄宝”也成为中国功能糖行业发行的第一支股票。

8月30日 全市第一个农村合村并建（合并村庄，建设农村社区）社区村委会——平原县坊子乡叶庄社区村委会选举产生。

9月3日 2009年鲁台（德州）经贸合作恳谈会举行投资说明会。省台湾事务办公室副主任张桂芝，全国台资企业联谊会会长、巧集集团董事长张汉文，德州市吴翠云、李希信出席。投资说明会共重点推介新能源、生物技术、新材料、文化旅游体育等十大类116个项目，总投资1020亿元，涉及装备制造等四大传统优势产业、新能源等四大新兴产业。150余位台商参加投资说明会。

2009年8月10日，德州被授予“中央空调城”称号

同日 德州与美国纽约州

伦瑟利尔地区签署可再生能源孵化器战略合作伙伴关系协议。

9月7日 德州市召开天南地北大物流洽谈会。

9月15日 山东国际商贸港开工奠基仪式在禹城举行。

同日 宁津家具节、蟋蟀文化节开幕。

同日 首届中国德州董子文化旅游节开幕。

9月16日 中国德州第十三届投资贸易洽谈会暨第四届世界太阳城大会倒计时一周年活动在市会展中心隆重开幕。省委常委、副省长王军民，省人大常委会副主任温孚江，省政协副主席乔延春，天津滨海新区管委会副主任张锐钢，天津市政府合作交流合作办公室副主任孙虎军等，德州市雷建国、吴翠云、田玉茂、兰忠良、史好泉、袁秀和、李希信等出席开幕式。王军民宣布仪式开幕，市长吴翠云致辞。

9月17日 光明乳业德州有限公司二期工程投产。

9月20日 山东省第二届图书交易博览会暨首届鲁冀图书展订会在德州经济开发区董子文化街开幕。

同日 世界太阳城协会主席克瑞斯·在德维德到德州考察。

9月24日 由李奇茂等22名艺术家组成的台湾文化艺术团到陵县参加“智圣故里行”文化艺术交流活动。

9月27日 应日本新居滨市政府邀请，市委常委、常务副市长袁秀和率德州市友好代表团访问日本，出席东京可再生能源暨气候会议。

2009年10月9日，“中石化杯”火炬传递活动

10月9日 中华人民共和国第十一届运动会“中石化杯”火炬传递活动在德州举行。

10月12日 全国民政信访工作现场会在庆云县召开。

10月13日 在第十一届全运会男子刀术棍术全能比赛中，山东代表队的德州选手吕勇续以总分19.64分的成绩获得冠军，为德州勇夺第一枚金牌。

同日 市委书记雷建国在乐陵会见由全国政协委员、科教文卫体委员会副主任、北京奥运城市发展促进会副会长蒋效愚率领的视察组。

10月13日至14日 市长吴翠云率团赴四川省绵阳市参观考察，与绵阳市签署经济领域战略合作框架协议，并到北川县视察对口支援灾后重建工作。

10月16日 市委、市政府发布《关于进一步促进旅游业又好又快发展的意见》。全市旅游业发展的总体布局是“一核心（主城区）、一主轴（京沪高铁、京福高速沿线）、两翼（一翼为主城区至武城、夏津，一翼为主城区至宁津、乐陵、庆云）”。主要内容是在全市实施“旅游大项目建设三年行动计划”；合理配置旅游目的地产业要素；强化旅游宣传促销工作；完善加快旅游业发展的优惠政策。

10月17日至20日 第十一届全运会艺术体操比赛在德州市体育馆举行。该届全运会艺术体操比赛有来自山东、辽宁、浙江、四川等15支代表队的174名运动员参加，共决出团体总分、个人全能和团体全能3块金牌。此次比赛规则按伦敦奥运会的新规则进行，并首次邀请外籍裁判执法。

同日 全国台企联常务副会长、深圳台商协会会长黄明智，深圳五福包装公司董事长何忠宗，台湾忆声电子执行长李源鉴到德州考察。

同日 在第十一届全国运动会赛艇女子2000米单桨无舵手的比赛中，由德州选手李燕等4名选手组成的东道主山东队以7分19秒12的成绩获得冠军。

10月23日 山东新汶矿业集团齐河赵官能源公司矿井建成投产。

同日 时传祥纪念馆（北京馆）开馆，全国人大常委会原副委员长何鲁丽，全国政协原副主席郝建秀，以及全国总工会、国家有关部门、北京市、北京市总工会、北京市崇文区部分负责人和时传祥家人出席开馆仪式。市委副书记史好泉应邀代表市委、市政府出席仪式。

同日 美国佛罗里达州西迈阿密市市长塞萨尔·劳尔·卡拉萨到德州考察太阳能和风电装备制造企业。

10月28日 2009年中国德州生物产业发展论坛举行，邀请7位国内著名专家作专题讲座，交流生物技术前沿成果，探讨生物产业发展之路。

同日 济聊高速公路齐河段正式通车。

10月30日 武城县被中国食用菌协会授予“中国食用菌之乡”称号。

11月1日 德州生产的具有自主知识产权的塔架式组合传动抽油机，通过中国工程院、石油大学专家组成果鉴定，技术水平达到国际领先。

11 月 5 日至 6 日 德州市国家大型商品粮生产基地建设项目验收合格。

11 月 7 日至 11 日 市委书记雷建国率领市党政考察团赴陕西省西安市，宁夏回族自治区银川市、石嘴山市、吴忠市考察学习，加强经济文化交流，促进与西部地区对接交流。

11 月 8 日 武城县第三届辣椒文化艺术节暨全国辣椒产业技术创新联盟论坛开幕。

11 月 9 日 中国藤球协会训练基地（德州学院）揭牌仪式暨 2009 年四国藤球友谊赛开幕仪式举行。

同日 在第二届全国石油和化工行业职业技能竞赛中，首次参赛的山东华鲁恒升化工股份有限公司代表队，在化工总控比赛 16 支代表队中夺得团体第一，三名选手包揽前三名，同时被授予“全国技术能手”称号。

11 月 11 日 零时起，全国铁路再次调图，德州火车站新增 3 列停站列车，停站列车总数达到 115 列。

11 月 12 日至 13 日 中共聊城市委书记、市人大常委会主任宋远方率党政考察团到德州参观考察。

11 月 16 日 国际太阳能技术科学院落户中国太阳谷暨皇明太阳能 3G 技术全球发布会举行。

11 月 18 日至 19 日 中国科学院禹城综合试验站建站 30 周年纪念大会暨现代农业发展论坛在禹城市举行。

11 月 22 日 全国人大常委、民进中央副主席朱永新参加德州跃华学校首届“读·写”策略研究教育论坛并作学术报告。

11 月 25 日 乐陵市泰山体育产业集团荣获省委、省政府授予的第十一届全运会“特别贡献奖”。

11 月 27 日 德州市与中央企业联谊会在北京钓鱼台国宾馆举行，集中签约重点项目，搭建与中央直属企业对接合作的平台。中共中央组织部原部长张全景，解放军军事科学院原副院长糜振玉中将，国家发改委党组成员、副秘书长杨伟民，海军总装备部副部长何洁等出席。德州市委书记、市人大常委会主任雷建国，市委副书记、市长吴翠云分别致辞。

11 月 28 日 中国华能集团公司总经理曹培玺、副总经理张廷克到德州调研。

11 月 29 日 邯济铁路扩能改造、德大铁路、龙烟铁路建设动员大会在德州举行。省委书记、省人大常委会主任姜异康，铁道部主要负责人，省委副书记、省长姜大明，铁道部总规划师兼经济规划研究院院长郑健，副省长郭兆信，铁道部办公厅主任吴利民、发展计划司司长杨忠民、建设司副司长苏全利，济南铁路局局长瞿建明、党委书记吕万金，德州市委书记、市人大常委会主任雷建国，市委副书记、市长吴翠云出席大会。

12 月 1 日至 4 日 雷建国、吴翠云率德州市党政考察团先后赴日照、临沂、枣庄、济宁 4 市学习考察。

12 月 3 日 海峡两岸关系协会副会长张铭清和全国台湾同胞投资企业联谊会会长张汉文，到德州参加德州市台湾同胞投资企业协会成立大会。

12 月 5 日 古贝春集团、德棉股份

澳德乐时代广场

有限公司、皇明太阳能集团和泰山体育产业集团等4家企业荣登新中国60年山东百家领袖品牌榜。

12月8日 市委召开全市农村社区建设工作现场会议。会议确定将工作重心由村庄合并转移到加快农村社区规划建设、实现农民群众集中居住上来。原定三年的村庄合并任务一年完成，全市由原来的8319个村庄合并为3070个社区（村），村均人口由547人增加到1353人，2233个新建农村社区全部依法选举产生农村社区党组织、村委会及配套组织，社区选民平均参选率达到85%以上。

同日 德州市党的建设研究会成立，通过了《德州市党的建设研究会章程》，选举了第一届理事会领导机构。

12月10日 德州与北京、天津等地客商签订12项协议，100多万吨蔬菜未种先销，价值9亿元。

12月11日 德州市院士工作联络办公室成立仪式暨主导产业发展论坛举行。

12月15日 德州市被中国轻工业联合会、中国陶瓷工业协会正式授予“中国黑陶城”称号。

12月18日 武城县被中国传统文化促进会命名为“中国状元之乡”。

12月28日 临邑县与大连兴科碳纤维有限公司共同合作的中国炭谷项目签约。

12月29日 德百集团澳德乐时代广场开业。澳德乐时代广场由澳大利亚澳力美国际有限公司、厦门市亚大工贸有限公司和德百集团共同投资兴建，总投资8亿元，面积23.8万平方米。

是年 全年粮食总产72.1亿公斤，小麦、玉米单产合计1061.4公斤，成为全国首个“亩产过吨粮、总产过百亿”的地级市。

是年 全市对244株古树名木和3个古树群，建档立卡、挂牌，设置围栏保护。

是年 德州市体育中心建设完成并投入使用。中心占地面积65.34万平方米，环境优美，交通便利。体育中心一期工程占地面积12.86万平方米，建有体育馆和全民健身中心，总建筑面积47586平方米。当年承办了第十一届全国运动会艺术体操、男子篮球9~12名决赛两项赛事。

2010年

1月1日 中央直属储备糖库（齐河）物流项目签约。

同日 德州市区首批廉租房实物配租公开摇号，220个低收入困难家庭通过摇号

德州市体育中心体育馆

获得住房。

同日　德州市被省政府授予“山东省园林城市”称号。

1月9日　市委、市政府召开全市农村社区建设动员大会，确定将工作重心由村庄合并尽快转移到新社区建设上来，在全市实施百企连百区、百局帮百区“双百工程”。

1月10日　中国绿色食品发展中心在德州举行陵县绿色食品西葫芦认证颁证及新品种试验示范基地授牌仪式。

1月14日　农业部、山东省政府在德州召开亩产过吨粮经验总结会议，奖励德州市政府100万元，给德州市农业局记集体一等功。德州市在全国率先提出整建制县高产创建。

1月16日　天津（红桥）—山东（庆云）红云高新技术产业园揭牌。

1月16日至19日　中国人民政治协商会议德州市第十三届委员会第三次会议举行。

1月16日至20日　德州市第十六届

市长吴翠云在会上领奖

人民代表大会第三次会议举行。

1月19日 德城区与台湾连展科技股份有限公司光电科技产业园项目签约。

1月21日至22日 省委书记、省人大常委会主任姜异康到德州调研。先后到夏津县、武城县、德州经济开发区，深入企业、农村、学校、医院、敬老院等基层单位，看望慰问干部群众，了解经济社会发展情况。雷建国、吴翠云等陪同参加活动。

1月23日至27日 世界太阳城协会主席克瑞斯·在德维德到德州市考察2010年第四届世界太阳城大会筹备情况，并做“如何组织一次有影响力的国际性会议”专题讲座。

1月25日至26日 深圳华南城集团总裁梁满林到德州考察。市长吴翠云会见，并陪同参观德州城市建设、市场建设等情况。

1月26日 德州市荣获首批“国家新型工业化产业示范基地”称号，成为全国唯一的生物产业示范基地。

1月29日 德州市与青岛市在济南举行交流合作座谈会。省委常委、青岛市委书记阎启俊，青岛市委副书记、市长夏耕，德州市委书记、市人大常委会主任雷建国，市委副书记、市长吴翠云等出席。

同日 济南铁路经营集团平原物流中心项目开工奠基。

2月3日至4日 市委书记雷建国、市长吴翠云赴北京、天津开展对外合作联谊活动，分别走访国家有关部委、天津市有关单位和中央直属企业负责人，并就深入扩大合作进行对接洽谈。

2月7日 德州市与济南在舜耕山庄召开扩大两地交流合作座谈会。省委常委、济南市委书记焉荣竹主持并讲话。德州市委书记、市人大常委会主任雷建国介绍情况。济南市委副书记、市长张建国，德州市委副书记、市长吴翠云等参加。

2月13日 省委副书记、省政协主席刘伟到齐河县走访慰问，代表省委、省政府向广大公安民警、武警官兵和烈军属致以新春的祝福和亲切的问候。

2月18日 中国重汽集团党委书记、董事长马纯济，总经理蔡东到禹城参观考察。

2月20日 全市农村工作暨林业改革发展工作会议召开。会议对做好全市农业农村工作和林业改革发展工作进行部署，印发2010年市委1号文件《关于加大统筹城乡发展力度，推进农业农村科学发展的意见》。

3月1日 中国太阳城（德州）全民低碳生活行动启动仪式举行。雷建国、吴翠云等分别为第四届世界太阳城大会会徽、吉祥物揭彩。

3月2日至3日 德州市妇女第十五次代表大会召开。大会选举产生了新一届市妇联领导班子：主席张化琴，副主席张莉、徐宝丽、张俊英，兼职副主席桑青、冀红梅、张静。

3月2日至3日 马来西亚发林集团董事会主席林玉唐到德州考察旅游业发展情况。

3月5日 196名选派干部进驻到93个农村社区，帮助搞规划、选新址、建新家。农村社区建设“百局帮百区”拉开帷幕。

3 月 6 日　全市举行重点项目集中开工仪式。雷建国、袁秀和、李保海、韩建亭、翟长生等分别参加经济开发区主会场和各县（市、区）分会场的活动。

3 月 6 日至 8 日　市委书记雷建国率党政考察团赴章丘市、邹平县、博兴县、桓台县学习考察。

3 月 10 日　全市启动水系林业生态保护带建设工程与全民义务植树活动。

2010 年 3 月 10 日，德州市水系林业生态保护工程启动仪式

3 月 11 日至 12 日　国家旅游局副局长杜江到德州市考察低碳旅游经济。

3 月 12 日　青海省副省长王令浚到德州考察。

3 月 13 日　联合国国际生态安全合作组织总干事蒋明君到德州考察。

同日　全国粮油产销企业订货会暨粮油经销商联谊会在德州开幕。

3 月 19 日　316 省道临邑县境内发生一起特大交通事故。一辆单县牌照的福田中型客车与路树相撞，造成 2 人当场死亡，1 人送医院抢救无效次日死亡，1 人重伤、多人受伤。

3 月 20 日　农业部春季农业生产督导组到德州督导检查。

3 月 21 日　中国兵器装备集团党组副书记、副总经理尹家绪到德州考察。

3 月 22 日　京沪高铁德州东站开工建设。

3 月 24 日至 25 日　环保部核安全总工程师陆新元率国家海河流域水污染防治“十一五”规划实施情况考核组到德州进行现场考核。分综合检查、工业企业、污水处理厂、河流断面等 4 个小组分别到部分县（市、区）现场察看。

3 月 29 日　马来西亚吉（马）集团控股公司董事主席严孟杰到德州市考察太阳能热利用项目。

3 月 30 日至 31 日　瑞士驻华使馆参

赞沃尔特·梅尔率中国—瑞士低碳城市示范项目组到德州考察低碳城市建设试点项目。

3月 市委、市政府制订《关于德州市人民政府机构改革的实施意见》，按照精简统一效能、因地制宜、统筹兼顾的原则，转变政府职能，完善管理体制，优化组织结构，规范机构设置，设工作部门32个、部门管理机构2个，并对其“三定”规定的范围、内容和要求，制定和审批程序做出明确规定。

4月1日 由宁津亿达电梯公司与香港富士电梯控股有限公司联合投资2.16亿元的山东富士制御电梯项目签约并奠基。

4月2日至11日 德州经贸代表团赴美国、加拿大考察招商。

4月3日 山东省2010年师范类高校毕业生供需见面会暨德州市综合类就业招聘会在德州学院举行，省内外569家用人单位，携万余个就业岗位到会招贤纳才。

4月8日 德州市与重庆市合川区签署战略合作框架协议。中共重庆市合川区委书记王作安，合川区委副书记、区长乔明佳，中共德州市委书记、市人大常委会主任雷建国出席签字仪式。

4月9日 鲁渝相互支援经济合作展在重庆市三峡博物馆开幕，德州市展区展出27家企业的7大类40多种产品。

4月9日至11日 德州组团参加博鳌亚洲论坛。

4月11日 市委书记雷建国率考察团赴成都市青白江区及西南交通大学学习考察，代表德州市与西南交大签署合作协议。

4月13日至15日 全国政协副秘书长、九三学社中央原常务副主席陈抗甫到德州就新能源产业发展和节能减排等相关情况进行调研，并作基层组织建设专题报告。

4月14日 全省重点污染河流治污暨环境安全管理调度会在德州召开。

同日 奥地利驻华大使马丁·赛迪科、商务参赞奥斯卡·安思来率团到德州考察新能源发展及医院、大学等公共服务机构情况。

4月14日至21日 德州考察团赴台湾，举办第四届世界太阳城大会暨海峡两岸太阳能产业交流合作恳谈会推介会。

4月15日 中国兵器装备集团公司副总经理聂晓夫到到德州考察新能源和装备制造发展情况。

同日 中国工程院和瑞典皇家工程科学院考察团到德州参观考察新能源产业。

4月16日至18日 华南城集团董事长郑松兴率团到德州考察。

4月17日 中国特色少年司法制度的探索与建构研讨会在德州召开。同时，全国预防青少年犯罪研究基地在德州挂牌。

4月20日 全国人大常委会委员、环资委副主任委员曹伯纯率调研组到德州开展“以科技促进循环经济”专题调研。

4月21日 颜真卿书法博物馆在陵县建成。

同日 德州市国家知识产权试点城市和国家自主知识产权产业化试点基地授牌。

4月25日至26日 德州市党政考察团赴青岛学习考察，与青岛市签署战略合作框架协议。

4月27日至30日 市长吴翠云率团到陕西省西安市、江苏省扬州市，就商贸物流业发展、大型国际会议活动组织、城市规划建设等学习考察。

5月6日 全市首届市长质量奖颁奖大会召开。市委书记、市人大常委会主任雷建国致信祝贺。市委副书记、市长吴翠云讲话，并为获奖单位和个人颁奖。

5月8日 人民银行济南分行与市政府共同推进金融改革创新加快实现转方式调结构战略目标合作协议签字仪式暨重点项目推介会在德州太阳谷微排国际酒店举行。

5月10日 市委、市政府制订《关于加快低碳经济发展的意见》，将发展低碳经济提升为重要发展战略，全市上下以转方向、调结构、降低碳排放为着力点，大力发展低碳经济，努力建设低碳社区，积极创建低碳生态环境，将德州打造成国内一流的低碳经济示范区。

5月12日 水利部副部长胡四一率国家防总海河流域防汛抗旱检查组到德州检查工作。

同日 2010年德州（香港）经贸合作联谊会暨第四届世界太阳城大会推介会在香港万丽海景酒店举行。中央人民政府驻香港联络办经济部部长孙文秀、香港贸发局华北东北首席代表陈海劲、香港经贸商会副会长刘健安、中燃控股执行总裁黄勇、马来西亚发林集团总裁丹斯里林玉唐，以及来自香港及周边地区的100余名官员和客商参加推介会。市委副书记、市长吴翠云，副市长李保海分别致辞。

同日 陵县新髙津河水库开工。

5月14日至15日 美国德克萨斯州孔乔谷青年发展中心成员先后到陵县前张吉村小学和平原前何占屯村，分别捐赠1万余元的书籍和音像设备，并为两村的詹姆斯·杰森纪念图书馆和以马内利图书馆揭牌。

5月21日 中共济宁市委书记、市人大常委会主任孙守刚率党政考察团到德州参观考察。

5月26日至27日 省长姜大明到德州就黄河三角洲高效生态经济区开发建设和第四届世界太阳城大会筹备等情况进行调研。

5月26日至28日 省军区政委南兵军少将先后到陵县、武城县、平原县、夏津县检查指导人武部学习型机关创建工作。

5月30日至6月7日 市委书记雷建国率团赴英国、荷兰、丹麦考察访问。宣传推介第四届世界太阳城大会，诚邀国外政府及部门、企业负责人和各界知名人士参会，并就生态环境建设、城市规划建设以及商贸、科技、文化、教育合作与有关方面交流洽谈。

6月3日 德州市与瑞士发展合作署签署备忘录。市长吴翠云率市经信委、市外事侨务办负责人在北京参加中瑞合作与对话气候变化城市行动会议，作题为“发展低碳经济、倡导低碳生活、建设低碳城市”主旨发言。

6月8日 市委书记雷建国在济南会见摩根大通集团亚太区董事总经理、中国综合公司及企业投资主席、中国投资银行副主席龚方雄。

6月11日至19日 市长吴翠云率德州市经贸代表团赴德国、法国、西班牙进行友好交流和经贸洽谈活动。

6月16日 农业部党组副书记、副部长危朝安到德州视察夏收夏种工作。副省长贾万志陪同。

6月17日 湖北省副省长郭生练率团到禹城市考察生物产业。

6月20日 第四届中国生物产业大会国家生物产业基地论坛在禹城召开。

6月24日 海河管理委员会主任任宪韶率海河防总检查组到德州检查防汛抗旱工作。

6月29日至30日 全国人大常委会原副委员长周光召带领中科院专家到德州就农业信息化建设进行调研。

6月30日至7月1日 2010中国（德州）有机农业与自然农法国际论坛在齐河召开，日本自然农法国际研究开发中心理事长天野纪宜、中国科协农技中心副主任张晓军、省人力资源和社会保障厅副厅长黄麟英、副市长韩建亭出席。

7月4日 全市“合村并居”取得新进展。数据显示：全市六成村庄合并，减少4980个建制村，新建3339个社区性组织。

7月5日 市委、市政府制订《关于加快经济发展方式转变若干重要问题的意见》。总的要求是把转方式、调结构作为推动科学发展的重要目标和战略举措，大力发展低碳、循环、绿色、生态经济，推动全市经济争创新优势、实现新发展。要求在6个方面实现重大进展：1. 在扩大总量、提质增效上实现重大进展；2. 在现代产业体系建设上实现重大进展；3. 在创新型城市建设上实现重大进展；4. 在绿色德州建设上实现重大进展；5. 在一体化发展上实现重大进展；6. 在加强社会建设上实现重大进展。

7月6日 南水北调东线一期鲁北段工程建设动员大会在武城县召开。国务院南水北调办公室主任张基尧、副省长贾万志分别讲话。省水利厅厅长杜昌文主持会议。国家和有关省市南水北调办公室负责人，德州市雷建国、吴翠云、满春重出席。南水北调东线一期工程鲁北段包括聊城和德州两段。德州段投资19.93亿元，工程由七一河、六五河输水工程，大屯洼蓄水工程、灌区影响处理工程、截污导流工程组成。

7月8日 环保部正式公布2009年度全国重点流域水污染防治规划实施情况考核结果。该次考核是“十一五”期间国家对海河流域水污染防治规划实施情况进行的第二次考核。德州市代表山东省参加考核最终得94.3分，在海河流域7个省市考核代表城市、全国9大流域33个考核代表城市中取得“双

2010年7月6日，南水北调工程启动仪式

第一”的优异成绩。2009 年,全市境内 5 条主要河流出境断面 COD 浓度较“十五”末平均下降65%,其中 2 条出境断面全年水质达到地表五类水质标准,3 条出境断面 COD 浓度大大优于国家海河流域水质要求。8 月 29 日,召开德州市海河迎查总结表彰大会,对72 个先进单位和209 名先进个人进行表彰,同时对54 个单位给予 10 万~100 万元的资金奖励,共计发放奖励资金 840 万元。

7 月9 日 德州市在上海举行第四届世界太阳城大会宣传推介会。

7 月12 日 省委书记、省人大常委会主任姜异康,省委副书记、省长姜大明在德州会见国家旅游局党组书记、局长邵琪伟。

7 月14 日 海南省政协常务副主席、党组副书记张海国到德州参观考察。

7 月15 日 山东省大豆产业技术创新战略联盟成立大会在陵县举行。

7 月17 日 山东德州华北商贸物流城(东北城)项目在德州签约。华南城集团执行董事、总裁梁满林,中国城乡发展有限公司董事会主席萧锦成,华南城集团副总经理黄伟生,德州市雷建国、吴翠云、田玉茂、兰忠良等出席。

同日 亚洲最大的兆瓦级太阳能热发电站暨皇明自主研发线性菲涅尔式高温热发电站开工。

7 月28 日 台湾中华华夏文化交流协会理事长沈智慧,到德州考察太阳能产业发展情况。

7 月 德滨铁路开工建设。德州段长约67 公里,设德州、陵县、临邑、乐陵4 个车站。

8 月1 日 由武城县山东汽车制造有限公司与清华大学联合研发的首辆新能源客车成功下线。该车以电能为动力,最大续航里程 200 公里,与普通燃油客车相比,节能效果可达 85%。这是德州市首辆有自主知识产权的新能源汽车。

8 月11 日 乐陵市申报的国家级体育产业基地获得国家体育总局批复,成为继成都、深圳、晋江、北京龙潭湖之后的全国第 5 个,也是山东省第一个国家级体育产业基地。

同日 国家减灾中心副主任冯金社到德州视察受灾情况。

8 月11 日至14 日 全市连降大到暴雨,徒骇河及其重要支流赵牛新河面临溃坝危险。德州军分区紧急抽调 2500 余名现役干部和民兵应急队员驰援禹城抗洪救灾。广大干部群众奋力抗洪抢险。

8 月12 日 海河防总常务副总指挥、海委主任任宪韶到禹城检查指导防汛工作。

8 月15 日 省委副书记、省长姜大

2010 年8 月1 日,齐鲁新能源电动客车下线仪式

明到德州检查指导防汛救灾工作。

8月17日 以色列驻华大使馆国际合作科技和农业处参赞雪山博士到德州考察。

8月18日 鲁西北第一家农村合作银行——山东齐河农村合作银行成立。

8月23日 意大利马尔凯大区常务副主席彻鲁尼·雷米吉奥、雷帕纳诺市市长芬尼·卢奇到德州考察。

8月25日 中国华能集团公司党组书记黄永达一行到德州考察，表示将加大项目推进力度，力争把华能德州电厂建设成为一家具有较强竞争力的大电厂，为地方经济社会发展做出更大贡献。

9月2日至3日 全省农村住房与城市保障性安居工程建设调度会议在德州召开。

9月9日 山东德州扒鸡股份有限公司成立。

9月9日至10日 全国人大常委会委员、全国人大外事委员会主任委员李肇星到德州考察第四届世界太阳城大会筹备情况。

9月11日 宁津县大曹镇陈庙村身患绝症的26岁青年林英浩遗体被送往山东医科大学遗体接受中心，成为德州市首例自愿捐献遗体者。

9月14日 台湾新党主席郁慕明、台湾海峡两岸合作发展基金会董事长张世良到德州参加海峡两岸太阳能产业交流合作恳谈会。

9月15日 《德州晚报》（试刊）发行，由原《德州日报·长河晨刊》与《德州广播电视报》合并组建而成。2011年3月31日，正式创刊。

2010年9月16日，世界太阳城大会开幕式

9月16日至18日 第四届世界太阳城大会在德州中国太阳谷隆重举办。全国人大常委会副委员长华建敏，全国政协副主席、科技部部长万钢，中共山东省委副书记、省长姜大明，爱尔兰前总理伯蒂·埃亨，韩国前总理李海瓒，世界太阳城协会主席克瑞斯·在德维德，人力资源和社会保障部副部长兼国家外国专家局局长季允石，中国人民对外友好协会会长陈昊苏，住房和城乡建设部副部长仇保兴省人大常委会常务副主任高新亭，副省长李兆前，国家能源局副局长刘琦，财政部部长助理王保安，国际太阳能学会前主席莫妮卡·奥利芬特，国务院参事、中国可再生能源学会理事长、中国科技咨询协会理事长石定寰，国家旅游局副局长杜一力，海峡两岸关系协会副会长王富卿，《人民日报》海外版总编辑张德修，省人大常委会秘书长王文生，省政府秘书长、办公厅主任张万青，德州市委书记雷建国、市长吴翠云等出席开幕式。华建敏宣布开幕。万钢、姜大明、伯蒂·埃亨、李海瓒、克瑞斯·在德维德、刘琦、王保安分别致辞，仇保兴作主旨演讲。莫妮卡·奥利芬特，吴翠云先后主持。开幕式上还举行了授牌仪式，财政部、住房和城乡建设部联合授予德州市“国家可再生能源建筑应用示范城市”称号。

大会期间，华建敏（前右二）参观展览

第四届世界太阳能大会由世界太阳城协会、科技部、工业和信息化部、财政部、商务部、国家能源局、国家外国专家局、国家旅游局和山东省人民政府共同主办。来自美、日、英、德、加、俄等50多个国家和地区的近2981名专家、官员和企业家参会。大会以“太阳能改变生活”为主题，以高端论坛、产业探索为主要内容。大会期间，举办了山东省节能减排新技术新产品展洽会签约仪式、项目

2010年9月16日，雷建国在第四届世界太阳城大会上致辞

推介和展览展示等活动；探索用市场化运作模式，与汽车制造、太阳能光电产品开发等多个领域的国内外企业达成合作共识。大会组织了节能减排和新能源领域的新技术、新产品等28个参展项目，104个重点推介项目，总投资额高达780亿元。

德州市于2008年成功获得第四届世界太阳城大会举办权。这也是中国首次承办国际太阳城大会。

9月26日 德州市代表队在山东省运动会上共获得32.5枚金牌、6枚银牌、12枚铜牌，总分809.50分，位居综合排行榜第11位，取得参加历届省运会以来最好成绩。

9月27日 由省商业集团投资的大型商贸服务业项目——银座商城德州店开业运营。

9月29日 农业部组织《人民日报》、新华社、中央人民广播电台、中央电视台等8家中央级媒体，组成“秋粮探行”采访团，深入齐河田间地头采访。

10月5日 全国人大财经委副主任委员、全国人大常委会预算工委主任高强，中国药师学会会长张淑芳，北京医学基金会理事长颜晓文，到德州考察太阳能产业发展与城市建设情况。

同日 市委、市政府制订《关于加快统筹城乡发展的意见》。总体步骤：用10年的时间，完成“三步走”，实现“六转变”。第一步，变革农村行政管理体制，由原来以自然村为基本管理单元向新型农村社区管理体制转变。第二步，变革农民的生产生活方式，由原来农民分散居住向集中居住转变，由分散经营向集约经营转变。第三步，变革农村社会管理制度，基础设施公共服务制度由政府单向投入城市向城乡全覆盖转变，公共福利制度包括教育制度、卫生制度、社会保险制度由城乡不均衡向城乡均等转变，户籍管理制度由城乡二元化管理向城乡一元化管理转变。

10月8日 全省转方式调结构现场观摩会中片区在德州召开。省委副书记、省长姜大明，省委常委、济南市委书记焉荣竹，省委常委、组织部部长高晓兵，副省长郭兆信、李兆前，省政协副主席齐乃贵，省政协副主席、省工商联主席王乃静，济南、淄博、东营、潍坊、滨州和德州市党政主要负责人，省直有关部门主要负责人参加会议。

同日 华北商贸物流城（东北城）奠基。全省转方式调结构现场观摩会中片区与会人员出席奠基仪式。德州东北商贸物流城（东北城）建设用地总面积

2010年10月8日，德州东北商贸物流城奠基仪式

约为700万平方米，规划总建筑面积约1500万平方米。德州华北商贸物流城（东北城）以中国城乡发展有限公司为投资主体，首期投资约80亿元。建成运营后成为辐射华北、华东、中原等地区的工业原材料和农业生产资料中心、商品集散中心和现代综合物流中心。

10月9日 全国政协副主席何厚铧率澳门特区全国政协委员考察团到德州考察。

10月10日 通裕重工股份有限公司列入省重点技术创新项目计划的F91大型锻制三通产品、AP1000核电主管道用大型电渣重熔锭产品和纤维保持型风电直驱主轴成形技术，通过省经信委新产品新技术鉴定验收。

10月12日 国家玉米工程技术研究中心（山东）主任、山东登海种业股份有限公司董事长李登海到临邑县翟家镇考察“超级玉米”新品种“登海超试1号”和“登海超试6号”示范推广情况。

10月13日至15日 中共贵州省黔东南苗族侗族自治州州委书记廖少华带领考察团到德州考察。

10月14日 中共河北省邢台市委书记姜德果率党政代表团就转方式调结构、城市建设、招商引资等工作到德州参观考察。

10月17日 在山东省首届“非物质文化遗产”博览会上，德州市参展的8个“非遗”项目的15个“非遗”传承人均获“优秀传承人”称号。获得优秀传承人称号的15人为德州扒鸡制作工艺传承人崔长清、张树林、崔岭，德州黑陶制作工艺传承人梁立霞、毛军，蛋壳陶、彩云陶制作工艺传承人王宪利，齐河龙山黑陶制作工艺传承人王志水，平原通德醋酿造技艺传承人任万平、任博，古贝春酒配

2010年10月9日，何厚铧（左四）率澳门特区全国政协委员考察团在德州皇明太阳能集团考察

制工艺传承人周晓峰、赵殿臣、吴兆征、董福新，夏津小磨香油（鄃香牌）制作工艺传承人黄勤勇，以及宁津剪纸传承人张长俊。

10月22日 国务院南水北调工程建设委员会办公室党组书记、主任鄂竟平一行到德州调研南水北调工程建设及征地移民工作。

10月24日 引黄济津潘庄线路应急输水工程通水。引黄济津潘庄线路应急输水工程投资1.44亿元，2010年6月5日开工建设，10月10日主体工程完工，19日通过验收。22日，2010—2011年度引

黄济津应急输水开始，至2011年4月11日止，历时170天，潘庄闸引水11.84亿立方米，天津九宣闸接水4.2亿立方米。水利部部长陈雷，中共天津市委副书记、市长黄兴国，中共山东省委副书记、省长姜大明，河北省副省长张和出席仪式并共同启动穿漳卫新河倒虹吸工程通水闸门。黄河水利委员会主任李国英，天津市副市长熊建平，山东省副省长贾万志以及山东、河北、天津3省市政府有关部门，黄委、海委有关单位负责人，德州市雷建国、吴翠云、史好泉、袁秀和、满春重、韩建亭出席仪式。

10月26日 中共德州市委党校新校区在经济开发区新河路南新校区举行建设奠基仪式。2012年9月竣工。党校新校占地149亩，规划建设主要有综合办公楼（包括图书馆、信息中心）、教学楼、报告厅、学员公寓及餐厅、文体馆等，总建筑面积61000平方米。可同时容纳600人的食宿和上课。工程获“鲁班奖”。

10月28日 辽宁省副省长赵化明率考察团到齐河县考察城镇化建设。

10月30日 中共东营市委书记、市人大常委会主任张秋波率党政考察团到德州考察。

11月1日 全市第六次人口普查全面展开，零时起进入正式入户登记阶段。普查结果显示，全市常住人口为556.82万人。

11月1日至5日 德州市“城市化与城市现代化”培训班在中国浦东干部学院举办。各县（市、区）委书记、分管副县长和市直有关部门主要负责人共49人参加培训。

11月4日至5日 英国前副首相约翰·普雷斯科特，新洲国际集团董事长杨腾波率团到德州参观考察，就新洲集团与德州市战略合作事宜进行洽谈。德州市政府与新洲国际集团签署战略合作框架协议。

11月5日 全国公安机关执法规范化建设工作座谈会与会人员到德州观摩。中共中央候补委员、公安部党委副书记、常务副部长杨焕宁带领部分参加座谈会的人员分3组观摩。此前，杨焕宁于10月22日到齐河县检查指导执法规范化建设工作。

11月8日 市委书记雷建国带队赴北京，就汉能集团在禹城投资建设太阳能光伏发电和太阳能薄膜电池项目进行洽谈。

11月10日 济南德州合作交流工作会议在德州召开。济南市委常委、副市长

2012年德州市委党校新校区建成

陈先运，德州市委书记、市人大常委会主任雷建国分别讲话。

11 月 12 日 全省农田水利基本建设现场会在德州召开。

11 月 15 日 省委副书记、省政协主席刘伟到德州调研。

同日 全省林业贴息贷款项目管理经验交流会在德州召开。

2010 年 11 月 22 日，德州市中心城区第七批保障房分配现场

11 月 16 日 国家民族事务委员会党组书记、副主任杨传堂到德州调研民族工作。

11 月 18 日 牙买加驻华大使到德州考察访问。

11 月 22 日 市中心城区第七批保障性住房公开分配选房仪式举行，270 户符合条件的低收入住房困难家庭通过公开抽号购买到经济适用住房。从 2005 年起，全市逐步实行经济适用房、廉租房办法。

11 月 25 日 “群英汇聚太阳城”海内外高端人才德州行活动开幕式暨共建留学生创业园授牌仪式举行。

11 月 28 日 古贝春集团有限公司荣获“联合国相关机构千年金奖”暨国蕴酒开发研讨会在北京人民大会堂举行。

11 月 30 日 全国小型农田水利重点县建设现场会在德州召开。

同日 齐河黄河国际生态城省级旅游度假区正式获山东省人民政府批复。度假区位于齐河县城南部的黄河北展区内，东至李家岸干渠、西至北展堤东侧、南至黄河大堤北侧、北至北展堤南侧，规划总面积 29.95 平方公里。

12 月 1 日 马来西亚发林集团董事主席兼总裁丹斯里·林玉唐到德州市，就加快东盟国际生态城项目建设进度与德州

2010 年 11 月 25 日，海内外高端人才德州行暨“群英聚会太阳城”人才项目对接洽谈会

市政府洽谈。

同日 零时起，德州市境内的高速公路及国、省道收费站，对装载运输鲜活农产品的车辆全部按规定免费通行。

12月8日 省委副书记、省长姜大明到齐河县视察抗旱工作。

12月9日 天津（红桥）—山东德州（庆云）合作交流推进会暨津鲁红云高新技术产业开发区投资说明会在天津举行。中共天津市红桥区区委书记赵建国，天津市发改委副主任杨振江，天津市红桥区区政协主席黄禄衡，山东省发改委副主任、黄三角建设办公室副主任牛启忠，德州市委副书记、市长吴翠云，市人大常委会第一副主任兰忠良，市委常委、副市长张世良，市委常委张甲太、市政府秘书长刘兆祝出席。

12月15日至16日 首届中国（德州）生态文明高层论坛在德州举行。全国政协副主席、农工民主党中央常务副主席陈宗兴，国家环保总局原副局长、党组副书记祝光耀，中国科学院院士、中国科普作家协会理事长、地质学家刘嘉麒和有关专家出席。会议通过了《德州倡议》。

2010年12月15日，首届中国（德州）生态文明高层论坛。陈宗兴在论坛上讲话

12月18日 德州市盲人田径运动员王玉芹，在广州亚残运会女子400米T12级决赛中，以1分00秒21的成绩夺得冠军。这是她继17日在女子200米T12级决赛夺冠后，收获的第2枚金牌。

12月18日至20日 德州市荣获2010年中国城市化地级以上“十大活力城市”、2010年“中国城市化和谐发展典范案例”称号。

12月19日 北京·德州高铁时代产业合作发展峰会在钓鱼台国宾馆举行。全国人大常委会原副委员长顾秀莲，国家发改委副主任徐宪平等和德州市吴翠云、田玉茂、兰忠良、袁秀和、张世良出席。

12月20日 宁津县红庙李村被国家人口与计划生育委员会、中国计划生育协会授予“全国计划生育协会先进单位”和“首批全国人口和计划生育基层群众自治示范村”称号。

12月21日 全市对口支援北川灾后恢复重建总结表彰大会召开。援川办公室（前线指挥部）等69个“德州市对口支援北川灾后恢复重建工作先进集体”，王圣华等49名二等功获得者、郭长君等66名三等功获得者、徐达晖等62名嘉奖获得者受到表彰。“5·12”四川汶川特大地震发生后，德州市对口支援北川县白什乡和参与北川新县城灾后恢复重建。2008年11月率先全面完成白什援建任务。总投资2210万元的白什乡援建项目仅用4个月就全面建设完成，白什成为北川县关内乡镇中第一个完成援建任务的乡。两年多时间，全市共选派16名援川干部和

3000多名建设人员，先后援建和承建了12个重点工程项目，形成实物工作量近4亿元，实现了“三年援建任务两年基本完成”的目标，赢得四川省各级党委、政府和北川人民的广泛赞誉。在援建过程中，全市踊跃捐款捐物共折合人民币1.1亿元。

同日　经全国旅游景区质量等级评定委员会评定，夏津县黄河故道森林公园为国家AAAA级旅游景区。

12月22日　德州（深圳）区域经济合作恳谈会在深圳举行。深圳市副市长袁宝成、市政协副主席廖军文、市政协原副主席许扬等出席，德州市委副书记、市长吴翠云致辞。市委常委、副市长张世良介绍德州市重点产业及重点推介项目。

12月26日　中国太阳谷入选十大齐鲁文化新地标，董子文化街入选齐鲁文化特色新地标。

12月27日　山东天宇建设机械股份有限公司在天津股权交易所挂牌。

12月29日　驻鲁中直机关全国人大代表、驻省直机关全国人大代表、解放军驻山东部队全国人大代表、驻济南全国人大代表、驻德全国人大代表到德州视察指导工作。全国人大常委会委员、全国人大外事委员会主任委员李肇星，省人大常委会常务副主任高新亭参加活动。

12月30日　中国节能环保集团山东德州20兆瓦（一期10兆瓦）光伏电站并网发电。

年底　全市将合并后的3070个社区（村）规划为1184个并建社区，并全部完成选址和规划设计，部分社区启动建设，近5万农户告别平房，搬进新楼房。

2011年

1月5日　山东省首个国家体育产业基地揭牌仪式在乐陵举行。

1月8日　3时35分，德城区三八路岔河大桥发生一起特大道路交通事故，造成2人当场死亡，4人经抢救无效死亡，2人受伤。

同日　恒源石油化工集团有限公司、皇明太阳能集团有限公司入选全国能源集团500强，德州经济开发区获新能源产业园区百强荣誉称号。

1月10日　由德州市组建的山东省实验民族乐团成立。

1月14日　德州市委、市政府主要负责人调整。吴翠云任德州市委委员、常委、书记兼市委党校校长，提名为德州市人大常委会主任候选人。雷建国不再担任德州市委书记、常委、委员、市委党校校长和市人大常委会主任职务，另有任用。陈先运任德州市委副书记，提名为德州市人民政府市长候选人。吴翠云不再担任德州市委副书记、市长职务。

1月16日　天津贵金属及交易所分支机构在德州营业。

1月18日　德州市第十六届人大常委会第二十五次会议召开。会议接受吴翠云辞去德州市人民政府市长职务的请求，选举并决定任命陈先运为德州市人民政府副市长、代市长。

1月21日至25日　中国人民政治协商会议第十二届德州市委员会举行第四次

陈先运（2011. 1—2013. 3 任市长）

会议。会议选举史好泉为市政协主席，增选王惠萍为副主席。

1 月 24 日至 26 日　德州市第十六届人民代表大会第四次会议召开。会议补选吴翠云为市人大常委会主任，陈先运为德州市人民政府市长。

1 月 27 日　省委书记、省人大常委会主任姜异康到德州检查指导抗旱工作。副省长贾万志，市委书记、市人大常委会主任吴翠云，市委副书记、市长陈先运等陪同。

2 月 7 日　省委副书记、省长姜大明会见在德州检查指导抗旱工作的农业部部长韩长赋。副省长贾万志，德州市委书记、市人大常委会主任吴翠云，市委副书记、市长陈先运陪同。

2 月 9 日　全市 2010 年度科学发展表彰暨解放思想加快发展动员大会召开。会议确定 2011 年的全市工作的总体要求是：以科学发展为主题，以加快转变经济发展方式为主线，以继承创新、务实求进、跨越发展为主基调，以打造区域经济文化高地为奋斗目标，以建设幸福德州为新的追求（概括为“三主、六大、一个目标、一个追求”的工作思路），全力推进思想大解放、项目大建设、对外大开放、全民大创业、民生大改善、作风大转变，努力构建和谐社会，实现富民强市跨越，确保“十二五”开好局起好步，以优异成绩迎接建党 90 周年。争取地区生产总值冲刺 2000 亿元，固定资产投资冲刺 1500 亿元，城镇居民可支配收入和农民人均收入分别达到 2 万元和 8000 元。

2 月 13 日　国家防汛抗旱总指挥部秘书长、水利部副部长刘宁到德州检查指导抗旱工作。

2 月 19 日　德州市政府确定 2011 年十项民心工程：完善社会保障、改善城乡居民住房条件、增加城乡居民收入、加快教育事业发展、提高医疗卫生水平、发展文化体育事业、保障居民食品安全、扩大就业规模、完善城乡基础设施、完善政务服务体系。

2 月 20 日至 23 日　吴翠云、陈先运带领党政考察团，到河北省沧州市渤海新区、廊坊市，天津市北辰区、滨海新区、武清区考察学习。

2 月 25 日　乐陵 507 亩枣林生态旅游区、夏津黄河故道森林公园、德州世纪风科技创新示范园被确定为山东首批 42 处景区自驾游示范点。

3 月 1 日　《德州市中长期教育改革和发展规划纲要（2011—2020）》颁布实施。

3 月 6 日　全国粮油产销企业（春季）订货会暨粮油经销商联谊会在德州召开。

3 月 7 日　德州首例造血干细胞捐献成功。这是德州市首例非血缘关系造血干细胞配型成功。德州市第一例造血干细胞捐献者董林，在山东省立医院血液科接受造血干细胞采集，采集的造血干细胞被空运至武汉为一名 19 岁女孩进行移植治疗。

3 月 10 日　宁津县公安局侦破涉案金额达 5.3 亿元的特大网络非法经营案。

3 月 13 日　德城区共青团路（德兴大道至育英大街段，554 米，车行道、人行道各宽 14 米）改造完成。

3 月 16 日　德州世纪威能风电设备有限公司建造的国内第一支 40.3 米、1.5 兆瓦竹材风力发电机叶片装车启运，4 月上旬在辽宁华能盘锦大洼风电场进行挂机试验。

3 月 17 日至 18 日　中国社科院常务副院长王伟光率部分学者对德州太阳能行业领军企业“皇明太阳能集团”进行实地考察。

3 月 25 日　中国建材（德州）“三新”产业园暨德州经济开发区重点项目集中开工奠基仪式举行。省委常委、省纪委书记李法泉，中国建材集团董事长、党委书记宋志平，中国建材集团总经理姚燕、副总经理郭朝民，省纪委常委、秘书长王喜远，市委书记、市人大常委会主任吴翠云，市委副书记、市长陈先运，市人大常委会主任第一副主任兰忠良、市政协主席史好泉等出席仪式。

3 月 26 日　山东省 2011 年春季综合类、师范类就业市场暨德州市“百企万岗助就业，才聚德州谋幸福”大型人才招聘会在德州学院举行。

同日　全国粮食高产创建整建制推进专题培训班在德州举办。

3 月 30 日　全国农业标准化示范区建设德州启动仪式暨平原县优质蔬菜标准栽培现场会在坊子乡七彩庄园种苗基地举行。平原县七彩庄园种苗项目入选全国农业标准化示范区。

3 月　德州市生态文明研究与促进会成立。该会是山东省首个市级生态文明学术团体，首批会员 155 人。

同月　由于日本地震后核电站爆炸，社会上传言山东盐厂受到污染，造成“盐荒”。少数民众跟风抢购，个别商家借机哄抬物价，袋装 500 克食盐由 1.5 元涨到 12 元。相关部门采取果断措施辟谣，事态很快平息。

4 月 1 日　德州市与国家开发银行“十二五”期间项目建设开发性金融合作协议签约仪式在济南举行。

同日　全国粮食高产创建工作现场会在陵县召开。

4 月 6 日至 7 日　全省春季农业生产工作会议在德州召开。

4 月 7 日　国务院南水北调办公室副主任于幼军到德州市调研南水北调东线工程治污环保情况。

4 月 13 日　农业部确定在全国开展整乡整县建制推进粮食高产创建试点，齐河、乐陵被列为国家级整建制项目县。

4 月 15 日　德州人民广播电台、德州电视台合并组建为德州广播电视台。

4月18日 中共中央政治局委员、国务院副总理回良玉到禹城、齐河考察小麦苗情长势及夏粮生产和食品企业加工情况。农业部部长韩长赋，全国供销合作总社理事会主任李成玉，国务院副秘书长丁学东，国家发展改革委副主任杜鹰，财政部部长助理胡静林，水利部副部长刘宁，国务院研究室副主任黄守宏，中国气象局局长郑国光，国家粮食局局长聂振邦随同考察。省委书记姜异康、省长姜大明、省政协主席刘伟以及德州市吴翠云、陈先运等陪同。

4月20日 德州市政府与韩国能源管理公团在德州签订《新能源合作框架备忘录》。

4月下旬至6月底 德州市集中开展市级行政权力事项清理工作，确认市级所行使的行政权力事项4333项，其中，行政许可159项，非行政许可审批38项，行政处罚3683项，行政征收75项，行政强制122项，行政确认、征用、给付、奖励、裁决、备案等其他行政权力256项。行政审批由清理前的495项压缩为197项，取消136项，下放4项，合并减少83项，改变管理方式75项，比清理前减少298项，减幅达到了60%。

5月1日 欧洲华侨华人社团联合会秘书长张曼新率代表团到德州考察。

5月8日 全球首个可以应用于工业领域的屋顶式太阳能中高温蒸汽系统在中国太阳谷试机成功。

5月8日至13日 德州组团参加“2011（香港）山东周”活动。

5月9日 “中国太阳城·德州”2011（香港）经贸合作联谊会在香港万

2010年4月18日，回良玉（中）在德州考察夏粮生产和食品企业加工情况

丽海景酒店举行。市委书记、市人大常委会主任吴翠云致辞。市委常委、经济开发区党工委书记、管委会主任杨军推介德州高铁新区项目。

5 月 13 日 在广州白云国际会议中心举行 2011 广州·德州产业合作交流会。市委书记、市人大常委会主任吴翠云，市委副书记李立新出席。来自广州、深圳、佛山、中山等地的 200 多位客商参加交流会。

5 月 17 日 中国科学院在禹城举办现代农业发展与国家粮食安全暨"渤海粮仓"与资源节约型高效农业战略高峰论坛。

同日 全市深化医药卫生体制改革工作会议召开。

5 月 18 日 全国政协原副主席、民进中央原常务副主席张怀西一行到德州市考察。

5 月 19 日 英国特易购（TESCO）中国公司董事、副总裁庄南滨率队到德州考察。

同日 浪潮集团董事长兼 CEO 孙丕恕到德州考察。

5 月 20 日 马来西亚中华总商会执行顾问暨国际贸易及工业组主任丹斯里拿督宋兆雄到德州考察。

5 月 21 日 德州大剧院开工奠基。2013 年 10 月建成。德州大剧院地上 5 层、地下 3 层，主体高度 23.7 米（局部 38.2 米），建筑面积 3.92 万平方米，包括一个 1500 座的歌剧院、一个 600 座的

2011 年 5 月 17 日，现代农业发展与国家粮食安全暨"渤海粮仓"与资源节约型高效农业战略高峰论坛与会人员在禹城实地考察

德州大剧院外景

多功能可变剧场、一个150座的影像报告厅以及排练厅等配套设施。

同日 马来西亚沙登区会主席拿督廖润强到德州考察新能源产业。

5月22日 由广西壮族自治区交通运输厅副厅长梁毅带领的全国干线公路养护管理规范化检查组到德州检查。

5月23日 德州市与美国俄亥俄州沃沦市签订友好城市协议。

5月24日 德州市见义勇为基金会成立。

5月30日 德州市电子政务办公室设立，标志着全市电子政务工作进入全面推动阶段。

6月1日 省政协副主席、民进省委主委栗甲，省人大常委会副秘书长、民进省委副主委骆宝臻到夏津县精华语训学校调研。

6月2日 省委副书记、省政协主席刘伟到德州调研。

6月7日 澳大利亚贸易委员会专员、驻华使馆商务参赞杜大维，以及美国威讯联合半导体有限公司首席执行官分别到德州考察。

6月13日 全省公安机关深化加强环鲁公安检查站建设应用现场推进会在德州召开。

6月14日 省委书记、省人大常委会主任姜异康到陵县走访慰问部分优秀党员、老党员和生活困难党员，检查指导麦收工作。

6月15日 宁津县中海投资集团宁津鑫亚科技公司投资156亿元太阳能电池项目开工奠基。

6月26日 由《人民日报》、新华社、中央电视台、中央人民广播电台、《光明日报》、《经济日报》等13家中央级媒体组成的“践行中央一号文件”新闻采访团到德州采访。

6月30日 京沪高速铁路全线通车，德州东站启用。从德州1小时进京，3小时抵沪成为现实。德州东站是京沪高

德州东站

铁沿线地级城市中规模最大、等级最高的车站。设5台13线，站房建筑面积19971平方米。无站台柱雨棚面积32270平方米，总高度14.292米。主要由长途候车大厅、长途停发车场、综合服务大厦、地下停车场组成，并设有航空港连接济南机场，可实现铁路、公路、航空、出租车、公交车等多种运输方式无缝衔接。日发班次可达到1300班次，日均发送旅客3万人，年发送旅客1100万人次。

7月1日 庆祝京沪高铁开通暨德州东站启用仪式在德州经济技术开发区举行。

7月3日 首届中国德州围棋文化节开幕。

7月6日 市长陈先运率经贸考察团到台湾开展为期一周的经济交流合作活动。先后拜访台湾“海峡交流基金会”董事长江丙坤、华新丽华董事长焦佑伦、蓝天集团董事长许崑泰、裕隆集团董事长严凯泰。并与台湾新党主席郁慕明、台湾商业总会会长张平沼和旺旺集团副总裁廖清圳进行深入洽谈。其间，参观工业园区和大学，举办山东德州（台北）现代产业合作恳谈会。

同日 市委、市政府下发《关于推进“两区同建”构建生态文明乡村的意见》。总体要求是以科学发展观为指导，以统筹城乡发展为统领，以实现农村“三生三化”（生活方式城市化、生产方式集约化、生活环境自然化）为目标，以“两区同建”为总抓手，实施清洁家园工程，着力构建城乡一体的公共服务体系、城乡联动的产业体系和城乡对接的基础设施体系，努力把农村社区建设成为产业生态高效、环境优美宜居、生活文明健康的美好家园。

7月6日至8日 市委副书记袁秀和带领市党政考察团赴寿光、桓台、汶上和莱芜考察学习新型农村社区建设和农村垃圾污水集中处理。8日，在平原县召开全市推进两区同建构建生态文明乡村现场会议，贯彻落实全省生态文明乡村建设现场会议精神，印发《关于推进两区同建构建生态文明乡村的意见》。

2011年7月3日，在首届中国德州围棋文化节上，600名儿童同场对弈

7月12日 中国共产党德州市第十三届委员会第十三次全体会议召开。审议通过《中国共产党德州市第十三届委员会第十三次全体会议公报》

和《中共德州市委关于建设幸福德州的决议》。

7月13日至14日 国家发改委副主任张晓强到德州调研粮食收购及市场管理情况。

7月18日 由韩国前总理李海瓒率领的韩中交流协会考察团到德州考察。

7月20日 全市首家村镇银行——临邑中银富登村镇银行成立。

7月28日 国家7部委联合调研组到德州调研城乡建设用地增减挂钩试点和农村土地整治清理工作。

8月1日 卫生部第22批援助坦桑尼亚德州医疗队启程。

8月12日至13日 中央联席办副主任、国家信访局副局长张恩玺率调研组到德州检查指导领导干部接访和用群众工作统揽信访工作情况。

8月15日 吴翠云、陈先运会见参加德州电子信息项目签约仪式的日中经济贸易中心所长田渊真次、航天恒星科技有限公司党委书记刘晖、上海微创软件公司总经理张河涛、北京万禾投资有限公司董事长伊士哲等客商。

8月29日 全球最大集太阳能光电、景观艺术、照明亮化为一体的人文生态雕塑园，在德州太阳谷正式启用。该雕塑园汇集了百余款太阳能光电雕塑产品。

8月30日 第六届全国辣椒产业大会暨德州国际辣椒节在武城县开幕。

8月 市政府制发《关于全面推进城乡居民社会养老保险工作的通知》和《德州市2011年城乡居民社会养老保险全覆盖工作实施方案》，全面启动城乡居民养老保险工作，到年底，全市适龄人员参保289万人，征缴保费3亿元，为70万城乡老年居民发放基础养老金2.64亿元。

同月 开展征集“德州精神”表述语活动。由市委宣传部、市委讲师团、德州晚报社组织，为期4个月，共收到来自全国24个省份的5000多条表述语，最终将“厚德、包容、创新、图强”确定为“德州精神”。

9月2日 《中共德州市委 德州市人民政府关于建设幸福德州的实施意见》发布，基本内涵是立足德州实际，通过增强经济实力，不断满足群众新需求，提高群众满意度，增强群众幸福感。（1）发展经济、增加收入，让人民群众有富足感。（2）安居乐业、衣食无忧，让人民群众有稳定感。（3）公平正义、安定有序，让人民群众有安全感。（4）实现自我、受人尊重，让人民群众有成就感。（5）环境优美、生活方便，让人民群众有舒适感。（6）崇文尚德、守望相助，让人民群众有归属感。

9月3日至4日 山东德州（深圳）现代产业合作台商对接会在深圳举行。市长陈先运主持，并考察华南国际工业原料城（深圳）有限公司、深圳长城投资控股股份有限公司以及亚历山卓家私集团。

9月10日 红星美凯龙集团投资的德州城市综合体项目——星凯国际广场奠基。

9月12日至13日 台湾两岸集团董

事长吴昭南到德州进行经贸考察。

9月16日至19日 中国德州第二届太阳能开发利用博览会（延续世界太阳城大会顺序，并入经贸洽谈会的内容）在中国太阳谷低碳国际会议中心隆重举行。全国政协副主席陈宗兴，中共山东省委常委、常务副省长王仁元，全国政协提案委员会副主任、中国机械工业联合会党委书记、会长王瑞祥，中国侨联原副主席、中国侨联顾问、中国侨商会常务副会长林淑娘，中国节能协会太阳能专业委员会主任、中国太阳能热利用产业联盟执行理事长罗振涛，省政协副主席王新陆，省发改委主任张超超等嘉宾代表共计700余人出席开幕式。该届太博会，集中签约项目37个，其中国家级协会战略合作协议7个、科研机构技术合作项目5个、实体项目25个。实体项目总投资790.3亿元人民币、11亿美元、5亿欧元。同时，按照国家产业政策要求及德州市“十二五”产业发展重点，筛选重点推介项目103个，总投资1761.05亿元人民币、4000万美元。

2011年9月，在中国德州第二届太阳能开发利用博览会上，陈宗兴（右）、王仁元（左）参观展览

9月17日至19日 中国·德州第一届资本交易大会举办。主题为“资本创造未来”，旨在推进金融创新和资本市场发展，拓宽融资渠道，进而打造立足德州、面向全省乃至全国的长期资本交易平台。全国200多家名气大、实力强、业绩多的投资机构参会，德州市有600多家重点企业参加。现场签约项目55个，融资额118.3亿元；各县（市、区）签约项目38个，融资额68.7亿元；

2011年9月18日，中国·德州第一届资本交易大会洽谈现场

2011年9月18日，中国·德州第一届资本交易大会签约仪式

资占18%，基金、创投占59%，融资租赁、融资担保、资产管理、信托投资等占23%。

同日 中国机械工业联合会授予德州市“中国压滤机之都”称号。

9月23日 在2011年全国赛艇锦标赛上，代表山东省出战的德州运动员雒新月、马俊峰分别夺取各自组别的金银牌。

9月24日至29日 德州市第四届运动会举行。

9月25日 国务院南水北调办原主任、全国政协人口资源环境委副主任张基尧到德州调研南水北调工程建设情况。

9月26日 滨海·德州友好合作恳谈暨项目签约仪式在天津滨海新区举行。

9月 德州市12345市民热线开通。前身是市长公开电话，于1996年1月开通，2005年5月改用统一受理号码“12345”，2011年9月更名为德州市“12345”市民热线。

10月9日至10日 省人大常委会视察组到德州检查指导保障性安居工程建设工作。

10月10日 香港德龙微电技术有限公司董事长高秉强，就电子信息产业项目合作到德州考察。

10月14日 中国家具协会授予宁津县“中国家具优秀产业集群奖”。

10月18日 2011—2012年度引黄济津潘庄线路应急输水（山东段）工程竣工，开始输水。到2012年1月15日止，历时89天。从潘庄闸引水4.94亿立方米，到天津市九宣闸接水 1.8 亿立方米。

10 月 18 日至 19 日　由全国人大常委会委员、全国人大农业与农村委员会主任委员王云龙，副主任委员房凤友，委员包克辛等组成的全国人大执法检查组到德州检查《中华人民共和国农村土地承包法》实施情况。

10 月 19 日　美国微软公司全球公共事业部总经理派翠西亚·瑞恩到德州考察。

10 月 25 日　中韩（山东）新能源汽车技术交流会在德州召开。

10 月 28 日　壳牌石油公司德州分公司暨第一加油站开业。

同日　“龙行齐鲁”世界龙斗争霸赛在市体育中心体育馆举行。来自英国、泰国、瑞典、法国、加拿大、俄罗斯、日本和中国 8 个国家的 20 名选手参赛。德州德泰拳馆被省武术院授予“山东省唯一泰拳训练基地”称号。

10 月 31 日　据有关资料显示，全市城乡居民养老保险实现全覆盖。全民养老变成现实，成为 2011 年最受群众欢迎的民生大事。

11 月 1 日　德州市政府与中海石油气电集团签署清洁能源战略合作框架协议。

11 月 6 日　山东慈善总会聋儿语训康复基地夏津县特殊教育学校开工奠基。省慈善总会会长谢玉堂，副会长兼秘书长李玉亮，省教育厅副厅长张志勇，德州市委副书记、市长陈先运出席。

11 月 7 日至 8 日　国务院副秘书长、中央联席会议办公室主任、国家信访局局长王学军带领国家信访局调研组到德州调研信访工作。

11 月 11 日　德州市网络图书馆正式开通。

11 月 22 日　中国残联党组书记、理事长王新宪到德州视察残疾人状况监测工作。

同日　“金满田杯”2011 山东粮王大赛冠军揭晓，临邑县农民魏德东以夏玉米亩产 973.4 公斤的优异成绩获得全省总冠军，成为 2011 年度山东粮王，并获得轿车大奖。

11 月 24 日至 25 日　中央纪委副书记李玉赋到德州调研惩防体系建设。吴翠云、陈先运陪同。

2011 年 11 月 22 日，在“金满田杯”2011 山东粮王大赛上，临邑县农民魏德东（右二）获全省总冠军。原副省长贾万志（右三）为其颁奖

11 月 29 日 德州中心城区降暴雪。

12 月 5 日至 6 日 全国领导干部接待群众来访工作经验交流现场会在浙江宁波召开。德州市委书记、市人大常委会主任吴翠云，陵县县委书记、县人大常委会主任马俊昀参会并分别作典型发言。

12 月 7 日 英国苏格兰首席部长萨蒙德访问德州。

12 月 10 日 德州市海峡两岸经贸文化交流合作促进会成立。

12 月 15 日 全市两区同建工作现场会议在齐河县召开。市委、市政府下发《关于推进 2012 年“两区同建”工作的实施意见》，确立了社区建设、园区建设、土地挖潜“三位一体”的工作思路，将两区同建与城乡建设用地增减挂钩政策相结合，既为农村百姓谋福祉，又为经济发展腾空间。至 2011 年年底，全市启动建设 294 个农村社区，10 万户农民搬入新居，规划建设工业、农业、商贸等农村产业园区 1538 个。

12 月 16 日 山东省“五侨”联席会议在德州市召开。省政协副主席李德强、德州市副市长康志民、省侨联副主席、德州市侨联主席张悦英出席。

12 月 17 日 国务院发展研究中心专题调研组到德州，就黄河商品交易市场“规范化运营、跨越式发展”调研。

12 月 19 日 中国职工教育和职业培训协会德州企业培训示范基地在德州职业技术学院挂牌成立。

12 月 24 日 电子政务应用国产化高端研讨会在德州召开。工业和信息化部软件服务业司司长陈伟，省经信委副主任廉凯，德州市委常委、常务副市长徐春福出席。

12 月 26 日 齐河、陵县、临邑、平原4 县被评为“全国粮食生产先进单位”，中央财政对 4 个产粮大县每县奖励 1000 万元。齐河县段学涛被评为“全国粮食生产先进工作者”，临邑县翟家镇农技站齐宝平、陵县粮食购销中心技术员李万军被评为“全国粮食生产突出贡献农业科技人员”，临邑县德平镇魏德东、陵县糜镇张怀河被评为“全国种粮售粮大

老人领取养老金

户”。

12月30日 全市2011年社会保险扩面征缴取得历史性突破，征缴基金首次突破40亿元大关，达到43亿元，增长幅度首次进入全省前3名。

12月31日 全市国税收入首次突破60亿元。

是年 德州市共落实农机补贴资金6550万元，补贴各类机具15394台，受益农户11057户，直接拉动农民投资1.5亿元。

是年 在全省2011年度小型农田水利重点县和现代农业小麦产业项目县考评验收中，德州市10个项目县全部获得优秀等次，继2009年、2010年度考核均夺得全省第一后再次夺魁，成功实现“三连冠”。

是年 全市实施“10+3”主导产业集群推进计划〔“10”是指以农产品（食品）加工、装备制造、纺织服装、化学工业、新能源（节能环保）、新材料、生物技术、现代物流（现代商务）、文化旅游（体育）、城市综合体（房地产业）；“3”是电子信息、交通装备和现代服务业〕。按照“集中优势率先突破、着眼未来顶层设计”的要求，全力实施“10+3”主导产业集群推进计划。市政府班子成员在抓好日常工作的同时，分工负责10个重大产业，各自组建工作机构组织实施推进千亿级产业集群为目标，3年时间，每个产业年均投入不低于100亿元。

是年 德州市蝉联“中国城市化地级以上十大活力城市”称号。中央电视台《新闻联播》《朝闻天下》《午间新闻》和新华社、《人民日报》《经济日报内参》《农民日报》《中国经济导报》《中国社会主义新农村内参》等高层主流媒体先后报道，省内外200多批次考察团、1万多人先后前来参观考察。

是年 德州市为70万名60周岁以上老人发放养老金。

2012年

1月1日 “中国太阳城·德州”城市形象集中展示活动在济南国际机场举行。

1月7日 吴翠云、陈先运赴天津开展商贸洽谈对接合作活动。中共中央政治局委员、天津市委书记张高丽出席有关活动，听取汇报，并就深化交流合作提出要求。

1月8日 “幸福德州 情暖万家”活动救助金发放仪式举行。市委书记、市人大常委会主任吴翠云，市委常委、秘书长满春重，市委常委、组织部部长孙成良，市委常委、纪委书记刘子玉等出席仪式，并为部分困难家庭发放救助金。市委副书记袁秀和致辞。

同日 市委常委、常务副市长徐春福做客中央电视台《城市1对1》，与嘉宾共同探讨太阳能开发利用及未来太阳能产业发展。

同日 “2012全国年货购物节暨第二届德州新春年货会”在澳德乐时代广场开幕。200余家知名零售企业、绿色食品企业、中华老字号企业、地方特产企业和800余家商户参加，客流量突破10万人次，总成交额超过6000余万元。

1月9日 中共中央纪律检查委员会、监察部派驻德州挂职的干部在武城县鲁权屯镇第一小学举行“情系德州关爱成长”助学捐赠仪式。中央纪委挂职组动员4家企业向德城、禹城、乐陵、陵县、平原、武城、德州经济开发区7个县（市、区）的7所小学共捐赠130台电脑、12台投影仪、130张电脑桌、3万册图书等价值129万余元的物资。

同日 平原县腰站镇文化艺术中心成立，系德州市首个乡镇文化艺术中心。

同日 中澳控股集团有限公司和山东德州扒鸡集团有限公司获“山东省长质量奖”。

同日 乐陵市被国家林业局批准建设“第二批国家重点林木良种基地”，建立国家枣树良种基地，获得专项扶持资金180万元。

1月 在第六届全国气象行业职业技能竞赛暨第三届全国气象行业天气预报职业技能竞赛中，德州市气象局杨学斌获个人全能二等奖（第二名）。

2月2日至5日 中国共产党德州市第十四次代表大会召开。吴翠云向大会作题为《推动科学发展，励志创新图强，共同谱写幸福德州建设新篇章》的报告。大会选举产生中国共产党德州市第十四届委员会委员48人、候补委员10人，中国共产党德州市第十四届纪律检查委员会委员35人，德州市出席省十次党代会代表43人。市委十四届一次全体会议选举吴翠云为市委书记，陈先运、满春重为副书记，徐春福、韩建亭、孙成良、杨军、王培明、翟长生、刘子玉、张传忠、刘兆祝为常务委员。会议还批准市第十四届纪律检查委员会第一次全体会议选举结果：刘子玉任德州市纪检委书记，孙秀河、刘清云、刘国亭任副书记。

2012年2月2日，中共德州市第十四次代表大会开幕式

左起：张传忠、翟长生、杨军、韩建亭、满春重、吴翠云、陈先运、徐春福、孙成良、王培明、刘子玉、刘兆祝

2 月 8 日至 11 日 中国人民政治协商会议第十三届德州市委员会第一次会议举行。会议选举袁秀和为政协第十三届德州市委员会主席，丁福祥、马传先、王惠萍、邵自升、杨光来、李世民、商怀君当选为副主席，李学根当选为秘书长。

2 月 9 日至 13 日 德州市第十七届人民代表大会第一次会议举行。会议选举吴翠云为德州市第十七届人大常委会主任，兰忠良、朱昌连、钟玲、邓光亮、战士平为副主任，史秀芝为秘书长。选举陈先运为德州市人民政府市长，徐春福、翟长生、康志民、黄金忠、许绍华、杨玖庆、董绍辉为副市长，选举尚洪立为德州市中级人民法院院长，选举李万堂为德州市人民检察院检察长。

左起：杨玖庆、黄金忠、翟长生、陈先运、徐春福、康志民、许绍华、董绍辉

2月14日 山东龙力生物科技股份有限公司“玉米芯废渣制备纤维素乙醇技术及应用”项目获2011年国家技术发明二等奖，“嗜热真菌耐热木聚糖酶的产业化关键技术及应用”项目获2011年度国家科学技术进步二等奖。

2月15日 董子文化街入选第三批山东省文化产业示范基地。

2月16日 德州经济开发区长河街道办事处簸箕刘村获“全国文明村镇”称号。

2月22日 青岛保税港区（乐陵）经济园区项目在济南举行签约仪式。

2月23日 全国粮油产销企业订货会暨粮油经销商联谊会在德州举行。有360余家粮油产销企业、6000余名客商参展。

2月24日 山东鼎力枣业食品集团有限公司、武城县英潮经贸有限公司和山东飞达集团有限公司被农业部认定为农业产业化国家重点龙头企业。

2月27日至28日 省委书记、省人大常委会主任姜异康到德州调研经济社会发展情况并看望中纪委、监察部派驻德州的挂职干部。

2月28日 德州市获得山东省“双拥模范城”称号，实现省级“双拥模范城”四连冠。

同日 全省纺织行业工作会议在德州召开。

2月29日 2012年民生实事确定。涉及优化教育资源、提高公共卫生服务水平、完善社保体系、增加城乡居民收入、积极扩大就业、加强住房保障、健全城市安全保障功能、抓好食品安全、改善农村生活环境、丰富文体生活10个方面，共40件实事。

2月 全市工商部门登记注册的农机合作社达329个，每个乡镇均有2～3家农机合作社。

同月 平原县、禹城市、宁津县、陵县、齐河县、临邑县、乐陵市、德城区被

宁津县民营农科院

列为全国蔬菜产业重点县。

3 月 4 日 市委书记吴翠云做客“人民网”，围绕“推动跨越发展，建设幸福德州”这一主题，接受该网站视频直播专访。

3 月 7 日 青岛云鼎集团与山东华援新能源有限公司合作签字仪式举行，拟在德州市建立太阳能中高温装备综合生产制造基地，总投资 30 亿元，分三期建设，计划达到百亿产业规模。

3 月 8 日 德州经济开发区举行重点项目集中开工奠基仪式。本次集中开工奠基项目共 24 个，总投资 105.7 亿元。

3 月 13 日 市委书记吴翠云在北京会见中国铁路物资股份有限公司董事长、党委书记宋玉芳，就建立中国最大的钢铁现代物流城项目深入洽谈并达成初步合作意向。

3 月 14 日 德州市与山东省煤炭地质局在北京钓鱼台国宾馆签约亚特尔地热能成套装备制造工业园项目，总投资 120 亿元，拟在齐河县筹建。

3 月 15 日 德州市与山东轻工业学院签署战略合作协议。

3 月 20 日 宁津县建成全省首家民营农科院。

3 月 25 日 德州市 9 个项目被国家发展改革委列入 2012 年第一批中央预算内投资计划，争取国家无偿资金 5070 万元，项目个数和资金额居全省之首。

同日 太原·德州投融资合作交流会在山西省太原市举行。

3 月 27 日 全国首个硅烷气项目在临邑县建成投产，年可生产硅烷气 3000 吨。

3 月 29 日 2012 年中央财政小麦良种补贴项目计划面积下达，德州市获小麦良种补贴面积 698 万亩，预安排补贴资金 6980 万元。

3 月 30 日 德州市 16 家企业代表和招商人员共 30 余人赴昆山参加“首届中国国际进口产品博览会”。

3 月 31 日 全市新能源（环保节能）产业发展联盟成立。

同日 全市最低工资标准由 800 元调整为 950 元，小时最低工资标准由 8.7 元调整为 10 元。

3 月 经国务院批准，德州经济开发区晋升为国家级开发区，更名为“德州经济技术开发区”，规划面积 10.97 平方公里。

同月 市委下发通知，发布“八条禁令”，其中严禁工作时间安排和参加娱乐活动，上网聊天、炒股、玩游戏、看电影；严禁工作日中午饮酒；严禁搞边界迎

全市落实机关作风建设“八条禁令”推进会

送、警车开道。并召开落实机关作风建设“八条禁令”推进会。

同月 武城县鲁权屯镇，陵县边临镇入选第3批全国发展改革试点城镇名单。

4月1日 全国小麦春季田管暨高产创建现场会议在德州召开。德州在全国率先启动实施百万亩玉米免费统一供种项目；被确定为全国5个整建制推进粮食高产创建试点市之一。2011年，全市粮食总产162.8亿斤，实现“十连增”，再次被评为“全国粮食生产先进市”。

4月5日 南水北调武城灌区影响处理工程8个分部工程通过市级验收并投入使用。

2011年，德州粮食生产实现“十连增”，收获面积1451.5万亩，总产162.8亿斤。比上年增加4.95亿斤，增长3.1%。图为收割机正在平原县万亩方试验田作业

4月11日 全市创建国家园林城市动员大会召开，全面动员部署创建国家园林城市工作。

4月12日 国家发改委农经司司长高俊才到宁津县调研全国新增千亿斤粮食工程及小农水重点县工程建设情况。

4月12日至25日 市委书记吴翠云率团赴贵州省学习考察。先后参观考察了仁怀市茅台集团，遵义市推进新型工业化、新型城镇化和大力发展旅游业情况，贵阳市城市建设以及和金阳新区、国际生态会展中心、奥林匹克体育中心主体育场、贵阳行政中心等。

4月13日 “中国德州”政府门户网站英文版（http://www.dezhou.gov.cn/n690685/）正式开通运行。中文版同时改版升级。

4月14日 北京瑞鑫安泰创业投资中心董事长韦俊康考察德州华嬉园数字文化产业功能区项目推进情况。

4月15日 德州·长三角（杭州）产业合作恳谈会在浙江省杭州市举行。

4月18日 中国社会科学院金融重点实验室中小银行发展基地落户德州银行。

4月19日 山东省光伏太阳能重点企业座谈会在德州召开。

4月20日至21日 中国社会科学院农村发展研究所宏观室主任、“三农”问题专家党国英，就“两区同建”到齐河县、禹城市考察调研，接受德州电视台《金色乡村》栏目专访。

4月24日 全市普降大雨，平均降雨量为41.9毫米。最大降雨量出现在平原，为67.3毫米，德城、武城降雨量均超过50毫米，达到暴雨级别。

4月26日 全市加快县域经济发展工作会议在齐河召开。会议下发《关于

进一步加快县域经济发展的意见》，强调要以2011年为基数，各县（市、区）地方财政收入确保实现3年倍增，大部分县（市、区）实现5年翻两番；地区生产总值、固定资产投资、规模以上工业增加值、城乡居民人均收入等主要经济指标增速明显高于全省县域平均增长水平。

4月28日 山东禹城汉能硅基薄膜太阳能电池投产仪式暨禹城高新区创新提升工程启动。

4月29日 德州汽车总站（客运中心）改扩建工程正式启动。

4月 陵县世纪威能风电设备有限公司1.5兆瓦竹纤维风电叶片研发成功，是业内首次用竹纤维制作风电叶片。

5月2日 夏津发达面粉集团有限公司和山东禹王实业有限公司入选“中国粮油企业100强”。夏津发达面粉集团有限公司、山东永乐食品有限公司和山东峰宇面粉有限公司入选“中国小麦粉加工企业50强”。

2012年4月建成后的汽车客运中心

5月5日 德城区被科技部批准为国家可持续发展实验区，这是德州市获批的首个国家可持续发展实验区。

5月10日 德州市残疾人综合服务中心启用。

5月11日 德州市对地下空间建设用地使用权进行首次公开出让。挂牌出让的德州火车站地下空间片区国有建设用地使用权被德州东升置业有限公司以1760万元成功竞得。

5月15日 在全国休闲农业创意精

陵县世纪威能风电设备有限公司生产的兆瓦级风电叶片

品华东区推介会上，德州馨秋种苗科技有限公司荣获“园区创意金奖”，齐河县巨能鲁齐粮油食品有限公司荣获“产品创意银奖”，大雁岛生态游荣获“园区创意优秀奖”。

5月18日至19日 中国·德州第二届资本交易大会在太阳谷低碳国际会议中心召开。大会的主题是“资本创造未来”。来自北京、上海、天津、济南、深圳等省内外的500多家投融资机构参会，德州市600多家重点企业参加。集中签约项目52个，合同协议金额近150亿元。

5月19日 齐鲁股权托管交易中心德州管理服务中心挂牌。

5月26日 全市防治美国白蛾工作启动，全年飞机防治面积6万亩。

同日 第26届“黄河杯”全国业余围棋公开赛在德州市开枰，70支队伍、360名五段以上棋手参赛。吸引来自日本、韩国、泰国、加拿大等国外棋手参加。

5月27日 山东省首个浅层地热回灌试点项目在平原县桃园街道魏庄社区启动。

5月 由山东泰山集团牵头组建的新型健身器材产业技术创新战略联盟被科技部批准为国家级联盟，是德州创建的首家国家级产业技术创新战略联盟。

同月 2012年德州市面向社会考录公务员工作结束。此次考试网上报名23050人，录用539人。全省首创考选同一职位“高分先选”。

6月2日 武城县广运街道城关社区村民王秀燕，入选山东省精神文明建设指导委员会办公室评出的首期“山东好人”，成为德州市唯一入选的孝老爱亲“山东好人”。

6月3日 国强五金工业园落成典礼暨中国建筑五金产业基地授牌仪式在乐陵举行。乐陵市被中国五金制品协会授予“中国建筑五金产业基地”称号。

6月4日至5日 由《中国教育报》《大众日报》、山东广播电视台等10余家中央、省新闻媒体组成的刘志祥先进事迹采访团，到德州采访报道市教育局原局长刘志祥的先进事迹。

6月7日 国务委员兼国务院秘书长马凯到德州视察德龙烟铁路建设情况。铁道部部长盛光祖，山东省委副书记、省长姜大明，国务院副秘书长肖亚庆，国家发改委副主任徐宪平，财政部副部长张少春，铁道部副部长陆东福、卢春房，人民银行副行长胡晓炼，国研室副主任黄守宏，银监会副主席周慕冰，山东省委常委、副省长孙伟，德州市委书记、市人大常委会主任吴翠云，市委副书记、市长陈先运等陪同。

同日 省长姜大明视察德州东北商贸物流城项目建设情况。

6月9日 20时至10日8时，部分县（市、区）突然遭遇强降雨及大风雷电袭击，全市42.96万亩小麦倒伏。

6月10日 滨（州）德（州）高速公路建成通车。东起滨州市无棣县，西至德州市鲁冀边界，总长144.062公里，其中德州境内全长约117公里，途径庆云、乐陵、宁津、陵县和德州经济技术开发区。

6月13日至24日 市委书记吴翠云率经贸代表团赴瑞典、英国、意大利考察访问、招商引资，共签约3个项目，引进外资1.6亿美元。

6月18日　大型高端文化旅游项目中国文化谷华嬉园开工奠基。

6月19日　全省人大城乡建设与环境资源保护工作座谈会在德州召开。

6月20日　全省留守流动儿童关爱服务体系建设工作现场会在齐河召开。全市建起留守儿童快乐成长活动站214处，各级财政累计投入300多万元。

同日　齐河县10万亩小麦高产创建示范区通过测产验收。平均亩产618.9公斤，再创全省大面积高产新纪录。

6月27日至30日　全市加快县域经济发展现场观摩考评会议召开，集中检阅2011年下半年后县域经济发展特别是产业项目、产业园区及重大基础设施项目建设情况，总结交流经验，深入分析问题，动员全市上下进一步解放思想、加压奋进、狠抓落实，加快推进县域经济“三年倍增”计划，为圆满完成既定目标打下坚实基础。

6月　宁津县佳宁奶牛养殖专业合作社和夏津县绿地林果发展有限公司被全国妇联、科技部、农业部联合认定为“全国巾帼现代农业科技示范基地”。

同月　夏津县朝阳轴承公司的“600万套轴承生产线项目”等55个技改项目，列入山东省政府公布2012年工业转方式、调结构1000个重点技术改造项目。

同月　全市小麦收割结束，小麦总产达76.96亿斤，比2011年增长1.96亿斤，实现连续第10年增产，种植面积、单产、总产均创历史最高水平。

上半年　全市引黄总量达14.5亿立方米，占山东省引黄总量的30%，为历年同期引水最多，引黄总量居全省第一。

7月1日　德州市启动免费孕前优生健康检查。

2012年7月1日，德州至平原城际公交105路开通仪式

同日　全市首条城际公交线路105路（德州至平原）开通。

7月3日　德州电网220千伏环网工程庆云输变电扩建工程竣工，标志着历时3年建设的德州电网220千伏环网工程全面完成。

7月6日　德州中心城区大社区集中开工奠基仪式举行。

7月7日至9日　市长陈先运率领经贸考察团到深圳开展经贸交流活动。其间，举办山东德州（深圳）台商现代产

德州东站站前路

业合作恳谈会，参观考察部分在深台资企业，并出席深圳台协成立22周年庆典。

7月9日至12日 “2012德州（香港）经贸合作联谊会”举办。市长陈先运率经贸代表团赴香港参加省政府举办的2012香港山东周活动，并会见部分客商。

7月11日 平原县成立任继愈研究会。

7月17日 武警部队副司令员薛国强中将率团到德州检查武警部队建设。

7月23日至24日 全国人大环境与资源保护委员会副主任委员、解放军总后勤部原政委张文台到德州调研。

7月 7月下旬至8月中旬，德州市共出现4次暴雨天气过程，全市平均降水量379.9毫米。最大降雨量出现在7月30日至8月1日平原县前曹镇，降雨量为417毫米。11个县（市、区）和两个开发区全部遭受洪涝灾害，受灾人口近300万人，农作物受灾面积99.4万公顷，直接经济损失16.9亿元。

同月 华能德州电厂首台机组启动脱硝改造。到2014年10月，该厂6台机组

德州市博物馆

总装机容量270万千瓦的脱硝改造任务全部完成，提前1年完成“十二五”期间污染物减排责任书目标要求。每年可减排氮氧化物3.7万吨。

同月 德州高铁新区完善基础设施“六纵五横一外环”路网初具模型。2012年为“基础设施建设年”，全市投资166亿元，用于6大类、83个城建项目基础设施建设。截至7月底，城区面积达到270平方公里，德州也将成为能够容纳300万人口的城市，框架扩大近两倍。2014年，德州市高铁新区东方红路、天衢路、站前路、东风路、纵二路等5条道路及基础设施工程、建设项目工程列入全国市政金杯示范工程名单。

8月4日 2012年山东省就业服务月活动启动仪式暨就业见习专场招聘会在德州中心广场举行，516家企业进场招聘，提供有效就业岗位9218个，达成初步就业意向7600多个，应聘的大学生和各类人才达1.3万多人。

8月6日 国家减灾委办公室副主任、民政部国家减灾中心副主任范一大到德州查看因暴雨受灾情况。

8月7日 中国城市竞争力研究会发布2012中国城市分类优势排行榜，德州荣膺“中国最具幸福感城市”和“中国最具竞争力100强城市”两项殊荣。位居“中国最具幸福感城市”排名第96位，山东省共有15个城市入选。

8月8日 德州市博物馆落成开馆。

8月16日至17日 省人大常委会视察组到德州视察指导南水北调工程区域水污染防治工作。先后到夏津县、平原县和中心城区的南水北调工程沿线水污染项目建设现场实地考察。

8月23日 保龄宝生物股份有限公司生物炼制功能糖综合联产、振华装饰玻璃有限公司高档节能彩色空心玻璃砖、德药制药有限公司培美曲塞二钠等5个高新技术产业化建设项目入选2012年国家火炬计划立项项目。

8月25日至26日 全国政协原副主席、致公党中央原主席罗豪才到德州调研。

9月1日至2日 2012年鲁台（德州）现代产业合作恳谈会在德州举行。全国台湾同胞投资企业联谊会荣誉会长、富华集团董事长张汉文，中华海峡两岸企业交流协会理事长黄健雄，德州市委书记、市人大常委会主任吴翠云，市人大常委会第一副主任兰忠良、市政协主席袁秀和出席。

9月2日 中国·德州第二届国际辣椒节暨国际辣椒产业高峰论坛开幕。中椒英潮公司分别和湖南农业大学、河南商会、韩国三元食品公司签约，共签约项目7个，总金额达10亿元。

9月6日至7日 全省生态文明乡村建设推进会议在德州召开。会议对统筹城乡发展、推进生态文明乡村建设作出部署。

9月6日至10日 德州市组织13个非遗项目参加第二届中国非物质文化遗产博览会。13个非遗项目传承人获展示奖。

9月7日 全省生态文明乡村建设推进会议在德州召开，市委副书记满春重作题为《实施两区同建，建设生态文明乡村》的典型发言。

9月12日 “2012中小企业服务年——创新中国行”山东省活动在德州举办。

9月14日 德州市低碳城市项目办公室与瑞士发展合作署签订《中瑞低碳城市建设合作协议》。瑞士发展合作署气候变化司司长博纳德·杜布瓦，瑞士驻华使馆发展参赞孟葳，市委书记、市人大常委会主任吴翠云出席签约仪式。

9月15日 乐陵市举办中国（乐陵）金丝小枣文化节。

同日 全国首届郭澄清农村题材短篇小说大奖赛在宁津颁奖。大奖赛由《小说选刊》《山东文学》《齐鲁晚报》与宁津县委、县政府联合举办，共收到来自国内外的1326篇参赛作品，最终评选出大奖1名、优秀奖8名、提名奖16名。

9月16日至18日 第三届中国·德州太阳能开发利用博览会暨投资贸易洽谈会在德州举行。大会以洽谈、推介为主，由国际气候组织、中国资源综合利用协会、中国新能源科技协会、山东省太阳能行业协会和德州市人民政府主办，主题为“新能源——创新与合作”，旨在巩固提升“中国太阳城”品牌，搭建新能源开发利用、经济贸易合作平台，全面展示德州发展优势与潜力，促进德州市新能源产业乃至整个现代产业跨越发展。副省长张超超参加有关活动。该届太博会集中签约项目37个，总投资额367亿元。

同日 中国汽车技术研究中心武城基地揭牌成立。

9月19日 德州市中小企业协会成立。

2012年9月15日，乐陵金丝小枣文化节开幕式

2012年9月25日，“师德建设示范基地”授牌

9 月 25 日 德州市被教育部中国教师发展基金会命名为全国首个“全国师德建设示范基地”。

9 月 26 日 齐鲁股权托管交易中心德州管理服务中心举行企业挂牌仪式暨投融资对接会。

9 月 29 日 德州市首座 110 千伏智能变电站一次性送电成功。

同日 全市首个生态综合治理项目落户平原县。总投资 459 万元，治理面积 5000 亩，惠及村庄 6 个，受益农户 700 个。

10 月 11 日 农业部部长韩长赋到德州调研“三秋”生产。

10 月 12 日 全国新时期师德建设现场研讨会在德州召开。

10 月 15 日 全市生态文明乡村建设暨两区同建现场会议在齐河县召开。

10 月 16 日 全国副省级城市、省会城市人大常委会办公厅工作协作会议第 7 次会议部分与会代表到德州参观考察。

同日 全国棉花生产分析暨高产创建总结会在德州召开。

10 月 17 日 贯彻全省民兵工作会议暨人武部规范化建设现场观摩会议在德州召开。

同日 德州齿轮有限公司与沈阳越士达汽车无级变速器有限公司机电控制汽车无级变速器产业化项目合作暨年产 10 万条无级变速器钢带项目合作意向签约。

10 月 20 日 金色年华老年公寓开工建设，袁秀和出席奠基仪式。

10 月 24 日 齐河县泉城海洋极地世界被国家旅游局正式批准为 AAAA 级旅游景区，是继海岛金山寺、太阳谷景区、黄河故道森林公园、董子文化街之后，德州市第 5 家 AAAA 级景区。

10 月 28 日至 11 月 8 日 中国·德州首届梁子黑陶文化艺术节举办。全国人大常委、全国人大外事委员会主任委员李肇星，外交部联谊会主席秦小梅，市委书记、市人大常委会主任吴翠云出席开幕式。

10 月 30 日 德州市政府行政复议委员会暨德州市政府法制学会揭牌仪式在德州市政务服务中心南广场隆重举行。

同日 山东省行政复议委员会试点工作经验交流座谈会在德州召开。

10 月 31 日 德州市首届“百佳孝贤”评选颁奖典礼举行。共有 181 位候选人参加本次评选，最终评选出百名孝贤典范。

同日 德州市通过水利部、省水利厅组织的全国节水型社会建设试点验收，成为全国第二批 30 个节水示范城市之一，是全省第二个获此荣誉的市。

11 月 1 日至 10 日 市政协主席袁秀和率领企业考察团赴泰国、马来西亚进行商务考察。

11 月 5 日 《人民日报》刊发《为了实现广大农民的热切期盼》，对德州两区同建工作给予深入报道。

11 月 9 日 德州学院东扩建设工程开工奠基。市委书记吴翠云等到德州学院新校区建设现场视察。

11 月 17 日 《人民日报》海外版刊发通讯《德州“酱油河”重现水清草

2012年11月9日，市委书记吴翠云（前左二）等视察德州学院新校区建设现场

碧》，生动反映德州市加大环境治理，建设生态德州、美丽德州、幸福德州带给群众居住生活环境的改变。

11月19日 中商智慧产业总部基地项目对接会在德州举行。国务院国资委商业网点建设开发中心副主任、中商产业投资管理公司总裁段宏涛，市长陈先运出席。

11月22日 德州市政府与山东省水利厅厅签署现代水利示范市建设合作备忘录。市委书记吴翠云出席签约仪式并致辞，市长陈先运，省水利厅厅长杜昌文代表双方在备忘录上签字。

11月30日 德州市邮政管理局成立。实行上级邮政管理部门和市人民政府双重管理。

同日 由山东盖世国际物流集团与山东润峰集团联手开发的40兆瓦太阳能光伏屋顶电站项目落户齐河县山东盖世冠威国际物流园，该项目总投资5亿元，是全国最大的单体光伏屋顶电站项目。

同日 乐陵市出口农产品示范区被评为国家级出口食品农产品质量安全示范区。

12月11日 全省水资源管理工作会议在德州召开。

12月15日 德州市举行现代产业招商重点项目签约仪式，集中签约26个项目，概算总投资377.9亿元。

12月22日 乐陵市建成国内最大的食糖储备中心，总投资4.7亿元。

12月27日 德州市荣获“2012年度全国粮食生产先进市”称号。齐河、临邑、陵县、平原、禹城等5个县（市）获评“全国粮食生产先进县（市）”，市农业局郑光辉荣获“全国粮食生产先进工作者”，陵县农业局祁士军、乐陵市农业局刘建国被评为“全国粮食生产突出贡献农业科技人员”，临邑县德平镇魏家村魏德东、翟家镇翟家村李庆民、齐河县大黄乡石碑杨村王成亮、平原县张华镇梨园村辛秀明4人被评为“全国种粮大户”。

12月27日至30日 全市经济工作会议召开。明确把2013年作为“跨越发展突破年”，着力构建现代产业、新型城镇、民生保障“三大体系”，做大做强城市经济、县域经济、园区经济、实体经济、民营经济“五大板块”。会前，与会人员对全市11个县（市、区）和2个开发区观摩。

12月28日至29日 全省住房城乡建设工作会议在德州召开。

是年 德州市棉花高产攻关田单产皮棉超150公斤。经县级初测、市级复测和省级抽测，最终确认有两处10亩攻关田亩产皮棉突破150公斤大关，分别是夏津县雷集镇150.9公斤、宋楼镇151.8公斤，均高出全省攻关田平均单产9公斤左右和增幅13.5%左右。

是年　全市社保基金征缴实现历史性突破，基金总收入达到57.89亿元，增长35%，增幅居全省前列。

是年　全市地方财政收入首次突破百亿元，达到120亿元，增幅列全省第一。

是年　全市新农村合作医疗筹资水平达到每人每年300元，其中参合农民个人缴费60元。

是年　德州市高标准、高起点规划了“三河六岸”（运河、岔河、减河）的景观和道路交通系统。从“三河”的起源四女寺开始，向北延伸至省界，规划从中心城区、河流全段和重要节点3个层次对“三河六岸”滨河路景观规划设计。到2013年，重点实施岔河、减河“两河四岸”道路建设，开工重点部位的景观工程，启动德州外滩建设。

是年　全年新开工建设农村社区123个，建设面积达到1400万平方米，是历年来农村建房数量最多的一年。10万农户入住新社区，社区集中供暖供气、垃圾污水处理、社区服务中心等配套设施逐步完善。启动建设农村产业园区405个，拆除旧房4.2万户，涉及原行政村351个，复垦土地2万亩。德州市荣获“中国城市化典型案例奖”；德城区、禹城市被评为全省生态文明乡村建设先进县，全市累计达到4个；33个农村社区被评为全省生态文明乡村建设示范社区，全市累计达到46个。

2013年

1月1日　市民热线工作座谈会召开。市长陈先运指出，群众诉求是第一信号，群众满意是第一标准，政府一切工作的出发点和落脚点就是为人民服务。常务副市长徐春福等出席。

1月4日　德州汉能禹城40兆瓦光伏并网发电项目通过省发改委核准。成为全省最大规模的光伏并网发电项目。

1月15日　美国休斯网络中国控股有限公司执行董事吕瑞峰率团到德州进行商务考察。

1月23日　全省第一批农机专业合

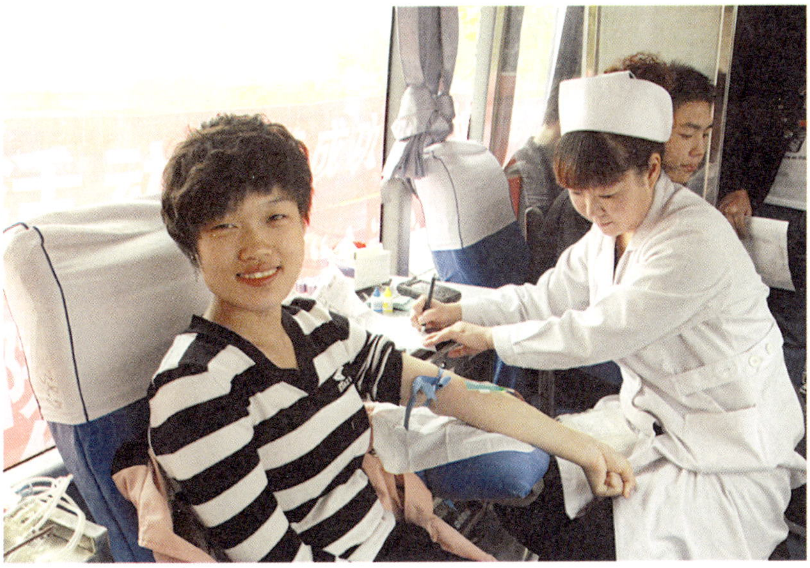

图为市民义务献血

作社省级示范社名单公布，德州有13家农机专业合作社入选。

同日 “2013年（第三届）全国年货购物节暨第二届德州新春年货会”开幕。中国商业联合会副会长张长杰，山东省贸促会副会长黄建松，德州市人大常委会副主任战士平、副市长杨玖庆、市政协副主席李世民等出席开幕式。此次年货会有200余家企业参加，总成交额超过1200余万元。

1月27日 中国商务互联工程启动仪式在德州举行，德州成为全省首个商务互联工程样板市场。

2月8日 省委书记姜异康到齐河县慰问坚持节日生产的干部职工，走访困难群众，向德州广大干部群众致以新春的祝福和亲切的问候。

2月16日 2012年度全市推动科学发展建设幸福德州表彰大会召开。市委书记吴翠云作《创新实干 跨越赶超 全力谋求经济社会发展新突破》的讲话，强调要以更宽的视野解放思想，要以更大的力度突破重点，要以更高的水准提升能力，要以更严的要求转变作风，要以更硬的举措狠抓落实。

2月18日 全市“两区同建”工作会议召开。

2月22日 德州市第四次荣获全国无偿献血先进城市奖，有723位市民荣获无偿献血个人奖项。

2月25日 全市领导干部会议召开。会议传达省委关于德州市政府市长调整的决定。杨宜新任中共德州市委委员、常委、副书记，提名为德州市人民政府市长候选人。陈先运不再担任德州市人民政府市长和德州市委副书记、常委、委员职务。

2月27日 威海市商业银行德州分行开业。

3月1日 德州市被水利部和全国节约用水办公室授予第二批“全国节水型社会建设示范区”称号。

3月2日 鲁冀4市灭火救援协作区第一次联席会议在德州召开，标志着鲁冀4市灭火救援协作机制正式建立。

3月11日 临邑县德平镇种粮大户魏德东从德平工商所领到“临邑县德平镇富民家庭农场”个体工商户营业执照，这是德州首个经工商部门登记注册成立的家庭农场。

3月13日至14日 第八届全国粮油产销企业订货会暨全国粮油经销商联谊会在德州举行。两天时间共签订粮油购销合同450万吨，带动德州市服务业实现收入3000万元。

同日 省委常委、省纪委书记李法泉到德州调研贯彻中央纪委、省纪委全会精神，落实中央和省委改进工作作风、密切联系群众情况。

3月16日 “华晨实业杯”2013年（德州）全国象棋公开赛开赛。共有来自全国12个省市的107名棋手参加，其中包括1位国家特级大师、5位象棋大师，此次公开赛是德州市举办的最高水平象棋赛事。副市长康志民、市政协副主席王惠萍出席。

3月17日 国强集团与瑞典布拉伯绿色科技公司举行合作签约仪式。瑞典耶夫勒省副省长安娜莱娜·奥斯特伯格，布拉伯绿色科技公司董事长乌尔夫·安德森，德州市委书记、市人大常委会主任吴翠云等出席。

3 月 18 日 德州唐人中心城市综合体开工暨主力商家进德签约仪式举行。项目由上海立天唐人投资集团有限公司投资 30 亿元建设，总建设面积约 56 万平方米，其中地上建筑面积约 45 万平方米，在全国首创绿色城市综合体开发模式，以自然生态、低碳、再生、可循环为核心规划理念。引进超过 500 家国际国内知名品牌，涵盖百货超市、餐饮娱乐、商业步行街、高层住宅等，是标准的复合型城市综合体项目。

3 月 22 日 2013 年中央财政小麦良种补贴项目计划面积下达，德州市获得小麦良种补贴面积 743 万亩，每亩补贴良种 7.5 公斤，补贴数量超过 5500 万公斤。

3 月 全长 77.07 公里的德州中心城区大外环快速通道建成通车。2011 年 1 月开始施工，总投资 17.2 亿元，穿越德州经济技术开发区、德城区、运河经济开发区和陵县 4 区县，连接境内的 16 条主干道和京福、滨德高速公路的 5 个出入口，形成一个闭合的路网系统。为构筑“一心四极、组团发展”的城市格局创造了空间。

同月 陵县入选农业部中国绿色食品发展中心公布的第十三批创建全国绿色食品原料标准化生产基地名单，成为德州首个入选全国绿色食品原料标准化生产基地的县。

4 月 6 日 市委书记吴翠云会见新加坡丰益国际集团董事局主席郭孔丰。

4 月 9 日 市委书记吴翠云会见正大集团总裁杨海浩。

同日 全省粮食高产创建暨春季农业生产现场会在德州召开。省委副书记、代省长郭树清就会议召开作出批示。副省长赵润田讲话。

4 月 11 日 省政协副主席、民革山东省委主委孙继业到德州调研侨商投资企业发展情况。

4 月 14 日至 15 日 德州市第十七届人民代表大会第三次会议召开，补选杨宜新为德州市人民政府市长。

杨宜新（2013.4—2015.4 任市长）

4 月 15 日至 9 月 27 日 根据省委巡视工作领导小组统一部署，省委第一巡视组对德州市领导班子及领导干部进行巡视。12 月 23 日，省委第一巡视组向市委反馈了巡视工作情况。

4月17日 中央农村工作领导小组办公室副主任唐仁健到德州调研“两区同建”工作。

同日 《大众日报》头版头条刊发消息《两区同建农民就地当“市民”》。

4月18日 省委副书记、代省长郭树清到德州就建设山东西部经济隆起带进行调研。他指出，德州市委、市政府积极探索、大胆创新、转调创成效显著，经济社会发展取得长足进步。德州要充分发挥政策叠加、先行先试的优势，真抓实干、埋头苦干，努力推动经济跨越发展。

4月19日 德州突遇罕见的四月飞雪，系有气象记录以来最晚的一次降雪天气。4月19日中午前后，先是小雨，继而雨夹雪，随后大片大片雪花从天而降，场面如同冬季降雪天。18时30分，市气象局发布暴雪橙色预警信号和道路结冰橙色预警信号。截至19日20时，全市平均降水量12.6毫米；最大降水量出现在乐陵，为22.3毫米；宁津积雪深度最大，为11厘米。

2013年4月19日，德城区雪后的桃树

4月19日 德州市被评为全国首批“农村留守儿童关爱服务体系示范市”，为全省唯一。

4月24日 省政协副主席、民进山东省委主委栗甲到德州市调研农村生态环境依法治理情况。

2013年5月5日，陈晓光（左二）在德州调研

5月4日 世界杰出华商协会常务副主席文齐国到德州考察。

5月5日至6日 全国政协副主席、民盟中央常务副主席陈晓光率民盟中央调研组到德州，就“全面优化制度安排，实现社会保障定型、稳定、可持续发展”课题进行考察调研。

5月6日 德州加入山东省会城市群旅游联盟。

5月13日 《农民日报》头版头条刊发《一个传统农区新型城镇化的路径选择——德州市“两区同建”推进城乡一体化发展探源》，对德州两区同建工作深入报道。

5 月 16 日 德州（平原）铁路物流园项目开工。总投资 150 亿元，规划面积 6200 亩。由济南铁路局负责投资和运营。该项目是德州建设的投资最大、占地面积最大的综合物流项目。

5 月 18 日 中国 · 德州第三届资本交易大会在太阳谷低碳国际会议中心开幕。省部分金融部门有关负责人，以及来自境内外 500 多家机构的高管人员，企业负责人共计 2500 余人参加开幕式。开幕式上举行了项目集中签约仪式，42 个合作项目正式签约。

5 月 20 日 市委书记吴翠云会见到德州进行商务考察的欧洲温州华人华侨联合会首任主席兼终身执行主席、荷兰王氏企业发展集团董事局主席王寿松。

5 月 21 日 北京市海淀区副区长、中关村科技园区海淀园管委会主任孟景伟到齐河考察。市委常委、市纪委书记刘子玉会见孟景伟。

5 月 26 日至 27 日 2013 中国化工企业 500 强发布会暨中国化工企业社会责任感主旨论坛在德州举行。

5 月 26 日至 30 日 市长杨宜新带领德州代表团赴香港参加 2013 香港山东周活动。分别访问考察北控水务集团有限公司、中国光大国际有限公司、中国燃气控股有限公司等企业。

5 月 29 日 德州（广州）经贸合作恳谈会召开。广州市政协副主席平欣光及来自珠三角区域的 100 多名企业家、金融家参会。市长杨宜新等出席。

同日 德州市政府与农民日报社签署战略合作协议。农民日报社党委书记、社长唐园结，德州市委书记、市人大常委会主任吴翠云等出席签约仪式。

5 月 邦基（德州）农牧有限公司正式落户夏津县，成为德州市第四家境外世界 500 强投资企业。

6 月 6 日至 7 日 德州举行海联会理事企业合作对接活动，组织 30 多名港澳台海外知名企业家到德城、禹城、宁津、庆云、德州经济技术开发区 5 个县（市、区）参观考察。

6 月 18 日 全国首届大型“微世界”论坛暨移动互联网应用行业峰会在德州太阳谷国际会议中心举行。

6 月 22 日至 23 日 中华医学会党委书记饶克勤、中国医学科学院医学信息研究所所长代涛、北京市卫生局副局长雷海潮、北京大学公共卫生学院院长孟庆跃等专家到德州，就德州市卫生发展战略研究项目结题展开论证。

6 月 26 日至 27 日 中国农业发展银行党委书记、行长郑晖，就夏粮收购及农村新型社区建设等工作到德州调研。

7 月 3 日 陵县供联种植专业合作社联合社完成注册，成为全市第一家由工商部门注册的农民专业合作社联合社。

7 月 5 日 省委副书记、省长郭树清到临邑县走访慰问老党员，并就开展党的群众路线教育实践活动进行调研，听取意见和建议，强调保持共产党的先进性和纯洁性，为民务实清廉，反对形式主义、官僚主义、享乐主义和奢靡之风，着力解决突出问题。市委常委、秘书长韩建亭，市委常委、组织部部长刘贵堂陪同。

7 月 5 日至 7 日 德州市贸促会和台

湾区电电公会在昆山共同举办首届“台湾—德州贸易投资洽谈会”。

7月6日 市委、市政府召开招商引资百日会战动员大会。市委书记、市人大常委会主任吴翠云主持并讲话。市委副书记、市长杨宜新就招商引资工作作出部署。

7月9日 第六届山东省国际大众艺术节暨山东省第七届杂技魔术大赛颁奖晚会在宁津县举行。

7月10日 全国秋粮生产暨粮食增产模式攻关现场会在德州召开。

7月11日 恒丰银行德州分行开业。

7月13日 “2013中国水安全（禹城）论坛”举行。

7月16日至17日 全省城市园林绿化工作会议在德州召开。

7月18日至19日 美国德克萨斯州卡罗顿市经济发展局局长布莱德·民克应邀到德州考察。

7月30日至31日 国务院法制办副主任袁曙宏到德州就《中华人民共和国食品安全法》修订工作进行调研。

7月31日 中共济宁市委书记、市人大常委会主任马平昌到德州参观考察。

8月1日 德州市快递协会成立，首批54家快递企业入会。

8月6日 德州市首批农村土地承包经营确权登记试点结束。

8月13日 中国农业发展银行山东分行与德州市政府就农村土地整治、新型社区建设及旧村改造等签署战略合作协议。

8月25日 德州市参加第22批援坦桑尼亚医疗队的5名队员圆满完成援外任务，载誉归国。

8月26日 全市社会养老服务体系建设推进会议召开。

8月27日 山东省浙江商会会长、现代联合集团董事长章鹏飞到德州考察。

同日 浙商银行德州分行开业。

9月4日至5日 广汽集团总经理助理欧阳惠芳率队到德州考察汽车物流业投资发展情况。

9月6日 德州市与菜鸟网络科技有限公司在北京召开项目对接座谈会。

9月13日 德州市为90周岁至99周岁老年人普惠制发放高龄津贴，每人每年300元。

9月14日 全市推进省会城市群经济圈和西部经济隆起带建设动员大会召开，进一步贯彻落实全省“一圈一带”（山东启动“省会城市群经济圈”和“西部经济隆起带”两大战略。规划在2013年至2020年，设立总规模分别为100亿元和200亿元的“一圈一带”投资基金，并出台财税、土地、投融资等优惠政策，力争“补齐”中西部发展“短板”。德州被纳入“一圈一带”）建设动员大会精神。市委书记、市人大常委会主任吴翠云讲话。市委副书记、市长杨宜新主持。市人大常委会第一副主任兰忠良、市政协主席袁秀和、市委副书记满春重等出席。

9月23日 “发展中国论坛”副主席季昆森一行到德州就两区同建工作进行专题调研，并形成《关于推广德州以“两区同建”方式推进新型城镇化建议》，呈报中共中央、国务院，李克强、张高丽、汪洋等就此作出批示。

9月25日 浙江省山东商会会长、中资集团有限公司董事长刘绪刚率团到德州进行商务考察。

9月26日 2013鲁台（德州）现代产业合作恳谈会暨德州市台湾同胞投资企业协会换届大会举行。市委副书记、市长杨宜新，市政协主席袁秀和，市委副书记满春重，市人大常委会副主任邓光亮，副市长杨玖庆出席。

9月29日 德州市与美国威讯联合半导体有限公司举行签约仪式。市委副书记、市长杨宜新，美国威讯联合半导体有限公司亚太区运作及大中华区业务副总裁李育才，美国威讯联合半导体有限公司企业战略副总裁、亚太区兼中国区总经理王大卫出席。

10月8日 晚，德州大剧院建成后举办首场演出。第十届中国艺术节展演剧目民族歌舞诗剧——《呼伦贝尔大雪原》在德州大剧院上演。

10月12日 中共河南省委常委、郑州市委书记吴天君率党政考察团到德州考察光伏产业发展情况。

10月15日 全国推进学习型城市建设暨案例城市经验交流会在德州举行。

10月15日至16日 围棋世界冠军争霸在德州开赛，海峡两岸四地棋王争霸赛同时举行。

10月16日 德州市推荐的国家星火计划重大项目——“麦棉两熟组装技术产业化”，被科技部批复立项，获无偿资金300万元。这是德州首次承担国家星火计划重大项目。

同日 中国农业发展银行总行下达《关于山东省德州市列为支持农村新型城镇化建设试验区的批复》，德州成为全国唯一被农发行列为支持农村新型城镇化建设的试验区。

10月17日 全国政协副主席、民革中央常务副主席、民革中央“三农”委员会主任兼土地制度研究中心主任齐续春率调研组就土地制度改革暨新型城镇化到德州进行专题调研。探讨通过推进两区同建，在农村改革特别是土地改革、土地流转和小城镇建设上的新路子。

10月17日至19日 “2013德州（上海）区域战略合作恳谈会”在上海举办。恳谈会以“抢抓战略机遇、实现合作共赢”为主题，旨在加强与长三角经济圈的战略合作，互利共赢，共谋发展。上海现代服务业联合会，上海市政府交流合作办公室，马来西亚驻沪总领事馆，山东省政府驻上海办事处以及长三角区域的企业家、金融家、专家学者和项目签约代表，共计300余人出席。吴翠云、杨宜新出席会议，并分别带队走访上海部分在德州市投资或有意向投资的知名企业。

10月20日 德州市与山东大学签署战略合作协议，并与齐河县签署项目合作意向书。市委书记吴翠云、市长杨宜新，山东大学校长徐显明、副校长娄红祥等出席签约仪式。

10月22日 德州市创建省级文明城市动员大会召开。吴翠云、杨宜新等出席动员大会并讲话。继成功创建国家卫生城市、迎接国家园林城市验收之后，德州市随即启动了省级文明城市创建活动。

同日 第二届中国山东国际农产品交易会结束。德州市22家农业产业化重点龙头企业参展，现场成交额3000多万元，达成意向投资1.2亿元。

10月24日至25日 市长杨宜新在台湾先后拜访台湾美乐国际投资集团有限公司董事长余进福，台湾中部科学工业园区管理局局长王永壮，和大工业股份有限公司董事长、台湾科学园区同业公会副理事长沈国荣，考察了台湾豪客能源科技股份有限公司、加兴企业股份有限公司、正新橡胶工业股份有限公司、美利达工业股份有限公司和耐斯集团剑湖山世界。

10月25日 第四届全市道德模范表彰会在会展中心举行。孟庆胜等51人荣获全市道德模范称号，周宪海等95人获得全市道德模范提名奖。吴翠云、韩建亭、张传忠、钟玲、康志民、杨光来为获奖者颁奖。

10月28日 市委书记吴翠云会见韩国驻青岛总领事馆总领事黄胜炫。

10月30日 德州市城镇职工医保新政出台，大额医保最高支付限额由18万元提至50万元。

10月 德州市作为山东省承办第十届中国艺术节重点主办城市之一，承担了参赛和办赛两重任务，取得双赢结果。原始大型舞台剧目京剧《东方朔》、音乐剧《后羿与嫦娥》、杂技剧《家乡》全部入选山东省优秀展演剧目；男声独唱《亲亲的老百姓》夺得“群星奖”，市艺术馆（现市文化馆）荣获集体二等功；国画《铁流》入选全国优秀美术作品。同时，成功承办了“全国京剧优秀青年演员折子戏展演”，市政府荣获文化部颁发的“组织工作奖”。圆满完成十艺节“文华奖”4台8场参评剧目及6台试演剧目的比赛演出任务。德州被评为“第十届中国艺术节最佳演区”，市文广新局荣获“第十届中国艺术节筹办组织工作先进集体”，德州大剧院荣获“十艺节优秀场馆”称号。

同月 全市夏粮收购工作结束，各收购主体共收购夏粮142.56万吨，较2012年同期增加29.30万吨，增幅26%。

11月6日 济南市党政考察团到德州考察。

11月19日 国务院南水北调办公室副主任于幼军、环保司司长石春先、环保司巡视员徐子恺到德州检查南水北调东线鲁北段大屯水库试运行情况。

11月20日 市长杨宜新会见泰国国会特委会主席顾问、东盟加六国贸易促进委员会主席罗宗正。

11月22日 德州融入首都经济圈合作恳谈会暨北京德州商会揭牌仪式在北京举行。主题为“京韵厚德、合作共赢”。此是全市“百日招商”的主要内容，旨在加强德州与首都经济圈的战略合作，实现互利共赢。三峡集团董事长曹广晶、中国工业经济联合会副会长刘海燕等和有关部门负责人、驻京强企的企业家、专家学者、合作项目签约代表、现代产业体系引进人才代表等500多人出席活动。市委书记吴翠云出席活动并在恳谈会上致辞。杨宜新、刘贵堂、孙开连、魏洪祥、翁啟文，杨玖庆、杨田洲、刘长青及各县（市、区）、市直有关部门负责人出席活动。

11月28日 全市见义勇为模范表彰大会召开，刘兰玉等54人荣获“德州市见义勇为模范”荣誉称号。

11月29日 德州市人民政府、齐河县人民政府与山东中西医结合大学举行战略合作签约仪式。山东中西医结合大学将整体搬迁至齐河。市委书记吴翠云、市长杨宜新，山东中西医结合大学校长王力一等出席签约仪式。

11月 据统计，德州市拥有融资性担保机构18家，注册资本总额16.5亿元。其中，注册资本在1亿元以上的达12家。

同月 农业部认定77个第二批国家农业产业化示范基地，乐陵市农业产业化示范基地成功入选，这是德州市首个国家农业产业化示范基地。

12月1日 浙江客商组团到德州进行商务考察。市委书记吴翠云会见杭州中商控股集团董事长、总裁董国民等多位浙江客商。

12月5日至9日 市长杨宜新率德州商务代表团赴美国进行为期5天的商务考察洽谈活动。先后考察了美国科泰克国际有限公司、威讯联合半导体公司、西格雷夫消防设备有限公司，并与华美半导体协会联合举办硅谷—德州电子信息产业对接会。

12月15日 京津冀鲁晋五省市高速公路区域联网电子收费开通。

12月22日 德州市委、市政府在天津滨海新区举行“德州·天津环渤海经济圈区域合作恳谈会”。主题是“对接滨海，服务天津，深度融合，共谋发展”，旨在加强德州与渤海经济圈的区域合作，推进与天津滨海新区的深度融合，积极促进项目建设和招商引资、招财引智工作，不断提高对外开放水平。天津滨海新区政府及有关部门负责人，天津大学、河北工业大学的负责人，众多企业家专家学者、

减河自行车道

合作项目签约代表等200多人出席活动。市委书记吴翠云致辞，市长杨宜新主持。韩建亭、张传忠、孙开连、魏洪祥、杨玖庆、杨田洲、刘长青等出席。吴翠云、杨宜新会见天津市副市长、滨海新区区长宗国英。

12月31日 德州市在临邑县召开城乡供水一体化工作会议。自2011年市委、市政府实施“利用三年时间，整建制实现城乡供水一体化”规划，截至2013年底，全市累计完成投资53.8亿元，建成平原水库13座，万吨以上集中供水水厂18座，铺设管道5.2万公里，3年解决了312万人饮水安全问题，城乡供水一体化率由2010年的38%提高到93%，530万城乡居民喝上“同源、同网、同质”的黄河水，比国家计划提前7年完成建设任务，成为全国第一个整建制实现城乡供水一体化的地级市。

12月 减河湿地东西两岸实施自行车道路改造工程，铺设彩色路面。整个车道全长达40余公里，为德州首条自行车专用通道。

同月 德州汽车客运中心主体建设工作全部完成。

同月 德州市再次荣获中国最具幸福感城市，位列第63名。

是年 5县（市、区）提前完成“三年倍增”计划。乐陵、齐河、德城、德州经济开发区、运河经济开发区等5县（市、区）提前一年完成“三年倍增”计划（按2011年不变基数口径）；德城、禹城、齐河、临邑、经济开发区等5县（市、区）财政收入突破10亿元，其中齐河、经济开发区均突破20亿元。

是年 粮食实现“十一连增”。德州在全国率先提出“玉米千亩吨粮”增产模式攻关理念，粮食总产166.5亿斤，实现“十一连增”，连续十年全省第一，连续五年“亩产过吨粮、总产过百亿”，第三次被评为“全国粮食生产先进市”。全市用占全省8.1%、全国0.5%的耕地，生产出占全省18.4%、全国1.4%的粮食。

2014年

1月11日至13日 中国人民政治协商会议德州市第十三届委员会第三次会议召开。

1月12日至14日 德州市第十七届人民代表大会第四次会议召开。

1月16日 德州市获国家园林城市称号。自2010年德州市提出创建国家园林城市目标，全市上下掀起一场全民创城大会战。特别是2012年以后，中心城区1000余个单位小区、2万余人积极参与，实施9大类2134项绿化工程，共种植乔木420万株、灌木1062万株，新增改造绿地面积2152公顷，建成区绿地率达35.54%，绿化覆盖率达38.78%。形成了以单位、小区、街头绿地绿化为点，以道路、水系绿化为线，以公园、景区绿化为片，以环城防护林带为环，点、线、面、环结合，水绿相映、分布合理的园林绿化格局。为市民打造了窗前有绿、出门见绿、居在绿中、行在绿中的工作生活环境。

德州市创建国家园林城市一角

1 月 24 日 省委常委、副省长孙伟到临邑县走访慰问老党员、困难职工和农村困难群众。市委书记吴翠云陪同。

1 月 27 日 芭蕾雨奥特莱斯德州产业园项目签约。市长杨宜新，奥特莱斯（中国）有限公司总裁、芭蕾雨国际控股有限公司董事长崔述强出席。

1 月 市委、市政府及时妥善解决山东德棉股份有限公司拖欠工人工资和养老保险金问题。稳定职工情绪，保持工厂正常生产。

2 月 7 日 全市 2014 年度全市推动科学发展，建设幸福德州表彰大会召开。总结表彰先进，激励和动员全市广大干部群众进一步解放思想、振奋精神，以饱满的热情、昂扬的斗志、充足的干劲，迅速投入工作，主动适应新常态、积极引领新常态，全力打好“十二五”规划收官之年攻坚战。市委书记、市人大常委会主任吴翠云重点围绕适应新常态、谋求新作为作了讲话。市委副书记、市长杨宜新主持。市人大常委会第一副主任兰忠良，市政协党组书记袁秀和，市委副书记、市政协主席满春重出席会议。

2 月 7 日至 15 日 举办首届德州董子文化街庙会。

2 月 8 日 省武警总队司令员李苏鸣到德州市调研。

2 月 17 日 全市招商引资项目春季集中开工仪式举行。主会场设在德州经济技术开发区天海同步产业园项目现场，各县市区设分会场。

2 月 24 日至 10 月 15 日 全市开展党的群众路线教育实践活动。按照中共中

2014年2月7日至15日，首届德州董子文化街庙会

央和省委的部署要求，全市开展以为民务实清廉为主要内容的党的群众路线教育实践活动，共有1.4万个基层党组织、29万名党员参加。活动的总要求是“照镜子、正衣冠、洗洗澡、治治病”，对照检查纠正“四风”（形式主义、官僚主义、享乐主义和奢靡之风）问题。全市坚持认真精神，从严从实要求，整个活动深入扎实健康开展，取得重大成效。

2月25日至26日　台湾华新丽华股份有限公司董事长焦佑伦到齐河县考察，洽谈高科技现代农业示范园项目。

3月1日　全面深化改革领导小组成立。市委全面深化改革领导小组第一次会议召开，研究讨论相关工作规则和细则、专项小组成员名单及分工方案，明确改革方向、主要内容和职责分工。

同日　德州市正式实行注册资本认缴登记制。副市长杨玖庆向德州联丰建筑工程有限公司负责人黄涛颁发德州市实行注册资本认缴登记制后的新版营业执照。

3月2日至3日　第九届全国粮油产销企业（春季）订货会暨全国粮油经销商联谊会在德州举行。这是德州市自2009年连续承办六届的全国性盛会。大会分为粮油产销企业洽谈订货会、大型全国粮油营销管理讲座、粮油产销企业发展战略交流、粮油行情走势及市场走势分析、粮油金奖产品评审发布、全国优秀粮油经销商评审发布6部分，参展产品涉及粮油产品类、粮油精加工食品类、粮油机械设备类、粮油技术类、粮油相关行业产品等五大门类。共有来自全国各地的400余家粮油产销企业的300多种产品参展，签订粮油购销合同480余万吨。

2014 年 3 月 26 日，沈跃跃（中）在德州考察

3 月 6 日 齐河县华店乡华店村村民王明利、郭庄村村民郭勇当选“山东好人”2013 十大年度人物。

3 月 14 日 安徽安凯福田曙光车桥有限公司德州分公司新厂项目开工奠基。

3 月 17 日 中国农业科学院、德州市人民政府农业科技合作签约暨现代农业示范基地建设启动仪式在德州举行。中国农科院副院长、中国工程院院士吴孔明，市委书记、市人大常委会主任吴翠云致辞，市委副书记、市长杨宜新主持。

3 月 26 日 全国人大常委会副委员长、全国妇联主席沈跃跃到德州调研。全国妇联副主席、书记处书记喻红秋，省委副书记王军民，省妇联主席翟黎明，全国妇联办公厅副主任刘亚玫，省委办公厅副主任李超群，市领导吴翠云、杨宜新等陪同。

3 月 28 日 德州市政府与上海市张江高新技术产业开发区管委会签署战略合作框架协议，确定共同建设张江·德州高新科技合作示范园区。上海市张江高新技术产业开发区管委会常务副主任曹振全，中国投资有限责任公司原副总经理、首席风险官汪建熙，吴翠云、杨宜新出席签约仪式。

3 月 29 日 广州市政协副主席平欣光率投资考察团到德州市参观考察。

3 月 31 日 全国人大常委会原副委员长、中国科学院原院长路甬祥率领中科院、国家发改委知名专家到德州市考察指导太阳能分布式供能技术。先后到皇明集团、蔚来城和山东奇威特人工环境有限公司实地考察，听取有关情况汇报。省人大常委会原副主任陈延明，市委书记吴翠云陪同。

3 月 德州市入选全国首批新能源示范城市。由国家能源局组织的全国首批新能源示范城市和产业园区评选结果揭晓：共评出 81 个新能源示范城市和 8 个产业园区。德州因太阳能利用广泛而榜上有名。

4 月 1 日 省政协副主席郭爱玲到德州市调研城镇化建设中传统文化的保护和传承情况。

4 月 1 日至 3 日 山东省第三届老年人运动会象棋（围棋）赛在德州太阳谷

国际会议中心举办。来自全省17市以及省直机关、企业的37支代表队、107名运动员参加。运动会共设乒乓球、台球、中国象棋（围棋）、田径、门球、健身球操、创新项目展示等15个大项、78个小项。德州市老年体协组织200余名老年运动员参加所有比赛项目。

4月4日 中国农业发展银行副行长林立到德州调研信贷支持农村新型城镇化建设试点情况。

4月6日 全市城乡医疗保险整合工作会议召开。对城镇居民医疗保险和新型农村合作医疗制度整合工作进行安排部署。将卫生部门管理的新农合移交人力资源和社会保障部门管理，建立城乡统一的居民医疗保险制度。

4月9日至10日 山东省驻沪办事处主任李斌，新加坡丰益国际集团董事局主席、益海嘉里集团董事长郭孔丰到德州考察投资项目。

4月10日 全国人大常委会副委员长、民进中央主席严隽琪到德州视察工作。她先后到德州经济技术开发区、夏津县和民进德州市委机关实地视察。全国政协副秘书长、民进中央副主席朱永新，省政协副主席、民进山东省委主委栗甲，民进山东省委副主委、秘书长郭永军，市领导吴翠云、杨宜新陪同。

4月16日 天津农垦集团山东现代化农牧业示范园区项目在乐陵市开工。

4月18日 齐河县与济南铁路投资有限公司签署战略合作协议，总投资160亿元的济铁省会中心物流城落户齐河。

4月23日 市政府与工商银行山东省分行签署战略合作协议。市委书记吴翠云、工行山东省分行行长沈如军出席签字仪式。

4月25日至27日 德州市优质农产品（北京）展销会在北京首农集团市场开幕。展销会共签约项目14个，签约金额7.3亿元，形成具体协议9份，意向投资总额11.4亿元。

4月29日 中国气象局局长郑国光到德州检查指导工作。

4月30日 全市深化科技金融融合创新推进产业发展会议召开。对全市科技金融产业融合创新工作进行安排部署，推进科技资源、金融资源、产业需求有效对接融合。

5月9日 北京新发地农产品股份有限公司总经理张月琳、中创国投资本管理有限公司董事长温小鹏，到德州考察建设德州新发地现代农副产品批发物流集散中心情况。

5月12日 全省农村扶贫开发精准识别工作现场培训会议在德州市召开。

5月14日 北京经济技术开发区管委会投促局副局长邹本雨，廊坊市委常委、副市长李波率联合考察团到德州市考察园区建设和招商引资工作。

5月17日 全国人大常委、民进中央副主席王佐书到德州调研，并作“坚持和发展中国特色社会主义”的专题报告。

5月18日 中国·德州第四届资本交易大会暨融入首都经济圈投资洽谈会在德州举行。会议主题为“打造资本优势，承接产业大转移，促进企业转调创，融入

2014 年 5 月 18 日，中国·德州第四届资本交易大会会场

首都经济圈”，旨在深化科技金融融合创新，推动德州市发挥区位交通优势，主动融入首都经济圈，着力打造资本交易、招商引资、招才引智一体化平台。来自中国证监会、中国证券业协会、境内外各类金融机构和德州市重点企业负责人等各界嘉宾 1600 余人参会。共签约招商项目 322 个，合同金额 1050 亿元。

同日 全国政协原副主席李蒙到德州市调研经济社会发展情况。

同日 中欧（临邑）高新科技园项目签约，匈牙利弗莱克斯有限公司、加尔文有限公司、斯达宝机械制造有限公司落户临邑县。匈牙利国家税务和海关总署副署长科瓦奇·伊万，匈牙利总理办公室总顾问贝尔切尼·拉斯

洛，市委书记吴翠云、市长杨宜新出席签约仪式。

5 月 19 日 德州市第四水厂建成通水。市委书记吴翠云出席仪式并启动送水装置。

5 月 20 日 德州中心城区出租汽车运价调整。出租车起步价将由 3 公里内 5 元调整为 7 元。运距在 3 公里至 6 公里的基本运价依然保持每公里 1.4 元不变，运距在 6 公里以上的部分加收 50% 的空驶费。同时，取消每乘次 1 元燃料附加费。中心城区有出租车 2405 辆。

5 月 21 日 “幸福德州”建设座谈会召开。全国人大常委会委员、全国人大财经委副主任委员、中国经济体制改革研究会会长彭森，中国幸福研究院院长徐景

德州中心城区出租车

2014年6月5日，德州市史志工作电视电话会议会场

安，中国经济体制改革研究会副会长石小敏以及有关专家参加座谈。

5月26日　德州玲珑轮胎有限公司二期半钢子午轮胎项目投产，年可生产200万套全钢子午轮胎和1000万套半钢子午轮胎，年销售收入可达120亿元。

6月1日　德州市全面实施乡镇级网络化报灾。

6月2日　安哥拉共和国北隆达省省长厄内斯图·莽哥拉到德州市进行非正式友好访问。

6月5日　德州市召开史志工作电视电话会议，确立依法修志、志鉴编纂、信息化建设和地情研究四方向目标，落实工作任务。

6月6日　德州芭蕾雨奥特莱斯新城市综合体项目开工奠基。市长杨宜新，奥特莱斯中国有限公司董事、芭蕾雨国际控股有限公司董事长崔述强出席。

6月10日　即日起，全市符合“单独两孩”政策的夫妻，可到所在单位或村居委会、所属乡镇人民政府或街道办事处申请生育二孩。

6月12日　夏津黄河故道古桑树群入选中国重要农业文化遗产，这是山东省首个入选的项目。

6月17日　北京市大兴区人民政府（北京经济技术开发区管委会）与德州市人民政府合作会谈备忘录签订仪式在北京举行。市长杨宜新出席。

6月19日　德州市运河经济开发区医疗联合体成立。该医联体由德州市第二人民医院联合德棉医院、运河医院、德州机床医院及5个社区卫生服务机构组成。这是德州市第一个区域医联体。

6月22日　南运河德州段申遗成功。

夏津黄河故道古桑树

中国申报的大运河项目通过第 38 届世界遗产委员会审议，正式列入《世界遗产名录》。作为大运河保护与申遗点段，南运河河道德州段正式成为世界文化遗产。京杭大运河德州段由卫运河和南运河组成，南端起于武城县四女寺水利枢纽，流经武城县、德城区和运河经济开发区，北端至德城区二屯镇第三店村西北出山东入河北境，流程约 45 公里。德州作为大运河沿线重要城市，2006 年开始参加申报世界文化遗产工作，经过 8 年的努力，南运河河道德州段原真性生态和河道环境得到有效保护，传统运河工程技术得到真实体现。

南运河河道德州段

6 月 24 日　哈尔滨哈飞汽车工业集团有限公司党委书记康平到德州考察。

同日　陵县糜镇政府与康采恩集团（德州）有限公司签订康采恩中药材 GAP 基地项目合作协议。

7 月 1 日　自即日起，德州市企业生产的产品出口瑞士享受零关税优惠。

7 月 2 日　全市招商引资项目夏季集中开工奠基仪式举行。市领导吴翠云、杨宜新、兰忠良、袁秀和分别在主会场和各分会场参加活动。

7 月 10 日　全省公安特警跨区域拉动演练在德州市启动。

7 月 11 日　全市政府职能转变和机构改革工作会议召开。会议要求，要着力优化市县政府组织结构，科学制订改革方案，进一步推进大部门体制和职责整合，规范机构设置和领导职数配备。

7 月 12 日　香港德州商会（德州市海外联谊会香港分会、香港山东商会德州分会）成立。

7 月 15 日　科技部“生物农药与生物防治产业技术创新战略联盟”成果示范基地落户德州市。

同日　中国创业天使孵化工程夏津基地揭牌。世界杰出华商协会主席卢俊卿，市委常委、副市长翁啟文出席仪式。

7 月 24 日至 25 日　中共中央政治局常委、国务院总理李克强到德州视察。他先后到陵县雨污分流工地、景津环保股份有限公司、袁桥社区和德强农场视察，与工人农民交流，听取意见。他强调，政府要加大投入，更要通过改革，创新投融资方式，吸引社会资金进入，加快建设，造福当代，惠及子孙；要大力发展劳动密集

2014年7月24日，国务院总理李克强（右二）到景津集团视察

型产业，带动更多农民就近就业，在城市安居和发展；要尊重农民意愿，尊重发展规律，保障农民合法权益，推进新兴城镇化一步一步往前走，对进城农民的就

2014年7月24日，市委书记吴翠云（右一）向国务院总理李克强（右二）汇报有关情况

医、社保、上学等配套服务都要跟上。他对德强家庭农场创新经营模式给予肯定。李克强希望德州统筹城乡发展中稳速提质增效升级。中共中央书记处书记、国务委员兼国务院秘书长杨晶，省委书记姜异康、省长郭树清，市委书记吴翠云陪同。

7月25日　平原信达化工股份有限公司在北京全国中小企业股份转让系统正式挂牌，标志着德州市中小企业实现“新三板”挂牌零的突破。

7月29日　全国秋粮作物重大病虫防控现场会在德州召开。来自河北、山西、辽宁等23个省的60多名植保专家参观了“一防双减”（在玉米大喇叭口期一次施药兼治多种病虫，以减少玉米中后期穗虫发生基数、减轻病害流行程度）补助项目齐河示范区和齐力新农业公司，对德州市病虫防治专业化服务组织、专业化统防统治与绿色防控等工作给予充分肯定。全省建设25个玉米“一防双减”项目县，德州市齐河、夏津、禹城入选，共获得省补贴资金300万元。

7月　全市夏粮生产再创大面积高产纪录、实现“十二连增”。据市农业局测算，全市小麦收获面积770.6万亩，比上年增加23.6万亩；单产541.8公斤、增产8.6公斤、增长1.6%；总产83.5亿斤、增产3.8亿斤、增长4.8%。齐河20万亩粮食增产模式攻关核心区小麦平均单产715.97公斤，再创全国冬小麦大面积高产纪录。全市在粮食生产上取得一系列成绩：3次荣获全国粮食生产先进市称号，成为全国首个“亩产过吨粮，总产过百亿斤”的地级市。省委副书记、省长郭树清，省委副书记王军民，省委常委、常务副省长孙伟相继对此作出批示。

同月　夏津县、平原县入选2014年省级生态农业示范县，各获省财政扶持资金300万元。

8月1日　全国电子政务安全可靠应用交流研讨会在德州市召开。

8月2日　市档案馆通过国家档案局测评组测评，晋升为国家一级档案馆。国家档案局局长、中央档案馆馆长杨冬权为市档案馆授牌，市委书记吴翠云出席授牌仪式。

8月11日　德大铁路（德州至潍坊大家洼铁路）全线铺通，全长256公里。

8月16日　宁津县举办“品牌农资中国行——走进宁津”大型惠农公益活动。农民日报社党委书记、社长唐园结，农民日报社副总编吕明宜出席开幕式。

德州档案馆

8 月 18 日 市政府印发《德州市蓝天行动计划（2013—2015）》，计划提出，到 2015 年，大气污染治理初见成效，空气质量比 2010 年改善 20% 以上，二氧化硫削减 17%，氮氧化物削减 18%，工业烟尘排放量减少 30%。

同日 中共德州市第十四届委员会第五次全体会议举行。审议通过《中共德州市委关于落实党风廉政建设党委主体责任和纪委监督责任的决议》。市委常委、市纪委书记刘子玉对中共十八大以来部分市管干部严重违纪违法案件作了通报。

8 月 19 日至 26 日 市长杨宜新率领德州市经贸考察团赴台湾开展经贸招商活动，并就德州经济技术开发区与台湾中部科学园区合作及“2013 台湾·山东周”期间签订的部分合同、协议和部分在谈项目进行重点推动。考察期间，成功签约台湾文化创意产业园、颗粒活性炭、电子信息产业园、轮胎、台湾生态园等 5 个项目，达成合作意向 20 余个。

8 月 27 日 首届“德州之星”科（技）金（融）产（业）融合创新企业推介活动启动。

8 月 德州市 2013—2014 年度小型农田水利重点县项目验收工作结束。本轮小农水项目新建泵站 81 座，新打机井 1081 眼，建成高标准农田 37 万亩。至此，全市累计建成“旱能浇、涝能排”高标准农田增至 160 万亩，面积、标准均位居全省前列。

9 月 6 日 济南铁路局平原物流园开通运营。入驻客户可借助这一平台将内蒙古、山西、陕西三省煤炭中转供应至鲁北、鲁西北和江浙地区的用煤企业。

9 月 9 日 全市建立困境儿童基本生活保障制度，为困境儿童发放基本生活费。

9 月 11 日 德州火车站站房和广场拆迁改造工程正式启动。德州火车站是京沪线上的一等站，站区全长 5.65 公里，拥有 19 条专用线，集客、货运于一体综合性一等区段站，日发送旅客一万余人。德州站始建于 1908 年（清光绪三十四年），现有站房建成于 1958 年，总建筑面积 3957 平方米，经过 50 余年的使用，服务设施落后等问题日益突出。德州站站房改造工程投资总额为 2.27 亿元，工程包括拆除既有站房及雨棚，新建站房综合楼 1 万平方米。建设总工期为 15 个月。

9 月 12 日 “2014 中国（乐陵）红枣暨果品产业博览会·‘西果东送农超

2014 年 9 月的德州火车站

对接’活动”在乐陵举行。

9 月 13 日 “2014 中国·德州（齐河）现代农业与粮食安全高峰论坛”举办。

9 月 15 日 市委书记吴翠云率考察团到衡水市考察重点项目和城市建设。

2014 年 9 月 16 日，冀鲁边区革命纪念馆落成开馆

9 月 16 日 冀鲁边区革命纪念馆在乐陵市正式落成开馆。纪念馆总建筑面积 3000 平方米，馆内设计突出重大事件、重大活动和著名人物，以图版、文字、实物及绘画、模型、场景、展柜、多媒体等形式，全面反映了边区军民在党的领导下波澜壮阔的革命历史。冀鲁边区是山东省抗日武装发动最早的地区，也是山东省抗战时期的六大战略区之一，主要包括当时的乐陵、陵县、平原、商河、阳信、盐山、东光、南皮等 24 个县市，面积约 3 万平方公里。乐陵是冀鲁边区的核心区，为开创华北敌后抗战新局面，建立山东省抗日根据地，促进全国解放做出了突出贡献。

同日 省委副书记王军民到德州就全面深化农村改革、积极推进新型城镇化和农业现代化进行调研。

9 月 20 日 第四届中国·德州太阳能开发利用博览会在德州市举行。大会以“推动新能源科技创新，促进城市雾霾治理”为主题，签订合同 33 个，总投资额 454.3 亿元。签订协议 13 个，协议金额 133.7 亿元。签订产品购销合同 42 个，成交额 44.7 亿元。其中，京津冀地区项目占签约项目的 41.3%。

同日 首都企业家德州论坛在德州举行。主题是“京津冀一体化与企业创新发展”。首都企业家俱乐部理事长、中国石油天然气集团公司原副总经理阎三忠，总后勤部原政委、张文台上将以及 300 名企业家出席。

9 月 21 日 全国人大外事委员会原主任委员、中国公共外交协会名誉会长李肇星出席夏津老年公寓启用揭牌仪式。市委书记吴翠云陪同。

9 月 22 日 中国农科院“玉米千亩吨粮”高效增产综合技术生产模式示范现场会在武城县召开。吴翠云、杨宜新会见了参会的中国农业科学院党组书记陈萌山。

9月23日 澳大利亚“魏基成天籁列车”助听器捐赠仪式在德州市举行。国务院原副秘书长、参事室原主任、中国拥军优属基金会理事长崔占福，市政协主席袁秀和出席。

9月24日 “我的故事、我的梦——东方朔杯首届山东省小品新作大赛”决赛在德州举行。

9月28日 德州市在京举行“2014德州·京津大院大所对接会”。对接会以“融入首都经济圈，推动科技金融产业融合创新”为主题，旨在加强德州与京津的战略合作，努力打造京津冀协同发展产业转移承接基地、科技创新成果转化基地。科技部原副部长韩德乾，中国科协副主席、书记处书记张勤，中国科学院副院长施尔畏，国家知识产权局原局长王景川，军事科学院原副院长、葛东升中将，军事科学院原政治部主任、陈金泉少将，中国航天科技集团总经济师齐国生，中国化工集团公司副总经理、党委委员范小森，中国科学院院士葛昌纯、何满潮、张新时、宋振骐，中国工程院院士盖钧镒、何新贵、钟山，北京市科学技术研究院党委书记、副院长苗立峰，德州市委书记吴翠云、市长杨宜新等出席对接会。

9月30日 市委书记、市人大常委会主任吴翠云，市委副书记、市长杨宜新，烈属、老战士、驻地官兵和社会各界干部群众代表约700余人，在全国首个烈士纪念日共同到德州革命烈士陵园举行烈士公祭活动。

9月 德州市各县市区全部建立县级土地流转（交易）服务平台，130多个涉农乡镇（街道）成立农村土地流转服务中心，设立流转服务大厅，8000多个村聘请了土地流转服务信息员，县、乡、村三级土地流转（交易）服务网络基本形成。

10月1日 全市县级公立医院改革试点启动，部分医院医疗服务价格将调整，医疗服务价格调整后增加的收费按规定纳入医保支付范围。

10月9日 全市村区“两委”换届及村级组织运转经费保障调度会议召开。重点安排部署德州市村、城市社区“两委”换届选举和村级组织运转经费保障工作。

10月11日 “中国农业科学院农产品加工研究所德州综合试验站”在市农科院揭牌。

10月12日 菲律宾籍华人施恭旗到德州考察。市委书记吴翠云会见施恭旗。

10月12日至20日 市长杨宜新率德州市经贸考察团赴欧洲进行招商考察和合作洽谈。考察团一行先后考察匈牙利、西班牙和意大利三国部分城市，与当地政府、企业和客商进行深入交流和洽谈，并签署一系列合作协议。

10月16日 国际太阳能供热制冷大会奇威特“技术之旅”论坛交流会在德州举行。副市长杨玖庆出席。来自近20个国家的30余位太阳能光热专家及行业负责人参会。与会人员实地参观了德州生态科技城展览馆太阳能空调采暖项目、德州小刘庄大社区小学太阳能采暖项目、德州学院附小太阳能采暖项目、德州职业技术学院餐厅太阳能空调采暖项目、奇威特太阳能空调实验基地及厂区车间太阳能空调采暖项目等。

10 月 20 日　德州市与交通运输部管理干部学院签署战略合作协议。交通运输部管理干部学院院长张延华，市委常委、副市长翁啟文出席签约仪式。

10 月 22 日　2014 年鲁台（德州）现代产业合作恳谈会举行。全国台企联常务副会长、天津台协会长韩家宸，全国台企联副会长、天津台协执行常务副会长林易鹡，苏州台协副会长翁国维，深圳侨商国际联合会副主席廖起蜀出席。

同日　科技部专家调研组到德州调研。在禹城市召开德州高新区升级工作座谈会。

同日　波司登集团冰飞羽绒服生产基地试生产。项目位于德州经济技术开发区，由波司登集团投资兴建，为退城进园迁建项目，总投资 6.5 亿元。

10 月 28 日　德州市交警支队直属一大队荣膺全国爱民模范集体称号。在北京，大队代表受到中共中央总书记、国家主席、中央军委主席习近平等党和国家领导人亲切接见。11 月 4 日，市委书记、市人大常委会主任吴翠云，市委副书记、市长杨宜新会见市交警一大队代表。市公安局交警支队直属一大队坚持“用心管理，用情服务”的工作理念，创新工作措施，热情帮扶群众。特别是在 2014 年年初，帮助 38 名安徽民工安全返乡的事迹，受到国务委员、公安部部长郭声琨等的高度赞扬，被省公安厅、市委市政府分别授予集体二等功。

10 月 31 日　全省农田水利基本建设现场会在德州召开。会议要求，要加快发展农业高效节水灌溉，大力推进南水北调配套工程、雨洪资源利用等重点水利工程建设，不断提高农村饮水安全保障水平，努力深化水利投资、建设与运行管护机制改革创新。副省长赵润田出席并讲话。

10 月　乐陵千年枣林游览区被定为省级原生态旅游景区，成为德州市唯一省级原生态旅游景区。

11 月 1 日　齐河县入围全国经济百强县，位列 96 位，是山东省唯一新进入的经济发展强县。

11 月 6 日　水利部副部长李国英到宁津县调研农村饮水安全和小农水重点县项目建设情况。

11 月 6 日至 12 日　为保障亚太经合组织（APEC）北京会议期间全市空气环境良好，德州市区实施机动车（含临时号牌车辆）单双号限行交通管制措施，限行区域为市区主城区和城乡结合部。

11 月 11 日　中国—东盟自由贸易区商机推介会在德州召开。中国—东盟商务理事会执行理事长许宁宁作题为“升级版中国—东盟自由贸易区商机推介会”主题报告。副市长杨玖庆出席。

11 月 14 日至 15 日　市长杨宜新率团到上海、苏州，就招商项目合作事宜深入洽谈对接。

11 月 18 日　嘉寓股份临邑生产基地投产。市政协主席袁秀和，市委常委、常务副市长翟长生出席仪式。

11 月 19 日　中共德州市第十四届委员会第六次全体会议举行。全委会审议通过《中共德州市委关于贯彻落实党的十八届四中全会和省委十届十次全会精神全面推进依法治市的实施意见》。

同日 省高级人民法院院长白泉民到德州调研加强基层人民法庭建设情况。

11月20日 黑龙江省政协副主席、省工商联主席洪袁舒到陵县考察。省政协副主席、省工商联主席王乃静陪同。

同日 全市农村留守儿童关爱服务体系建设经验交流会在临邑县召开。全国妇联儿童工作部巡视员吴新平、省妇联副主席任月英出席，并为临邑县林子社区“儿童快乐家园”揭牌。

11月21日 省检察院检察长吴鹏飞率队到德州观摩基层监察室建设工作。

11月23日 山东省滨德高速公路鲁冀主线收费站与河北省衡德高速公路冀鲁主线收费站实行互代发卡，正式启动联网运营管理。

11月23日至29日 市委书记吴翠云率领德州市考察团对新西兰、澳大利亚进行友好访问考察，并举行系列经贸恳谈签约活动。

11月27日 市政府聘请王建平、李晓斌、于向阳等10名法律专家学者和法律事务工作者为法律顾问。市长杨宜新出席聘任仪式并向受聘法律顾问颁发聘书。

11月 德州市代表山东省参加海河流域水污染防治现场考核，取得了海河流域7省市及全国9大流域25个代表城市“双第一”。

同月 山东欣博药物安全评价研究中心的药品GLP（非临床研究质量管理）规范实施工作通过省食品药品监督管理局组织的检查，成为全省规模最大的药物非临床研究与安全评价机构。

同月 德州市成为山东省2014年财政促进金融支持畜牧业发展创新试点城市。全市共获得综合补贴资金500万元。

12月2日 中国科学院广州生物医药与健康研究院与德州市战略合作推进会召开。该研究院党委副书记侯红明，市委常委、副市长翁啟文出席。

12月3日 德州市成为首个住房城乡建设部城市地下管线综合管理试点城市。住建部城市地下管线综合管理试点工作在德州签约，住建部副部长陈大卫，中国冶金地质总局局长卢进，省政府特邀咨询张建国，德州市委书记、市人大常委会主任吴翠云，市委副书记、市长杨宜新出席仪式。德州市自2011年开始，投资1552万元，普查地下管线4980公里，建设“地下管线综合管理系统”。德州市将整合现有资源，搭建地下管线综合管理信息平台，综合提升管理水平。

同日 贝宁共和国驻华大使塞道藏·阿皮蒂到德州考察投资环境。副市长杨玖庆会见。

12月4日 全国国土资源税费政策改革座谈会在德州市召开。

12月8日 德州市首家农村综合产权交易中心在武城县成立。中心主要交易品种为农村土地承包经营权、农村集体经济组织四荒地使用权、农村集体经济组织养殖水面承包经营权、农村集体经济组织林地使用权和林木所有权、农村集体经济组织小型水利设施承包经营权、农业类知识产权、农村集体经济组织股权、农村房屋所有权、农村闲置宅基地使用权、农业生产性工具及设施使用权等10类。

12月9日 山东庆云农村商业银行股份有限公司挂牌。

12月10日 夏津县与山东农业大学签署全面战略合作框架协议。省人大常委会副主任、山东农业大学校长温孚江出席签约仪式。

12月15日 电视连续剧剧本《英雄冀鲁边》在乐陵举行首发式。

同日 山东省特种设备检验研究院与宁津县政府签约，在宁津县建设山东电梯质量监督检验中心。

12月18日 乐陵国家体育用品工程技术研究中心通过科技部验收。

12月19日 德州市举行陵城区成立大会。市委书记、市人大常委会主任吴翠云，德州市委副书记、市长杨宜新，山东省民政厅副厅长冯建国，市人大常委会第一副主任兰忠良，市政协主席袁秀和出席成立会议，并为新成立的陵城区委、区人大常委会、区政府、区政协、区纪委揭牌。10月20日，国务院下发《国务院关于同意山东省调整德州市部分行政区划的批复》，12月4日省政府下发《山东省人民政府关于调整德州市部分行政区划的通知》，将陵县整建制撤县设立“德州市陵城区”。行政区划调整后，德州市中心城区总人口数超过120万人，总面积为1752平方公里。

12月22日 德州市境内高速公路启动14省市ETC（不停车电子收费系统）联网系统试运行工作。

12月23日 北京市通州区人民政府园区管委会—山东庆云战略合作协议签约。市委常委、副市长翁敞文，通州区副区长洪波出席仪式。

12月26日 全国公路交通安全防控

2014年12月19日，德州市陵城区揭牌仪式

体系建设推进会在德州市召开。

12 月 27 日 市政府公布一批取消、下放和转变管理方式的行政审批事项。确定保留市级行政审批事项 275 项，对 164 项市级行政审批事项予以取消、下放和转变管理方式，成为全省行政审批事项最少的市之一。加上 8 月第一批取消下放的 32 项，共精简市级审批事项 196 项，占改革前市级行政审批事项总量的 38.8%，实现了市政府提出的年内完成削减 30% 的目标。

12 月 28 日 德州东站至烟台高速动车开通。青（岛）荣（城）城际铁路正式开通后，北京南至烟台、北京南至荣成首开高速动车组列车，停靠京沪高铁德州东站，德州至烟台时间约 4.5 小时。

2015 年

1 月 1 日 济（南）乐（陵）高速正式通车。主线全长 115 公里，总投资 75 亿元，双向 6 车道，设计时速 120 公里。乐陵段长 41.4 公里，临邑段长 8.7 公里。乐陵到北京、上海、济南等地的车程大大缩短，到达北京缩短至 3 小时，到达济南车程缩短至 1 小时。

1 月 5 日至 6 日 全省劳动密集型企业消防安全治理推进会暨消防执法规范化建设现场会在德州市召开。

1 月 8 日 2015 年好客山东（德州）贺年会启动。贺年会突出元旦、春节、元宵节三大节日文化特色，围绕“到山东过大年”“乡村贺年民俗游”等主题，重点培育冬季特色游、民俗文化游、研修旅行等旅游产品。此外，贺年会还推出美术陈列设计大赛评选、春节记忆评选、春节华服征集展示营销、摄影大赛、微信微景大赛 5 项评选活动。活动持续至 3 月 5 日。

1 月 10 日 德州市召开经济工作会议，深入学习贯彻中央和全省经济工作会议精神，总结 2014 年经济工作，分析研判形势，部署 2015 年经济工作任务。吴翠云、杨宜新讲话。

同日 北京奥福（临邑）精细陶瓷有限公司“重型柴油车污染排放控制高效 SCR 技术研发及产业化”项目获 2014 年国家科技进步二等奖。

同日 市政务中心通过省验收。

1 月 11 日 宁津豪康面粉深加工项目投产。该项目由山东豪康面粉有限公司和中国克明面业公司共同投资 6 亿元建设。

1 月 14 日 市委书记吴翠云带领有关人员赴北京中国建材集团，就晶华集团与中国建材浮法玻璃合资合作以及凯盛薄膜太阳能电池、新型房屋、水工业新材料装备基地等合作项目进行对接洽谈。

1 月 15 日 德州美利达自行车（山东）有限公司等德州市 5 家台资企业获“山东省百强台资企业”授牌。

同日 本市举办企业与网商见面会。全市 60 余家知名企业、50 余家知名网商、10 余家知名平台的相关负责人以及济南网商协会代表、从事网络交易的创业者等共计 210 余人参加，共达成合作意向 262 个，涵盖特色农产品、机械、功能糖、家具、体育器材等多个特色产业。

1月17日 由山东卫视、宁津县委县政府和北京海润影视公司联合拍摄的电视剧《大刀记》，在山东卫视和黑龙江卫视播出。《大刀记》改编自著名作家郭澄清的同名小说，故事发生在郭澄清的老家宁津县。

1月22日 夏津黄河故道森林公园晋升为“山东夏津黄河故道国家森林公园”，这是德州市首个国家级森林公园。本月，黄河故道森林公园入选山东省休闲农业与乡村旅游示范点名单，成为德州市首家全国休闲农业与乡村旅游示范点。夏津黄河故道国家森林公园内有百年以上古树3万多棵，被誉为“中国北方落叶果树博物馆”，其中以古桑椹树资源最为独特，夏津县因此被命名为“中国椹果之乡”，“夏津椹果”被命名为国家地理标志性商标。

1月26日 匈牙利经济部工业园委员会中国部主任朱云平到德州市，就匈牙利国家科技局与德州市开展科技合作事宜进行对接。

1月27日 民政部副部长顾朝曦到德州市就乡镇服务型政府建设进行专题调研。

1月29日 全国城市地下空间规划建设和管理座谈会在德州市召开。国家人防办副主任、人防局局长柳庆森出席并讲话。

1月30日 第十一届中国企业发展论坛暨第二十届（2014）中国企业十大新闻推选发布活动在德州市举办。第十一届全国人大环资委副主任委员、解放军总后勤部原政委张文台，第十一届全国政协人口资源环境委员会副主任、解放军原副总参谋长张黎，中华全国总工会书记处原书记纪明波，中华全国新闻工作者协会党组书记翟惠生，国务院国有重点大型企业监事会主席季晓南等出席。

同日 德州市通过国家二类城市语言文字工作评估。

1月 平原琵琶湾、乐陵跃马河和武城四女寺湿地公园获评省级水利风景区。

同月 乐陵金丝小枣成为继武城辣椒、齐河西瓜之后德州市第3个获地理标志认证的农产品。

同月 临邑县再次荣获“全国生猪调出大县”称号，获得生猪调出大县奖励资金666万元。

同月 禹城市跻身全国水价改革综合试点（项目）县，获中央预算内拨付的专项资金1000万元，为德州市唯一入选县（市、区）。

同月 齐河县彼斯壮牧业有限公司成为德州市唯一入选农业部公布的“2014年农业部畜禽标准化示范场”单位。

2月4日至6日 中国人民政治协商会议第十三届德州市委员会第四次会议在市会展中心举行。出席会议的委员433人。会议审议通过了市政协十三届四次会议选举办法，选举满春重为政协主席。

2月5日至7日 德州市第十七届人民代表大会第五次会议在市会展中心开幕。出席此次会议的代表440名。大会经过表决，通过关于德州市人民政府工作报告的决议、关于德州市2014年国民经济和社会发展计划执行情况与2015年计划的决议、关于德州市2014年预算执行情况和2015年预算的决议、关于德州市人民代表大会常务委员会工作报告的决议、关于德州市中级人民法院工作报告的决议、关于德州市人民检察院工作报告的决议。

2月7日 全省深化道路交通"平安行·你我他"行动工作会议在德州市召开。副省长于晓明出席并讲话，吴翠云陪同有关活动。

2月8日 德州驻沪团工委、驻沪青年联合会正式成立。

2月9日 宁津县被山东省机械工业协会命名为山东省电梯设备制造业基地，成为全省唯一一个电梯产业制造业基地。

同日 齐鲁股权交易中心德州运营中心成立暨企业集中挂牌仪式举行

2月11日 德州市举办农村党组织书记辅导报告会。

同日 德州市与天使街、车库咖啡、零点咨询等公司签署战略合作协议。

2月12日 凯盛科技集团公司德州高新玻璃产业园暨德州晶华集团联合重组项目在北京中建集团商务中心签约。市长杨宜新、中国建材集团董事长宋志平等出席。

2月16日 齐河与济南间第三条城际公交线路——K907路正式开通。

同日 德城区发布《关于德州市城隍庙市场关停的通告》，自3月6日零时起，该市场整体关停，经营业户可自主选择至国际商贸城等市场继续经营。城隍庙市场始建于20世纪90年代，提供各类小商品批发、零售交易。

2月 德州（乐陵）省级农业高新技术产业示范区晋升"国家级"，命名为山东德州国家农业科技园区，这是全省第七家、全市首家国家农业科技园区。

同月 德州市资通综合物流园区、德州经济技术开发区入围山东省首批智慧园区。

3月4日 德州市首次评选蔬菜（食用菌）标准化示范园区。馨秋种苗科技有限公司、陵县东方蔬菜种植专业合作社、大禹龙腾蔬菜种植专业合作社、昌润生态农业有限公司等34个蔬菜（食用菌）产业园区入选。

3月10日 中国船舶重工集团洛阳双瑞风电叶片有限公司德州项目部项目开工。

3月10日至13日 四川省宜宾市政协主席葛燎原率考察团到德州市，就加快发展县域经济、民间资金转化为民间资本、企业技术创新和经营管理等方面工作进行考察。

3月13日 苏宁易购齐河服务站正式启动，这是苏宁云商商贸有限公司在德州市开设的首家自营服务站。

3月18日 德州电子商务产业园启动仪式举行。该产业园位于德州经济技术开发区，面积逾5万平方米，是华北地区最大的电子商务产业园区。

同日 "2014感动德州十大人物"颁奖典礼举行，欧阳竹、孙天国、任桂香、孙洪新、陈树新、秦国庆、吴玉光、王静霞、孙洪香、孙海英、薛长赳、薛长虎12名"感动德州十大人物"受表彰。

3月19日 全国政协委员、全国工商联常委、民生教育集团董事局主席李学春，到德州市考察教育、医疗和养老产业投资情况。市委书记吴翠云会见。

3月20日 庆云县徐园子乡风力发电项目正式动工，标志着中广核风电项目作为德州市第一个风力发电项目正式落户庆云。

同日 山东省物价局确定把武城辣椒价格指数列入山东价格指数体系建设规划，成为德州市唯一被列入该体系的价格指数。

3月27日 2015年中科院院士专家德州行活动启动仪式在德州市举行。该次活动以“融合推动发展、创新引领未来”为主题，旨在进一步加强德州市与中科院的战略合作，加快京津产业转移承接基地、科技成果转化基地建设。市委书记吴翠云、中科院沈阳分院副院长马越红等致辞。

同日 陵城区博诚制药有限公司中药生产项目开始试生产。这是德州市首个中药生产项目，总投资2000万元。

3月30日 山东智衡减振科技股份有限公司在全国中小企业股份转让系统举行“新三板”挂牌仪式。至此，全市在“新三板”挂牌企业达7家。

同日 全市科技金融产业融合创新暨科技表彰大会召开。市委书记吴翠云讲话。

3月31日 2015年中国新技术新产品菌需物资博览会在齐河举行。截至2015年年底，全市食用菌实现年产量45万吨，年产值32亿元，出口创汇1.2亿美元。

3月 山东省首家京东帮服务店落户宁津，业务范围覆盖宁津11个乡镇、304个农村社区。

同月 德州市根据《德州市环境空气质量生态补偿暂行办法》，发布2014年第四季度空气质量考核通报，并首次对各县市区空气质量进行奖惩。庆云县获生态补偿资金278万元，为此次获奖补最多的县市区。

同月 临邑革命烈士陵园被确定为第四批省级烈士纪念设施保护单位。

4月3日 德州市在市革命烈士陵园举行缅怀祭奠革命先烈活动。共1300余人参加公祭。

4月5日 全市全面启动美国白蛾测报网络体系。共设置市级测报点67个、县级测报点93个，覆盖所有镇街、国有林场、苗圃和林网。市级测报点共发现越冬代美国白蛾成虫1444只，同比下降52.6%。

4月7日 古贝春集团有限公司院士工作站揭牌。中国工程院院士、中国农科院副院长吴孔明，中国农科院成果转化局局长袁龙江，省农科院副院长刘兆辉等出席。

4月7日至9日 市长杨宜新率团到武汉市，就部分重大招商项目和区域合作事宜深入洽谈对接。

4月8日 齐河县与阿里巴巴集团签署战略合作协议，正式启动农村淘宝“千县万村”项目。

4月9日 全国政协委员、国家发改委原副主任徐宪平，省委常委、常务副省长孙伟到德州市就经济社会及新型城镇化发展情况进行调研。

4月10日 青岛银行德州科技支行开业。依托总行在科技金融产品创新及银政、银企合作等方面的业务优势，主做科技金融业务，打造服务全市科金产融合发展的特色支行。

4月11日 首届中国·德州微电影艺术节在德州大剧院举行颁奖仪式。全国政协常委、中国文联副主席、中国电视艺术家协会主席赵化勇，市委书记吴翠云等出席。

同日 国务院南水北调办公室副主任王仲田率调研组到德州市调研南水北调东线工程水费缴纳及水质保障工作。

4月15日 德州市停止和取消收费许可证及年审工作。

4月21日至22日 全省装备制造技术创新对接会在德州市召开。全省516家装备制造企业参加，其中德州市参加企业260家。德州市144家企业与机械科学研究总院各科研机构达成合作意向166项。市委书记吴翠云、市长杨宜新、省科技厅厅长刘为民、机械科学研究总院院长李新亚等出席。

4月27日 德州市马凤娥家庭入选全国“最美家庭”候选家庭。

4月28日 冀鲁边区革命纪念园人民英雄纪念碑落成。

4月30日 市十七届人大常委会第二十二次会议接受杨宜新辞去德州市人民政府市长职务的请求，选举并决定任命陈飞为德州市人民政府副市长、代市长。

同日 禹城市房寺镇因两区同建推进城镇化进程效果显著，获得2014年中国城市化典型案例奖。

陈 飞

4月 德州市德城区新湖街道南关社区、庆云县庆云镇蔡王社区、临邑县理合务镇林寨社区、平原县桃园街道魏庄社区、乐陵市市中街道中苑社区被命名为全国综合减灾示范社区。

同月 华能国际电力股份有限公司德州电厂入围全省2014年纳税百强企业，成为德州市首家全省纳税百强企业。

5月1日 德州海关启用报关单电子放行模式。

5月4日至11日 市人大常委会第一副主任兰忠良率领德州经贸考察团赴台湾开展经贸招商活动，对接台湾强企，推动部分在谈重点项目。

5月5日 教育部科技发展中心将德州市确定为“蓝火计划”试点示范城市，同时列为“北方中心”重点打造。

5月8日 全国政协文史和学习委员会副主任陈光林，新疆生产建设兵团原党委副书记、司令员刘双全，省委原副书记、省人大常委会原副主任马仲才，省人

2015年5月8日，代市长陈飞（中）到德城区调研工作

大常委会原副主任卢洪、莫振奎、崔曰臣，省政协原副主席李德强到德州市考察。吴翠云、满春重等陪同。

5月10日至11日　山东省委副书记、省长郭树清到德州市就经济运行情况及新型城镇化和新农村建设、乡村旅游、农村合作金融、公共卫生和医疗体系改革、公路项目建设等进行调研。吴翠云、陈飞等陪同。

5月11日　山东想能新能源有限公司自主研发的国内首条标准化双动力热水器生产线在齐河投产。

5月12日　代市长陈飞会见到德州市出席西门子德州办事处揭牌仪式的西门子（中国）公司副总裁兼过程工业与驱动集团经理林斌。

同日　国家“千人计划”特聘专家朱强、刘正白博士携先进技术项目落户武城，并与武城企业家共同创立德州卡斯丁有限公司。

5月13日　新西兰黑斯廷斯市市长劳伦斯·尤尔，就友好城市签约、举办食品及文化节等事宜到德州市考察进行洽谈。市委书记吴翠云会见。

5月15日　由德州、滨州、聊城、沧州、衡水5市共同主办的鲁冀边5城市旅游联盟成立大会在夏津县举行。联盟城市签署《鲁冀边五城市旅游联盟宣言》，并发布9条旅游精品线路。

5月15日至16日　青岛市人大常委会党组书记、主任王文华率考察团到德州市考察经济社会发展情况。陈飞、兰忠良等陪同。

5月16日　“2015中国旅游日（德州）主题活动暨第八届夏津黄河故道椹果生态文化节”开幕。夏津黄河故道国家森林公园揭牌。

5月17日　全国人大常委会副委员长吉炳轩率全国人大常委会《中华人民共和国农业法》执法检查和调研组到德州市了解《中华人民共和国农业法》贯彻落实情况，并就农业农村工作开展专题调研。吉炳轩先后到齐河县、禹城市、中心城区的部分涉农企业、农村社区、粮食高产创建示范方、高效种植园区和粮油仓库实地考察，全国人大农委副主任委员王金山，全国人大常委会委员、农委副主任委员刘振伟，全国人大农委委员陈达恒参加活动。省人大常委会副主任贾万志、市委书记吴翠云等陪同。

同日 代市长陈飞会见出席中国·德州第五届资本交易大会暨融入京津冀协同发展金融创新高峰论坛的省人大常委会原副主任何宗贵、中国证券业协会副会长方向瑜、山东证监局局长冯鹤年等。

5月18日 中国·德州第五届资本交易大会暨融入京津冀协同发展金融创新高峰论坛举行。该届大会由中国证券业协会、山东省金融办和德州市政府共同主办，参加机构、企业1000余家，共计1200余人参会。开幕式签约50个项目，金额226亿元；台下签约106个项目，金额140.5亿元，实现了融资多品种、多渠道、多元化。该届大会的主题为“资本·创新·未来”，着重探讨德州如何融入京津冀协同发展，进一步做好金融创新等系列问题。举办“新常态新金融”主题论坛等5个专场。

5月26日至30日 中国社科院政治学研究所所长房宁率调研组到德州市就新型城镇化、党风廉政建设、简政放权和行政审批、政府绩效管理与评估等工作进行调研。

5月29日至30日 中国科学院院士、中国石油大学教授高德利到德州市就石油装备制造产业发展情况进行视察。

5月31日 乐陵市山东现代农牧业园区奶牛场一期项目竣工投产。天津食品集团有限公司总经理郝非非、副市长董绍辉出席投产仪式。

5月 庆云商城被授予“全国百强著名品牌市场”，是德州市唯一获此殊荣的市场。

同月 经教育部批准，德城、陵城、平原、夏津、武城、乐陵、临邑、宁津、庆云、齐河、禹城11个县（市、区）纳入高校单独招生专项计划。

6月1日 水利部副部长李国英、副省长赵润田到德州市就城乡供水一体化、农田水利建设引进社会资本等工作进行调研。吴翠云、陈飞等陪同。

6月2日 山东省农科院与陵城区白福恒肉牛场合作创建的“山东省农业科学院陵城区肉牛科技示范基地”在白福恒肉牛场挂牌，该基地为德州市首家肉牛科技示范基地。

6月3日 中国农科院小麦绿色增产增效综合技术模式示范现场会在武城县召开。中国农科院党组书记陈萌山，省农业厅厅长王金宝等出席。

6月5日 全市中小微企业主办银行联盟成立大会暨主办银行签约仪式举行。副市长许绍华出席。

6月5日至6日 国家卫生计生委副主任、国家中医药管理局局长王国强率有关专家到德州市，调研国家卫生城市创建、健康城市建设和爱国卫生月活动开展情况并召开座谈会。市委书记吴翠云、代市长陈飞、省卫生计生委副主任左毅等陪同。

6月7日 2015年夏季高考拉开帷幕，全市2.6万余名考生参加考试。全市共设11个考区、14个考点、869个考场，各部门积极做好保障服务，每个考点安排6名以上警力驻点守护。

6月8日 德州市—卢瓦尔大区产业对接洽谈会召开。法国卢瓦尔大区绍莱市副市长米歇尔·相朋、德州市副市长杨玖庆出席。

6月9日 北京市政府党组成员夏占义到德州市调研南水北调大屯水库工程，考察南水北调东线向北京供水路线的可行性。副省长赵润田、代市长陈飞、省南水北调局局长王安德等陪同。

同日 德州市首届“银商杯”商业服务业收银员职业技能竞赛举行，来自全市31支代表队的93名选手参赛。

6月10日 广东省委统战部副部长陈升东到德州市调研党外代表人士综合管理服务系统建设情况。省委统战部巡视员亓同秋等陪同。

6月12日 陵城区丁庄镇互联网光伏生态农业产业园项目奠基，开启德州市互联网、光伏、生态农业融合新型种植模式。

6月13日 天津市委常委、滨海新区区委书记宗国英率队到德州市考察经济社会发展情况。

同日 省政协常委、香港山东商会联合总会会长王殿杰带领香港山东商会联合总会、澳门山东商会联合考察访问团到德州市，就2015年“香港山东周”筹备工作进行调研。

6月15日 中央农村工作领导小组副组长袁纯清率队到德州市调研农村土地承包经营权确权登记颁证、新型农业经营主体培育、农村新型社区建设等工作。省委常委、秘书长、省政协副主席雷建国，省委副秘书长、农工办主任王泽厚，吴翠云、陈飞等陪同。

6月16日 全国职业院校技能大赛中职组汽车运用和维修技能大赛在德州市举行。吴翠云、陈飞等参加活动。德州职业教育快速健康发展，被省政府确立为职业教育创新发展试验区。全市拥有各类职业院校40所、职业培训机构100余家，在校生10.2万人，年培养技能人才4万人。

6月18日 德州市举行德州电商高峰论坛，电商商会揭牌。全市电子商务服务业超过600家，从业人数达2万余人，开展电子商务的中小企业比例已超过40%；2014年全市电子商务交易额达400亿元。

南水北调工程武城大屯水库出口泵站一角

6月18日至19日 交通运输部公

路局副局长张德华率调研组对德州市农村公路开展情况进行调研。

6月25日 36氪联席CEO魏珂、天津海河金融与融联控股董事长兼CEO唐珣、缪诗服饰CEO陈雍、理财魔方CEO袁雨到德州市考察。

6月30日 齐河县委书记孟令兴入选全国优秀县委书记，到北京参加表彰会议。

同日 德州市召开庆“七一”优秀乡镇党委书记、红旗农村党组织书记、表彰大会，表彰优秀乡镇党委书记、红旗农村党组织书记，交流基层党建工作经验。吴翠云出席并讲话，陈飞主持。

6月31日 德州百仕达地标产业有限公司与香港大同有限公司达成原产地产品电子商务平台委托研发事宜，标志着全市企业技术出口实现零突破。

6月 从下半年开始，全市实施村级组织活动场所规范提升工程，市财政一次拿出3亿元，全市投入6亿元，一次规划到位、投入到位，对全市租借或没有场所的全部新建，对面积不达标的全部改扩建，对功能不完备的全部规范提升。

同月 京东商城夏津县服务中心开业，这是德州市首家京东商城县级服务中心。

同月 全市采煤沉陷区总体情况调查摸底完成，沉陷区内受损耕地面积达到6030亩，受损建筑物总建筑面积2.83万平方米，受损农村住户280户，受损各类道路总里程17公里。

同月 德州市出台《2015年德州市农村土地承包经营权流转实施方案》，到2015年年底，全市将新增土地流转面积50万亩以上，总面积超过300万亩，占耕地总面积的比重达到30%以上；全市农村土地流转面积的合同签订率达90%以上。

同月 山东省万亩马铃薯高产创建示范项目落户乐陵市。

同月 山东德建集团有限公司晋升为国家房屋建筑工程施工总承包特级资质企业，成为德州市第一家拥有特级资质的建筑企业。

7月1日 根据全省统一规定，德州市2015年度居民大病保险补偿工作全面启动。城乡居民2015年1月1日后发生的符合大病保险政策的费用可按规定予以报销。2015年度全市居民大病保险将由中国人民财产保险公司德州市分公司承办。

7月2日 省委书记姜异康到德州市调研经济社会发展情况。省委常委、省委秘书长、副省长于晓明，省委常委、德州市委书记、市人大常委会主任吴翠云，省政府党组成员、省发展改革委主任张务锋，代市长陈飞等陪同。

同日 《德州市市级部门（单位）行政审批中介服务收费项目清单》编制出台，市级部门（单位）行政审批中介服务收费项目由93项压缩至49项，取消44项。

7月3日 《德州日报》消息，市8处文化遗产入选山东省首批“乡村记忆”工程名单。传统文化村落（街区）有武城县李家户镇魏庄村、武城县四女寺镇四女寺村、临邑县德平镇闫家村。传统民居有宁津县相衙镇村27号民居、宁津县刘营伍乡刘营伍村民居，宁津县柴胡店镇闫集村25号民居、齐河县赵官镇北一村孟氏民居。乡村（社区）博物馆有德州市梁子黑陶博物馆。

7月4日 德州市委、市政府专门召开会议，通报黄金忠案件情况。经省纪委、省监察厅研究并报省委批准，决定给予德州市原副市长黄金忠开除党籍、开除公职处分，对其涉嫌犯罪问题、线索及所涉款物移送司法机关依法处理。

7月7日 德州市首届青年创新创业大赛启动。

7月7日至8日 副省长夏耕到德州市调研外经外贸工作，陈飞等陪同。

7月10日至12日 在2015年全国高校商业精英挑战赛商业信息化创新创业竞赛暨中国（天津）“互联网+”创新创业项目展示交流会移动商务竞赛中，德州职业技术学院代表队荣获一等奖。

7月13日 省委副书记王军民在德州会见中国储备粮管理总公司党组书记、董事长赵双连。吴翠云、陈飞等陪同。

7月14日 民进山东省委学习实践活动联系点启动仪式在德州市举行，德州民进参政议政论坛同日举办。省政协副主席、民进山东省委主委栗甲，市政协主席满春重等出席。

7月16日 湖南省娄底市政协主席姚兵到德州市，就如何充分挖掘和发挥高铁经济潜力进行考察，满春重等陪同。

7月16日至17日 吴翠云、陈飞率队赴京开展合作交流活动，并在北京举行以“积极对接、全面融入、合作共赢”为主题的德州融入京津冀协同发展合作恳谈会。中国化工装备有限公司、中广核风电有限公司、汇源集团等200余位全国各地的企业家和驻北京商会协会等中介单位代表出席恳谈会。

7月17日 德州市粮食局主食产业化工程孵化基地启动暨麦香园加盟商签约仪式在禹城举行。省粮食局副局长李伟、副市长杨玖庆出席仪式并为孵化基地揭牌。

7月18日 德州力维机械有限公司

2015年7月17日，德州融入京津冀恳谈会

举办新产品发布会，推出履带智能电动滑板车。市委常委、德城区委书记刘长民，市委常委、副市长翁敢文出席。

7月18日至19日 2015年中国首届德州（武城）人防防护防化通风和玻璃钢产品展览暨研讨会举行。

2015年7月23日，陈勇（中）到经济技术开发区调研

7月20日 青银高速、滨德高速、济乐高速、济聊高速、京台高速131处新增电子监控设备启用。

7月22日 德州市委召开全市领导干部会议，宣布省委对德州市委主要负责同志调整决定。省委决定，吴翠云不再担任中共德州市委书记、常委、委员和市委党校校长职务，陈勇任中共德州市委委员、常委、书记兼市委党校校长。

陈 勇

7月23日 市委书记陈勇到德州经济技术开发区调研。他强调，要抓住京津冀协同发展等重大战略机遇，着力打好调结构促转型主动仗，切实保障改善民生，大力加强基层组织建设，举全市之力，努力把经济技术开发区建成全市经济社会发展的重要支撑和新的增长极。

同日 全市政府与社会资本合作（PPP）模式推广应用和债券发行培训会议召开。市委常委、常务副市长翟长生出席。

7月25日 省委常委、常务副省长孙伟，副省长王书坚到禹城市调研经济社会发展情况。陈勇、陈飞等陪同。

7月27日 山东省第十二届人民代表大会常务委员会第十五次会议决定，自2015年12月1日起，德州市人民代表大会及其常务委员会可以开始制定地方性法规。德州市人民政府同步享有地方政府规章的制定权。

同日 齐河县阿里巴巴农村淘宝项目启动，一期51个村级服务站投入运营。齐河成为全省首个全部采用“2.0模式”、首个启用阿里手淘小铺电商平台的县。

7月28日 县级国家知识产权试点城市工作培训班在德州市举行。

7月30日 全国库存粮食识别代码试点经验交流现场会在德州市召开。

7月31日 山东陆海石油科技股份有限公司在北京举行“新三板”挂牌仪式。

7月 德州作为全省唯一纳入京津冀协同发展规划的城市，“一区四基地”战略地位正式确立。中共中央、国务院印发《京津冀协同发展规划纲要》，明确提出“支持山东德州建设京津冀产业承接、科技成果转化、优质农产品供应、劳动力输送基地和京津冀南部重要生态功能区”。

同月 德州市作为全省唯一联系点成功入围国家发改委、国家体育总局颁布的国家体育产业联系点城市名单。乐陵市国家体育产业基地被确定为全国10个国家体育产业联系点单位之一。

同月 德州职业技术学院入选2015年度全国毕业生就业典型经验高校50强名单，是山东省高校中唯一一所高职高专院校。

同月 德州市首部数字电影《棉花白了》成功入围美国圣地亚哥国际儿童电影节提名。

同月 国内首家辣椒技术研究院——中椒英潮辣椒技术研究院在武城县揭牌，该研究院由农业产业化国家重点龙头企业中椒英潮辣业发展有限公司与湖南省农业科学院、德州市农业科学院共同建立。

8月1日 本市正式启动全国第三次农业普查工作。普查标准时点为2016年12月31日。普查工作将对农业、农村、农民基本情况和农村土地流转、农业生产、新型农业经营主体、农业规模化和

对接京津冀德州定位图

产业化等新情况进行统计普查，为中共中央、国务院科学制定“三农”政策提供决策依据。

2015年8月2日，德州城区积水的道路

8月2日 17时起，德州市大部分县（市、区）出现强降水过程，截至3日20时，全市平均降水量为108毫米。其中，德城区为136.3毫米，陵城区为176.9毫米，庆云县为163.2毫米，乐陵市为153.3毫米，武城县为114.9毫米，临邑县为114.8毫米，均达到大暴雨级别。齐河县、夏津县降水相对较弱，分别为38.1毫米、32.5毫米，为大雨级别。

8月5日 全市农村土地确权登记颁证工作会议召开。德州市6994个村庄完成农村土地承包经营权确权登记颁证，占应开展村庄总数的92.78%，完成确权登记颁证耕地面积751万亩，确权农户103万户。

同日 乐陵市德润健康食品有限公司申报的“乐陵金丝小枣绿色栽培集成与推广”项目入选山东省星火科技示范技术项目。

2015年8月12日，市政府与腾讯公司战略合作协议签字仪式

8月7日 德州市召开“韩三明全国五十部公益微电影”山东启动仪式新闻发布会。其中5部作品将在德州市选景拍摄，集中展现德州市“国家园林城市”“国家卫生城市”“中国宜居城市”风采。

8月8日至9日 德州市首届市民龙舟大赛在锦绣川风景区举行。

8月11日 陈勇、陈飞会见到德州市考察的中国水利水电第十三工程局有限公司执行董事、总经理、党委副书记何占颂。

同日 中国汽车非金属复合材料技术研讨会在德州市举行。

8月12日 德州市政府与腾讯公司战略合作协议签约仪式暨“互联网+”主题讲座活动举行。陈勇会见参加签约仪式的腾讯公司副总裁江阳。陈飞出席签约仪式和座谈活动。

8月13日 欧盟项目创新中心（成都）总裁代伊伶先后到德州市宝雅新能源电动车、景津环保股份有限公司等企业参观考察，洽谈合作。

8月14日 中国共产党德州市第十四届委员会第七次全体会议举行。出席会议的有市委委员43人，市委候补委员7人。审议通过《中国共产党德州市第十四届委员会第七次全体会议公报》。陈勇讲话，会议明确了稳增长调结构努力方向和工作重点。强调关键在于主动，坚持在发展中稳增长调结构，聚焦发展不散光、不放松、不摇摆，牢牢把握工作主动权；重在精准发力，进一步强化工业的主导地位和支撑作用，着力解决经济总量不大、结构不优、效益不高的问题；突出统筹推进，正确把握稳增长与调结构的关系，真正通过增速“稳”为转型升级充分释放巨大势能，通过结构“优”为可持续发展奠定基础、积蓄后劲。抓好“五个着力推进”（着力推进重点项目建设，着力推进产业转型升级，着力推进园区集聚集约发展，着力推进对外开放和区域合作，着力推进民生和社会事业发展）；把握四个关键环节（把质效双优作为第一取向，把解放思想、改革新作为根本动力，把创新驱动作为重要引擎，把法治建设作为基本保障），树立“三严三实”干部导向。

8月17日至18日 德州市第十七届人民代表大会第六次会议举行。428名代表参加会议。18日，会议投票选举陈勇为市人大常委会主任，陈飞为市人民政府市长。

8月20日 德州市被省委、省政府授予第四届省级文明城市称号。

8月21日 市委书记、市人大常委会主任陈勇，市委副书记、市长陈飞会见上好佳集团荣誉董事长、菲律宾籍华人施恭旗。

8月22日 全国县域经济专业研究机构中郡研究所发布《2015县域经济发展报告》，第十五届全国县域经济与县域基本竞争力百强县揭晓。齐河县蝉联这一殊荣，并

2015年8月17日，市十七届人大第六次会议会场

在上年第96位的基础上前移9位。

8月24日 乐陵市冀鲁边区革命纪念园入选第二批100处国家级抗战纪念设施、遗址名录，成为德州市唯一入选单位。

8月25日 省委常委、政法委书记张江汀到德州市调研维稳安保工作和经济社会发展情况，陈勇等陪同。

8月26日 “2015鲁台（德州）现代产业合作恳谈会”举行。陈飞、省台办主任张雪燕分别致辞。市台办与台湾太阳热能商业同业公会、中华两岸企业发展联合总会等签订战略合作协议，16个台资项目签约。

同日 渤海银行德州分行开业。

同日 海峡两岸新能源产业对接洽谈会在德州市举行。台湾太阳热能商业同业公会理事长黄正忠、德州市副市长杨玖庆出席。

8月27日至28日 省政协副主席雷建国到德州市就政协委员队伍建设进行专题调研。

8月27日至30日 2015年全国桥牌公开赛在德州市璞石书院举行。中国桥牌协会赛事部主任王建新、省桥牌协会主席徐大义、副市长康志民出席。

8月31日 京沪高铁德州综合客运站试运行。当天开通5条线路，分别发往宁津、庆云、临邑、陵城和乐陵。京沪高铁德州综合客运站东西长480米，南北宽96米，总建筑面积12万平方米，旅客日发送能力3.5万人次。

同日 纪念中国人民抗日战争暨世界反法西斯战争胜利70周年首届德州合唱艺术节在德州大剧院举行。

8月31日至9月2日 青岛市人大常委会副主任高岩带领驻青岛省人大代表调研组到德州市专题调研德州市“十二五”经济社会发展规划实施情况。

8月底 全市保障性安居工程8369套（户），提前超额完成省下达的任务。

8月 德州市正式获得地方立法权。山东省人民代表大会常务委员会发布决定，自2015年12月1日起，德州市人民代表大会及其常务委员会可以制定地方性法规。

同月 玉米市场价格大幅下跌。据市粮食局统计数据显示，截至8月31日，全市玉米市场坐庄收购价格在1.00～1.05元/斤之间，玉米加工企业收购价在1.05～1.09元/斤之间，半月时间内每斤下降0.10元左右，与上年同期相比每斤下跌了0.26元至0.38元。

同月 德州市独生子女死亡家庭特别扶助标准提高至每人每月500元，独生子女伤残家庭特别扶助标准提高至每人每月400元。

9月2日 全市纪念抗日战争暨世界反法西斯战争胜利70周年文艺演出在德州大剧院举行。陈勇、陈飞、兰忠良、满春重、抗战时期参加革命工作的老干部、老战士、部队官兵、公安民警、劳动模范、道德模范、学生代表观看演出。

同日 德州职业技术学院举行2015年度全国毕业生就业典型经验高校暨德州创新创业大学揭牌仪式。

9月6日 市委部署开展为期一个月的“抓住机遇、加快发展”大讨论，围绕协调推进“四个全面”战略布局，深刻把握德州发展的阶段性特征，深入分析存在的突出矛盾和问题，立足现有基础、区位优势、重大机遇和发展趋势，认真谋划新形势下全市经济社会发展的目标定位、总体思路、工作重点和推进措施。

同日 德州市关工委获得“全国关心下一代工作先进集体”荣誉称号，这是继2010年后市关工委又一次获得该项殊荣。同时，临邑“五老”志愿者孟庆胜、齐河县关工委主任霍玉平、德城区关工委主任杨玉臻三人获“全国关心下一代工作先进个人”荣誉称号。

9月7日 省委常委、济南市委书记王文涛到德州市考察调研，陈勇等陪同。

同日 全国政协常委、社会和法制委员会副主任季允石到德州市，就道路交通安全管理体制进行专题调研。

9月8日至9日 省政协副主席张传林到德州市，就少数民族流动人口服务管理体系建设进行调研。

9月9日 陈飞分别会见山东御捷马新能源汽车制造有限公司董事长张立平和中国化工新材料有限公司总经理高志伟。

9月10日 2015年首批500余名新兵奔赴绿色军营。市委常委、德州军分区政委刘晓明，德州军分区司令员张俊杰，副市长康志民，市政协副主席王惠萍，以及德州军分区副政委宋瑞伦、支家斌，参谋长曹光，政治部主任孙亚松出席送仪式。

9月11日 德州市出台关于加快推进中国新能源和生物产业引智试验区建设的意见，市政府每年投入2000万元作为引智专项资金，以人才引进培养与使用激励并重，计划在5年内引进高端外国专家200人；对于特聘岗位的外国专家，在德州工作超3个月的，每年给予10万元岗位津贴。

同日 全市电子商务促进会成立，电子商务高峰论坛同期举行。

9月13日 德州国际商会——比埃省政府采购对接洽谈会召开。安哥拉国比埃省省长内图、德州市副市长杨玖庆出席。

9月17日 德州创梦空间在德州经济技术开发区电商孵化器揭牌，翁啟文出席并讲话。

9月18日 首届德州市青年创新创业大赛决赛在创梦空间举行。市委常委、

2015年9月18日，德州中国新能源和生物产业技术引智试验区揭牌

副市长翁敞文出席。

9月18日 副省长夏耕到庆云县调研商务工作。市委书记陈勇、市长陈飞等陪同。

同日 中国新能源和生物产业引智试验区揭牌仪式暨外国专家德州行活动在德州市举行。人社部副部长、国家外国专家局局长张建国，副省长赵润田，市委书记陈勇，市长陈飞，国家外国专家局办公室主任刘玉华等出席活动。

9月19日至21日 中国（乐陵）枣博会举办。乐陵枣博会是全国规模最大的红枣及健康食品产业交易平台，自2012年由乐陵金丝小枣文化节升级而来。现场交易额达1.1亿元、意向金额8亿元。

9月22日 全市举行2015年城市无车日活动。主题为“绿色交通——选择·改变·融合”。

同日 市老龄工作委员会办公室和德州邮政公司共同举办“银龄杯”中老年广场舞大赛暨银龄风采文艺表演。共有11支代表队参加，德城区代表队获得一等奖，陵城区、宁津县代表队获得二等奖，乐陵市、禹城市、夏津县代表队获得三等奖。

9月23日 陈飞会见青岛银行董事长郭少泉，双方就进一步加强政银合作、实现共赢发展进行交流。

9月23日至24日 首届中国黑陶艺术创新设计大赛在德州市举行。德州市参赛选手摘得5金10银。中国陶瓷工业协会副理事长傅维杰等出席。

9月24日 德州星凯国际广场项目举行复工。经市委、市政府协调，德州房屋建设综合开发集团总公司接管原豪门集团旗下星凯国际广场项目。豪门集团因非法吸收公众存款无力偿还，引起群体事件，德州星凯国际广场等项目因此停工。

9月25日 省住房和城乡建设厅厅长王玉志带领省政府安全生产第十四督查组到德州市进行第三轮安全生产督查，陈

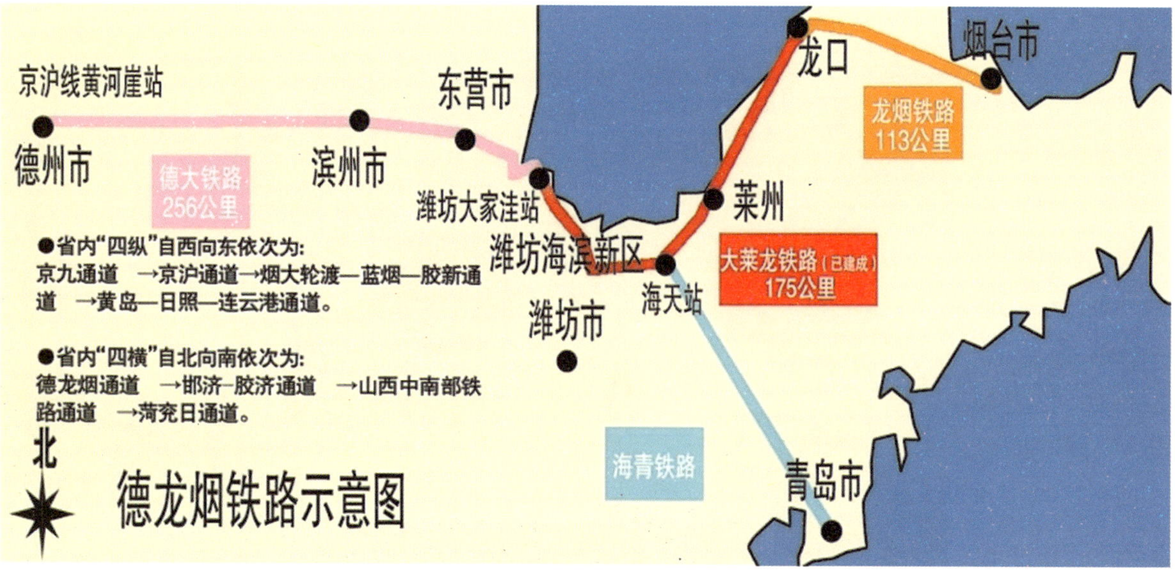

德龙烟铁路示意图

飞主持汇报会。

9月28日 德大铁路正式开通运营，陵城站和临邑站同时启用。该铁路自2010年6月起开工建设，全长255.6公里，自德城区黄河涯站引出，东至潍坊市大家洼站。其中，在德州市境内66公里，起自德城区黄河涯镇，途经德州市德城、平原、陵城、临邑。在陵城和临邑设火车站，并在乐陵市郑店镇和济南市商河县之间设立商河站。该铁路按一级铁路等级设计，为双线客货两用，规划输送能力为每年4000多万吨货物、每日10对客车，该铁路按近期单线、远期双线设计。铁路运行后，将通过大莱龙铁路与龙烟铁路、海（天）青（岛）铁路相连。

9月28日至29日 市委、市政府召开“抓住机遇、加快发展”大讨论专题研讨会。市四大班子成员作了发言。会议提出，把实施协同发展战略、建设协同发展示范区作为全市当前和今后一个时期的工作主题，开展三项行动（解放思想、抢抓机遇，招商引资、招才引智，优化发展环境），突出五项重点（践行“三严三实”，坚持改革创新，大力提升工业，推进新型城镇化，高度关注民生），努力走出一条适应新常态、引领新常态、实现新发展的新路子。

9月30日 全市“在基层、在一线、在现场”交流会暨首届长河文艺奖表彰大会召开。交流总结“三在”活动开展一年多来的经验和做法，集思广益、创新拓展，推动活动持续深入开展，并对获得首届长河文艺奖的单位和个人进行表彰。

9月 本市10家景区被评为国家A级旅游景区。至此，全市A级旅游景区达55家。新增的10家A级旅游景区中，齐河县泉城欧乐宝梦幻世界被评为AAAA级旅游景区，成为德州市第7家AAAA级旅游景区；庆云县庆云宫、夏津县德百温泉度假村、武城县金水湾生态园3家景区被评为AAA级旅游景区；德城区新街口文化产业园、陵城区源盛泰风景旅游区、陵城区薛庄生态农业观光园、齐河县泉城四月天休闲度假农场、齐河县荷盛源有机莲藕产业园、运河经济开发区普利森机床博物馆6家景区被评为AA级旅游景区。

10月9日 副省长张务锋到德州市调研工业经济运行情况。市委书记陈勇、省经信委主任钱焕涛、省政府办公厅副主任周鲁霞等陪同。

10月10日 德州市委、市政府召开解放思想抢抓机遇努力建设协同发展示范区动员大会，确立建设京津冀协同发展示范区战略目标。出台《关于解放思想抢抓机遇努力建设协同发展示范区的意见》《关于加快融入京津冀协同发展的实施意见》《关于抓大扶强加快工业转型升级的意见》等7个文件，对实施协同发展战略、建设协同发展示范区作出全面动员部署。会议提出，通过实施协同发展战略、建设协同发展示范区，推动经济结构明显优化，创新能力明显增强，群众生活质量明显提高，生态环境明显改善。

同日 德州市小型电动车产业联盟

2015年10月10日，市委、市政府召开解放思想，抢抓机遇，努力建设协同发展示范区动员大会

成立大会举行，中国汽车工程学会常务理事林逸、中国四轮全地形车标准技术委员会秘书长缪文泉、市长陈飞为产业联盟揭牌。

同日 湖南有色金属交易平台德州运营中心在平原正式开业。这是德州市首家有色金属交易平台。

10月11日 夏津德百商贸城开工奠基。市人大常委会副主任邓光亮、市政协副主席商怀君参加。

同日 市政府与国家开发银行山东分行举行加快推进德州京津冀“一区四基地”建设合作协议签约仪式。国家开发银行山东分行在未来5年内对德州市提供总额200亿元等值人民币的意向融资，支持京津冀协同发展。

10月13日 德州市陵城区丁庄乡薛庄村村民薛长赳、薛长虎兄弟等265人被授予第五届全国道德模范提名奖。

10月14日 衡水市委书记李谦、市长杨慧率考察团到德州市参观考察美丽乡村建设、城市建设、工业园区等工作。陈飞、兰忠良等陪同。

10月16日 德州市体育用品产业联盟在乐陵举行成立大会。中国轻工联合会副会长兼秘书长王世成、市长陈飞等出席。

同日 全市首家“九阳希望厨房”在宁津县刘营伍乡中心小学建成。省政协副主席、省工商联主席王乃静，省政协常委、省工商联副主席、九阳集团董事长黄淑玲为“九阳希望厨房”揭牌。

10月21日 省委副书记龚正到德州市陵城区、禹城市和德州经济技术开发区，就培育发展新兴产业、推进信访工作创新和加强基层党的建设等工作进行调研。市委书记陈勇，省委副秘书长、省信访局局长明春德，省编办主任刘维寅等陪同。

同日 德州市“最美老有所为人物”评选揭晓。禹城市公安局法律政策研究室原主任司兆俊、临邑五中退休教师孟庆胜等10人获评全市“最美老有所为人物”，其中，司兆俊等5人还被评为省模范老人。此外，张玉香等 10 人获“最美老有所为人物”提名奖。

10 月 22 日 陈勇、陈飞会见济南铁路局局长任纪善。

同日 德国巴斯夫股份公司考察团到德州市参观考察。陈飞会见该公司市场总监拉斯·博格及合作伙伴中国农业大学副校长李召虎。

10 月 22 日至 26 日 市人大常委会第一副主任兰忠良到新疆走访慰问本市援疆干部和德州籍老干部。

10 月 25 日 邢台市委书记张古江带领考察团到德州市，就园区建设、城市建设及产城融合等工作进行考察。陈飞、满春重等陪同。

10 月 26 日 德州市电梯产业联盟在宁津县成立。

10 月 27 日 天津市肿瘤医院德州分院在德州市第二人民医院举行揭牌仪式。天津市卫生计生委副主任、巡视员申长虹，德州市市长陈飞等出席。

10 月 27 日至 28 日 中央纪委党风政风监督室副局级纪检监察专员雷勤带领调研组到德州市，就基层“四风”问题新动向、新表现等情况进行调研。

10 月 27 日至 29 日 德州市组织开展“驻津商会企业家德州行”活动。

10 月 28 日 全国政协委员、文史和学习委员会副主任周国富率全国政协专题调研组到德州市，就“大运河申遗成功后的保护和利用”进行调研。省政协副主席郭爱玲，市委书记陈勇等陪同。

同日 山东国晶新材料有限公司与国防科技大学航天与材料学院合作研制出高铁用复合材料刹车盘（片）。该公司是国内首家成功研制出高铁刹车盘（片）的企业，项目投产后，将打破高铁刹车片依靠进口的局面。

10 月 29 日 德州市首届健身锣鼓大赛举办。本次比赛共有来自全市各县（市、区）和有关团体的 7 支锣鼓队、33 支腰鼓队参加。

同日 德州市第三届生态放鱼活动结束。活动期间，全市集中在减河、丁东水库、建德水库等城市水系、饮用水源地，放养鲢鱼、鳙鱼、草鱼、鲤鱼等滤食性、草食性鱼类共计 440 万尾。

10 月 30 日 中国建材凯盛晶华绿色建材产业园项目开工奠基。中国建筑材料集团有限公司副总经理郭朝民、首席顾问葛铁铭，凯盛科技集团总经理彭寿，德州市市长陈飞等出席。

10 月 31 日 德州盲人姑娘王玉芹及队友在 2015 年世界残疾人田径锦标赛上，获得女子 4×100 米接力项目金牌。王玉芹成为德州市首位获得世锦赛冠军的残疾人运动员。

10 月 德州市恒源石化公司马来西亚并购项目和山东济铁省会物流城项目列入山东省“一带一路”项目储备库。

同月 国务院正式批准德州高新区升级为国家高新技术产业开发区，定名为德州高新技术产业开发区，这是全省首家设在县一级的国家高新技术产业开发区。德州高新区前身是 1999 年 3 月成立的禹城高新区。2002 年 9 月被省政府批准为省级高新区，2014 年 7 月更名为德州高新区。园区规划面积 6.89 平方公里，辐射带动面积68.15平方公里，拥有上市公司3家、挂牌企业8家、“新三板”上市企业1家、高新技术企业13家。

同月 济齐黄河公路大桥项目第一合同段开始桩基施工。济齐黄河公路大桥主要功能定位是实现济南西北方向与齐河县及德州、聊城等区域的便捷连接。大桥起自济南市槐荫区曹家圈村南，于北店子浮桥附近跨越黄河，止于齐河县黄河大道与国道309线交叉口，路线全长3667.9米，其中黄河大桥长2288米，两端连接线1379.9米。

同月 德州市工伤和生育保险费率实行新政策。调整后，工伤保险将按行业划分为8类不同基准费率缴费，平均费率由目前的1.05%下降为0.95%；生育保险费率由用人单位上年度职工工资总额的1%调整为0.5%。

11月2日 德州市蔬菜产业联盟成立。

同日 市政府召开全面创建“宽带中国”示范城市、加快4G网络建设工作推进会。副市长许绍华出席。

11月3日 鲁北公路交通枢纽齐河客运中心正式启用。

11月6日 陈勇、陈飞率德州市党政考察团赴济南就大项目建设、园区建设、城市建设、产业集群培育和创新发展学习考察。

同日 德州市新型纺织产业联盟和产业用纺织材料产业联盟成立。中国纺织工业联合会副会长杨纪朝、德州市市长陈飞为联盟揭牌。

11月8日 齐河“乐村淘”农村电商运营中心启动仪式暨乡镇体验店推介会举行，百余家农村合作社、超市、便利店、零售网点与“乐村淘”运营中心签订合作协议。

11月10日 德州市新材料（土工材料）产业技术创新战略联盟成立大会暨山东省宏祥材料院士工作站揭牌仪式在陵城区举行。

11月11日 德州市网民天猫交易额达到1.07亿元，同比增长52.5%。

11月12日 中央电视台《焦点访谈》栏目播发题为“协调补短板促平衡决胜纲领”的报道，以宁津县大柳镇大柳社区为例，对德州市以两区同建为载体推进新型城镇化、促进城乡协调发展的经验模式进行详细介绍。

同日 德州市庆云县人民检察院副检察长黄平亮被授予“齐鲁时代楷模”荣誉称号。

11月13日 陈勇、陈飞赴北汽集团考察。

11月14日 中国石墨烯产业技术创新战略联盟秘书长李义春到德州市考察。陈勇、陈飞会见。

11月16日 德州市渔业协会暨水产品质量安全保障联盟成立。

同日 德州市齐河县安头乡、禹城市辛店镇、宁津县柴胡店镇3个乡镇获得“2015发现山东最美旅游风情小镇”称号。

11月18日 德州市首张新版食品经营许可证颁发。

11月19日 水利部黄河水利委员会主任岳中明到德州市调研。省黄河河务局局长张俊峰、德州市副市长董绍辉陪同。

11月20日 市委、市政府制订出台

《德州市建设协同发展示范区人才支撑计划》，推出扶持人才创新创业的30条新政。该计划规定，到2020年，全市引进培养高层次创新创业团队100个、高层次创新创业人才300名，引进博士硕士5000名、大学生10万名；建成人才公寓300万平方米、孵化器300万平方米，着力打造鲁北人才改革试验区，把德州市建成全国一流的人才汇聚之州、创新创业之城。

11月22日　发展中国论坛副主席、安徽省人大常委会原副主任季昆森到德州市调研两区同建工作，陈勇会见。

11月23日　德州市蹦鼓舞、木刻刀笔书画、鲁北木板大鼓、古贝春酒传统酿造技艺、齐河黑陶制作技艺、王家园子醋传统酿造技艺6个非遗项目入选省级非物质文化遗产代表性项目名录。

同日　齐河县再次入围2015年度中国中小城市综合实力百强县市，位列第85位。禹城市首次入选2015年度中国中小城市最具投资潜力前100个县市。

11月25日　德州市临邑县临南镇育才小学校长赵同花、齐河县第三运输公司驾驶员张建入选2015年全省善行义举四德榜“榜上有名”先模人物，分别被授予“爱德”“诚德”先模人物。

同日　武城县与齐鲁工业大学签订战略合作协议。齐鲁工业大学校长陈嘉川，市委常委、副市长、武城县委书记张传忠出席签约仪式。

11月25日至27日　国务院教育督导组到德州市德城区、齐河县进行“全国义务教育发展基本均衡县（市、区）”检查评估。

11月28日　德城区（含德州经济技术开发区、运河经济开发区）、齐河县均通过义务教育发展基本均衡县国家认定，成为德州市首批实现义务教育发展基本均衡的县（市、区）。

11月29日至12月6日　陈飞率德州市经贸考察团访问马来西亚、中国香港，开展经贸考察活动。

11月30日　禹城市电子商务产业园启用，67家企业入园开展业务。

11月　德州经济技术开发区山东奥冠新能源科技有限公司的德国专家克劳斯·迪特尔·默茨获得“齐鲁友谊奖”。

同月　德州市鲁丰食品科技股份有限公司荣获“2015年全国绿色食品示范企业”称号。

同月　全市首个智能化植物工厂在齐河县美东农业科技有限公司建成运营。

同月　德州市4家企业获批成立博士

人才工作暨博士后科研工作站授牌工作会议

后科研工作站。德州市共有13家博士后科研工作站。新批准设立的博士后科研工作站，每家将获得一次性建站资助20万元。

同月 乐陵枣林复合系统入选第三批中国重要农业文化遗产名单，这是继夏津黄河故道古桑树群后，德州市第二个中国重要农业文化遗产项目。

同月 德州市菊花参加第六届中国菊花精品展，其中“紫鹭飞佩”荣获独本菊一等奖，“柳浪闻莺”“滦水贯珠”荣获独本菊二等奖。

同月 乐陵市山东龙盛食品股份有限公司和齐河县山东远大特材科技股份有限公司在“新三板”挂牌。

12月2日 德州市拟命名国家卫生城市（区）在全国公示。这是德州市历经十年创建、成功挂牌后的第一次复审。

12月4日 《山东省城镇体系规划（2011—2030年）（草案）》，其中规划到2030年山东省将构建四级中心城市体系，德州市等12市为市域中心城市，包括禹城、陵城、宁津、庆云、临邑、齐河、平原、夏津、武城、乐陵在内的80多个县市区列入县域中心城市。规划还提到，将对244个国家重点镇和省级示范镇进行重点培育，将其发展成为县域次中心，德州市二屯、抬头寺、黄河涯、边临、糜镇、柴胡店、尚堂、德平、赵官、潘店、恩城、双庙、香赵庄、老城、鲁权屯、杨安、朱集、房寺等18个镇位列其中。

规划中还构建“三干十三支”民用运输机场总体布局，建议远期建设泰安、枣庄、淄博、滨州、聊城、德州机场，适时迁建威海机场。

12月7日 德州市第三届十佳科技工作者颁奖典礼举行。市委、市政府授予于佃平、王咏梅、朱 波、朱 超、刘俊

2015年12月7日，市第三届十佳科技工作者颁奖典礼

升、刘锡潜、姜桂廷、贺洪军、程吉东、蔡文晓等10人“第三届德州市十佳科技工作者”荣誉称号，记个人二等功，每人奖励1万元；授予王万玲等49人“第四届德州市优秀科技工作者”荣誉称号，记个人三等功。市委常委、统战部部长彭小毛，市人大常委会副主任钟玲、战士平，副市长许绍华，市政协副主席马传先出席典礼并为获奖者颁奖。

12月9日 副省长季缃绮到德州市调研养老服务业和旅游大项目建设等工作。市委书记陈勇、省政府副秘书长李娥等陪同。

12月10日 德州首次启动重污染天气应急响应I级（红色）预警。在已施行的应急减排措施基础上，实施交通应急限号，停止所有大型户外活动，停止除保障群众基本生活必需之外的一切生产活动，另外，中小学、幼儿园临时停课。10日下午，环境保护部委托华东环境保护督查中心对德州市进行约谈。11日，德州市委召开常委扩大会议，就约谈事项研究整改措施。陈勇强调，决不推卸责任，不找任何借口，从严从实，整改落实，坚决打好治污硬仗。

同日 德国巴斯夫公司考察团到德州市参观考察。陈飞会见该公司亚太区副总裁肯瓦·恰伊。

12月12日 德州市委、市政府在北京举行以“主动融入、精准对接、合作共赢”为主题的融入京津冀协同发展推介会暨重点项目签约仪式，42个项目在现场集中签约，总投资达434.6亿元。国务院发展研究中心亚非发展研究所所长周晓晶，中国科学院院士、中科院工程热物理研究所学术委员会主任金红光，中国工程院院士、哈尔滨工业大学教授杜善义等出席仪式。市委书记陈勇、国家发改委宏观经济研究院副院长王昌林分别致辞。

同日 禹王实业有限公司林青家入选全国百佳首席信息官。在北京举行由中国电子学会、中国首席信息官联盟、中国工业大数据创新发展联盟主办的全球信息技术主管大会，表彰全国百佳首席信息官和300名优秀首席信息官。德方液压机械股份有限公司刘宝芳、保龄宝生物股份有限公司刘鹏、威特人工环境有限公司张立勇入选全国优秀首席信息官。

12月14日 中国共产党德州市第十四届委员会第八次全体会议召开。全委会审议通过《中共德州市委关于制定德州市国民经济和社会发展第十三个五年规划的建议》。出席会议的有市委委员37人，候补委员10人。市纪律检查委员会常务委员会委员、市第十四次党代会部分基层代表和有关方面负责人列席会议。

12月15日 德州市在山东大厦举行新能源汽车项目合作签约仪式。北汽集团、德州市人民政府和山东宝雅新能源汽车股份有限公司合作的年产40万辆新能源汽车项目正式落户德州。省委书记姜异康会见北京汽车集团有限公司党委书记、董事长徐和谊一行。省委副书记、省长郭树清，副省长夏耕，省政府秘书长蒿峰，省发改委主任王忠林，省经信委主任钱焕涛，省科技厅厅长刘为民，省财政厅厅长

2015 年 12 月 15 日，新能源汽车项目合作签约仪式

于国安等出席仪式。

同日 市教育局与市编办、财政、人社等部门联合出台《关于推进县（市、区）域义务教育校长教师交流轮岗的办法》，提出用 3 年至 5 年时间实现县（市、区）域内校长教师交流轮岗的制度化、常态化，力争到 2020 年基本实现全市城乡义务教育师资配置基本均衡。

12 月 16 日 德州市生物技术产业联盟成立大会在禹城市举行。

同日 乐陵市举行电子商务产业园开园暨农村淘宝县级服务中心启动仪式。

12 月 18 日 省委常委、省纪委书记李法泉就学习贯彻《中国共产党廉洁自律准则》和《中国共产党纪律处分条例》，解决群众身边的“四风”和腐败问题到德州市调研，陈勇等陪同。

同日 陈飞会见澳大利亚怀昂市市长道格·伊顿。

12 月 19 日 德城区、齐河县分别入选 2015 年国家知识产权强县工程示范县（区）和国家传统知识知识产权保护示范县。

同日 德城区政府与天津海河金融在德城区举行战略合作签约仪式，共建政府引导支持的互联网金融平台和不良资产处置平台。

12 月 22 日 德州农村商业银行股份有限公司正式挂牌。德州农商银行是在原德城区农村信用合作联社基础上发起设立的股份制商业银行。

同日 德州市举办石油装备技术创新对接会暨产业技术创新战略联盟成立大会。陈飞与中科院院士高德利为德州市石油装备制造产业技术创新战略联盟揭牌。

12 月 23 日起 德州市及聊城市、东营市、滨州市连片出现 1 天及以上极严重污染天气（AQI 在 400 以上，部分时段达到 500），主要污染物为细颗粒物（PM2.5），按上级指令，德州等四市再次发布重污染天气Ⅰ级（红色）预警。全市积极应对，严格落实措施，共限产企业31家，停产企业520家，停工工地162家，停工商混企业18家。26日6时起，重污染天气应急响应级别由Ⅰ级（红色）降为Ⅲ级（黄色）。

同日 山东省立医院（集团）德州医院成立。医院由德州市立医院与山东省立医院合作成立。

12月24日 宁津县张大庄镇入选“2015年中国淘宝镇”，为德州市首个获此殊荣的乡镇，同时该镇双碓村、刘庄村、清明寺村入选“2015年中国淘宝村”，成为德州市第一批入选的3个淘宝村。

12月27日 “2015中国知识产权（电梯产业）创新创业大赛”决赛在宁津县举行。大赛以“创新发展安全舒适”为主题，来自广东、上海、山东、浙江、江苏、福建、河南等9个省市的15个入围项目参赛。石家庄五龙制动器股份有限公司的电梯制动器PWM控制电路项目获得大赛一等奖。大赛决赛举办地宁津县，是中国三大电梯制造基地之一，产品涵盖客梯、货梯、杂物梯等九大整梯品种和3000多个品牌的电梯零件，销往国内外多个地区。宁津县已建有电梯产业园、电梯配件产业园、电梯交易中心和电梯技术服务中心等多个产业园区，整合了电梯及零部件研发、制造、安装、维保、人才培训、物流运输等相关行业，形成了完整的产业链条，实现了电梯产业的集群发展。

同日 德州军分区搬迁入驻新营区。德州军分区老营区始建于1964年，位于东方红路，处于市中心。新营区于2013年6月动工，2015年12月竣工，位于德州经济技术开发区。

12月28日 德州地方文献研究中心揭牌仪式在德州学院举行。该中心致力于打造反映德州地域特色的文献总库，对本市地方文献进行收集、整理和保护，传承地域文化，为地方经济文化社会发展提供参考。

同日 德州市召开大气污染防治工作专家会审会，邀请中国工程院院士、山东大

2015年12月27日，“2015中国知识产权（电梯产业）创新创业大赛决赛”颁奖仪式

学教授王文兴等8名国内知名学者为德州市大气污染防治从专业化角度提出意见建议。市长陈飞、省环保厅副厅长谢锋等出席。

12月 山东银兴种业股份有限公司“高产稳产棉花品种鲁棉研28号选育与应用”项目获2015年度国家科技进步奖二等奖。

同月 德州市华鲁恒升化工股份有限公司等德州7家企业获得中欧海关AEO（经认证的经营者）互认资格，在向欧盟28个成员国进出口货物中可享受便利优惠。

自然灾害年表

（1840—2014）

1840 年（清道光二十年）

1 月 21 日 济阳县霹雳交加。

春 禹城县遭旱灾。

6 月 大雨。德州、德平、乐陵、商河、临邑、济阳、陵县、平原、夏津、武城、禹城、恩县、齐河均遭大水。庆云县大雨经旬，庐舍多倒，陆可行舟，行人几断。

夏 德州遭大水。

是年 陵县、平原、夏津、武城、齐河、临邑、恩县、德州、德平等县遭旱灾；陵县、德州、乐陵、德平、商河、临邑、平原、夏津、恩县、禹城、济阳、齐河等县遭涝灾。

1841 年（清道光二十一年）

3 月 济阳县飙风大作，屋顶多被揭。

8 月 陵县降雨雹。

9 月 陵县降雨雹。

是年 夏津、武城、齐河、禹城、乐陵、商河、济阳等县遭旱灾；德州、临邑、禹城、平原等县遭涝灾。

1842 年（清道光二十二年）

是年 陵县、平原、夏津、武城、禹城、恩县、德州、德平等县遭旱灾；临邑、禹城、济阳 3 县遭涝灾；德州遭雹灾；陵县遭虫灾。

1843 年（清道光二十三年）

夏 平原县遭水灾。

是年 夏津、禹城、恩县、德平等县遭旱灾；德州、陵县、临邑、武城、禹城等县遭涝灾。

1844 年（清道光二十四年）

是年 陵县、德平两县遭旱灾；德州、商河、临邑、平原、武城、夏津、恩县、禹城、济阳、齐河等县均遭特大涝灾。

1845 年（清道光二十五年）

是年 陵县、平原、齐河、禹城、乐陵、临邑、商河、济阳、恩县、德平、德州等县遭旱灾；武城、夏津两县遭涝灾。

1846 年（清道光二十六年）

是年 陵县、平原、夏津、武城、齐河、禹城、乐陵、临邑、商河、济阳、恩县、德平、德州等县遭旱灾；庆云、乐陵两县遭涝灾。

1847 年（清道光二十七年）

是年 陵县、平原、夏津、武城、齐河、禹城、乐陵、临邑、商河、济阳、恩县、德平、德州等县遭旱灾；德平县遭涝灾。

1848 年（清道光二十八年）

8 月 15 日 德平县降大雨雹。

8 月 16 日 陵县降雨雹，雹大如鸡蛋。

是年 德州、乐陵、德平、陵县、商河、临邑、平原、武城、夏津、恩县、禹城、济阳等县遭旱涝灾。

1849 年（清道光二十九年）

6 月 29 日 庆云县大风拔木。

是年 平原、禹城、商河、济阳、恩县、德州等遭旱灾；乐陵、陵县两县遭涝灾。

1850 年（清道光三十年）

3 月 12 日 济阳县降霜，麦禾尽槁。

是年 陵县、平原、禹城、济阳、恩县、德平、德州等县遭旱灾；乐陵、德平、禹城、商河、临邑、齐河等县遭涝灾。

1851 年（清咸丰元年）

是年 德平、乐陵、陵县、禹城等县遭涝灾。

1852 年（清咸丰二年）

1 月 24 日（农历） 陵县黄雾四塞，昼晦。

夏 平原县发生旱情。

11 月 平原县发生地震。

是年 平原、齐河两县遭旱灾；临邑、禹城、齐河等县遭涝灾。

1853 年（清咸丰三年）

是年 夏津、武城、德州等县遭旱灾；德州、乐陵、陵县、禹城等县遭涝灾；恩县遭蝗灾。

1854 年（清咸丰四年）

秋 德平县秋禾被水，狂风抹谷；恩县，飞蝗入境，蝻生害稼。

是年 平原、齐河、禹城等遭旱灾；德州、陵县、禹城等县遭涝灾。

1855 年（清咸丰五年）

1 月 商河、济阳两县发生雷震现象。

3 月 德平县降雨雹，伤麦。

7 月 恩县蝗从南来，飞天蔽日，集田害稼；商河县大清河黄河水漫溢，白龙湾决口，漂没房舍田禾。

德州、陵县、平原、夏津、武城、齐河、禹城、乐陵、临邑、商河、济阳、恩县、德平发生黄河和运河水灾。

1856 年（清咸丰六年）

6 月 恩县蝗蝻生遍地，食禾尽、民大饥。

夏 陵县大旱。

秋 陵县蝗害稼；商河县徒骇河即漯河水漫溢，伤稼。

是年 陵县、平原、夏津、武城、齐河、禹城、临邑、济阳、恩县、德平等县遭旱灾；齐河、临邑、商河、济阳等县遭黄河洪灾。

1857 年（清咸丰七年）

6 月 陵县蝗害稼。

秋 商河县徒骇河溢，伤稼；禹城县秋禾被水、被虫。

是年 陵县、平原、武城、齐河、禹城、乐陵、恩县、德平、德州等县遭旱灾；乐陵、陵县两县遭涝灾；齐河、禹城、济阳、商河等县遭黄运洪灾；武城、夏津、恩县等县遭蝗灾。

1858 年（清咸丰八年）

秋 武城县遭大水。

是年 齐河、济阳两县遭黄河运河洪灾；德平县遭蝗蝻灾。

1859 年（清咸丰九年）

春 陵县旱。

夏 恩县无麦。

是年 陵县、武城、禹城、乐陵、商河、恩县、德平、德州等县遭旱灾；齐河、济阳两县遭黄河洪灾。

1860 年（清咸丰十年）

6 月 19 日 宁津县大雨伤稼。

秋 陵县遭大水。

是年 齐河县遭旱灾；陵县、夏津、武城、齐河、济阳、恩县等县遭黄河运河洪灾；武城县遭虫灾。

1861 年（清咸丰十一年）

春 陵县、乐陵大旱。

4 月 9 日 陵县刮黑风，降雨夹雹。

4 月 12 日至 13 日 陵县又降雨雹。

夏 庆云县大旱。

是年 陵县、平原、夏津、武城、齐河、禹城、济阳、恩县、德州等县遭旱灾。

1862 年（清同治元年）

2 月 26 日 申时，济阳县黑风自西北来，昼晦如墨，飞沙扬尘，拔树掀屋，两时许，变黑为赤。

秋 禹城县秋禾被水。

1863年（清同治二年）

5月9日 宁津县狂风拔木。

是年 禹城、齐河、济阳等县遭洪灾。

1864年（清同治三年）

秋 陵县降雨雹。

是年 齐河、禹城两县遭洪灾。

1865年（清同治四年）

1月13日 申时，陵县雷电、大雪。

秋 陵县大旱。

是年 陵县遭旱灾；平原、武城、齐河、禹城、临邑、商河、济阳等县遭洪灾。

1866年（清同治五年）

是年 齐河县遭旱灾；平原、齐河、禹城、济阳等县遭黄河洪灾；武城县遭风雹。

1867年（清同治六年）

是年 平原、德州两县遭旱灾；齐河、临邑、商河、济阳、禹城遭洪灾。

1868年（清同治七年）

7月 陵县虫伤禾稼。

8月 商河河决，大水漫溢。

冬 陵县无雨雪。

是年 陵县遭旱灾；德州、齐河、禹城、乐陵、临邑、商河、济阳等县遭洪灾。

1869年（清同治八年）

春 陵县旱。

是年 陵县、平原、夏津、武城、齐河、禹城、乐陵、临邑、商河、济阳等县遭旱灾；平原县、禹城县遭黄河运河洪灾。

1870年（清同治九年）

春 陵县大旱，无麦。

5月17日 德平县风夹雹。

7月 德平县连降7天雨；宁津县酷热，热死者甚众。

是年 陵县、平原、夏津、武城、禹城、齐河、乐陵、德州、临邑等县遭旱灾；商河、济阳、禹城、德平等县遭黄河运河洪灾。

1871年（清同治十年）

春 禹城县遭蝻灾。

夏 陵县蝗入境，大雨3日自僵。

7月下旬 庆云县雨害稼，庐舍倾倒。

秋 商河县淫雨7昼夜；禹城县秋禾被水。

1872年（清同治十一年）

是年 禹城、齐河、济阳3县遭黄河洪灾。

1873年（清同治十二年）

6月 夏津县运河由塔湾决口，水经沙河溢入白马湖，县境西部水患成灾。

秋 禹城县秋禾被水。

1874年（清同治十三年）

4月12日 济阳县发生地震。

夏 济阳县大旱。

1875年（清光绪元年）

春、夏 临邑、济阳、商河、乐陵、夏津、齐河等县小麦无收，秋歉。

1876年（清光绪二年）

春 商河、济阳、临邑、夏津4县大旱，至闰五月始雨，民大饥。

夏 恩县大旱，无麦。

7月 德平县大旱，虫伤禾稼。

8月 宁津县虫伤稼，初十日降霜，虫尽冻死，稼复成熟。

1877年（清光绪三年）

春 德平县大旱，至闰五月始雨。

是年 恩县大旱无秋；武城县旱，岁大饥；临邑县大旱，民饥者众；德州大旱，瘟疫流行；济阳县旱，民饥，死者甚众；宁津县旱，无年，粮米昂贵，疫痢流行；庆云县大饥，人多逃亡，有饿死者。

1878年（清光绪四年）

4月6日 夜，临邑县降雨雹，大如胡桃，禽兽死丧无数。

同日 济阳县降雨雹，大如鸡卵，禽兽死伤无数。

5月 平原县旱，大饥，饿死多人。

10月30日 武城县许口河决。

1879年（清光绪五年）

4月12日 德平县水哮溢涯。

5月 临邑县降大雨，诸水溢。

秋 德平县遭大水。

1880年（清光绪六年）

是年 庆云县发生地震；武城县降雨雹，且大旱；齐河、济阳两县遭黄河洪灾。

1881年（清光绪七年）

秋 德平县遭大水。

是年 陵县遭涝灾。

1882年（清光绪八年）

1月3日 夜，济阳县雷大震。

6月 济阳县河决桃园，西南两乡被水淹没，庐舍为墟。

7月 商河县河水泛滥。

秋 德平县遭大水。

10月22日 宁津县发生地震，屋撼有声，25日复震。

冬 德州地震。

1883年（清光绪九年）

8月5日 武城县刘古庄河决。

8月6日 武城县姜家圈河决。

秋 商河县遭大水。

1884年（清光绪十年）

1月26日 夜，宁津县发生地震。

6月 临邑县发生地震；济阳县河决豆腐窝，西南两乡大水。

12月25日 宁津县发生地震。

是年 武城县遭雹灾；齐河、禹城、临邑、商河、济阳、恩县遭黄河运河洪灾。

1885年（清光绪十一年）

5月 临邑县黄河水北浸过境；济阳县黄河决口于李家岸，全县被水，漕粮悉免。

秋 德州河决于城北闸子口。

1886年（清光绪十二年）

是年 德平县遭蝗灾；黄河在齐河县内决口，北漫至商河。

1887年（清光绪十三年）

8月 济阳县境内黄河南决。

是年 德平县涵洞水溢；济阳县河决桑家渡，东北两乡被水。

1888年（清光绪十四年）

5月4日 申初，宁津县地震，戌刻又震；申刻商河县地震；未申之际临邑县地震有声，人自倾倒；未申之际济阳县地大震，有声自西北来，人自倾倒，房屋摇运，犬吠鹊噪，许始定；德平县地震，初五日复震。

5月10日 禹城县地震，房有倒者。

5月 平原县地震。

6月 商河县境内黄河水溢漫。

夏 德州地震；恩县旱，苗尽槁，人死无数。

1889年（清光绪十五年）

7月 黄水泛滥至临邑县。

夏 德州降大雨。

10月16日 未时，恩县黑风自东北来，拔木撤屋。

1890年（清光绪十六年）

5月23日 武城县南关河决，水由城濠而东，而北。

6月22日 德平县鬲津河溢，田家堰溃决数丈，被灾者百余村。

6月 平原县境内马颊河溢，淹没民田；临邑县黄河水溢漫。

是年 恩县卫河决；商河县漯河北岸孙庄决口，遭大水；夏津县卫河自张窑决，由沙河管红祁解诸口入白马湖，危害甚烈。

1891年（清光绪十七年）

3月 禹城县风雷，昼晦，对面不见人，旅人有行至井中者，有坐车探亲露宿途中者。

6月 商河县遭大水，岁大饥。

夏 宁津县飞蝗蔽日，捕捉不为灾。后蝝子生损伤禾稼。

秋 德平县螟伤稼。

1892年（清光绪十八年）

秋 商河县淫雨伤稼，岁大歉。

是年 临邑县黄河决口北溢；武城县祝官屯西北隅蜂窠河决；德平县生蝗蝻。

1893年（清光绪十九年）

1月26日 下午，济阳县黑风自西北来，始黑如墨，白昼如夜。

6月 济阳县河决河套崔庄。

7月 庆云县黄河决，水入境，民房倒塌，禾稼全湮。邑南受害者200余村，惟鬲津河北未被水患。

秋 商河县涝。

1894年（清光绪二十年）

5月7日 济阳县烈风疾雨带雹。

6月7日 临邑县未时大风雨雹。

7月19日 武城县寅时李庄，酉时姜家圈，戌时甲马营、牛蹄窝3处决口。

9月22日 宁津县邑西北雨雹。

秋 商河县淫雨，岁歉。

1895年（清光绪二十一年）

5月20日 恩县大雨雹，卫河决。

5月 平原县淫雨数日，麦熟生芽。

6月 商河县河决，遭大水。

是年 夏津县油坊南口决，长90余丈；武城县遭大水。

1896年（清光绪二十二年）

5月7日 临邑县烈风疾雨。

7月 临邑县大雨数日，民房多倾塌；宁津县大雨数日，墙垣浸塌，贫民多无居处。

1897年（清光绪二十三年）

6月9日 济阳县疾风暴雨；临邑县飓风暴雨。

是年 商河县遭雨雹，岁歉。

1898年（清光绪二十四年）

5月 宁津县旱，至6月，望得霖雨。

夏 平原县遭大水。

7月 商河县大清河决。

秋 临邑县淫雨连绵，害禾稼。

是年 黄河决口，禹城县遭特大水灾，香山寺清水平地，水深数尺。

1899 年（清光绪二十五年）

2 月 20 日 夏津县午后大风，自西北至，始而黄昏，继而黑不见人，越一时许止。

2 月 26 日申时 临邑县黑风起自北方，暗不辨人，居民昼燃灯火，移时复明。

5 月 宁津县连雨震。

7 月 平原县旱，每夕日光赤如血。

秋 商河县淫雨，继以虫、旱。

1900 年（清光绪二十六年）

2 月 夏津日光赤如血，大旱。

6 月 临邑、济阳两县大旱。

1901 年（清光绪二十七年）

6 月 商河、临邑、平原、恩县、禹城、齐河淫雨连旬，民房多坍塌，害禾稼。

1902 年（清光绪二十八年）

1 月 德州地震。

6 月 德平、临邑、济阳、夏津瘟疫成行，人死无算，民间不通庆吊。

1903 年（清光绪二十九年）

夏 齐河淫雨，乐陵、禹城部分农田受淹。

6 月 2 日 德平地震，17 日复震。

7 月 商河疫。

8 月 20 日 陨霜伤禾。

1904 年（清光绪三十年）

12 月 临邑天温冻解。

1905 年（清光绪三十一年）

2 月 17 日 7 时，临邑地震，房屋多颠簸，门窗什具皆有声。

5 月 商河大风拔木，秋，疫气流行，死者颇众，甚有一家尽绝者。

1906 年（清光绪三十二年）

4 月 夏津雨雹，大如核桃，平地厚半尺许，麦熟未收者，伏地成毯。

5 月 12 日 临邑县龙卷风拔树；13 日，湾塘水溢，俗称水啸。

1907 年（清光绪三十三年）

春 恩县大旱。

7 月 2 日 临邑县降雨雹，禾稼被摧，减收一半。

10 月 1 日 临邑县雷、电、风大作。

1908 年（清光绪三十四年）

春 临邑、济阳两县大旱。

5 月 德州、平原县降大雨雹。

6 月 德州旱。

1909 年（清宣统元年）

春 济阳、临邑两县大旱。

秋 武城县大旱，苗枯。

1910 年（清宣统二年）

3 月 19 日 商河、济阳、临邑 3 县寒风终日，降霜伤麦。

3 月 平原县暴风，降霜伤麦。

4 月 27 日 未时，武城县降雨雹，大如鸡蛋，南境较甚，麦禾尽偃。

4 月某日 下午，夏津县西北狂风大作，空中若瓦砾声，倏雨雹，如碗、如拳、如卵，时值麦收，几未割麦，摧倒一空，林树枝干受折残，房舍有倾塌者，沙河内有三雹块大如碾盘。

1911 年（清宣统三年）

6 月 夏津县大风雨拔木，田禾尽倒。

7 月初某日 戌时，武城县大风折木毁屋。

7 月 6 日 夜，临邑县狂风大作。

7 月 商河县狂风偃木，雨涝、岁歉。

1912 年（民国元年）

夏 平原县旱。

秋 齐河县旱；平原县遭大水。

1913 年（民国 2 年）

7 月 平原县旱。

1914 年（民国 3 年）

6 月 济阳县西乡一带，雹深尺许，田禾尽没。

7 月 临邑县降雨雹。

秋 商河、齐河二县旱。

1915 年（民国 4 年）

6 月中旬 临邑县有飞蝗自西北来，遮蔽天日。

秋 商河、齐河两县涝。

是年 乐陵县旱，全县庄稼绝产。

1916 年（民国 5 年）

4 月 5 日 申刻，临邑县黄风自西北起，吹至昼暝。

6 月下旬 恩县暴风疾雨自西北来，大木为拔，禾稼尽偃，约历两小时始息，道路为树木横塞，车马不通数日。

夏 商河县蝗食稼。

7 月 平原县旱，蝗蝻为灾。

秋 齐河县旱。

1917 年（民国 6 年）

夏 德平县大水，田禾减收。

7 月 恩县运河决，堤下西北洼被淹者122村，计地4090余顷。

8月11日 夏津县沙河水陡涨，由祁家口漫溢而出堤，逐溃决。13日，洪化口又决，由白泊北下30余里，尽为泽国。

秋 平原县大水，没二百数十村；德县被水。

1918年（民国7年）

5月 商河县飞蝗入境，岁大歉。

7月 恩县境内运河决口，堤下西北一带，淹没234村，计地7210余顷，较重村庄庐舍倒塌，颗粒未获。

是年 乐陵县涝，庄稼绝产；齐河县飞蝗入境，岁大歉。

1919年（民国8年）

5月 恩县遭蝗灾，城东南尤甚。

6月3日 临邑县降雨雹。

夏 齐河、商河、济阳3县旱。

秋 夏津、德平两县遭蝗灾。

1920年（民国9年）

春 济阳、临邑2县旱。

夏 德县、恩县、平原3县大旱。

8月30日 夜，庆云县海潮大溢，百姓到海滨挖菜糊口，死者千余。

1921年（民国10年）

春 济阳县旱，民大饥。

6月 齐河县大雨连绵，黄河水溢，房屋倒塌，禾稼淹没。

秋 平原、禹城两县遭大水，大歉。

是年 齐河县淫雨连绵，黄河盛涨；商河县雨涝成灾。

1922年（民国11年）

5月 商河、德平两县降雨雹，岁大歉。

1923年（民国12年）

5月 平原县降大雨雹。

7月 恩县运河决口，淹79村，计地2007余顷。

1924年（民国13年）

1月2日 济阳县降大雨，沟浍皆满。

8月 恩县运河决口，淹113村，计地3859顷。

1925年（民国14年）

4月 恩县降雨雹，大如鸡卵，重灾处无麦收，轻处每亩产棉仅10余斤。

8月 恩县运河决，淹50村，计地2034顷。

是年 干旱年，继上年秋冬旱，入春少雨雪，春荒尤重。

1926年（民国15年）

5月6日 恩县大风雨，大木皆拔，倒塌房屋无算。

6月5日 夏津县大雨倾盆、狂风怒号。越一昼夜始息，树木摧倒大半，房舍墙垣塌尤多，为百余年未有之灾。

8月 平原县降大雨。

秋 恩县降大雨，淹堤下洼106村，计地3880顷；齐河县风折秋禾，继涝灾。

是年 临邑县雨水成灾。

1927年（民国16年）

6月 商河县飞蝗过境。

夏 恩县蝗自西北来，遮天蔽日，后蝻生遍地，岁大歉。

秋 齐河县大旱，飞蝗遍境，食禾尽。

是年 平原、德平两县旱蝗为灾。

1928年（民国17年）

秋 夏津、平原两县秋禾被蝗。

1929年（民国18年）

3月13日 夏津县黑风蔽日。

7月6日 商河县大风拔木，雷电交作，大雨倾盆。

7月 恩县飞蝗入境，继蝻生堤下东洼一带，田禾被食甚。

秋 恩县淫雨连绵经旬，堤下低洼村庄，被淹71村，计地2229顷，夏津县城西北禾没；齐河县大淫雨，秋禾不登。

1930年（民国19年）

5月 恩县飞蝗伤稼。

7月26日 商河县大风拔木。

夏 德平县遭大水；商河县蝗蝻生。

秋 齐河县大淫雨，秋禾不登。

1931年（民国20年）

4月 恩县降雨雹，大如鸡卵。

6月 平原县降大雨。

秋 齐河县淫雨成灾，大歉；商河县秋禾被虫灾。

1932年（民国21年）

8月 恩县运河决堤，被者242村，计地7068顷。

秋 临邑县徒骇河一带秋禾被淫雨成灾，禾稼收获大减；夏津县降大雨，清水洼一带禾稼淹没。

是年 乐陵县旱，全县庄稼绝产。

1933年（民国22年）

1月至4月 全境无雨雪。

1934年（民国23年）

夏 平原县南部旱，秋禾减收半数。

秋 商河县七、八、九3区雨涝成灾。

是年 乐陵、德平两县局部受涝；夏津、恩县、武城、德县等县局部干旱；临邑县先旱后涝，谷有虫灾，秋收甚歉。

1935 年（民国 24 年）

春 恩县、商河两县旱，麦歉收。

秋 商河县涝，豆歉收。

1936 年（民国 25 年）

是年 旱情严重，德州、陵县、夏津3县灾情突出；黄河决口，部分县区客水洪涝。

1937 年（民国 26 年）

7 月 武城运河桥坝顶溃决，决口宽120米，大水横溢；夏津县暴雨持续时间长，庄稼大部分绝产。

8 月 1 日 菏泽七级地震，波及夏津。

8 月 26 日 晚，禹城县苇河冯王庄北多处溢水，平地行船数十里，城南水深数尺。

夏秋 平原县大雨40天不止，水深1米，陆可行舟。

秋 运河武城地段大吊咀险工溃决；禹城县河水暴涨，大涝。

1938 年（民国 27 年）

6 月 1 日 夏津县西北风裹挟冰雹袭击部分村庄，庄稼毁坏严重。

夏 平原县旱，麦歉收；禹城县旱，无麦收。

9 月 武城县大吊咀口门又决，淹没麦苗。

1939 年（民国 28 年）

是年 干旱年。北部各县旱情尤重。

1940 年（民国 29 年）

是年 干旱年，全区春、夏、秋连旱，土地如焚；局部县、区连阴雨，积涝成灾。

1941 年（民国 30 年）

是年 旱情持续发展，百姓逃荒要饭。

1942 年（民国 31 年）

1 月至 7 月 武城、临邑、庆云3县大旱，五谷枯死，人多外出讨饭。

春 夏津、禹城两县大旱，播种误时。

秋 禹城县大旱，颗粒未收。

是年 平原县大旱，赤地千里，草木干枯，死者甚众。

1943 年（民国 32 年）

1 月至 6 月 齐河县旱，民饥甚，饿死者众。

春 夏津县大旱，土地龟裂，寸草

不见。

7月6日 中午，夏津县持续高温，有体弱者中暑而亡。

7月 武城县河水串滩，十屯村北道口未堵，淹恩县洼。

1944年（民国33年）

7月 武城县村东大堤溃决，灌恩县洼。

是年 旱年。降水量比常年偏少近三成，西部旱情较重。

1945年（民国34年）

是年 年景正常，无异灾。

1946年（民国35年）

是年 庆云、无棣、盐山3县5.5万亩田地被蝗，20万人捕杀半月，护庄稼1200亩。

1947年（民国36年）

秋 降雨量较大，局部县区致涝。

1948年（民国37年）

6月17日 夏津县境内运河自张家窑决口，水灌沙河，19日水浸白马湖。

秋 运河决口于德县蔡庄及哨马营。

是年 盐山等6县10个区被蝗面积达9万亩。

1949年

春 旱情严重。

6月 庆云、宁津、乐陵、德平、商河、齐河、济阳、禹城、德州等县遭受严重蝗灾。

7月 连日阴雨不晴，沧南分区洼地（主要是盐山、东光、南皮一带）及泺北分区洼地多处受涝。

夏 陵县、平北、临邑等县禾稼被蝗。

夏秋 济阳、齐河、禹城、商河、平北、陵县、临邑等县相继遭受雹灾。

1950年

春 降水量偏少、旱。

是年 庆云县玉皇崖、任家区。宁津县小店区，德平县姜家、刘集、理合村，陵县城关区、临邑县兴隆区、商河县大屯寺区，德县徽王庄、魏集、城关、东堂区，齐河县第三区，济阳县临河区等遭受严重涝灾。

1951年

春 旱。

7月下旬至8月中旬 连降大雨，河水排泄不畅，洪水漫溢，全区各县市普遍遭受涝灾。禹城、平原、齐河、盐山、庆云、乐陵、临邑、南皮8县损失尤重。

是年 全区普遍遭受虫灾，部分县区遭受雹灾。

1952 年

春 夏津县遭受旱灾，成灾面积达1.6万亩。

是年 临邑县24万亩田地遭受涝灾，重者无收益，一般减产六成，总计减产粮食2900万斤，25万多亩田地遭受旱灾，860亩庄稼遭受虫灾；商河县受旱、雹、风、虫4种灾害侵袭，受灾面积达24万多亩，总计减产粮食8320万公斤；禹城县6.74万亩地遭受旱灾，减产粮食200万公斤，平原县71.3万亩地遭受旱灾，减产粮食2450万公斤，齐河县22万亩地遭受旱灾，减产粮食250万公斤，乐陵县443万亩地遭受旱灾，减产粮食1750万斤；宁津县20.38万亩地遭受旱灾，减产粮食800万斤，德县49.4万亩地遭受旱灾，减产粮食9200万斤，六、七、八区遭雹灾。

1953 年

7月9日至14日 齐河县、禹城县、济阳县降大雨，河流浸溢，积水成灾。

7月底至8月中旬 平原县连日降雨，因涝成灾41万余亩。

8月上旬 德平县连降大雨，酿成涝灾。

8月20日 上午10时至21日早5时，德平县大雨连降17小时，雨量达120毫米。

8月下旬 禹城县大雨成灾，70余万亩田禾被淹没。

8月 武城县降雨量达644毫米，没田禾19万亩。

是年 各县因涝成灾面积：齐河县90.51万亩，恩县63.5万亩，济阳县60万亩，德州市1.8万亩，商河县30万亩，临邑县35万亩，乐陵县30万亩，夏津县21.7万亩，德县40.8万亩。

1954 年

春 旱。

5月9日 禹城县油坊、李全、三里、韩庄、东梓5个乡1.4万亩麦田生蝗蝻。

5月13日 全区普降大雨，有5个县被涝。

5月28日 禹城县刮大风，约有4.5万亩小麦受损失。

5月29日 乐陵、济阳、商河、齐河4县遭受雹灾。

5月30日 上午10时至6月1日12时，恩县连降大雨，雨量达103毫米，受涝6030亩。

6月1日 乐陵县降雹，受灾面积1万亩。

1955 年

春 旱。

7月中、下旬 天旱不雨，乐陵、德平、禹城、武城等县40%的禾苗枯死。

7月 甲马营滞洪，恩县37个乡，145个村的庄稼被淹。

8月下旬至9月上旬 德县连降大

雨，5 万余亩田禾受涝。

8 月下旬至 9 月中旬 恩县被涝，受灾面积达 17.6 万亩。

1956 年

春 旱。

8 月 2 日至 5 日 武城县连降暴雨，涝灾达 15 个区，168 个乡，1008 村，受灾面积达 202 万亩。

8 月 武城县境内卫运河决口，受灾 3 个区，淹没田地 44.7 万亩。

是年 德县雨涝成灾，被灾面积 39.2 万亩。

1957 年

6 月 24 日 乐陵县降雹，粮食减产，果树被砸。

7 月 2 日至 4 日 齐河、禹城等县遭受雹灾。

夏 黄河连续出现 8 次洪峰，齐河县沿河 6 个区 6 个乡遭受严重水灾。

9 月至 10 月 全区普遍干旱无雨，影响小麦播种。

秋 德州涝，受灾面积 46881 亩。

是年 济阳县因涝成灾 430 亩，临邑县因涝成灾 400 亩，商河县遭受涝灾 1.5 万亩。

1958 年

春 旱。

是年 全区受灾面积 339.1 万亩，其中，旱灾 118.3 万亩，水灾 24.2 万亩，风雹灾 19.2 万亩，遭受虫灾 177.4 万亩，成灾面积 177.7 万亩。

1959 年

春夏 旱。

是年 德州市（县级）遭受旱灾，成灾面积 7565 亩，减产粮食 5.77 万公斤；夏津县旱灾成灾面积 9.4 万亩，水灾成灾面积 600 亩，雹灾成灾面积 1476 亩，因灾减产粮食 65 万斤，减产棉花 7 万斤；齐河县旱灾成灾面积 6.26 万亩，水灾成灾面积 3 万亩；平原县旱灾成灾面积 10 万亩，水灾成灾面积 9000 亩。

1960 年

春 夏津县遭受旱灾，成灾 2.5 万亩。

6 月 24 日 夏津县降雹，人畜均有死伤，27110 亩庄稼受灾。

是年 德州市郊区受旱、涝、虫 3 种自然灾害的侵袭，成灾面积 4.27 万亩，减产六成以上，部分绝产。

1961 年

春 夏津县旱，成灾面积 51.4 万亩。

7 月中旬至 8 月 乐陵县连续遭暴雨袭击，全县降雨量均 600 毫米以上，降雨量最大的杨盘公社达 800 毫米以上。马颊河、跃丰河水位上涨，河堤多处决口，洪水泛滥，64 万亩田地绝产。

7月21日 夏津县降雨141.8毫米，38万亩庄稼遭受涝灾。

是年 德州市涝，全年总涝地面积11.76万亩，其中绝产面积8.9万亩；陵县涝，全年总涝地面积75.87万亩，其中绝产面积63.94万亩；平原县涝，全年总涝地面积133.21万亩，其中绝产面积109.54万亩；齐河县涝，全年总涝地面积115.6万亩，其中绝产面积78.63万亩；夏津县涝，全年总涝地面积37.6万亩，其中绝产面积31.32万亩；武城县涝，全年总涝地面积36.7万亩，其中绝产面积24.71万亩；临邑县涝，全年总涝地面积72.3万亩，其中绝产45.6万亩；商河县涝，全年总涝地面积88.16万亩，其中绝产面积66.52万亩；济阳县涝，全年总涝地72.52万亩，其中绝产面积65.73万亩。

1962年

7月8日至8月7日 一个月内连降14次大暴雨，平均雨量294.7毫米，受灾面积234万亩，其中绝产120万亩。齐河、乐陵、济阳、商河等县受灾较重。

7月11日至8月18日 乐陵县连续降雨22次，其中暴雨9次，全县平均降雨量715毫米，雨量最大的郑店公社达950毫米，全县成灾面积72.27万亩。

7月20日至22日 商河县、乐陵县、平原县、夏津县、陵县有15个公社遭受严重风、雨、雹灾的侵袭，受灾面积达24.1万亩，其中绝产7万亩。

7月24日 商河县降大雨，雨量达300多毫米，19万亩农田绝产。

7月25日 济阳县降大暴雨，加上齐河客水，全县涝地40.8万亩，26万亩农田绝产。

8月上旬 商河县韩庙公社范屯片涝灾严重，全片56个村，有50个村农作物全部绝产。

8月17日至18日 临邑县兴隆公社降雨1200毫米，13万亩农田被涝。

8月18日 商河县降特大暴雨，98万亩农田被涝。

8月22日 全区普降大雨，受灾面积685万亩，有3599个村庄被大水围困，造成群众生活极度困难，共倒塌房屋43.5万间，伤亡人口567人，大牲畜也有较大伤亡。

是年 德州市涝，成灾面积9.66万亩；陵县涝，成灾面积41.78万亩；平原县涝，成灾面积62.91万亩；夏津县涝，成灾面积12.46万亩；武城县涝，成灾面积19.02万亩；齐河县涝，成灾面积121.03万亩；禹城县涝，成灾面积72.82万亩，齐河县涝，成灾面积121.04万亩；乐陵县涝，成灾面积72万亩；临邑县涝，成灾面积47万亩；商河县涝，成灾面积96.75万亩；济阳县涝，成灾面积86.52万亩。

是年 商河、平原等7个县，先后发生雹灾，受害面积47.5万亩，其中绝产11.9万亩。

是年 各县相继发生蝗虫、棉铃虫灾害，受害面积401.8万亩。秋蝗密度高（每平方米10～15只），扩散快，危害大，使49.7万亩农作物绝产。

1963 年

7 月 14 日至 8 月 22 日　全区连降大到暴雨。

8 月　漳卫河上游地区连降暴雨，旬雨量超过 1000 毫米的地区达 5390 平方公里，超过 500 毫米的 4500 平方公里，卫运河水位不断上涨，严重威胁津浦铁路和天津市的安全。根据中央的指示在恩县洼分洪。武城县甲马营、滕庄、旧城和平原县四女寺、董王庄等 5 个公社 320 平方公里被淹，150 个村庄的 7.57 万人受灾。

8 月 29 日　夏津县一次降雨 100 多毫米，涝地 23 万亩。

是年　全区涝灾。德州市涝灾成灾面积 2.95 万亩；陵县涝灾成灾面积 12.38 万亩，平原县涝灾成灾面积 44.41 万亩，夏津县涝灾成灾面积 23.14 万亩；武城县涝灾成灾面积 45.35 万亩；齐河县涝灾成灾面积 81.58 万亩；禹城县涝灾成灾面积 76.65 万亩，乐陵县涝灾成灾面积 53.89 万亩；临邑县涝灾成灾面积 36.2 万亩；商河县涝灾成灾面积 49.71 万亩；济阳县涝灾成灾面积 74.86 万亩。

1964 年

4 月 16 日至 20 日　全地区普降大雨和暴雨，雨量大的武城、夏津、平原 3 个县雨量在 140 毫米以上。该次春雨，雨量之大，面积之广，历史上罕见，给农业生产和群众生活带来重大损失。

6 月 11 日至 14 日　连降冰雹，全区先后有 9 个县、64 个公社、8067 个大队受灾。

7 月上旬至 9 月 13 日　德州市连降暴雨，总降雨量达 762.9 毫米，城郊发生严重涝灾，7 万亩农田绝产。

是年　乐陵县涝灾绝产面积 61.7 万亩；宁津县涝灾绝产面积 32.9 万亩；夏津县涝灾成灾面积 32.2 万亩；德州市涝灾成灾面积 1.15 万亩；陵县涝灾成灾面积 186.77 万亩；平原县涝灾成灾面积 54 万亩，夏津县涝灾成灾面积 32.19 万亩，武城县涝灾成灾面积 25.05 万亩，禹城县涝灾成灾面积 66 万亩；齐河县涝灾成灾面积 96 万亩；乐陵县涝灾成灾面积 92.19 万亩；临邑县涝灾成灾面积 38.26 万亩；商河县涝灾成灾面积 82.57 万亩；济阳县涝灾成灾面积 92.65 万亩，宁津县涝灾成灾面积 54.24 万亩；庆云县涝灾成灾面积 49 万亩。

1965 年

6 月 14 日　下午，夏津、武城两县部分社队遭受严重雹灾，11 万亩作物受灾。

8 月 10 日　夜，全区普遍遭受风雹袭击。平原、陵县、临邑、商河、乐陵 5 县较重。据统计，受灾作物共 153.5 万亩。

1966 年

3 月 22 日　河北省邢台地区发生 7.2 级地震，波及全区各县（市），其中宁津县倒塌房屋500多间、夏津县倒塌5316间、平原县倒塌2597间；武城县甲马营公社有6处冒出黑水，地裂4厘米。

7月22日 乐陵县张生、郭家两个公社遭受雹灾袭击，受灾面积达4万亩。

8月9日 夜，乐陵县黄夹、大孙、茨头堡、孔镇、化楼等公社遭受暴雨及冰雹袭击，农作物受害。

是年 德州市全年受灾面积0.3万亩；夏津县全年受灾面积1.4万亩；武城县全年受灾面积26.4万亩；临邑县全年受灾面积3.1万亩；商河县全年受灾面积58.1万亩；宁津县全年受灾面积25.3万亩。

1967年

是年 德州市全年受灾面积0.9万亩，成灾面积0.9万亩；陵县全年受灾面积8.3万亩，成灾面积8.3万亩；平原县全年受灾面积51.5万亩，成灾面积13万亩；乐陵县全年受灾面积60万亩，成灾面积28万亩；商河县全年受灾面积36.4万亩，成灾面积36.4万亩；济阳县全年受灾面积46万亩，成灾面积21万亩；宁津县全年受灾面积7.4万亩，成灾面积4.5万亩；庆云县全年受灾面积8.3万亩，成灾面积8.3万亩。

1968年

春夏 陵县大旱，受灾面积129万亩。

5月至9月 临邑县连续干旱148天，受灾面积达98.9万亩。

夏秋 夏津县旱，成灾面积45万亩。

是年 商河县旱，全年受灾面积99.81万亩，成灾面积40.12万亩；济阳县旱，全年受灾面积144.58万亩，成灾面积130.37万亩；齐河县遭受中华人民共和国成立后最严重的旱灾，全县农田普遍受旱；庆云县全年受灾面积40.4万亩，成灾面积11.35万亩；平原县全年受灾面积31.98万亩，成灾面积22.2万亩。

1969年

4月7日至13日 夏津县风沙相继成灾，受灾4.31万亩。

是年 陵县全年受灾12万亩，成灾12万亩；武城县全年受灾2.2万亩，成灾2.2万亩；齐河县全年受灾18.43万亩；乐陵县全年受灾4.96万亩，成灾4.96万亩；商河县全年受灾13.7万亩，成灾13.7万亩；庆云县受灾3万亩，成灾面积3万亩。

1970年

7月20日 4时，陵县、平原、齐河、禹城、临邑、济阳6县29个公社587个大队，遭受雹灾。降雹时伴随7级以上大风。受灾面积达51.9万亩，其中绝产面积26.74万亩。

是年 德州市全年受灾面积0.75万亩，成灾面积0.45万亩；陵县全年受灾面积10万亩，成灾面积10万亩；平原县全年受灾面积11.8万亩，成灾面积2.3

万亩；夏津县全年受灾面积 7.69 万亩，成灾面积 7.69 万亩；武城县全年受灾面积 2.7 万亩，成灾面积 2.7 万亩；齐河县全年受灾面积 25 万亩，成灾面积 25 万亩；禹城县全年受灾面积 16.7 万亩，成灾面积 16.7 万亩；乐陵县全年受灾面积 8.2 万亩，成灾面积 8.1 万亩；临邑县全年受灾面积 2.64 万亩，成灾面积 1.96 万亩；商河县全年受灾面积 15 万亩，成灾面积 15 万亩；济阳县全年受灾面积 1.32 万亩，成灾面积 1.32 万亩；庆云县全年受灾面积 10 万亩，成灾面积 10 万亩。

1971 年

4 月至 6 月 乐陵、商河、济阳、齐河、临邑 5 县 56 个公社 857 个生产大队相继遭受不同程度的雹灾，受灾面积 76 万亩。

7 月 3 日至 4 日 齐河、禹城、临邑、商河、济阳 5 县遭受涝灾，成灾面积达 13.4 万亩。

7 月 13 日至 14 日 乐陵、宁津、德州、陵县、临邑、商河、济阳、庆云、平原、武城 10 个县（市）遭受涝灾，成灾面积 62.2 万亩，其中绝产 30.7 万亩。

7 月 24 日至 8 月 2 日 降大雨。陵县、武城、庆云、平原、德州、乐陵、商河、临邑、夏津、宁津、齐河等 11 个县（市）受涝，积水面积 167.4 万亩，绝产 71.8 万亩。

7 月 武城县连降大雨，积水面积达 25.56 万亩，绝产 8 万亩。

是年 德州市全年受灾面积 5.44 万亩，成灾面积 3.98 万亩；陵县全年，受灾面积 72 万亩，成灾面积 42 万亩；平原县全年受灾面积 15 万亩，成灾面积 9 万亩；夏津县全年受灾面积 18.5 万亩，成灾面积 13.9 万亩；齐河县全年受灾面积 29 万亩，成灾面积 16 万亩；禹城县全年受灾面积 21 万亩，成灾面积 13 万亩；乐陵县全年受灾面积 28.6 万亩，成灾面积 28.1 万亩；临邑县全年受灾面积 34.3 万亩，成灾面积 16 万亩；商河县全年受灾面积 43 万亩，成灾面积 27 万亩；济阳县全年受灾面积 21 万亩，成灾面积 16 万亩；宁津县全年受灾面积 13.9 万亩，成灾面积 9.8 万亩；庆云县全年受灾面积 45.4 万亩，成灾面积 36.2 万亩。

1972 年

是年 春、夏、秋皆旱。夏旱尤重，连续 40 天无雨。夏津县全年受灾面积 8.16 万亩，成灾面积 26.8 万亩，其中旱灾 19.25 万亩；德州市全年受灾面积 3.35 万亩，成灾面积 3.35 万亩，其中旱灾面积 2.85 万亩；陵县全年受灾面积 77 万亩，成灾面积 77 万亩，其中旱灾面积 61 万亩；平原县全年受灾面积 15.77 万亩，成灾面积 15.77 万亩，其中旱灾面积 11.99 万亩；武城县全年受灾面积 9.07 万亩，成灾面积 9.07 万亩，其中旱灾 8.5 万亩；齐河县全年受灾面积 27 万亩，成灾面积 24 万亩，其中旱灾 12.5 万亩；禹城县全年受灾面积 23.3 万亩，成灾面积 17.27 万亩，其中旱灾 10.93 万亩；乐陵县全年受灾面积 85 万亩，成灾面积 45

万亩，其中旱灾面积37万亩；临邑县全年受灾面积45万亩，成灾面积22.5万亩，其中旱灾11.3万亩；商河县全年受灾面积75万亩，成灾面积25万亩，其中旱灾面积23.3万亩；济阳县全年受灾面积24万亩，成灾面积15万亩，其中旱灾面积8万亩；宁津县全年受灾面积16万亩，成灾面积9万亩，其中旱灾面积4.8万亩；庆云县全年受灾面积25万亩，成灾面积17.5万亩，其中旱灾面积14.5万亩。

1973年

7月22日 14时30分，夏津县东李官屯公社降雹约10分钟，2万亩农田受灾。

7月28日 武城、夏津、平原、齐河、禹城、临邑6县降特大暴雨，武城、临邑两县降雨量达80毫米以上，涝地成灾。

是年 德州市全年受灾面积3.2万亩，成灾面积2.5万亩；陵县全年受灾面积81万亩，成灾面积67万亩；平原县全年受灾面积35.2万亩，成灾面积19.6万亩；武城县全年受灾面积25万亩，成灾面积20万亩；齐河县全年受灾面积30万亩，成灾面积30万亩；禹城县全年受灾面积25万亩，成灾面积17.5万亩；乐陵县全年受灾面积75万亩，成灾面积40万亩；临邑县全年受灾面积5万亩，成灾面积4万亩；济阳县全年受灾面积31万亩，成灾面积14万亩；商河县全年受灾面积8.6万亩，成灾面积3.8万亩；宁津县全年受灾面积20万亩，成灾面积13万亩；庆云县全年受灾面积12万亩，成灾面积11万亩。

1974年

8月7日至9日 禹城来凤、辛店公社降雨量400毫米以上，涝灾严重。

8月8日至14日 临邑县连降两次暴雨，平均雨量达311.5毫米。全县积水面积达58万亩，成灾面积54.1万亩，其中绝产面积17.5万亩。

是年 夏津县全年受灾面积46.7万亩，成灾面积20万亩；德州市全年受灾面积0.5万亩，成灾面积0.5万亩；陵县全年受灾面积60万亩，成灾面积35.6万亩；平原县全年受灾面积72万亩，成灾面积58.6万亩；武城县全年受灾面积10万亩，成灾面积7万亩；齐河县全年受灾面积40万亩，成灾面积40万亩；禹城县全年受灾面积49万亩，成灾面积32万亩；乐陵县全年受灾面积61万亩，成灾面积40万亩；商河县全年受灾面积106.1万亩，成灾面积59.4万亩；济阳县全年受灾面积67万亩，成灾面积51万亩；宁津县全年受灾面积12.5万亩，成灾面积8.2万亩；庆云县全年受灾面积33.5万亩，成灾面积24万亩。

1975年

8月 26天无雨，形成秋旱。

是年 德州市全年受灾面积4万亩，成灾面积2.5万亩；陵县全年受灾面积186万亩，成灾面积51万亩；平原县全年受灾面积16.8万亩，成灾面积11.2万亩；夏津县全年受灾面积14万亩，成灾面积6.5万亩；武城县全年受灾面积30万亩，成灾面积9万亩；齐河县全年受灾面积3.5万亩，成灾面积1.6万亩；禹城县全年受灾面积29万亩，成灾面积29万亩；乐陵县全年受灾面积109.3万亩，成灾面积21万亩；临邑县全年受灾面积83.6万亩，成灾面积37.2万亩；商河县全年受灾面积90万亩，成灾面积65万亩；济阳县全年受灾面积47.2万亩，成灾面积2.5万亩；宁津县全年受灾面积84万亩，成灾面积49万亩；庆云县全年受灾面积44.5万亩，成灾面积13.5万亩。

1976 年

6月6日　济阳县连续3次遭受冰雹袭击，尤以城关、店子、迴河、庙廊4个公社受灾较重，全县受灾面积达11.9万亩。

7月28日　河北唐山发生7.8级地震，波及全区。夏津等部分县市有房屋倒塌。

是年　夏津县全年受灾面积11万亩，成灾面积6万亩；德州市全年受灾面积8万亩，成灾面积5.8万亩；陵县全年受灾面积70.5万亩，成灾面积70.5万亩；平原县全年受灾面积34.2万亩，成灾面积34万亩；齐河县全年受灾面积60万亩，成灾面积50万亩；禹城县全年受灾面积31万亩，成灾面积15万亩；乐陵县全年受灾面积87万亩，成灾面积30万亩；临邑县全年受灾面积25万亩，成灾面积13万亩；商河县全年受灾面积150万亩，成灾面积55万亩；宁津县全年受灾面积11万亩，成灾面积8.2万亩；庆云县全年受灾面积12万亩，成灾面积3万亩。

1977 年

5月13日　全区普遍受到暴风骤雨袭击。据不完全统计，冻死51人，死亡牲畜149头，损坏房屋1.2万余间，小麦倒伏严重。

6月2日　18时、20时、22时，齐河、临邑、平原、禹城、济阳、陵县、宁津、乐陵、庆云等9个县遭受雹灾袭击，受灾面积30万亩。

6月24日至8月7日　全区平均降雨量达503毫米。部分县降暴雨时，伴有6～7级大风，部分村庄被水包围，房屋倒塌3.9万间。

6月28日至29日　宁津、陵县、济阳、乐陵、夏津等7个县27个公社先后降冰雹，受灾面积42.5万亩。

是年　夏津县全年受灾面积22.5万亩，成灾面积13.6万亩；乐陵县全年受灾面积38.1万亩，成灾面积29.2万亩；德州市全年受灾面积18万亩，成灾面积8.5万亩；陵县全年受灾面积90.6万亩，成灾面积47.5万亩；平原县全年受灾面积31.9万亩，成灾面积30万亩；武城县全年受灾面积5万亩，成灾面积1.6万亩；齐河县全年受灾面积51万亩，成灾面积6万亩；禹城县全年受灾面积42万亩，成灾面积20.5万亩；临邑县全年受灾面积38.2万亩，成灾面积13.3万亩；商河县全年受灾面积52万亩，成灾面积30万亩；济阳县全年受灾面积64万亩，成灾面积16.5万亩；宁津县全年受灾面积63万亩，成灾面积39万亩；庆云县全年受灾面积33.5万亩，成灾面积13万亩。

1978年

8月18日 全区普降雷阵雨，雷雨时阵风6~9级并带有冰雹。74万亩农作物受到不同程度的危害。

是年 武城县全年受灾面积61万亩，成灾面积40万亩；夏津县全年受灾面积72万亩，成灾面积45.2万亩；德州市全年受灾面积2万亩，成灾面积2万亩；陵县全年受灾面积57.9万亩，成灾面积39.4万亩；平原县全年受灾面积31.4万亩，成灾面积8.8万亩；齐河县全年受灾面积23万亩，成灾面积14万亩；禹城县全年受灾面积50万亩，成灾面积5.8万亩；乐陵县全年受灾面积35万亩，成灾面积14.5万亩；临邑县全年受灾面积31.8万亩，成灾面积25.7万亩；商河县全年受灾面积110万亩，成灾面积60万亩；济阳县全年受灾面积30万亩，成灾面积17万亩；宁津县全年受灾面积65万亩，成灾面积31万亩；庆云县全年受灾面积20万亩，成灾面积15万亩。

1979年

5月15日 上午10时15分至11时，宁津县张大庄、田庄、长官、常洼等10个公社30万亩农作物遭受雹灾。

5月15日 上午10时30分—11时10分，乐陵县19个公社降雹，受雹灾严重的有郑店、王集、花园、大孙、茨头堡、黄来、刘武官7个公社，受灾面积25万亩。

5月15日 中午12时，龙桑寺、常庄、陈宋等9个公社267个大队遭受雹灾，受灾面积21万亩。

是年 乐陵县全年受灾面积90万亩，成灾面积72万亩；德州市全年受灾面积6.2万亩，成灾面积3.55万亩；陵县全年受灾面积109.84万亩，成灾面积58.44万亩；平原县全年受灾面积26.15万亩，成灾面积26.15万亩；夏津县全年受灾面积10.84万亩，成灾面积9.34万亩；武城县全年受灾面积0.48万亩，成灾面积0.28万亩；齐河县全年受灾面积164.51万亩，成灾面积75万亩；禹城县全年受灾面积90万亩，成灾面积26万亩；临邑县全年受灾面积42.5万亩，成灾面积16.5万亩；商河县全年受灾面积130万亩，成灾面积100万亩；宁津县全年受灾面积84.4万亩，成灾面积17.3万亩；庆云县全年受灾面积58万亩，成灾面积30万亩；济阳县全年受灾面积16.3万亩，成灾面积11.6万亩。

1980年

8月30日 晚至9月1日下午，平原、庆云、商河、济阳、齐河等5个县37个公社相继遭受雹灾。降雹时伴有6级以上大风，降雹持续时间最长达30分钟。冰雹最大的有0.75公斤重，较小的如鸡蛋，小的如枣，受灾面积 43.72 万亩，其中重灾面积 11.53 万亩。

是年 德州市全年受灾面积 11 万亩，成灾面积 11 万亩；陵县全年受灾面积 170 万亩，成灾面积 27 万亩；平原县全年受灾面积 55.66 万亩，成灾面积 30.66 万亩；夏津县全年受灾面积 44.5 万亩，成灾面积 18.9 万亩；武城县全年受灾面积 53.5 万亩，成灾面积 40.5 万亩；齐河县全年受灾面积 187.16 万亩，成灾面积 48 万亩；禹城县全年受灾面积 48 万亩，成灾面积 25 万亩；乐陵县全年受灾面积 127 万亩，成灾面积 34.1 万亩；临邑县全年受灾面积 90 万亩，成灾面积 45 万亩；商河县全年受灾面积 140 万亩，成灾面积 110 万亩；济阳县全年受灾面积 12 万亩，成灾面积 9 万亩；宁津县全年受灾面积 56 万亩，成灾面积 23 万亩；庆云县全年受灾面积 30.21 万亩，成灾面积 20.81 万亩。

1981 年

5 月 2 日 全区遭受大风袭击，大风从早 8 时持续到晚 20 时，风力 8 级，棉花成灾 49.83 万亩。

5 月 15 日 15 时，德州、平原、夏津、武城、乐陵、临邑、商河、宁津、陵县、齐河 10 个县（市）68 个公社遭受雹灾，受灾面积 97.35 万亩。

6 月 夏津县郑保屯、白马湖 2 个公社降冰雹，粮食作物减产。

是年 夏津县全年受灾面积 25 万亩，成灾面积 20.5 万亩；德州市全年受灾面积 21 万亩，成灾面积 4 万亩；陵县全年受灾面积 95 万亩，成灾面积 55 万亩；平原县全年受灾面积 74.62 万亩，成灾面积 35.50 万亩；武城县全年受灾面积 34.3 万亩，成灾面积 20.7 万亩；齐河县全年受灾面积 154.4 万亩，成灾面积 5.7 万亩；禹城县全年受灾面积 48.75 万亩，成灾面积 7.64 万亩；乐陵县全年受灾面积 87.2 万亩，成灾面积 26.8 万亩；临邑县全年受灾面积 32 万亩，成灾面积 13 万亩；商河县全年受灾面积 32 万亩，成灾面积 13 万亩；济阳县全年受灾面积 85 万亩，成灾面积 15 万亩；宁津县全年受灾面积 80 万亩，成灾面积 10 万亩；庆云县全年受灾面积 45 万亩，成灾面积 7.8 万亩。

1982 年

5 月 7 日 17 时至 18 时，齐河县华店、城关、刘桥、大夫营、宣章 5 个公社遭受雹灾，受灾面积 1.5 万亩，成灾面积 1.5 万亩。

5 月 7 日 17 时 40 分至 17 时 50 分，商河县钱铺公社 17 个大队遭受雹灾，受灾面积 1.57 万亩，成灾面积 0.89 万亩。

5 月 22 日 9 时至 10 时，平原县张华公社遭受雹灾，成灾 2 万亩。

6 月 7 日 17 时，禹城县伦镇、石屯、安十二、廿里铺、袁营 5 个公社 52 个大队遭受雹灾，受灾面积 5 万多亩。

6 月 16 日 13 时 30 分至 20 时，临邑县城关、赵家、沙河、孙安、太平等 13 个公社普降暴雨，并伴有冰雹和 8 级阵风，受灾面积达30.96万亩。

6月16日　14时至17时，陵县17个公社降雹，受灾面积26.77万亩。

6月16日　15时至18时，济阳县唐庙、新市、贾寨等15个公社508个大队遭受雹灾，受灾面积43.08万亩，成灾面积16.19万亩。

6月16日　15时30分至15时48分，庆云县严务、大胡、中王、中丁等6个公社67个大队遭受暴雨加冰雹袭击，受灾面积6.43万亩，成灾面积6.42万亩。

6月16日　17时、17日20时10分，夏津县两次降冰雹，并伴有8级以上阵风，有10万亩农作物受灾。

6月17日　20时，乐陵县城关、胡家、杨家、大孙等6个公社108个大队遭受雹灾，受灾面积5.52万亩，成灾面积2.84万亩；宁津县田庄公社19个大队遭受雹灾，受灾面积1万亩，成灾面积0.5万亩。

7月4日　14时至16时，临邑县翟家公社6个大队遭受雹灾，成灾面积1万亩。

8月　黄河出现1949年以来第二大洪峰，齐河县滩区全部漫水，滩区4.2万亩农作物全部绝产。

是年　夏津县全年受灾面积13万亩；德州市全年受灾面积4.29万亩，成灾面积4.29万亩；陵县全年受灾面积88.9万亩，成灾面积47万亩；平原县全年受灾面积20万亩，成灾面积15万亩；武城县全年受灾面积53万亩，成灾面积52万亩；齐河县全年受灾面积20.32万亩，成灾面积11.29万亩；禹城县全年受灾面积7万亩，成灾面积7万亩；乐陵县全年受灾面积90万亩，成灾面积30万亩；临邑县全年受灾面积46.26万亩，成灾面积24.56万亩；商河县全年受灾面积145万亩，成灾面积21.14万亩；济阳县全年受灾面积16.3万亩，成灾面积12.5万亩；宁津县全年受灾面积84.1万亩，成灾面积42.5万亩；庆云县全年受灾面积15万亩，成灾面积11万亩。

1983年

5月下旬至8月中旬　禹城县旱情严重，全县有12个公社遭受旱灾，成灾面积达127,547亩。

5月底至7月中旬　武城县历时50余天，降雨量仅1.2毫米，50万亩农作物减产，3万亩农作物绝产。

7月30日　15时至16时，庆云县遭受暴风雨袭击，2.7万亩农作物受灾。

是年　陵县全年受灾面积37万亩，成灾面积13万亩；夏津县全年受灾面积69万亩，成灾面积22万亩；武城县全年受灾面积48万亩，成灾面积48万亩；齐河县全年受灾面积41.95万亩，成灾面积32.5万亩；禹城县全年受灾面积50万亩，成灾面积13万亩；乐陵县全年受灾面积198万亩，成灾面积16.5万亩；临邑县全年受灾面积83万亩，成灾面积45.5万亩；商河县全年受灾面积18.03万亩，成灾面积12.58万亩；济阳县全年受灾面积50.42万亩，成灾面积41.45万亩；宁津县全年受灾面积84万亩，成灾面积19.5万亩；庆云县全年受灾面积45万亩，成灾面积13万亩。

1984年

6月3日 15时、6月4日16时，济阳、商河、宁津、乐陵、齐河、禹城、平原等7个县113个乡镇遭受冰雹袭击，受灾面积达128万亩。

6月18日 17时，乐陵县杨盘、茨头堡、张桥等5个乡镇85个大队遭受严重雹灾，受灾面积达6.5万亩。

8月9日 14时50分，夏津县郭寨乡后赵庄村南500米与李东官屯镇前赵庄村北300米交界处遭龙卷风袭击，持续约50分钟，毁坏棉田250亩，粮田100亩。

8月9日 17时至10日5时、12日18时至13日6时，全区普降两次大暴雨，并伴有7~8级大风，全区平均降雨量194.35毫米，受灾面积达97万亩。

8月9日至25日 陵县降暴雨并伴有风雹，大片农作物倒伏，部分地块积水。

9月17日 17时，宁津县遭受严重的风雹袭击，受灾面积达9万多亩。

是年 德州市全受灾面积4.73万亩，成灾面积1.73万亩；陵县全年受灾面积21.2万亩，成灾面积21.2万亩；平原县全年受灾面积23.8万亩，成灾面积12.6万亩；夏津县全年受灾面积8.9万亩，成灾面积2.3万亩；武城县全年受灾面积34.8万亩，成灾面积21.88万亩；齐河县全年受灾面积32.13万亩，成灾面积15.46万亩；禹城县全年受灾面积3.2万亩，成灾面积2.2万亩；乐陵县全年受灾面积88万亩，成灾面积31.5万亩；临邑县全年受灾面积41.2万亩，成灾面积37万亩；济阳县全年受灾面积73.3万亩，成灾面积31万亩；宁津县全年受灾面积80万亩，成灾面积27万亩。

1985年

8月10日 16时45分至17时15分，乐陵县2个乡镇45个村遭受雹灾，2万亩农作物受灾。

是年 德州市全年受灾面积6.25万亩，成灾面积2.57万亩；陵县全年受灾面积82万亩，成灾面积76万亩；平原县全年受灾面积16.24万亩，成灾面积12.94万亩；夏津县全年受灾面积70万亩，成灾面积59万亩；武城县全年受灾面积35.34万亩，成灾面积24.86万亩；齐河县全年受灾面积58.4万亩，成灾面积28.21万亩；禹城县全年受灾面积51.08万亩，成灾面积35.28万亩；乐陵县全年受灾面积94万亩，成灾面积55.6万亩；临邑县全年受灾面积56万亩；商河县全年受灾面积75万亩，成灾面积40.65万亩；济阳县全年受灾面积57.9万亩，成灾面积48.19万亩；宁津县全年受灾面积75万亩，成灾面积42万亩；庆云县全年受灾面积24.6万亩，成灾面积22.8万亩。

1986年

6月21日 晚，商河、庆云两县部分乡镇遭受暴风、冰雹袭击，最大风力10级，雹大如杏。

1987年

1月至3月　全区降水量仅仅为13毫米。

7月　降水量为17毫米，发生春、夏连旱，88%的农作物面积受旱。

1988年

9月7日　济阳、陵县、临邑等6县遭受特大风雹灾害。济阳、陵县、临邑、武城、夏津、平原遭到特大风雹袭击，35个乡镇的917个村庄受灾，受灾面积119.34万亩，成灾面积93.25万亩，减产八成以上至绝产的47.74万亩，刮倒树木2.38万株，受灾果树3.45万株，倒塌损坏房屋4207间，并造成少量人畜伤亡。

1989年

6月2日　平原、陵县、临邑、商河、宁津、乐陵、济阳7县的89个乡镇，286.1万亩农田遭受冰雹和暴雨袭击。

1990年

5月12日　19时10分至21时40分，庆云、宁津、乐陵3县（市）的68乡镇、2214个村庄，遭受暴风及零星冰雹的袭击，倒伏小麦78万亩，其中严重减产31万亩，毁坏其他作物3万亩，倒塌破坏房屋1930间，刮倒折断树木4.1万棵，有120多根电线杆和5处输电设备严重损坏。估计减收小麦5050万公斤，直接经济损失4300万元。

6月23日　1时30分、17时30分，陵县、德州、平原、武城、夏津5县（市）的30个乡（镇）、311个村庄，先后两次遭受冰雹袭击。据不完全统计，受灾面积36.77万亩，其中棉田23.2万亩，粮田5.85万亩，瓜、果、菜5.73万亩，其他作物1.99万亩。刮倒、折断树木7.8万棵。

1991年

4月23日　23时20分左右，宁津县遭遇暴雨袭击，持续时间1.5小时，风力8级以上，阵风达10级。麦田受灾2.4万公顷，棉花受灾667公顷。

4月25日　凌晨零点20～30分，宁津县遭受风、雹袭击，阵风8～9级，阵雨10～20毫米，雹粒密集，最大直径30毫米，受灾面积3.5万公顷，其中麦田受灾2.4万公顷，棉花受灾1.1万公顷，直接经济损失达2300多万元。凌晨1时，乐陵市21个乡镇遭受严重风雹袭击，持续时间15～20分钟，冰雹大的如枣，一般同玉米粒大，平地积雹厚度15毫米，伴有8级以上阵风，全市受灾面积4万公顷，成灾面积1.2万公顷，果树受灾25万棵，部分通信线路被破坏，经济损失约1000万元。

6月21日　庆云县东辛店、大靳、徐园子、后张、严务、大丁、小郑、板营和庆云镇9个乡镇受冰雹灾，其中东辛店的万粮张、南杜、小营、王官、南赵；大靳乡的东、西宗、大郝、兴隆店受灾较重。共有4667公顷棉花、蔬菜等遭受不同程度的灾害。

6月21日 14时，乐陵市丁坞、郭家、杨盘、茨头堡、黄夹等10个乡镇，遭受风雹严重袭击，降雹持续时间25分钟左右，并伴有8级阵风。325个自然村受灾，受灾面积1.4万公顷。15时，宁津县遭受风雹袭击，全县平均降雨量16毫米，雨夹冰雹并伴有大风，冰粒密集，大的如卫生球，小的似玉米粒，降雹持续时间15分钟左右，阵风8级以上，全县大部分地区受灾，受灾较严重的有后王、相衙镇、虎皮张、道口、宁津镇、柴胡店、杜集、保店等8个乡镇，受灾面积1.1万公顷。18时，夏津县夏津镇吴井、时庄、济牍庙，朱庙乡大朱庄、小朱庄、白杨张庄，左王庄乡白王庄、陈庄等村庄受雹灾，雹粒大如红枣、小如玉米粒，全县受灾面积1333公顷，棉花砸成光杆。19时，齐河县潘店乡、务头乡、焦庙镇、贾市乡、仁里乡、马集乡受冰雹大风袭击，范围广，颗粒大，密度高，大的如大枣，小的如杏核，平地厚达两厘米，灾区损失惨重，受灾面积1万公顷，部分房屋被毁。

6月25日 13时，宁津县遭受风雹袭击，降水量30~50毫米，阵风8级以上，降雹持续时间15分钟，一般直径在15毫米左右，大的约20毫米，重灾地区冰雹厚度达3厘米，受灾地区主要集中在宁津县北部的部分乡镇，受灾面积5333公顷，受灾作物主要是棉田。

7月3日 庆云县徐园子、大胡、严务、常家等4个乡镇受到冰雹的袭击，受灾面积5533公顷。

7月8日 10时左右，乐陵市化楼乡5个自然村遭受风雹袭击，降雹持续时间15~20分钟，并伴有7级以上大风，受灾面积413公顷。15时40分，宁津县小店乡遭受冰雹袭击，降雹持续时间20分钟，冰雹最大直径20毫米，阵风7~8级，降雨量为80毫米，全县有1867公顷农田不同程度受灾，其中棉田受灾1400公顷，玉米受灾267公顷，谷子、豆子受灾133公顷。

7月10日 陵县郑家寨等14个乡镇435个村遭受风雹灾袭击，3万公顷农田受灾。临邑县15个乡镇遭暴雨、冰雹袭击，雹大如鸡蛋（重灾区有孙安、城关、太平、张寨、双丰、沙河、赵家、营子，比较重的有夏口、孟寺、李家、兴隆、林子、理合、田口），受灾面积3.5万公顷，倒房1100间，折倒树木5万棵，凡受灾乡镇村户房屋、楼房北面玻璃基本砸碎。

7月10日 4时50分，平原县张士府、王凤楼、尹屯3个乡镇77个自然村遭受龙卷、冰雹袭击，风力达10级。降雹时间20分钟，冰雹直径20~40毫米，降水量45毫米，受灾面积4733公顷。

7月11日 临邑县碱李、德平、翟家、满家4乡镇遭特大风、雹、雨袭击，冰雹大如鸡蛋，受灾农田3200公顷（重灾1400公顷）。

7月11日 19时，宁津县遭受风、雹灾害，降雹持续时间 10～15 分钟，且雹粒密集，并伴有阵风 7～8 级大风，柴胡店、刘营伍、道口、尤集、后魏、张宅、田庄、双碓 8 个乡镇受灾面积 2333 公顷。

7 月 28 日 全区普降大到暴雨，局部地区降特大暴雨。降雨量最大的是齐河县，受灾乡镇 15 个，35 万亩农田积水，最大积水深 60 厘米，4 条河流发生漫溢。

7 月 28 日 7 时 40 分至 11 时，宁津县遭受暴雨袭击，全县平均降水量 96 毫米，其中降水量超过 100 毫米的有长官、常洼、田庄、张大庄、双碓等 15 个乡镇，最多的达 130 毫米，农田大面积积水，低洼地积水在 10～30 厘米，低洼地段深达 1 米以上。全县总受灾面积 4900 公顷。部分村级公路损毁，倒塌房屋 720 间。

8 月 26 日 20 时，宁津县西塘、张傲两乡镇遭受风雹灾害，持续时间 20 分钟，阵风 8 级，冰雹最大直径 10～14 毫米，雨量 50 毫米，受灾面积 1467 公顷。

1992 年

7 月 23 日至 26 日 全区部分县（市）遭受特大暴雨、风雹的灾害袭击。夏津、宁津、乐陵、庆云 4 县（市）降雨多达 388 毫米，阵风 10 级以上。部分乡镇大面积积水泥涝，农作物被淹。受灾较严重的夏津县棉田被砸近 10 万亩。

7 月 30 日 19 时 47 分，夏津县西北部（北纬 37°02′、东经 115°53′）发生 3.8 级地震，其中田庄乡和西李官屯乡震感强烈，震时伴有地声。没有形成震害。

1993 年

4 月 3 日至 8 日 宁津、乐陵、庆云 3 县出现反常低温，最低达 -3℃，60.3 万亩麦田遭到严重冻害。

4 月 全区旱情持续发展。农作物受旱面积达 280.1 万亩，严重受旱面积达 114.6 万亩。其中，小麦受旱 205.1 万亩，严重受旱 48.5 万亩，近万亩麦苗面临干旱绝产；棉花有 81.1 万亩因缺水不能造墒播种，48 万亩已播棉因旱影响出苗；蔬菜、果树等作物受旱 8.9 万亩。

5 月 24 日 晚，夏津、平原、武城、临邑、宁津等县遭受冰雹袭击，降雹持续 15 分钟，雹粒大的如核桃，小的如玉米粒。夏津县苏留庄等乡镇平地雹厚达 5 厘米。据统计，全区有 30 余个乡镇、近 400 个村遭受雹灾，受灾总面积达 55.3 万亩，部分棉花、小麦、瓜菜、果树等绝产和减产。

6 月 14 日 陵县黄集、宋家、张习桥 3 个乡镇遭风雹袭击。风力 8～9 级，阵风 10 级，大树被刮折。冰雹大如鸡蛋，小如小枣，密度小，呈西南东北方向，降雹时间 11 分钟。受灾面积 10 万余亩，重灾 7.3 万亩。

6 月 16 日 陵县、平原、武城、临邑、夏津等县遭受冰雹大风袭击。据统计，全区大约有 46 万亩农作物受灾。其中夏津降雹时间持续 10～20 分钟，雹大如核桃，小如花生仁，同时伴有 7 级大风，14 个乡镇、217 个村受灾，受灾面积 31.5 万亩。

6月22日 17时40分，夏津县境内自西北向东南遭受特大风暴袭击，风力10级以上，持续半小时。其间，天昏地暗，电线线路中断，房屋落瓦；30～40厘米直径的树木被拦腰折断或连根拔起，折倒树木1万多棵；全县10万亩果园落果率达42%～50%，严重的达80%，造成直接经济损失2200万元。

同日 禹城县遭受罕见的特大暴风雨袭击，最大风力达10级，暴风雨和冰雹造成3人死亡，300多人受伤。

7月8日至9日凌晨 庆云县先后3次遭受特大暴风和冰雹袭击，连续时间长达1小时50分钟。全县通信、供电、交通中断。16个乡镇不同程度地受灾，其中严务、大胡等10个乡镇受灾严重，受灾面积达35万亩，直接经济损失亿元以上。

8月18日 庆云县崔口镇遭风雹袭击，降雹时间持续15分钟左右，冰雹大如杏，并伴有八级以上大风，7630亩农作物受灾，大部分玉米倒伏，大树连根拔起。

11月15日至24日 骤降的雨雪，使气温在10天内由18℃降至－20℃，温差接近40℃，致使全区果树遭到不同程度的冻害，面积达60万亩，占果园总面积的75%。其中，地上部分树体冻死的达8万亩，损失果品0.75亿公斤，直接经济损失达3亿元。

1994年

7月6日 全区普降暴雨，齐河、禹城、临邑、宁津、平原5县（市），52个乡镇，1020个村庄遭受水灾，有615个村庄进水。倒塌房屋2万余间，死亡牲畜1.49万头，农作物受灾面积200万亩。禹城市个别村庄积水0.5米以上；齐河县淹死2人，直接经济损失3.9亿元。

1995年

5月31日 2时至3时20分，宁津县遭受暴风雨袭击，部分乡镇降雨量超过85毫米，阵风8级以上。即将收获的43万亩小麦和其他农作物大面积受灾，大风刮倒刮断树木近5000棵，部分电力、通信、广播设施遭到破坏。

6月24日 15时30分至18时30分，全市（地级市，下同）发生80年未遇的严重风雹灾害。先后有5个冰雹云单体侵入德州市，其中最严重的冰雹云中心强度达60分贝，云顶高度1.7万米。

1996年

7月下旬至8月上旬 由于黄河中下游和卫运河上游连降暴雨，从8月6日开始，洪水泄入黄河和卫运河。洪水漫滩。冲击堤坝，威胁着沿河人民生命财产的安全。

1997年

5月中旬至7月中旬 全市降水稀少，持续异常高温，最高达39.7℃，地下水位普遍大幅度下降，水源短缺，农作物受灾严重，城市供水紧张。全市旱灾面积800多万亩，重灾400多万亩，近40万亩因旱灾未能出苗，100多万亩因旱情严重未能播种。

11月上旬后期中旬前期及下旬前期 在全市范围内出现了10余天的大雾和连阴雨天气。恶劣天气条件给人民生产生活带来诸多不便，交通受影响，事故增多。

1998年

7月13日至14日 全市降特大暴雨，德城、宁津、乐陵、庆云等县（市、区）降雨量超过100毫米，最大点降雨量150毫米。徒骇河、德惠新河、漳卫新河均蓄满外溢，各县（市）部分低洼农田受灾。德州市区积水严重。

8月4日 德州市局部地区遭大暴雨袭击，有34个乡镇降雨量超过100毫米，其中平原县7个乡镇超过200毫米，最大点降雨量为平原县城关228毫米，造成大面积积水。

1999年

是年 累计降水397毫米，四季连续严重干旱，农田受旱面积占耕地面积的84.7%。

2000年

1月至6月 全市旱，平均降水量95.9毫米，较常年少52毫米，少三成半，加上3月、4月气温高，蒸发量大，土壤失墒快，干旱发展迅速，全市因干旱受灾面积32.6万公顷，成灾面积15.6万公顷，绝收面积1979公顷。其中，齐河、乐陵等县（市）较重，受灾面积在4万多公顷。因干旱又缺水源的地块，小麦正常灌浆孕穗受到影响，减产10%～20%。全市因干旱粮食减产35.1万吨，饮水发生困难的大牲畜1.5万头，直接经济损失7.8亿元，农业直接经济损失3.5亿元。受灾人口达350余万人。

6月30日 部分县（市）发生风雹灾害，全市总受灾面积2565公顷，成灾面积1696公顷，直接经济损失2289万元，农业经济损失1985万元。其中，宁津受风雹灾最重，受灾面积有820公顷，成灾面积710公顷，直接经济损失1278万元。此外，武城、平原、齐河、临邑、德城等县（区）直接经济损失都超过100万元。

7月至8月 全市共降大于50毫米以上的暴雨29次，武城县最多达4次。暴雨造成局部地块短时内涝，全市受涝总面积9.5万公顷，成灾面积6920公顷，绝产210公顷。其中，禹城市受灾较重，受灾面积有7.9万公顷，武城有210公顷地块绝收。全市倒塌房屋618间。宁津、临邑、齐河、平原、武城、禹城等县（市）经济损失均在100万元以上。禹城市最多达420万元。

是年 全市受病虫害面积4.9万公顷，成灾面积3.6万公顷，减产粮食8.14万吨，直接经济损失8109万元。宁津、禹城、乐陵等县（市）病虫害较重，受灾面积在1万公顷，粮食减产在1.5万吨，直接经济损失在1500万元以上。

2001年

3月至5月 全市平均降水量较常年偏少6成，加上风大气温高，蒸发快，旱情发展迅速，全市各县均发生不同程度的干旱，受旱面积达28.3万公顷。其中，齐河、夏津、乐陵等县（市）灾害较重，受灾面积一般在3.2万~4.2万公顷，成灾面积在1.8万~2.3万公顷，庆云县绝收面积最大0.67万公顷，武城县有1.6万公顷夏播田因干旱未能适时播种。

4月至8月 4月19日、5月30日、6月15日、6月19日、6月21日、8月23日，全市共发生过6次风雹天气过程，受灾面积14.1万公顷，成灾面积11.3万公顷，绝收面积6.4万公顷。倒塌房屋1786间，损坏房屋88,643间，减产粮食41.6万吨，直接经济损失5.1亿元。6月15日凌晨，武城、禹城、齐河、夏津、平原等5个县（市）36个乡镇1000个村庄遭受大风、冰雹袭击。冰雹小如玉米粒，大如核桃，持续约半小时，伴有9~10级大风，受灾面积8万公顷，4万多公顷绝产。毁坏民房1080间，刮断树木4.5万株、电线杆1200余根，造成通信线路一度中断。齐河、武城两县损失较重。齐河县9个乡镇，受灾面积2.5万公顷，绝产1.3万公顷；武城县5个乡镇，受灾面积2万公顷，绝产0.6万公顷，通信、输电线路损坏。禹城、夏津两市县损失也较重。8月23日凌晨5时至6时40分，德城、齐河、平原、禹城、临邑、陵县等6个县（市、区）的17个乡镇、301个村庄，遭受不同程度的风雹袭击。风雹持续时间为20~30分钟，冰雹大如鸡蛋、小如小枣，并伴有短时大风，风力达到8~10级。其中，德城区和平原县受灾最为严重。

7月上、中旬 德城区降水仅10毫米，较常年同期少101.8毫米，夏旱凸显，干旱面积达1万公顷。全市因旱减产粮食35.5万吨，大牲畜饮水困难达14.5万头，直接经济损失3.8亿元。夏津县旱灾损失最重，直接经济损失在5000万元以上。

是年 各县（市）都程度不同地出现病虫灾害，全市受灾总面积14.4万公顷，成灾面积2.7万公顷，减产粮食4.3万吨，直接经济损失达4000多万元。其中，平原县、陵县受灾最重，在1.6万~1.8万公顷。

2002年

8月23日 5时至6时40分，德城、齐河、平原、禹城、临邑、陵县6县（市、区）的17个乡镇、301个村庄遭受不同程度的风雹袭击。风雹持续时间为20~30分钟，冰雹大如鸡蛋、小如小枣，并伴有短时大风，风力达到8~10级。德城区和武城县受灾最为严重。据统计，全市农作物受灾面积共2.8万公顷，其中重灾1.3万公顷、绝产0.65公顷。受灾作物主要是玉米、棉花、瓜菜和果树。

2003 年

6 月 11 日、12 日、28 日 全市出现风雹天气，受灾面积 9.0 万公顷，成灾面积 5.7 万公顷，绝收面积 1.4 万公顷。平原受灾较重，受灾面积达 2.4 万公顷，成灾面积最大为 1.9 万公顷。武城县 5 个乡镇出现风雹天气，损失折款 360 万元。禹城市 4 个乡镇遭受大风冰雹袭击，农业受灾面积 1 万公顷，毁坏线杆 20 余根、树木 100 多棵，毁坏房屋 3000 余间，经济损失 5000 万元。

7 月 30 日至 31 日 全市范围内出现暴雨或大到暴雨，德城区降水量达 207.8 毫米，主要集中在 7 月 30 日 17 时 40 分至 19 时 30 分，降水量达 175.9 毫米，历史罕见。

10 月 9 日至 12 日 全市普降大到暴雨，宁津县降 246.1 毫米，创历史最高。全市 24.7 万公顷农作物普遍受涝，其中，重涝面积 8.7 万公顷，约 0.7 万公顷农作物因涝绝产绝收。全市因涝减粮 11.3 万吨，倒塌房屋 4.3 万间，损坏房屋 6.5 万间，死亡大牲畜 270 头，直接经济损失 6.3 亿元，农业直接经济损失 5.3 亿元，秋种受到影响。

是年 乐陵、禹城两市出现干旱灾害，受灾面积 3.3 万公顷，成灾面积 2.2 万公顷，绝产 0.7 万公顷。因旱减产粮食 11.1 万吨，直接经济损失 0.6 亿元，农业直接经济损失 0.35 亿元。

2004 年

10 月 9 日 夜间全市出现持续强降雨天气，两天内平均降水 173 毫米，3 个县降水超过 200 毫米，最高的宁津县达 245 毫米，市区达 194 毫米，降水持续时间长、强度之大为德州有气象资料以来之最。大暴雨致使宁津、陵县、德城、平原、武城、夏津等 6 县（区）部分农田受损，市区部分低洼地段出现严重积水。

2005 年

4 月 23 日至 5 月 17 日 全市部分农田受旱，受灾面积约 1334 公顷。入夏以后，降水持续偏少，气温持续偏高，土壤失墒严重，到 6 月中旬，全市大部分县（市）出现不同程度的干旱，造成夏播不能顺利进行，全市受灾面积约 13 万公顷。

5 月 21 日 武城县的部分乡镇遭受冰雹袭击。农作物受灾面积约 1534 公顷，受灾程度较轻，主要受灾作物为棉花。

5 月 24 日 德城区出现干热风天气，全区 1 万公顷小麦受害，减产约 5%。

6 月 1 日至 4 日 德城区、夏津等 6 县（市、区）出现干热风天气，影响小麦正常成熟，全市小麦受灾面积约 13 万公顷。

7 月 11 日至 12 日 庆云、齐河、禹城、夏津等 4 县（市）的部分乡镇遭受雹灾，农作物受灾面积 3858 公顷，成灾 3701 公顷，绝收 1466 公顷。齐河受灾面积最大，为 2334 公顷，受灾作物主要是棉花和瓜果。

2006 年

4 月 12 日 德州市气温急剧下降，

平均气温比前一天下降 9.5℃，最低气温 0.4℃，比前一天下降 10.1℃。

7 月 5 日 17 时～18 时，全市自北向南先后出现雷雨大风天气，局部冰雹。阵风在 7～9 级，宁津县瞬时极大风速达 11 级，最大降水量也出现在宁津县，为 43.7 毫米；北部 6 县（市、区）（德城区、开发区、宁津县、乐陵市、庆云县、陵县）出现冰雹，其中庆云县、陵县未造成灾害，宁津县、乐陵市、德城区、开发区的部分乡镇出现风灾和雹灾。全市农田因风雹受灾 8294 公顷，成灾 4293 公顷，绝产 1813 公顷。

7 月 14 日 庆云县出现雷雨天气，该县徐园子乡东安务村一村民，遭雷击死亡。

8 月 5 日 武城县杨庄乡饮马庄一带出现冰雹灾害，冰雹最大直径约为 12 毫米，棉花和玉米受灾面积为 367 公顷。

2007 年

4 月下旬至 5 月 德城区持续高温少雨，农田失墒严重，5333 公顷麦田（占总麦田的 47%）发生旱灾。

5 月 8 日 23 时 30 分，宁津县杜集乡五大庄村遭受冰雹和大风袭击，冰雹最大直径 8 毫米，持续时间 5 分钟，最大风速达 19.1 米/秒，17.1 公顷麦田受灾。

5 月 15 日 17 时，夏津县郑保屯镇砖瓦厂一工人遭雷击死亡。

7 月 18 日 12 时至 22 时左右，德州市自北向南先后出现强降雨，大部分县（市）达到大到暴雨，全市平均降水量 46 毫米。其中齐河县、德城区最大，分别为 136 毫米、123 毫米。此次降雨集中且雨量大，齐河县祝阿镇，潘店镇、刘桥、胡官、焦庙、仁里 6 乡镇受灾，部分农田发生内涝，农田积水 30 厘米左右，受灾人口 47856 人，农作物受灾面积 5655 公顷，倒塌房屋 67 间。冲毁桥涵 27 座。德城区部分地段出现不同程度积水，低洼处平房进水。

8 月 2 日 武城县鲁权屯镇出现雷雨大风天气，部分玉米出现倒伏，受灾面积 135 公顷，经济损失 64 万元。

9 月 2 日 18 时，庆云县自北向南出现雷雨大风天气，雷雨时阵风达7～8 级，个别乡镇还出现冰雹，冰雹如玉米粒大小。

9 月 26 日至 10 月 7 日 全市出现连阴雨天气，平均降水量 62.0 毫米，较常年异常偏多。连阴雨持续 12 天，持续时间之长，突破近 30 年最长 8～10 天的连阴雨历史纪录。此次连阴雨对小枣、棉花、玉米等作物的收获造成影响。全市农业经济损失共计 8.1 亿多元。以乐陵、庆云两县（市）损失最为严重，仅乐陵农业经济损失就达 7.1 亿多元。

2008 年

5 月 3 日 德城区、德州经济开发区、运河经济开发区出现雷雨大风天气，平均最大风速 9.3 米/秒，极大风速 14.6 米/秒，平均过程降水量 55.8 毫米。大风造成约 2933 公顷小麦倒伏，其中，666.7 公顷小麦受害较重，估计减产5%～10%。

5月16日 平原县王打卦等5个乡镇的85个村庄遭受冰雹袭击。冰雹直径一般在7～12毫米，最大15毫米，最小2毫米。农作物受灾面积2600公顷。

5月24日 夜间，齐河县晏城、大黄、宣章三乡镇出现中雨天气，伴有冰雹，冰雹直径约15毫米左右。受灾村庄达23个，受灾人口约13700人，其中吴庄、范桥、王保、宣章、高桥、刘西，灾情较为严重，温室大棚严重损坏，小麦大面积倒伏，部分棉花、蔬菜和西瓜受灾。

5月31日 德城区出现干热风天气，小麦受灾15467公顷。

6月24日 2时30分左右，宁津县时集、大柳、宁津镇3个乡17个自然村遭受冰雹袭击，受灾面积799.0公顷，绝产面积25.4公顷，直接经济损失514.6万元。

6月29日 11时30分，临邑县德平镇六股路村一村民在田间灌溉时，使用手持电话遭雷击身亡。

8月12日 14时40分至18时40分，平原县张华镇30个村庄遭受雷雨大风袭击，大风持续约30分钟，最大风速12.0米/秒，降水量47.2毫米。农作物受灾面积467公顷。

11月至2009年2月5日 德州市平均降水量不足1毫米，是1961年以来同期降水最少的年份；全市平均气温1.7℃，较常年偏高0.9℃，为1961年以来的第7个高值年份，气温偏高加快了田间蒸发量。据2月5日调查，部分麦田墒情较差，出现旱灾。全市共有10.4万公顷小麦受旱，其中重旱面积1.5万公顷。旱情主要分布在夏津县、乐陵市、武城县、陵县、平原县、庆云县、齐河县等地，其中夏津县经济损失最重，约2100万元。

2009年

4月15日 4时至16时，德州市自北向南先后出现大风天气。阵风8～10级，平原、齐河、宁津3县出现风灾。全市受灾乡镇25个，刮坏冬暖式塑料大棚5000多个，刮倒树木10万多株。

5月9日至10日 齐河、夏津、禹城、临邑、平原5县（市）出现大暴雨天气，其他县市出现暴雨，全市平均降水量102毫米。齐河降水量最大（194毫米），德城区降水量最小（56毫米）。降水主要集中在9日夜间，这次降水量之大、范围之广，创德州市1951年有气象记录以来的历史同期极值，是5月常年平均值的2.7倍。同时全市出现了4～5级东北风，阵风6～7级。农田被水淹没或小麦倒伏，全市作物受灾面积超过4万公顷，经济损失1.6亿多元。

7月23日 傍晚到夜间，全市出现雷雨大风、局部降冰雹，其中乐陵出现大风、冰雹灾害，宁津县、庆云县、齐河县出现风灾。全市直接经济损失4亿多元。

8月2日 德州市部分县市出现暴雨、大暴雨天气，临邑县降水量最大，为141.0毫米，造成农田严重积水，发生涝灾。全县受灾总面积4.1万公顷，直接经济损失1.2901亿元。涝灾主要出现在临邑县的12个乡镇，其中临盘、德平、宿安、林子、翟家、理合等乡镇（街道）受灾较为严重。

8月27日 19时50分至20时50分，夏津县渡口驿乡遭受雷雨大风袭击，933公顷玉米全部倒伏。

2010年

1月上旬 全市低温。平均气温-6.2℃，较常年偏低3.6℃，是1951年有气象记录以来同期第8个低温年份，其中4—6日受强冷空气影响，大部分县（市、区）日平均气温达-8℃~-10℃。极端最低气温-17℃，出现在乐陵市。低温对大棚蔬菜的生产产生不利影响。

3月20日 早晨，全市自北向南11个县（市、区）均出现扬沙天气，并伴有8~9级大风，德城区最小能见度1042米，沙尘天气持续到15时前后。沙尘所到之处天空一片昏黄，能见度低，空气质量差。

4月13日 全市出现明显降温，部分县（市、区）出现霜冻，其中齐河县发生霜冻灾害。齐河最低气温0.7℃，最低地温-1.1℃，致使大田塑料弓棚中西瓜苗遭受低温冻害，灾情主要分布在齐河县祝阿镇的西保村、东保村、杨井村、西郑村共计563公顷西瓜苗受灾。

4月中下旬 全市气温偏低。平均气温11.5℃，较常年偏低4.0℃，为1951年有气象记录以来历史同期最低值。受低温影响，物候期比2009年明显推迟，其中小麦收获期推迟7天左右。

4月26日 下午，全市出现一次雷雨大风天气过程，大部分县（市、区）阵风风力8~9级，其中平原县风力达10级（极大风速27.9米/秒）。平原县、禹城市、齐河县的部分乡镇出现大风灾害，西瓜大棚和蔬菜大棚被掀顶、树木被刮断。

6月17日 17时至22时，全市出现雷雨大风、冰雹灾害，受灾县（市）有庆云县、禹城市、陵县。其中，庆云县阵风风力达8级，全县5951.9公顷小麦出现倒伏，19个鸡棚、鸭棚受损，果树、棉花、蔬菜不同程度受灾，直接经济损失约1050万元。禹城市市中街道、伦镇等5个乡镇350个村受灾，受灾人口达10.1万人，房寺、张庄、安仁3个乡镇10636公顷小麦受灾，成灾5335公顷，蔬菜大棚受灾510个，直接经济损失3814.9万元。陵县陵城镇、郑家寨两个乡镇的小麦、棉花、蔬菜有不同程度的灾害，受灾面积2333.3公顷。

7月19日 5时至20日8时，德州市4县（市、区）出现暴雨，7县（市、区）特大暴雨，全市累计平均降水量121.5毫米，其中乐陵市降水量最大，达203.7毫米，突破乐陵市有气象记录以来日降水量的极值。乐陵、临邑、庆云、齐河4县（市）出现暴雨洪涝灾害，乐陵市、临邑县受灾较重。其中，乐陵市农作物受灾面积21518.5公顷，倒塌损坏房屋2891间，部分小区、学校、商场、企业被淹，部分城市基础设施受损、造成直接经济损失1.1843亿元。临邑12个乡镇（街道）全面受灾，其中临盘街道、邢侗街道、临邑镇、林子镇、翟家镇、德平镇、理合务镇受灾严重。受灾人口达14.54万人，共造成34400公顷农田受灾，玉米大面积倒伏，成灾面积15.333公顷，损坏房屋1132间，其中倒塌房屋517间，冲毁桥涵29座，直接经济损失5089万元。齐河县表白寺、大黄、祝阿、胡官4乡镇玉米、棉花受灾，受灾面积1075公顷，绝产33公顷，受灾人口10.12万人，直接经济损失253万元。庆云县333.3公顷的农田不同程度的积水，3533.3公顷的夏玉米倒伏。

7月下旬 全市日最高气温连续9天突破33℃，旬平均气温29.5℃，达1997年以来历史同期最高，旬平均相对湿度78%，高温闷热，酷暑难耐，造成多人中暑。

8月8日 零时至14日08时，全市出现连续性暴雨天气过程，平均降水量156.2毫米，平原降水量最大，为330.2毫米。禹城、平原、齐河、夏津、临邑、乐陵、庆云、武城8县（市）出现暴雨洪涝灾害。徒骇河禹城段出现险情，转移人口6.76万人。全市受灾直接经济损失13.99亿元，农业经济损失11.2亿元。其中，禹城受灾最重，12个乡镇共有785个村庄、30万人受灾，受灾农作物57500公顷。

8月19日 零时至24日20时，全市出现暴雨降水天气过程，全市累计平均降水量114.2毫米，其中齐河降水量最大，达186.7毫米。全市直接经济损失4.279亿元。其中，陵县农作物受灾288,100公顷，受灾人口28万人，倒塌房屋1700间，损坏房屋5700间，倒塌蔬菜大棚510个，损坏桥梁26座，直接经济损失2.6823亿元。齐河县农作物受灾10592.6公顷，成灾9587.6公顷，绝产1748.4公顷，倒塌房屋690间，受灾人口11.16万人，直接经济损失1.1306亿元。乐陵市16个乡镇177个村庄、3.8万人受灾，受灾农作物2789.8公顷，成灾2282.6公顷，绝产507.2公顷，损坏房屋4026间，倒塌房屋969间，死亡畜禽600头（只），损坏桥梁涵洞324座，直接经济损失4661万元。

8月27日 14时30分至55分，宁津县长官镇遭雷雨大风袭击，25分钟降雨量达到19.7毫米。其中郭相、郑庄、小桑、长杨、长南、薛庄6个村庄受灾较为严重，受灾面积48公顷。

9月18日至21日 全市降中到大雨。其中庆云县降水量最大，两次都达到大雨以上量级，累计降水量大于50毫米。降水使部分农田出现积水，内涝和大风使部分玉米出现倒伏、缺损、折杆，部分枣树出现裂果烂果。

10月至12月 全市降水量异常偏少，仅10.1毫米，为1951年以来历史同时期最少年份。持续少雨导致全市干旱形势加重，个别县（市、区）出现旱情。

2011年

7月1日 14时左右，乐陵市郑店镇小房、王乐天、刘呈基等24个行政村降雹，持续3~5分钟。雹灾造成受灾人口1.2万多人，受损房屋20余间。

7月15日 19时42分，宁津县杜集镇小段、东段、谢庄、杜集、普刘村遭受冰雹大风袭击，瞬时风速达9级，冰雹大如玉米粒，30分钟降雨量33毫米。棉花受灾面积32公顷，玉米受害面积20公顷。

8月15日 零时至16日8时，全市强降雨。全市平均降水量64.3毫米，庆云县降水量最大为103.4毫米，崔口最大为188.6毫米。部分县（市）出现强降水，并伴有7~8级阵风。受其影响，德城区、宁津、平原、庆云、乐陵、陵县等6县（市）出现不同程度的灾情。全市受灾人口257180人，受灾农作物5.2万公顷。

9月10日至15日 全市出现连阴雨天气。德城区累计降水量72.5毫米，棉花出现变黑烂铃现象，棉花受灾面积3667公顷。

11月29日至30日 全市大部分县（市）出现大到暴雪天气，平均降水量16.9毫米，最大降水量出现在德城区为22.9毫米，平均积雪厚度11.3厘米，最大积雪厚度出现在陵县17厘米。禹城、宁津两县（市）受灾最重，受灾总面积733公顷，直接经济损失共1100万元。

2012年

5月24日 下午，齐河县、夏津县的部分乡镇出现大风冰雹天气。两县农作物受灾面积共1088公顷。

6月7日 夜间，临邑县德平镇出现6级雷雨大风并伴有冰雹，冰雹直径3毫米。临邑县德平镇、理合务镇遭受10级大风和冰雹袭击，最大风速27.1米/秒，造成小麦大面积倒伏，部分房屋损坏，树木折断，棉田绝收。两镇农田受灾面积3867公顷，绝产面积1013公顷。受灾人口2.2万人，受损房屋867间，折断树木4860棵。

7月26日至27日 大部分县市降暴雨，全市平均降水量72.0毫米，最大降水量出现在庆云，为176.4毫米。其中，乐陵市、庆云县、陵县降大暴雨，造成暴雨灾害，主要受害农作物为夏玉米、棉花。全市5446.7公顷作物受害，60余个大棚受损，230余间房屋倒塌，造成经济损失约5200万元。

7月30日 6时至8月1日14时，全市降大暴雨，平均降水量212毫米，各县（市、区）降水量均超过100毫米，平原县前曹乡最大为417毫米。主要受害农作物为夏玉米、棉花。全市直接经济损失8.6亿元，农作物受灾面积34.7万公顷，受灾人口97.1万人。

8月4日 18时至5日8时，德州市出现大到暴雨、局部大暴雨的天气，平均降水量52.6毫米，最大点雨量为杜集站207毫米，其中宁津县、乐陵市为大暴雨。受暴雨影响，4县（市）出现灾情，其中宁津、乐陵、庆云3县（市）灾情较重。全市直接经济损失约7.2亿元，转移人口4.49万人，农作物受灾面积63.6万公顷。

8月18日至19日 齐河县降大暴雨，多数乡镇受灾，主要受灾农作物为玉米、棉花和蔬菜。全县受灾人口5.63万人，转移安置人口65人，农作物受灾面积5413公顷，倒塌房屋52间。

2013年

1月至2月 全市多雾霾天气。1月份各县（市、区）平均25天，其中德城区连续27天出现雾霾天气。

4月19日 10时至20日06时，全市出现罕见春季强降雪，平均降水量15.6毫米。最大降水量在乐陵市，为26.1毫米，宁津县积雪深度最大，为11厘米。自20世纪50年代有气象记录以来，大部分县（市）降雪终日为4月12日（出现在2006年），此次出现的降雪突破历史极值。由于气温较低，出现霜冻。德城区、平原县、临邑县出现低温冷害，冬小麦、果树、部分大棚蔬菜遭受灾害。全市受灾面积2790公顷，直接经济损失3384万元。德城区受灾面积1290公顷，经济损失济损失684万元；临邑县经济损失100万元。

7月25日至28日 全市出现两次强降雨。其中禹城市出现渍涝灾害，受灾村庄200个，受灾人口4.9万人，紧急转移安置人口58人，倒塌房屋20间，损坏房屋9间，造成直接经济损失约1865万元。农田受灾6666.7公顷，成灾3333.3公顷，农业经济损失1640万元；齐河县马集乡、赵官镇、胡官镇、潘店镇、仁里集镇、焦庙镇6乡镇出现涝灾，农田大面积积水，受灾面积2.2618万公顷，成灾面积1.6215万公顷，绝产面积1648公顷。受灾人口11.1078万人，转移安置人数525人，倒折树木6200棵，林业损失约18.6万元，损坏房屋731间。直接经济损失1.57959亿元。

7月29日 平原、德城、临邑、武城、陵县、宁津、齐河7县（区）出现强降雨，农田出现渍涝灾害，陵县还出现了风灾。受灾作物有玉米、棉花、蔬菜等，全市农作物受灾总面积2.441万公顷，经济损失1.14816亿元。

8月10日至12日 全市连续3天出现降雨，平均降水量42.7毫米，夏津降水量最大为95.7毫米。由于前期土壤水分饱和，8月12日至13日，武城县、夏津县、宁津县又出现强降水天气，发生渍涝灾害。受灾作物有玉米、棉花，全市作物受灾总面积2.6251万公顷，经济损失8096万元。

2014年

7月14日 傍晚到夜间，全市出现雷雨、大风、局地冰雹及短时强降水等强对流天气。全市平均降水量14.9毫米，最大降水量出现在夏津县新盛店，达到61.9毫米。共有5县（市）出现雷雨大风，夏津风力最大达17.3米/秒，有4县（市）部分乡镇遭受冰雹袭击。据统计，14日16时至21时，平原县和夏津县遭受风雹灾害比较严重，共有5个乡镇受灾，受灾人口4.01万人。玉米、棉花、蔬菜、果树等农作物受灾，受灾面积8650.8公顷，成灾面积4332.5公顷。

是年 出现130天雾霾天气，并出现中到重度空气污染。1月至4月，全市出现48次雾霾天气。

是年　全年降水近10年最少，部分地区出现旱情。全年全市平均降水量367.8毫米，较常年偏少29.2%，为2002年以来最少值，主汛期（6—8月）全市平均降水量201.8毫米，是自1951年以来的第4个少雨年份。

是年　全市年平均气温为14.6℃，较常年偏高1.4℃，为1951年以来的历史最高值。

图书在版编目（CIP）数据

德州大事记 / 德州市地方史志编纂委员会编. —北京：方志出版社，2016.9

ISBN 978-7-5144-2103-3

Ⅰ. ①德… Ⅱ. ①德… Ⅲ. ①德州—地方史—大事记 Ⅳ. ①K295.23

中国版本图书馆 CIP 数据核字(2016)第 238689 号

德州大事记

编　　者：德州市地方史志编纂委员会
责任编辑：李志瑜

出 版 人：冀祥德
出 版 者：方志出版社
地址　北京市朝阳区潘家园 9 号（国家方志馆 4 层）
邮编　100021
网址　http://www.fzph.org
发　　行：方志出版社发行部
（010）67110500
经　　销：各地新华书店
印　　刷：济南黄氏印务有限公司

开　　本：889 × 1194　　1/16
印　　张：22.75
字　　数：399 千字
版　　次：2016 年 9 月第 1 版　　2016 年 9 月第 1 次印刷
印　　数：0001~6000 册

ISBN 978-7-5144-2103-3　　定价：260.00 元